봄의 혁명: '새로운 미얀마'를 향한 담대한 행보

최경희, 장준영 엮음

문기홍, 배도찬, 이유경, 이은정, 장준영, 천기홍, 최경희, 허정원, 홍문숙 지음

진인진

봄의 혁명: '새로운 미얀마'를 향한 담대한 행보

초판 1쇄 발행 | 2024년 2월 26일

엮은이 | 최경희, 장준영
지은이 | 문기홍, 배도찬, 이유경, 이은정, 장준영, 천기홍, 최경희, 허정원, 홍문숙
편　집 | 배원일, 김민경
발행인 | 김태진
발행처 | 진인진
등　록 | 제25100-2005-000003호
주　소 | 경기도 과천시 관문로 92, 101동 1818호
전　화 | 02-507-3077-8
팩　스 | 02-507-3079
홈페이지 | http://www.zininzin.co.kr
이메일 | pub@zininzin.co.kr

ⓒ 문기홍, 배도찬, 이유경, 이은정, 장준영, 천기홍, 최경희, 허정원, 홍문숙 2024
ISBN 978-89-6347-586-8 93300

* 책값은 표지 뒤에 있습니다.
** 본 연구는 2022년도 서울대학교 아시아연구소의 아시아연구기반구축 사업의 지원을 받아 수행되었음.

목차

발간사…채수홍 …………………………………………………………… 5

머리말…최경희 …………………………………………………………… 9

제 1 부 미얀마 군부 정치의 역사와 구조 ……………………………… 17

제1장 미얀마 군부의 권력 유지 방식과 정치적 기술의 독창성:
지속과 변화…장준영 ……………………………………… 19

제2장 미얀마 군부쿠데타의 내재적 시선…천기홍 ……………… 89

제3장 미얀마 민주화 과정의 역설: 느슨한 권위주의 체제에서
선거 권위주의로…문기홍 ………………………………… 115

제 2 부 미얀마와 지역 및 국제사회 ……………………………………… 147

제4장 미얀마 연방민주주의 구상과 도전:
포스트-쿠데타 시기 무장저항과 연방군대 전망을 중심으로…이유경 …… 149

제5장 일방주의적 제재 담론을 넘어: 대미얀마 협력의 딜레마와
인도적지원-개발-평화 연계 모색…홍문숙 ……………… 195

제6장 미얀마의 정치적 위기와 아세안 대응 그리고 민주주의…최경희 …… 229

제 3 부 미얀마 개발전략과 한국과 미얀마 관계 ……………………… 265

제7장 한국과 미얀마의 농업개발 협력전략:
스마트 농업 협력 가능성을 중심으로…배도찬 …………… 267

제8장 미얀마 민주화를 위한 한국의 시민사회연대:
소셜미디어 분석을 중심으로…허정원 …………………… 287

제9장 한국에서의 '봄의 혁명'과 미얀마를 향한 초국적 연대:
2021년 미얀마 쿠데타 이후 미얀마 출신 이주민-한국
시민사회의 정치 운동···**이은정** ·· 311

맺음말···장준영 ·· 365

색인 ··· 375

발간사
『봄의 혁명: '새로운 미얀마'를 향한 담대한 행보』를 펴내며

이 책을 출간하게 된 배경은 크게 두 가지입니다. 한편으로 이 저서는 미얀마 민주화 운동에 대한 한국사회의 관심을 반영하고 있습니다. 2021년 2월 1일 미얀마에서 군부 쿠데타가 발생하고, 이에 대응하여 '시민불복종운동(CDM: Civil Disobedience Movement)'을 대표로 하는 반(反)군부 민주화 운동이 전개되었습니다. 미얀마 군부의 군홧발과 총탄에 맨몸으로 저항하는 미얀마 민주화 세력을 목격하면서, 한국인은 5.18 민주화 항쟁을 비롯한 한국사회 민주화 운동에 대한 경험과 감정을 떠올릴 수밖에 없었을 겁니다. 미얀마 민주화 운동에 대한 한국사회의 강력한 지지와 연대는 이러한 동감의 소산이 아닐까 합니다. 실제로 한국사회의 종교계, 시민단체, 정치권은 한국 내 미얀마 출신 난민 인정자, 이주노동자, 유학생, 결혼이주자와 함께 미얀마의 참혹한 상황을 알리고, 민주화 투쟁을 위한 모금을 위하여 여러 집회와 행사를 개최한 바 있습니다. 이 저서는 미얀마 민주화를 염원하는 한국사회의 이러한 열망을 담고자 했습니다.

다른 한편으로, 이 저서는 서울대 아시아연구소 동남아센터 출범 10주년 기념사업의 일환으로 기획되었습니다. 2012년 개소한 동남아센터는 그동안 다양한 연구프로젝트를 바탕으로 동남아시아에 대한 한국사회의 관심을 진작시킬 수 있는 학술적, 대중적 작업을 꾸준히 실행해 왔습니다. 이러한 실천의 연속 선상에서 동남아센터는 10주년 기념으로 미얀마 이슈를 대면하기로 하였습니다. 2021년에 단기적으로 타올랐던 한국사회의 미얀마 민주화 운동에 대한 관심이 점차 사그러들고 있는 현상이 안타까웠기 때문입니다. 아직도 민주화에 대한 열망을 짓밟히며 고통받고 있는 미얀마인과 공감하는 일이야말로 동남아센터의 인간주의적 학술 활동에 부합한다고 판단한 것입니다. 이 저서는 동남아센터의 이러한 지향을 담고 있습니다.

본 연구총서가 출간되기까지 많은 분의 도움이 있었습니다. 우선, 한국 외교부로부터 큰 도움을 받았습니다. 외교부가 지원한 연구용역 "미얀마 국가비상사태 선포 이후 상황분석 및 향후 전망"을 수행하면서, 본 저서의 집필진은 2022년 6월 워크숍과 당해 10월 국제학술대회를 개최할 수 있었습니다. "Spring Revolution and Myanmar's Long Road Toward National Unity: Beyond the Lasting Conflict"라는 제목의 이 국제학술대회는 한국연구재단이 지원하는 아시아연구소의 HK+ 메가아시아연구사업단과 공동으로 진행하였습니다. 이밖에도 아시아연구소의 기반구축사업은 집필진이 원고를 마무리하는데 조직적, 재정적 토대를 제공하였습니다. 이처럼 여러 기관의 재정적 도움으로 동남아센터는 국내외 미얀마 전문가를 초대하여 풍부하고 생산적인 학술대회를 성공적으로 마무리할 수 있었습니다.

집필진의 옥고가 하나의 저서로 탄생하기 위해서는 여러 전문가의 통찰력과 조언이 필요했습니다. 우선 미얀마 친(Chin)족 대표인 리안 흥몽 삭홍(Lian Hmung Sakhong)이 스웨덴에서 친히 내한하여 미얀마 민족통합정부(NUG: National Unity Government)의 비전을 전달함으로써 집필진의 미얀마 민주화 운동에 대한 이해에 깊이를 더할 수 있게 만들어 주었습니다. 또한, 아시아연구소 학술연구부 구성원들은 저서가 길을 잃지 않도록 학술적 지원과 독려를 아끼지 않았습니다. 무엇보다 다양한 분야의 집필진이 까다로운 편집진의 요구를 반영하며 탈고를 위한 노고가 많았습니다. 이 저서는 이 모든 분의 땀과 열정의 결정체입니다. 한분 한분께 진심으로 감사드립니다.

본 미얀마 연구총서가 국내외에서 미얀마 민주화운동에 대한 관심을 다시 일으키는 계기가 되기를 소망합니다. 인간적 삶과 권리를 위해 잔혹한 군부독재에 대항하고 있는 미얀마인에게 미약하나마 힘을 보탤 수 있기를 기원합니다. 미얀마 민주화 세력을 기억하고, 지금보다 나은 세상을 모색하는 연대의 몸짓이 되었으면 합니다. 연대의 길에 힘을 보태주신 모든 분께 심심한 감사의 말씀을 올립니다.

서울대 아시아연구소 소장
동남아센터 센터장
채수홍 드림

머리말

최경희 (서울대 아시아연구소)

미얀마 군부는 1962년 쿠데타를 통해 집권해서 60여 년간 미얀마를 지배한 세력이다. 미얀마 민주화 세력은 1988년 민주화 운동을 계기로 드러나서 2011년 이후 10여 년간 2021년 쿠데타 이전까지 정치적 영향력을 발휘하였다. 그리고 영국으로부터 독립 이후 현재까지 미얀마 국가에 소속되지 못하고 무장세력으로 남아있는 다양한 세력들이 존재하였다. 이렇듯 현재의 미얀마 영토 안에는 이질적인 정치세력이 공존하고 있다. 현대 민족국가 형성은 소위 근대적 국경 개념 안에서 '누가 지배할 것인가', '어떻게 지배할 것인가'가 잠정적으로 합의되어 '국가성(nationness)'을 만들어가는 또 하나의 정치적 공학이 작동하는 '만들어지는' 공간이다. 그러나 미얀마는 아쉽게도, 영국 제국주의로부터 독립한 이후 '하나의 국가성'을 '만들어가는' 그 긴 여정에서 가장 중요한 출발선, 그 토대를 만드는 데 실패했다.

그러면서 1962년 군부 쿠데타 이후 물리력을 동반한 군부의 지배는 미얀마 사회를 풍요롭고 자유로운 사회로 나아가게 하는데 매우 큰 장애물로 작용하고 있다. World Bank Open Data에서 제공하는 미얀마 국내총생산(GDP: Gross Domestic Product) 흐름을 보면, 군부의 장기집권 시기 미얀마의 GDP는 저조세를 유지했던 것을 볼 수 있다. 아래 그림 1에서 1960년에서

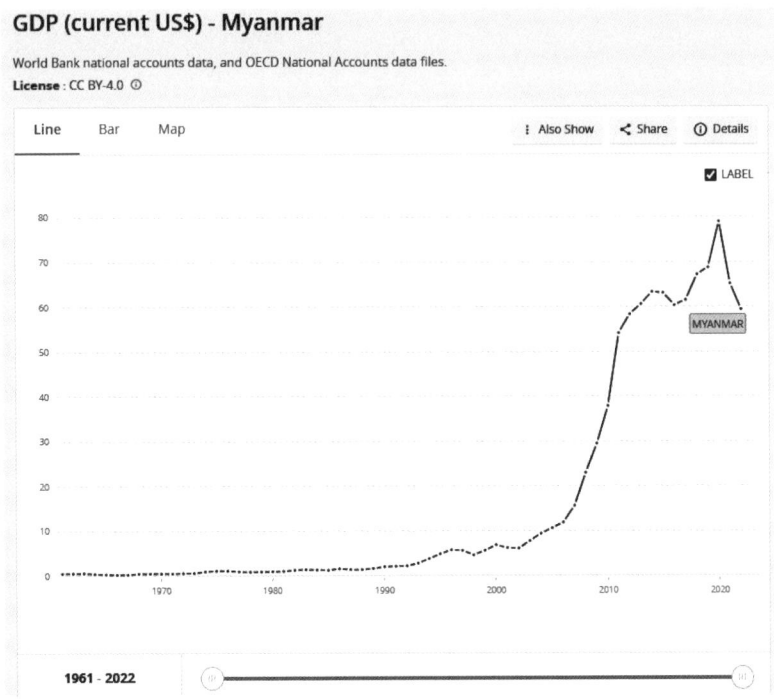

그림 1　1961년-2022년까지 미얀마 GDP 추이
출처: GDP (current US$)-Myanmar | Data (worldbank.org)(검색일: 2023년 10월 26일)

1990년대까지 미얀마 GDP는 거의 큰 변화가 없다. 2000년대 이후 개혁개방을 조금씩 맞이하더니 GDP 변화가 눈에 띄었고, 급기야 2006년부터 2014년까지 미얀마 GDP는 매우 가파르게 성장하였다. 그리고 2020년 미얀마 GDP가 789.3억 달러로 최고의 정점을 찍었다. 그리고 2021년 군부 쿠데타 이후 GDP는 추락세를 이어가고 있다.

위와 같이 그림 1의 1961년에서 2022년까지 미얀마 GDP 추이를 보면, 미얀마의 자유화와 민주화는 미얀마 경제에 엄청난 긍정적인 결과를 주었다고 해석할 수 있다. 그 과정에서 성장한 미얀마 민주화 세력과 그 시기에 태어난 세대는 변화하는 미얀마에 대한 기대감이 높았고, 그래서 그들은 2021년 미얀마 군부 쿠데타를 용납할 수 없는 것이다. 그리고 역시 미얀마 군부는 민주화로 확대되는 경제적 성과를 다시 독점하고 싶은 욕망에 사로잡혀

쿠데타를 일으켰다고 생각할 수 있다. 1988년의 미얀마와 2021년 이후의 미얀마가 다른 이유일 것이다. 지난 미얀마 민주화의 경제적 정치적 성과는 미얀마 군부와 미얀마 민주화 세력 사이를 분명하게 대비시키고 있다. 우선, 현재 군부는 군조직과 자본을 갖고 있기에 상당한 힘의 우위를 보인다. 하지만 미얀마 민주화 세력도 그 이전과 다르다. 2021년 이후 미얀마 민주화세력은 분명한 목표를 제시했다. 하나는 군부지배의 완전한 종식을 표방하고 있다는 점, 다른 하나는 이를 완성하기 위해서 미얀마 민주화 세력은 버마 종족 중심의 국가가 아니라 모든 종족이 정치적 주체로 인정하면서, 진정한 종족 간 화합과 평화에 기초한 '연방 민주주의' 국가를 만들고자 하는 것이다. 물론 현재로서는 미얀마 민주화 세력의 비전과 전망이 언제 성공할지는 전혀 가늠하기 어려운 상황이다. 외형적으로는 여전히 군부는 강력한 정치적 위세를 보이는 듯하다.

본 연구총서는 이러한 상황에 도달한 미얀마를 다각도로 분석하고 있으며, 크게 3부로 구성된다. 제1부 미얀마 군부 정치의 역사와 구조, 제2부 미얀마와 지역 및 국제사회, 제3부 미얀마 개발전략과 한국과 미얀마 관계이다. 제1부에서는 미얀마 내부 이슈 중에서 군부권위주의 체제의 특징과 그 유산을 다루고, 제2부에서는 미얀마 내부 이슈 중에서 민주화운동의 목표인 '연방민주주의' 구상과 비전, 미얀마 외부 이슈 중에서 아세안과 국제사회와의 관계를 다루고, 제3부에서는 한국과 미얀마 사이에 전개되고 있는 초국가적 민주화 운동과 연대 그리고 농업을 중심으로 미얀마와 한국의 미래 경제발전 전략을 논하였다.

제1부에서 장준영은 뿌리깊은 미얀마 군부세력을 심도깊게 분석하고 있다. 군부에 의한 종족분할통치, 군부 내 1인 지배체제의 영속성, 군부의 경제적 장악 그리고 군부에 의한 권위주의적 통치방식 4가지 요소에 대해 역사구조적인 설명을 진행했다. 그리고 2021년 쿠데타 이후 이러한 4가지 영역이 어떻게 미묘하게 변화하고 있는지를 분석하였다. 천기홍은 2021년 미얀마 군부 쿠데타 이후 미얀마인들이 이 상황을 어떻게 이해하고 있는지를 내재적

시선에서 분석하였다. 본 사태에 대해서 미얀마인들이 느끼는 상황은 "생계, 치안, 공포, 불안, 검문, 검열, 체포, 분노" 등의 언어분석으로 나타난다. 쿠데타 이후 미얀마인들이 느끼는 구체적인 경험과 감정을 기술하고 있다. 문기홍은 미얀마 민주화 이행과정에 대한 제도적 접근을 통해 이후의 변화가능성을 탐색하고 있다. 지난 2010년에서 2021년 쿠데타 발생 이전까지의 정치변동을 기존에는 민주주의로의 이행으로 설명하였다고 한다면, 오히려 민주주의로의 이행이라기 보다는 폐쇄적 군부권위주의가 조금 느슨해진 선거권위주의로 이행한 것으로 보는 것이 2021년 이후의 미얀마 정치현실을 설명할 수 있다고 분석하고 있다.

제2부에서 이유경은 2021년 쿠데타 이후 미얀마 민주화 세력이 제시하고 있는 '무장혁명과 연방 민주주의'를 다루고 있다. 군부의 종식을 목표로 하는 현 미얀마 민주화 세력은 '반군부-범민주 진영'의 무장저항 세력들과 소수민족무장단체들을 규합하면서 싸우고 있고, 연방민주주의로의 길 여정에서 나타나는 실태들을 분석하고 있다. 홍문숙은 2010년대 중반부터 서구에서 나타난 일방주의적 제재 담론의 한계와 대안 부재를 비판하면서, ASEAN Plus 시스템 활용을 통한 인도적지원-개발-평화 넥서스 연계된 실효적인 지원방법의 가능성과 미얀마가 갖는 구조적 취약성을 극복하기 위하여 정책-어젠다-시스템 구축까지를 연결할 수 있는 통합적 접근의 필요성을 제기하고 있다. 최경희는 2021년 미얀마 쿠데타 발생 이후 아세안의 대응을 분석하고 있다. 브루나이 의장국 시기 초기대응과 미얀마 문제해결을 위한 5가지 합의안(5PC) 도출과정을 기술하고, 5PC 이행과정을 2022년 캄보디아 의장국, 2023년 인도네시아 의장국 시기별로 분석하고 있다. 이러한 미얀마 이슈를 다루는 아세안의 한계는 아세안 전반에 나타나는 민주주의 취약성과 관련되어 있음을 언급하고 있다.

제3부에서 배도찬은 미얀마 GDP의 37.8%를 차지하고 있는 농업분야를 중심으로 한 미얀마 경제발전전략의 가능성을 탐색하고, 미얀마에 대한 한국의 공적개발원조(ODA: Official development assistance)와 농업 ODA의 양

상과 특징을 분석하고, 미얀마 미래산업으로서 농업분야 발전을 위한 한국의 스마트팜 기술과의 연계 가능성을 탐색하였다. 허정원은 미얀마 민주화 운동에 대한 한국인들의 연대운동이 디지털 미디어에서 어떻게 나타나고 있는지를 분석하고 있다. 한국 SNS에서 나타난 미얀마 발화량은 전년도 대비 약 1,800% 이상 증가한 만큼, 미얀마 민주화에 대한 한국인의 관심이 상당했다는 것을 알 수 있다. 이은정은 미얀마 민주화를 위해 한국에서 진행 중인 초국적 정치 운동의 지형이 2021년 쿠데타 전후로 어떻게 변화하였는지에 대해 주목하였다. '민족통합정부(NUG: National Unity Government) 한국대표부'와 106개 단체로 구성된 연대체인 '미얀마 민주주의를 지지하는 한국 시민사회단체 모임'의 활동을 주목하고, 미얀마 출신 이주민과 한국 시민사회의 활동가들의 상호작용을 분석하였다.

미얀마 연구자이면서 미얀마 민족통합정부(NUG: National Unity Government) 한국대표부의 자문 역할을 수행하는 성공회대학교 박은홍 교수는 최근 "미얀마 '봄의 혁명' 어디까지 왔나?"(May 18 Glocal Issue Monitoring Report Vol.3)라는 제목의 글을 발표하였다. 이 글 요약문에는 "독립 직후부터 미얀마의 역사는 중앙정치에서건 소수민족들이 사는 변방에서건 분열의 역사로 점철되었다. 이것이 군부의 정치개입의 명분이 되어 60년이 넘도록 미얀마는 암흑의 시대에 놓였다. 분열의 역사가 부른 정치적 결과이다. 과거 그 어느 때보다도 민주진영은 소수민족과의 연대 없이는 민아웅 흘라잉의 군부세력의 정치생명에 종지부를 찍을 수 없음을 알고 있다. 미얀마 민주진영이 소수민족의 자치권을 충분히 보장하는 연방민주주의 건설에 모든 것을 걸고 있는 이유도 여기에 있다. 연방민주주의는 '봄의 혁명'의 목표이자 수단이다"로 미얀마 '봄의 혁명'의 핵심적 내용을 정리하고 있다. 바로 미얀마 민주진영과 소수민족과의 연대가 미얀마가 하나의 국가성을 만들어나가는데 있어서 매우 중요한 전제이자 출발이 되는 것이다. 이것을 성공시키기 위한 아세안과 국제사회의 적절한 노력이 앞으로도 매우 중요하다. 만약 이러한 연방 민주의의 토대와 조건을 만들어가지 못한다면, 결국 미얀마 군부는 그 균열된 미얀마 정치세력 위에서 군림하면서 그 위치를 유지하려고 하고, 그 과정에서 미얀마의 경제사회는 낙후의 길로 가게 될 것이다.

앞에서 언급하였듯이 2000년대 중반부터 전개되었던 미얀마의 자유화와 민주화는 경제적 성과로 분명히 이어졌다. 1960에서 2022년 미얀마 GDP 흐름에서 2006년부터 가파르게 상승하여 2020년 최고의 정점을 찍었다고 설명하였다. 그리고 2021년 쿠데타 이후 다시 뚝뚝 떨어지고 있다. 즉, 데이터는 미얀마 민주화에 따른 경제적 성과가 뚜렷하게 성취되고 있음을 말해주고 있다. 아래 그림 2는 미얀마의 GDP 수준을 비교하기 위해 아세안의 주

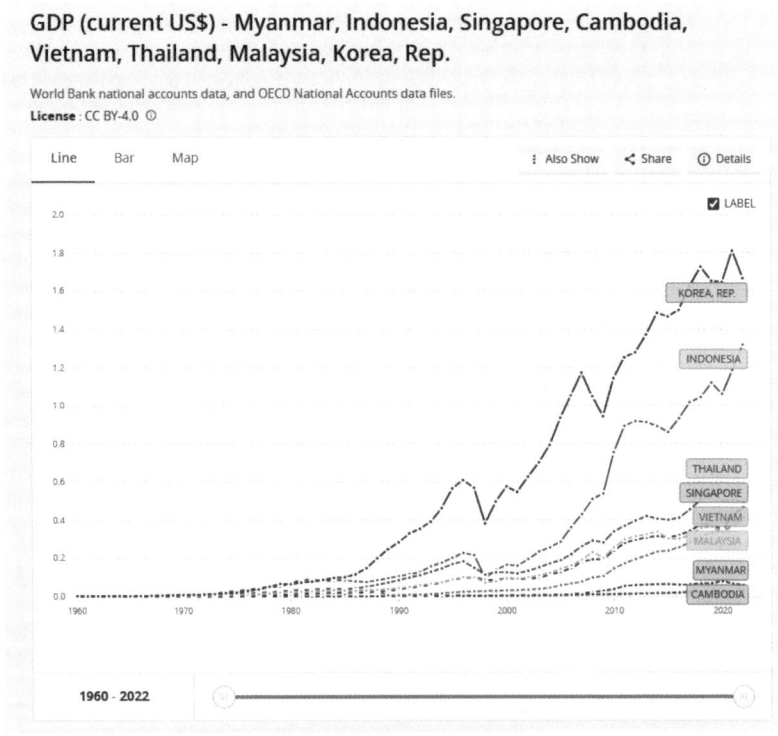

그림 2 1960-2022 아세안 주요국과 한국의 GDP 추이
출처: GDP (current US$)-Myanmar, Indonesia, Singapore, Cambodia, Vietnam, Thailand, Malaysia, Korea, Rep. | Data (worldbank.org)(검색일: 2023년 10월 27일)

요국가들의 GDP와 한국의 GDP 추이를 함께 포함한 그래프이다. 우선 인구 규모로 보면, 미얀마는 한국과 유사하다. 한-아세안센터에서 제공하는 통계자료에 근거하면, 2020년 기준으로 미얀마 인구는 약 5천 4백만 명이고, 한국은 약 5천 1백만 명 정도이다. 그러나 그림 2 GDP 규모를 비교해 보면, 한국과 미얀마는 16배의 차이를 보이고 있다. 미얀마는 인구규모나 국토면적이나 결코 작은 국가가 아니다. 미얀마 국토면적은 세계에서 40번째로 크고, 아세안에서는 인도네시아 다음으로 큰 국가이다. 한-아세안센터에서 제공하는 통계자료에 근거하면, 인도네시아 국토면적은 $1,811,569 km^2$이고, 미얀마는 $653,508 km^2$로서, 미얀마는 아세안에서 2번째로 큰 국가이다. 미얀마와 약간 차이가 나는 국가는 태국 $510,890 km^2$ 정도이다. 무엇보다 미얀마는 원유 및 천연가스 외에도 크롬, 철, 니켈, 납, 아연, 구리, 은, 텅스텐, 비취, 사파이어, 석회석 등 자원이 풍부한 것으로 알려져 있다. 이 역시 글로벌 공급망 재편 시대에 미얀마가 발전할 수 있는 충분한 성장잠재력의 요소들이다. 그럼에도 불구하고, 그림 2를 보았을 때, 미얀마 경제발전 정도는 아세안의 저개발국가인 캄보디아보다 약간 높은 수준이다. 경제적인 것으로 모든 것을 설명하려는 것은 결코 아니다. 다만, 경제성장의 잠재적 요건이 강한 미얀마의 경제적 현실과 그럼에도 불구하고 미얀마 민주화 이행시기에 가장 강력한 경제성장의 모습을 보여주었다는 데이터를 통해서, 미얀마에서 군부의 장기집권은 결코 미얀마 사회 발전에 전혀 도움이 안된다고 하는 것을 강조하고 싶기 때문이다.

본 연구총서는 다양한 미얀마 연구자들이 다양한 주제로 다양한 목소리를 담은 것이다. 현재 미얀마 상황과 이후의 전개 과정에 대한 설명 및 예측 또는 현재 미얀마 군부와 미얀마 민주화세력에 대해서도 다양한 견해를 가질 수 있다. 이러한 연구자들의 다양한 목소리와 견해를 통해 미얀마 사회가 더 자유롭고 더 풍요로운 사회로 나아가는데 기여할 수 있기를 기대하면서 본 연구서가 기획되었음을 전하고자 한다.

제1부
미얀마 군부 정치의 역사와 구조

제1장   미얀마 군부의 권력 유지 방식과 정치적 기술의 독창성: 지속과 변화
장준영(한국외대 동남아연구소 연구교수)

제2장   미얀마 군부쿠데타의 내재적 시선
천기홍(양곤대학교 미얀마어과 박사과정)

제3장   미얀마 민주화 과정의 역설: 느슨한 권위주의 체제에서 선거 권위주의로
문기홍(부경대 국제지역학부 조교수)

제1장

미얀마 군부의 권력 유지 방식과 정치적 기술의 독창성: 지속과 변화

장준영 (한국외대 동남아연구소 연구교수)

"그들[군부]은 세계와 자신의 위치에 대해 유일무이하고도 고도의 기행적인 관점을 가진다."

-미국 외교관 도널드 제임슨(Donald Jameson)- (Selth, 2021: 6).

I. 머리말

군부는 민간정부의 위기와 같은 사회적 혼란기에 군부만이 독점하는 무기를 바탕으로 한 쿠데타나 이에 상응하는 물리력을 동원하는 방식으로 정치에 개입하며, 궁극적으로 항구적인 집권을 목표한다. 이를 위해 정권을 접수한 군부는 그들의 통치를 반대하는 사회를 억압하는 강경책과 국민의 자발적 지지를 유도하기 위할 목적으로 사회·경제적 안정을 도모하는 회유책 등 강온전략을 병행한다.

강경책으로는 정당 활동을 금지하고, 집회·결사·언론·출판 등의 자유를 구속하며 국가안보 관련 법령에 독소조항을 추가하는 등 사회통제를 강화하여 국민의 정치참여를 원천적으로 봉쇄하거나 국민을 탈정치화한다. 물리력을 전시하고 행사함으로써 군부는 국민에 대한 감시체제를 구축하고, 국민은 정권에 의해 압사당하지 않기 위해 자기검열을 생활화한다. 또한, 군부는 정권에 대한 도덕적 판단을 흐리게 하고 국민적 지지를 확보할 목적으로 광활한 대중동원을 시행한다. 지도자는 국민의 동의를 얻거나 광범위한 지지를 받았던 과거 중 한 시기를 설정하고 현재를 이와 유사한 환경으로 조작하는데, 국민이 명령에 복종하는 습관에 길들면 지배질서의 정통성 유무에 의문을 갖지 않도록 유도하기 위해서이다. 마지막으로 군 지도자는 자신을 중심으로 한 권력층의 분열과 갈등을 방지한다. 이를 위해 지도자는 시민사회의 도전을 원천적으로 봉쇄하면서 군 중심의 조합주의적 이익을 유지하여 내부 단결을 도모한다.

회유책으로서 군부는 국가 혼란을 수습한 국가와 국민의 수호자라는 존재감을 국민에게 전시하고, 한편으로는 경제발전을 달성하여 국민에게 물질적 혜택을 제공한다. 경험적으로 볼 때 전자는 군부의 강점인 체계적 교리, 조직력, 근대식 무기 등을 바탕으로 단기간에 달성할 수 있다. 후자는 중남미 사례에서처럼 군부가 경제 및 기술 분야 전문가와 동맹을 구축함으로써 일정 기간, 일정 수준의 경제발전을 달성했다. 그렇지만 군부가 경제적 위기를 초래한 이전 민간정권의 관료를 신뢰하지 않거나 군부의 경제활동 경험이 축적되어 있다면 군부가 단독으로 경제활동의 주체가 될 수도 있다.

1962년 3월 2일, 쿠데타를 통해 집권한 미얀마 군부도 정치개입에 있어서는 위처럼 보편적인 경로를 따랐다. 그러나 1988년 3월 민주화운동이 촉발하기 전 26년간 군부정권의 유지 방식은 전술한 군부의 정권 유지 행태와 다른 독자적 경로를 걸었다. 이를테면 높은 강도의 사회적 억압, 관주도의 대중동원 등 강경책은 목도되었지만, 내전을 관리하는 주체로서 국가의 분열을 방지하는 수호자로서의 면모에 천착하고, 사회주의와 같은 국가구조의 극단적 전환을 추구한다는 명분으로 경제발전과 같은 비군사적 분야의 회유책에는 관심을 두지 않았다.

지난 50년간 미얀마는 군부가 국가 자산을 사유화하고, 경제적 이익을 독식함에 따라 전형적인 약탈국가(predatory state)로 전락했다. 나아가 군부 통치 결과 미얀마는 군부와 민간, 버마족과 소수종족, 도시와 농촌, 불교도와 기타 종교 신도 등 대립과 갈등으로 점철되었다. 이와 같은 이분법적 구도는 군부가 의도한 결과이자 역설적이게도 군부에 따르면 그들이 정치권에서 물러날 수 없는 근거가 되기도 한다. 군부는 군 내부의 단결을 무기로 분열된 사회 위에 군림하는 집단으로 현재까지 그 입지를 공고히 하며 '국가 안의 국가'가 되었다.

그러나 강경책에 의존해 온 군부의 정권 유지 전략은 2021년 쿠데타 이후 위기를 맞고 있다. 정규군 땃마도(tatmadaw)와 경찰을 투입하여 반군부 세력에 대한 무력 진압에 돌입했음에도 불구하고 군부의 기대와 달리 국가 전역의 통제권을 확보하는데 고전 중이다. 예를 들어 2022년 9월 발간된 보고서에 따르면, 군부가 완전히 장악한 지역은 전 국토의 17%에 지나지 않고, 민족통합정부(NUG: National Unity Government)도 군부가 국토의 50%를 장악하지 못했다고 주장했다(SACM, 2022: 13; Ye Myo Hein, 2022: 66).

일반적으로 군부의 정치 퇴진은 경제발전과 같은 정책의 실패, 민간정치 세력의 등장과 같은 시민사회의 성장, 군 내부의 분열과 갈등, 외국의 정치적 압력 등 군 내외적 도전이 구체화한 가운데 발생한다(서경교, 1994: 294-296). 쿠데타 이후 미얀마 군부는 병영으로 복귀하고자 하는 의사가 없고, 제시한 조건들도 현재 미얀마 사회에서 발생하지 않았거나 적용하기에 무리가 따른다.

그렇다면 과거와 달리 현재 미얀마 군부가 집권과 통치에 난관을 겪는 직접적인 이유와 배경은 무엇인가? 이에 대한 해답은 지금까지 미얀마 군부가 추구해 온 그들만의 권력 장악과 유지 방식을 통해 규명할 수 있을 것이다. 다시 말해 이 글은 군부의 정치적 전통으로서 권력을 장악하고 유지하는 체계화된 내적 속성을 집중적으로 해부한 뒤 각 변인이 작동하는 현상을 관찰함으로써 미얀마 군부와 군부 정치의 맥락적 보편성과 세계사적 특수성을 도출할 수 있다. 나아가 군부정권의 연속성 차원에서 이 글은 현재 국가행정평의회(SAC: State Administration Council)가 처한 현실이 과거의 군부정권과 뚜렷이 대비 및 대조될 뿐만 아니라 현재 사실을 바탕으로 군부 정치개입의 미래까지 조망할 것으로 기대된다. 이를 위해 이 글에서는 미얀마 군부의 정치 행위를 상징하는 핵심어를 주요 변인으로 설정하고 이를 검증함으로써 군부정권이 작동해 온 내적 동인을 모색하고자 한다. 이 글에서 발굴하고 분석할 변인들은 군부의 정치 행위나 그러한 행위를 유발하는 동기와 직접 연관되며, 해당 변인이 제거될 때 군부의 정치개입 가능성은 축소될 뿐만 아니라 군부의 병영 복귀 가능성도 커질 것이다.

II. 설정: 미얀마 군부 통치를 상징하는 핵심어

군부 정권이 유지된다는 사실은 군 내부 동력뿐만 아니라 군부와 사회 간 끊임없는 상호작용의 결과라고 할 수 있다. 그런데 미얀마 군부는 독립한 지 10년 만인 1958년 민간정부의 동의로 과도정부를 수립하면서 집권 가능성을 확인했고, 1962년 쿠데타를 통해 정치 권력을 완전히 장악했다. 그리고 군부의 정치개입이 발생한 지 60년이 지났음에도 불구하고 국가 구조나 제도적 환경의 개선은 이뤄지지 않았다. 다시 말해 국가의 구조적 근대화에 비해 사회경제적 발전이 이뤄지지 않아 국민의 행동 양식은 구조적 근대화에 착근되지 않았고, 이로 인해 기능적 부조화가 유지된다. 그 대신 장기간에 걸친 군부 통치로 인해 군사문화가 사회에 곳곳에 침투하여 사회구성원의 가치, 성향, 인식과 같은 정치문화뿐만 아니라 제도적 영역과 실제 말단 조직의 작동 방식까지 권위주의적 행태가 토착화했다. 예를 들어 민주진영으로 분류되는 민족민주동맹(NLD: National League for Democracy) 내에서도 과두제의 철칙은 유지될 뿐만 아니라 아웅산 수찌(Aung San Suu Kyi)를 비판할 수 없는 환경이다. 이와 같은 배경에서 2021년 2월 쿠데타가 발생하기 전까지 사실상 사회는 군부와 별개로 자율성과 체제를 비판하거나 도전할 수 있는 역량을 배양하지 못했다. 이에 근거하여 이 글에서 군부는 어떠한 방식으로 군 내부뿐만 아니라 외부를 성공적으로 통제했는가에 초점을 맞춘다.

핵심어는 버마족과 소수종족 간 통합을 방지할 목적의 분할통치(divide and rule), 정권 유형으로서 1인 독재체제, 정권 유지와 군 내부 결속 동인으로서 군부의 경제활동, 정권에 대한 대중적 지지기반을 확보하기 위한 자원동원과 선전선동 등 네 가지이다. 이 중 분할통치는 사회의 균열, 다시 말해 버마족과 소수종족 간 갈등과 균열을 설명하는 변인이지만, 사실상 나머지 세 영역 모두에도 적용될 수 있는 핵심 용어이다.

군부의 선민의식과 우월의식은 미얀마 사회를 분리하고 해체하여 그들의 의도대로 재구성하는 분할통치로 구현되었다. 분할통치는 영국의 전통적 식민지배 전략으로서 식민지 구성원의 통합과 연대를 방해하는 것에 그치지 않고 분열과 갈등이 상존하는 상호 적대적인 공생관계로 고착화하고, 종국에는 피지배국의 역사와 문화 요소의 분열을 꾀한다. 예를 들어 식민정부는 최상위에 영국인대 외국인(식민지 원주민과 이주민), 기독교도 대 이교도 등 이분법으로 단순화하고, 피지배국 국민은 다시 언어, 종교, 종족, 거주지역, 피부색, 경제 수준과 활동 분야 등에 근거하여 상호 배타적인 집단으로 분류한다(Bethke, 2012; Christopher, 1988: 233-234).

영국이 식민 버마에서 행한 분할통치는 구성원의 갈등뿐만 아니라 기존 전통 사회질서의 파괴와 재편이라는 구조적 변화를 가져왔다. 식민당국은 국가로부터 종교를 분리하고, 영국 관습법과 기독교적 사상 등 근대법과 제도를 도입함으로써 버마를 세속국가로 탈바꿈했다. 버마족(Burman)과 소수종족 간 지리적 분할, 그리고 소수종족에 대한 자율성을 보장함으로써 왕조시대에는 목격되지 않았던 국가 구성원 간 갈등도 시작되었다. 또한, 고산지대 소수종족은 기독교를 수용함으로써 세계관의 전환을 꾀함과 동시에 버마족과 같이 불교도와 차별화하는 정체성을 마련했다. 마지막으로 영국 식민당국은 인도인의 이주를 장려하고, 이들을 식민 버마의 주요 경제활동자가 되게 했다.

1930년대 아웅산을 중심으로 한 민족주의 단체들이 등장했지만, 이미 식민 버마사회는 버마족과 소수종족이라는 구도로 양분되었고, 식민당국에 협조하는 인도인의 존재는 국가와 국민의 단결과 통합보다는 갈등과 대립으로 점철되었다. 단적인 예로 1948년 식민통치가 종료될 때까지 모든 구성원을 포괄하는 식민지 저항운동이나 독립운동은 발생하지 않았다. 이처럼 식민사 전체를 돌아볼 때 집단의 분리, 상호 불화와 갈등을 조장하는 영국의 분할통치 전략은 성공한 것처럼 보인다.

영국의 식민통치는 종료되었으나 영국이 도입한 근대 제도와 재편한 사회구조는 독립 이후 새로운 정치적 실험과 구성원 간 갈등의 단초가 되었다. 독립 후 정치 지도자는 불교를 전면에 내세우면서 왕조체제의 복원을 시도했고, 식민당국에 협조했던 소수종족은 중앙으로부터 분리독립을 추진했다. 1958년의 국정운영 경험을 바탕으로 1962년 쿠데타를 권력을 장악한 군부는 빠른 속도로 국가의 재구조화에 돌입했고, 그들의 통치를 강화하는 차원에서 식민시기 유산으로서 분할통치를 사회와 집단 곳곳에 적용했으며, 그 유산은 현재까지 유효하다.

1. 버마족과 소수종족 간 분할통치

군부는 식민시기부터 고착화한 미얀마 사회의 균열 양상을 그들의 통치에 적극적으로 활용했다. 독립한 지 1년이 지난 뒤 1949년 1월부터 카렌족(Karen, 또는 꺼잉Kayin)을 필두로 한 소수종족은 분리독립을 위한 무장투쟁에 돌입한 상황이었으므로 왕조시대처럼 다수와 소수가 동시에 버마족 왕의 신민이 될 가능성은 희박해졌다. 그뿐만 아니라 독립은 주권의 회복뿐만 아니라 왕조시대처럼 버마족 기득권의 복원을 의미하므로 버마족이 중심이 된 정부 시각에서 식민시기 영국에 협력한 소수종족은 통합과 화해보다 탄압과 강제적 병합의 대상이었다.

이에 군부는 버마족과 소수종족으로 양분된 갈등 구도에서 위기를 수습하는 국가의 수호자, 즉 깨딩신(keidinshin)이라는 위상을 채택했다. 군부는 그들의 병력, 화기, 작전 능력 등을 고려할 때 전국의 무장단체를 소탕할 역량은 충분했지만, 고도의 정치적 전략에 따라 군부는 소수종족에 대한 '회유'와 '강경' 전략을 동시에 시행하면서 이들이 지속해서 중앙에 반기를 들 수 있는 환경을 조성해 왔다. 다시 말해 군부는 그들과 대립각을 세우는 소수종족을 대상으로 군사작전을 수행하면서도 이들을 고사시키지 않았다. 만약 도처의 소수민족무장단체(EAOs: Ethnic Armed Organizations)가 자발적으로 해체하거나 군부에 의해 완전히 소멸된다면 국가 혼란을 수습하는 수호자로서의 군부 역할이 종료되고, 그렇다면 더 이상 군부가 정치권에 남을 명분도 사라지게 된다. 따라서 군부는 경제발전과 같은 그들이 달성하기 어려운 과업보다 국가 혼란을 수습하는 본연의 역할에 충실함으로써 의도적으로 그리고 전략적으로 끝나지 않는 국가의 분열을 조장한다.

그러면서 군부는 식민시기부터 시작한 소수종족의 분리주의운동이 연방의 분열을 조장하는 불순한 시도라고 버마족에게 호소하며 이들에 대한 부정적인 여론을 형성하거나 최소한 버마족이 소수종족에 어떠한 관심도 가지지 않기를 원했다. 1988년 민주화운동 당시 소수종족이 반정부 시위에 가담하지 않았고, 2016년 아웅산 수찌가 이끄는 민간정부가 출범했을 때도 소수종족의 기대가 크지 않았던 점을 고려할 때 버마족과 소수종족의 이간질을 부추긴 군부의 전략은 어느 정도 성공적이었다고 간주된다.

2. 1인 독재체제의 영속

1988년 이후 신군부의 구성원은 혁명군부(revolutionary army)였던 전임 정권의 군부와 달리 높은 직업주의를 바탕으로 한 집정군부(praetorian army)로서 완전한 기능적 분화를 달성했다. 집정주의는 민간정부가 민족주의나 근대화와 같은 목표를 추구하지 못하고 정체된 상황에서 발생하고, 이 상황에서 군부는 중재자와 통치자로 양분된다. 전자는 전문적이지만 독립적 정치조직은 없고 정치 이념을 형성하는 데에도 관심이 거의 없으며 군부 통치를 시한부로 설정하고 민간에 정권을 이양할 준비를 한다. 후자는 질서를 유지하기 위한 도구로서 독립적인 정치조직을 보유하고, 일관되고 정교한 정치 이념을 가지며 중재자 유형과 달리 병영으로 돌아갈 계획을 고려하지 않는다(Perlmutter, 1969: 385, 392-393).

    1962년 군부가 정치에 개입할 당시 군부는 민간 정치인과 관료에 대한 불신을 바탕으로 전임 정부의 실패를 기정사실로 공언했다. 이에 따라 군부는 버마사회주의계획당(BSPP: Burma Socialist Programme Party)을 전위당으로 활용하여 민간인을 완전히 배제하고 군부가 국정 전 분야를 총괄하는 체제를 완성했다. 일반적으로 군부는 군사 분야 이외에 국가를 운영할 수 있는 능력이 부족한데, 그런 이유로 경제발전과 관련하여 경제 및 기술 분야의 전문가와 동맹을 구축한다. 그러나 미얀마 군부는 쿠데타 이전 경제활동 경험이 있고, 민간정권의 관료를 신뢰하지 않았기 때문에 경제전문가와 동맹 관계를 구축하지 않는 대신 스스로 관료화하여 혁명군부로서의 위상과 기능을 버리고 경제활동의 주체가 되어 국가를 약탈하기 시작했다.

    한편, 군 수뇌부의 내적 결속력은 상급자에 대한 무조건적 충성과 사적 권력의 축적을 엄격히 금지하는 방식으로 유지되었다. 이로 인해 군부정권은 집단지도체제가 아닌 독재자(caudillo) 1인이 모든 권력을 장악하는 체제로서 경쟁 자체가 불가능한 폐쇄된 구조로 나아갔다. 독재자는 자신이 권좌에서 스스로 물러나지 않는 이상 권력 유지가 유일하고도 최종적인 목적이므로 하위 수뇌부가 매파와 비둘기파로 분화하는 것에도 부정적이다. 한편, 군사평의회 의장, 국방장관과 같은 최고 직위에서 물러난 독재자는 막후에서 영향력을 행사하는 정치적 게임을 한다. 군 수뇌부는 스스로를 부모-자식 관계 또는 후견-수혜관계의 미얀마식 해석인 스승-제자관계(Saya-Dabye Hseth-sanye)로 정의하면서 온정주의를 강조하지만, 막후권력자(eminence grise)가 더 이상 군을 통제하지 못하면 그를 포함하여 족벌의 안위는 보장받을 수 없다. 이런 구도는 독재자가 권력을 내려놓지 못하는 근거가 된다.

3. 경제활동에 기반한 이익집단

군은 민간이 접근하거나 운용할 수 없는 군 관련 전문기술과 관련한 산업을 독점할 때, 군과 관련한 국가 재정이 충분하지 않거나 국가 예산에 문제가 발생할 때, 국가가 허약하거나 민간정부가 군부를 제대로 통제하지 못하거나 민간우위 원칙이 제대로 지켜지지 않을 때, 국가의 혁명을 주도하거나 내란에 성공적으로 대처하는 등 군 본연의 임무를 마친 뒤 자급자족이 필요할 때, 냉전 종식 이후 외부로부터의 안보 위협이 감소할 때 경제활동에 참여한다(Brömmelhörster et al., 2003: 13-15).

위 배경에 근거할 때 군은 그들의 정치개입과 상관없이 이익단체로서 경제활동에 참여할 수 있다. 예컨대 군이 보유한 기술이나 통신 분야는 상대적으로 낙후된 인프라의 근대화에 기여할 수 있고, 군이 주도한 산업화는 정치인들의 역할을 대행하는 것으로서 군의 경제활동이 정당화된다(Mani, 2010: 4). 세 번째 배경처럼 군이 독보적인 지위를 활용하여 경제활동에 참여하면 허약한 정부는 군을 견제하거나 제어할 수 없고, 이 과정에서 천연자원을 약탈 또는 민간재산을 약취하는 등 지대 추구를 함으로써 집단적 이익을 추구하는 집단으로 변질할 가능성이 크다. 이처럼 군부의 경제활동이 반드시 공식적 영역, 즉 법적 테두리 내에서 행해진다는 보장은 없다. 예를 들어 아시아 군부들은 마약 밀매, 밀수, 강탈 등 불법행위를 통해 부를 축적해 왔다(Alagappa, 2001: 37). 특히 국가가 군부의 생계를 책임질 수 없는 환경이 지속하면 군 개인은 부업으로서 불법 영역의 경제활동에 개입한다(Brömmelhörster et al. 2003: 12).

한편, 군은 국가 경제발전에 이바지한다는 명분으로 기업을 설립한다. 군대의 제도적 산물로서 군의 기업활동은 제도적 역량을 갖춘 장교가 군대에 직접 도움이 되는 재원 또는 상품을 생산하는 과정으로서 여기에는 공식 소유자, 관리자, 이해관계자 등이 개입한다(Mani, 2011: 29). 그런데, 군의 기업활동은 군에 대한 민간정부의 민주적 통제에 논란의 여지를 가져오고 국가-사회 간 권한 강화에도 방해가 된다(Linz et al., 1996). 실제로 경제영역에서 군부의 역할은 민주화된 이후에도 축소하기 매우 어려운 과제로서 군의 "예약된 영역"(reserved domain) 중 하나이다(Stepan, 1988: 97). 예컨대, 군은 경제활동으로 인해 정부의 예상 할당과 상관없이 상당한 수입원을 확보할 수 있으므로 국가 차원에서 국방예산에 대한 실제 수요를 정확히 평가하지 못한다. 나아가 군대가 국가에서 특권적인 지위를 유지하는 가운데 정치적 자원이 부족하거나 위태로울 때 정치인의 군대에 대한 의존도는 높아질 수 있다. 또한, 군대는 경제활동에 천착함으로써 전투 수행력의 약화와 같은 결과를 초래한다(Mani, 2011: 29-30). 세 요소 모두 군대가 민간의 통제를 받지 않고 조직적 자율성을 누릴 수 있지만, 경제활동의 결과 군대는 고유의 역할 역량을 스스로 훼손할 수 있다.

형식적으로 군기업은 국가에 귀속되는 동시에 경제활동을 통한 이익을 산출하는 공공행위자라는 점을 강조한다. 그러나 군부의 정치 권력이 약화하는 상황에서도 그들이 경제 권력을 포기하지 않았으며 심지어 개도국에서 군기업의 수는 놀랄 만큼 증가했다(Mani, 2010: 1-2; Skaar et al., 2014: 14). 이런 측면에서 군부가 국가의 경제발전이나 산업화를 견인하는 대안세력이라는 명분은 설득력이 떨어지고, 이익단체로서 그들만의 제도적 자율성을 고수한다. 따라서 군기업이 지향하는 국가에 대한 공적 충성도와 집단으로서 제도적 이익은 결코 양립할 수 없다(Mani, 2010: 3).

4. 자원동원과 선전선동

모든 군부정권은 국민의 정치적 권리, 자유, 경쟁을 제한하거나 제거하고, 위로부터의 통제와 사회로의 침투 수준도 매우 낮으므로 그 성향은 권위주의적이다(Nordlinger, 1977: 110-224). 그러나 군부는 태생적으로 정통성이 부재하므로 정치적 자원을 동원하여 국민이 군부정권의 정책과 명령을 수용하고 이행하도록 강제하거나 설득하는 과정을 거친다. 즉 군부정권은 기존 질서의 현상 유지와 정치집단으로서 군부의 이익에 긍정적인 영향력을 획득하기 위한 수단으로 국가 주도의 자원동원을 실시한다.

미얀마 군부정권의 자원동원은 궁극적으로 군부가 추구하는 국가의 미래상을 국민에게 제시하고 이에 대한 국민적 지지를 유도함으로써 항구적 군부 통치체제를 구현하기 위한 정치사회학적 접근에 기반한다. 권위주의 체제의 독재자는 정치적 기술이 뛰어나지 않고, 정책도 권력 엘리트나 지도자의 자의적 판단에 따라 결정되므로 국민의 동의를 얻거나 광범위한 지지를 받았던 과거 중 한 시기를 설정하고 현재를 이와 유사한 환경으로 조작한다. 이로 인해 권위주의 체제의 신념체계는 엉성하고 과거지향적인 특징을 띤다(Linz, 1975: 187-350; Linz et al., 1996: 44-45).

미얀마 군부정권도 이러한 특성을 이탈하지 않는바 군부가 지향하는 행동주의의 종착지는 버마족이 중심이 된 왕조시대로의 귀환이다. 전통시대 왕은 종교결정론에 근거하여 만들어지는 것이 아니라 태어날 때부터 점지된 셋짜밍(setkyamin, Cakravartin)으로서 신성성과 무한권력을 보장받으므로 신민의 지지나 동의가 필요하지 않았다. 다만, 왕의 존립 근거인 불교를 보호하고 후원하는 정법왕(正法王, Dhammaraja)으로서의 면모는 반드시 지켜야 할 덕목이었다. 군 지도자는 각종 비술(祕術)을 통해 자신의 신성성을 보충하고 스스로 정법왕의 외형을 공공의 영역에 전시하려는 의도에서 고승에게 보시하는 장면을 대중에게 선보여 왔다. 이를 통해 국민 다수가 군부정권에 대한 지지를 하도록 사회적 환경을 조장한다.

위와 같이 군부가 추구하는 이상향은 군부가 아닌 군부가 조직한 대중동원 단체에 의해 선전(propaganda)과 선동(agitation) 형식으로 실천된다. 군부를 대행하는 대중동원 단체는 국민적 총화를 도모하지만 이에 반발하는 집단과 개인에 대한 억압도 동시에 행사함으로써 정권의 폭력성도 동시에 전시한다. 군부에게 소수종족은 사회적 배제의 대상이므로 이들을 교화할 필요가 없으며, 대중동원 과정에서 버마족의 분열을 더욱 공고화하고자 한다. 이 전략도 군부가 추구해 온 분할통치 전략 중 하나이다.

III. 버마족과 소수종족 간 분할통치

1. 군사정부에서 군부-소수종족무장단체 관계

1949년 1월부터 등장한 EAOs[1]는 각 정권에서 창설, 연대, 분열, 소멸, 그리고 재창설 과정을 거치며 현재에 이르고 있다. 우 누(U Nu) 정권 당시 강력한 무장단체는 카렌민족연합(KNU: Karen National Union)이 조직한 카렌민족해방군(KNLA: Karen National Liberation Army)[2], 두 파벌로 나눠진 버마공산당[3], 독립과 함께 정규군에서 탈락한 과거 버마독립군 출신의 인민의용군(PVO: People's Volunteer Organization), 중국 국민당(KMT: Kuomintang) 잔당 등이며, 이 중 소수종족이 결성한 단체는 KNLA가 유일하다. 물론 샨주(Shan State)에서 처럼 지역에 기반한 소수종족은 버마공산당과 국민당과 연합하여 무장단체를 결성했지만, 당시로선 중앙정부를 위협할 수준의 병력이나 무력을 갖추지 못했다.

쿠데타 하루 뒤 네윈은 소수종족이 희망하는 연방제(federalism)를 공식적으로 반대했다(Smith, 2007: 31). 연방제의 실현이 연방(Union)의 붕괴로 이어질 것이라는 네윈의 우려가 진정성에 근거했는지는 알 수 없지만, 쿠데타 일주일 전 정국은 그가 쿠데타를 결심한 동인으로 이해될 수도 있다. 2월 25

---

[1] 통상 소수종족무장단체는 상위에 정치기구를 두어 이 기구의 지휘를 받는다. 예를 들어 카친 독립군(KIA: Kachin Independence Army)은 카친독립기구(KIO: Kachin Independence Organization), KNLA은 KNU의 통제와 지휘를 받는다.

[2] 전신(前身)은 카렌족방위기구(KNDO: Karen National Defence Organization, 1947-49)이다.

[3] 버마공산당은 1939년 창당했으나 이념과 투쟁노선을 두고 1946년 떠킹 쏘(Takhin Soe)를 중심으로 하는 버마적기공산당(CPB: Communist Party of Burma)과 딴뚱(Than Tun), 떼인 페(Thein Hpe)를 중심으로 하는 버마백기공산당(BCP: Burma Communist Party)으로 분열했다. 수적으로 열세였던 CPB는 러시아 트로츠키주의를 옹호하며 비공산세력과의 연대를 반대했고, BCP는 브로우디즘(Browderism)을 수용하여 대중적이고 온건한 공산당 운동을 주장했다. 분열 이후 BCP는 동북부지역을 근거지로 활동하며 중국 공산당을 추종했고, CPB는 버고산맥(Bago Yoma)와 아라칸주 일부를 근거지로 활동하며 독자노선을 걸었다.

일, 우 누 총리 주도로 소수종족 지도자들은 연방제를 심도 있게 논의하고 있었고, 이들의 결정과 상관없이 카렌족을 비롯한 일부 소수종족은 연방에서 탈퇴를 공식화했다. 이에 앞서 1959년 네윈은 샨족 쏘봐(sawbwa, 족장)의 정치적 영향력을 제거함으로써 이들이 주도하여 창설한 무장단체가 연방에서 분리하려는 시도를 원천적으로 봉쇄한 적이 있다.

군부의 강경한 태도에 반발하여 각 지방의 소수종족이 봉기를 시작했다. 네윈은 허약한 정통성을 확보하는 차원에서 1963년 4월부터 소수종족과 대화를 선택했고, 각지의 무장단체와 협상에 돌입했다(Maung Maung, 1969: 309-310). 상호 간 요구와 입장은 평행선을 달렸지만, 결정적으로 정부는 소수종족이 요구한 연방제가 불가하다는 뜻을 재확인했다(Smith, 1991: 209-210; Smith, 2007: 32; Zaw Oo et al., 2007: 9).[4] 정부의 고자세로 협상은 성과를 거두지 못했을 뿐만 아니라 신흥 EAOs의 등장이라는 역효과를 낳았으며, 1950년대 말 무장투쟁을 포기했던 소수종족들도 다시 전선으로 복귀했다(Smith, 2007: 32-33).

1965년, 군부는 인민전쟁(People's War)을 군 교리와 전략으로 채택하고, 이를 달성하기 위해 "4대 근절"(Hpyat-Le-Hpyat, Four Cut) 프로그램을 도입했다(Maung Aung Myoe, 2009: 25). 이 프로그램은 반군단체, 그들의 가족, 그들이 거주하는 마을 등 반군과 관련되는 모든 집단에 식량, 재정, 정보를 제공하지 않고 병력을 모집할 수 없게 하는 방책으로 주로 평원지역에서 실시했다.[5] 4대 근절에 근거하여 군부는 EAOs 소탕에 총력을 기울였으나 산악지

---

4 예를 들어 샨족은 쏘봐체제의 부활, 카친족은 연방으로부터 분리권을 가지면서 동시에 자치권을 요구했고, 아라칸공산당은 연방에서 분리하여 아라칸공화국 수립을 희망했다.

5 전략은 다음과 같다. 약 40-50 마일당 작전지역을 설정하고, 작전지역 내 마을이 있으면 거주민은 즉시 퇴거하고 전략마을이라는 뷰하유와(byuba-ywa)로 이주한다. 정부군이 해당 마을을 재방문했을 때 여전히 거주 중인 주민은 모두 반군으로 규정하고 이들을 사살한다. 그러나 땃마도는 이런 규정을 따르지 않고 최초로 방문한 마을의 물품을 약탈하고 민간인을 사살하거나 부녀자를 강간하는 일이 허다했다. 또한, 강제로 이주된 민간인은 징집 대상이 되었으므로 정부군이 진입

대에 거점을 둔 EAOs의 지형적 이점과 이에 적절히 대응하지 못한 땃마도의 정보 부족, 노후화한 화기를 비롯한 병참 물자의 부족 등으로 소기의 성과는 거둘 수 없었다(Selth, 2002: 34-35). EAOs는 1976년부터 땃마도의 공세에 공동으로 대응하기 위해 9개 무장단체가 민족민주전선(NDF: National Democratic Front)6을 결성했지만, EAOs 간 허약한 결속력으로 인해 연대효과를 보지 못했다.

1988년 9월 신군부가 집권할 당시 EAOs의 활동은 크게 위축되었고, 규모도 줄어들었으나 특정 EAOs가 점령지를 독점적으로 경략(經略)하는 구도가 굳어졌다. 예를 들어 카렌주와 인접한 국경은 카렌족 무장단체인 카렌족연합(KNU), 동북부 중국 국경은 버마백기공산당(BCP), 카친주 북부는 카친족 무장단체인 카친 독립군(KIA: Kachin Independence Army)이 실효으로 점령했고, 산주에서는 다수의 EAOs가 할거했다. 이들은 국경을 넘나들며 마약 생산과 밀매, 각종 지하자원과 천연자원의 채굴과 판매, 국경 무역상에게 통행료 징수 등을 통해 군자금을 마련하며 생명력을 유지해 왔다.7 그러나 장기간 무장활동으로 인해 EAOs의 피로감은 최고조에 달했고 이로 인해 일부 EAOs는 와해와 재창설을 반복했다. 지리적으로 인접한 복수의 EAOs는 점령지를 더 확보하기 위해 상호간 군사적 갈등과 대치 구도를 현재까지 유지하고 있

한 마을은 통째로 군인이 되든지 아니면 이들과 맞서 싸워야 했다(Smith, 1991: 260).

6 아라칸해방당(ALP), KIO(1983년 재가입), 카렌족연맹(KNU), 카렌민족연합(KNU: Karen National Union), 꺼양신영토당(KNLP), 라후족연합당(LNUP: Lahu National United Party, 1973년 SSA의 지원으로 설립), 빠오족기구(PNO: Pa O National Organization, 연합빠오족기구를 통합하여 1976년 재설립), 빨라웅주해방기구(PSLO: Palaung State Liberation Organization, 1976년 설립), 샨주진보당(SSPP: Shan State Progressive Party)이다. 이후 1982년 신몬주당(NMSP: New Mon State Party), 1983년 와족기구(Wa National Organization, 1969년 설립), 1989년 친족전선(Chin National Front, 1985년 설립) 등 3개 단체가 추가로 가입했다.

7 네윈 정권은 사회주의 계획경제체제를 추구한다는 명목으로 외국과의 경제교류에 소극적이었고, 이로 인해 국경무역과 같은 비공식경제가 보편화되었다.

다.[8]

땃마도도 장기간 지속한 교전으로 피로감이 누적되었고 전투 수행력도 약화하여 EAOs와 교전할 능력이 부족하다는 사실을 자각했다(Callahan, 2003: 214-215). 따라서 신군부는 이전 정부처럼 군사작전에 의존하는 강공일변도의 전략을 선회하고, 그 대안으로 정전협정을 채택했다. 정전협정을 시행함에 있어서 군부는 각 EAOs가 봉착한 약점을 치밀하게 파고들었다. 예컨대 무기는 풍부하지만, 식량이 매우 부족한 EAOs에게는 정전협상에서 현금과 식량 제공을 약속했다. 또한, EAOs내 갈등을 부추겨 자발적 와해를 유도하는 전략도 행했다. 대표적인 사례로서 군부는 KIA와 연대 또는 KIA에서 분파한 EAOs들과 먼저 정전협정을 체결한 뒤 KIA를 고립시켜 정전협상장에 나오게 했고, 불교도와 기독교도로 구성된 KNLA의 특성을 간파하고 불교도를 집중적으로 지원함으로써 KNLA의 분열을 유도했다.

SSA-S에 대한 정부의 대응은 분할통치의 효과가 잘 드러난 사례이다. 1996년 몽따잉군(MTA: Mong Tai Army)의 지도자 쿤사(Khun Sa, 중국 이름 Zhang Qifu 張奇夫)가 정부에 항복하고 정전협정을 체결하자 이에 반대하는 여드 서크(Yawd Serk) 대령과 잔군이 SSA-S를 창설했다. 그러나 SSA-S의 설립 당시 인접한 EAOs는 대부분 정부와 정전협정을 완료했다. 땃마도에 포위된 여드 서크는 군사평의회에 정전협정을 희망하는 서신을 몇 차례 보냈으나 군사평의회는 이미 MTA가 항복했으므로 SSA-S와 협상할 명분이 없다고 그의 제안을 거절했다(TNI, 2009: 13).

1980년대에 이르러 각 EAOs는 생활고를 이기지 못해 강도와 약탈을 일삼는 화적으로 전락했고, 이들에 대한 지역 주민의 여론도 호의적이지 않았다. 이에 정부는 정전협상에서 EAOs가 경제적 이익과 군대 보유, 행정적 자

---

8 대표적으로 샨주남부군(SSA-S: Shan State Army-South)과 땅민족해방군(TNLA: Ta'ang National Liberation Army)이다.

율성을 추구할 수 있도록 보장했다.[9] 2011년 유사민간정부가 출범하기 전까지 합의한 원칙에 따르면, 땃마도는 해당 EAOs의 허가 없이 출입할 수 없고, EAOs는 점령지를 이탈하지 않는 조건으로 군대를 보유할 수 있다.

EAOs에게 유리해 보이는 조건으로 정전협정은 빠른 속도로 성과를 거두었다. 2009년 현재 총 40개 EAOs 가운데 정전협정에 합의하지 않은 EAOs는 12개 단체이고, 이 중 KNU과 SSA-S을 제외하고 다수의 EAOs는 자발적으로 해체했거나 무장단체로 정의할 수 없을 정도로 병력과 화기 보유는 허술하기 짝이 없었다(ICG, 2003: 27).[10]

그런데, 2009년 4월 정부와 각 EAOs는 국경수비대(BGF: Border Guard Forces 또는 현지어 약어로 NaSaTa) 편입문제로 지난 20년간 달성한 정전협정을 모두 파기했다. 정부는 2008년 헌법 340조에 근거하여 각 EAOs가 국방부의 통제에 있는 민병대(People's Militia)로 편입되어야 한다는 일방적 주장을 했으나 EAOs는 이를 완강히 거절했다. 곧 정부는 정전협정의 파기는 물론 정부에 가장 위협이 될 수 있는 KIO, 꼬깡족(Kokang) 무장단체인 미얀마민족민주동맹군(MNDAA: Myanmar National Democratic Alliance Army), UWSA 등 세 EAOs에 대한 군사행동에 돌입했다.[11]

---

9 예를 들어 연합와주군(UWSA: United Wa State Army)과 빠오족(Pa O) 무장단체인 빠오족기구는 정전협정의 보상으로 샨주 마잉슈(Mongshu) 소재 루비광산과 카친주 파간(Hpakant)의 비취광산 채굴권을 획득했다(TNI, 2009: 14). KIO는 국경 지역의 산림벌채, 광산 개발, 세금 징수권 등을 획득하고, 과거 설탕공장이던 국영기업을 인수하여 부가회사(Buga Company Limited)를 설립했다(TNI, 2009: 14; Zaw Oo et al., 2007: 29). 몽족(Mon) 무장단체인 신몬주당(NMSP: New Mon State Party)은 수출입과 여행객을 운송하는 기업인 레몽야(Rehmonya International Company)를 설립했다(TNI, 2009: 14). 샨주군(SSA: Shan State Army)은 분파하기 전인 1989년 띠보(Thibaw, Hsipaw) 지역의 벌목권을 보장받고 정부와 정전협정에 합의했다(Lintner, 1998: 170).

10 정부가 공식적으로 인정하는 EAOs는 21개이다. 1990년대 초 정부는 21개 EAOs 중 17개와 정전협정에 합의했다(McCarthy, 2019: 28). 그러나 EAOs는 창설과 해체, 그리고 분파 등 다양한 형태로 등장했다가 소멸하는 등 부침을 반복해 왔다.

11 강경하게 돌변한 군부의 행동은 의아했지만, 애초 군부와 EAOs 간 체결한 정전협정은 미봉

네윈 정부에서 땃마도는 EAOs와 강대강으로 대치했다면, 전력 손실과 전투력 약화를 암묵적으로 인정한 신군부는 정전협정에 주력하는 한편, 소규모 EAOs에 대해서는 소멸 또는 친군부로 전환, 그리고 자발적 항복 등을 목표하며 교전을 포기하지 않았다. 전임 정부에 비해 신군부 체제에서 광폭의 정전협정을 이룬 것은 사실이지만, 차기 정부가 출범할 때까지 효력을 발생하는 임시적인 성격이었다. 즉 군부는 대치국면이 더욱 확대하지 않도록 군부와 EAOs가 상호 이익을 도모할 수 있는 미봉책 수준에서 정전협정을 추진했다.

2. 민간정부에서 군부-소수종족무장단체 관계

2011년과 2016년 각각 출범한 민간정부는 공통으로 정전협정의 완성을 통한 국민화해와 국민통합을 국정운영의 최우선 과제로 채택하고, 전국적 규모의 정전협상을 추진했다. 정부는 정부와 의회 수준의 협상단을 구성하고 작업반(working group)을 가동했으며, 단계별 정전협상 수준과 협상의 주요 내용을 성문화하는 등 군부정권보다 조직적으로 접근했다.

떼인쎄인(Thein Sein) 정부 시기 정전협상의 당사자는 정부, 군부, 그리고 EAOs의 연대기구인 전국적 정전 조정팀(NCCT: Nationwide Ceasefire Coordination Team) 등 삼자였고, 야당과 시민사회는 배제되었다.[12] 정부는 정전협상이 지속해서 유지될 수 있는 환경을 조성하는 데 방점을 둔 반면 군부는 1989년 그들이 공표한 국민의 3대 대의(연방의 비분열, 국민통합, 주권 영속)를 고

책 그 자체였다. 소수종족은 독립 당시부터 정부에 연방제를 요구했지만, 역대 군사정부는 이를 반대해 왔고, 이에 정전협상에 참가한 EAOs도 연방제 대신 진정한 연방(genuine union)이라는 완곡한 표현을 쓰며 정부를 자극하지 않았다(Zaw Oo et al., 2007: 30). 군부는 국민에 의해 선출된 정부가 아닌 임시정부임을 자처하며 자치권 보장과 같은 EAOs의 정치적 요구를 회피했다(Ardeth Maung Thawnghmung, 2008: 31; TNI, 2009: 13). 그러나 정부는 2010년 총선을 앞둔 시점에서 더는 EAOs의 무장을 수수방관할 수 없었다. 정부는 EAOs가 무장해제(disarmament), 징집금지(demobilization), 정부군 편입(resettlement) 등 DDR 단계를 거쳐 이들의 완전한 해체를 기대했지만, 정전협정에는 이런 내용이 포함되지 않았다.

12 떼인쎄인 정부 시기 정전협상의 과정과 성과는 장준영(2016a: 376-381)을 참조하라.

표 1 떼인쎄인 정부(2011-16)에서 전국적 정전협정(NCA: Nationwide Ceasefire Agreement)과 EAO 명단

연번	소수종족무장단체(정치기구/무장단체)	NCA(10)	PDF 참여(6)
1	카친독립기구(KIO/KIA)		○
2	신몬주당(NMSP/NMLA)	○(2018)	
3	샨주북부군(SSPP/SSA-N)		
4	카렌민족연합(KNU/KNLA)	○	○
5	까렌니발전당(KNPP/KA)		○
6	친족전선(CNF/CNA)	○	○
7	라후민주연맹(LDU)*	○(2018)	
8	아라칸민족평의회(ANC)*		
9	뻐오족해방기구(PNLO/PNLA)		
10	빨라웅족해방군(PSLF/TNLA)		
11	와족기구(WNO)**		
12	아라칸해방당(ALP/ALA)	○	
13	아라칸군(ULA/AA)***		
14	민주카렌불교도군(DKBA-5)	○	
15	까렌족해방군평화평의회(KPC)	○	
16	미얀마민족민주동맹군(MNTJP/MNDAA)		
17	샨주남부군(RCSS/SSA-S)	○	
18	전버마학생민주전선(ABSDF)	○	○(2022.1)
19	와연방연합군(UWSP/UWSA)		
20	민족민주연합군(PSC/NDAA)		
21	나가랜드-까플랑민족회의(NSCN-K)		
22	까렌니민족인민해방전선(KNPLF)→BGF(2009)****		○(2023.6)

* 자군을 보유하지 않았거나 병력이 적어 2020년까지 정전협상 대상에서 제외되었다가 2021년 이후 협상 대상으로 인정함.
** 2017년 UWSA로 통합 발표, 현재까지 편재하는 것으로 확인됨.
*** 2015년 당시 KIA의 하위 일파로 인식하고 정전협상 대상에서 배제함.
**** 2009년 정부군의 일원인 국경수비대로 편입했으나 2023년 파기하고 반군부 진영으로 전환함. 정부의 정전협상 대상은 아님.
※ 주: 각 무장단체명(또는 정당명) 옆 약칭은 정당명 또는 무장단체명임. 단독으로 표기된 단체는 무장단체나 정당이 없음. 표시는 2015년 당시 정부의 정전협상 대상단체가 아님.
※※ 출처: 다양한 자료를 근거로 필자 작성.

수하면서 샨주(Shan State)와 카친주(Kachin State) 등에서 교전을 포기하지 않았다. 특히 군부는 정전협상에 불참한 아라칸군(AA: Arakan Army), MNDAA, 땅민족해방군(TNLA: Ta'ang National Liberation Army) 등 세 단체에 대한 대대적인 무장 공세를 펼쳤다.

정전협상이 중후반부로 갈수록 떼인쎄인 대통령이 '뼁롱정신'(Panglong spirit)을 언급하는 등 군부를 견제하고 정부의 협상 자세에 변화가 감지되었다. 그렇지만 끝내 정부는 군부의 군사행동을 제지하지도 않았고, 근본적으로 정부와 군부 간 경계는 명확하게 구분되지 않았다. 그럼에도 불구하고 표 1과 같이 2015년 10월, 정부는 8개 EAOs와 NCA을 완성함으로써 절반의 성공을 거두었다.

아웅산 수찌 정부는 총 4차례에 걸쳐 정전협상을 실시했다. 정부는 전임 정부에서 명명한 연방평화회의(UPC: Union Peace Conference)을 21세기 뼁롱회담(21st Centry Panlong Conference)으로 개칭하고 뼁롱협정의 정신을 담은 연방제 성격의 연방(federal union)을 구현한다는 목표를 설정했다.[13] 회담의 명칭에서 알 수 있듯이 정부는 소수종족의 요구를 수용하는 듯 했지만, 이미 회담 시작 전부터 또 다른 이해관계자인 군부와 갈등은 피할 수 없었다. 2016년 8월 31일, 1차 회담이 시작되자마자 카친주 동북부와 샨주 북서부에서 활동하는 4개 EAOs(AA, MNDAA, TNLA, UWSA)와 땃마도간 교전이 발생했다.

군부와 EAOs간 입장은 명확하고도 평행선을 달린다. 군부는 DDR원칙, 즉 무장 해제(disarmament), 징집금지(demobilization), 정부군 편입(resettlement)에 근거하여 EAOs가 무장해제 이후 협상장에 나올 것을 요구하지만, EAOs는 땃마도가 공격을 중지해야만 정전협상에 앉을 수 있다고 맞섰다. 정부는 양측의 갈등을 중재하지 못했고, 오히려 정부가 마련한 NCA에 EAOs의 서명만 종용했다. 소수종족의 처지에 대한 연민이나 그들이 겪은 고난에 대한 통감 없이 성과지향적인 정부의 입장에 소수종족의 반발은 예상된 것이나

---

13 아웅산 수찌 정부 시기 정전협상의 과정과 성과는 장준영(2020)을 참조하라.

다름없었다. 가장 중요한 사실은 두 정부 모두 군부를 제어하지 못했다는 것이다.

5년간 네 번에 걸친 정전협상은 국민화해, 평화, 민주적 개혁, 연방제에 기반한 연방 설립, 헌법 개정 등 다섯 개 분야를 중심으로 하는 3건의 연방협정(Union Accord)을 채택했다. 민아웅 흘라잉(Min Aung Hlaing) 군사령관은 정부와 각 EAOs가 진정성에 기반하여 협상에 임하지 않았다는 다소 추상적인 비난을 했다. 그는 독립 이후 현재까지 땃마도가 연방과 정부를 보호해왔지만, EAOs는 군부의 시도에 저항했다고 주장한다(The Irrawaddy 20/08/20). 즉 땃마도가 존재하지 않으면 EAOs에 의해 국가는 혼란한 상황을 벗어날 수 없고, 앞으로도 그럴 것이라는 그의 사견은 독립 이후 군부가 EAOs를 바라보는 시선과 일치한다.

3. 쿠데타 이후 군부–소수종족무장단체 관계

2021년 쿠데타가 발생하자 각 EAOs는 종전의 관점을 유지하며 군부 쿠데타에 관심을 두지 않을 뿐만 아니라 쿠데타 자체를 버마족 정치 엘리트 간 발생한 갈등의 결과로 간주했다(Ardeth Maung Thawnghmung et al., 2021: 301; Brookings 22/02/01). 그러나 이번 쿠데타를 일으킨 군부의 권력 장악에는 부정적인 시각도 포착되었다(Ye Myo Hein, 2022: 20). 예컨대, NCA에 참여한 10개 단체는 쿠데타 발생 직후인 2월 3일과 19일 등 2회에 걸쳐 쿠데타를 비난하는 성명을 발표하며 공동행동을 시사했다(NCA-S EAO 21/02/20; Salai Samuel Hmung, 2021: 8; Vrieze, 2022: 11-17).[14] 그러나 10개 단체의 결속력은 채

---

14 2월 3일 성명 내용은 다음과 같다. 우리는 쿠데타를 통해 현재의 정치적 위기를 해결하려는 미얀마 군부의 방식을 비난한다. 우리는 억류되고 체포된 모든 지도자의 즉각적이고 무조건적인 석방을 요구한다. 우리는 무력보다는 평화적 수단과 협상을 통해 정치적 문제를 해결하기를 촉구한다. 우리는 NCA에 대해 확고한 입장을 견지하며 평화 프로세스를 존중한다. 우리는 무조건적인 전국적 휴전 선언을 촉구한다. 우리는 세계적인 대유행(코로나19)뿐만 아니라 쿠데타로 인한 국민의 난관을 인식하고 국민과 협력하여 해결책을 모색할 것이다. 우리는 현재의 위기를 해결하기 위

두 달을 버티지 못했다. 21세기 뼁롱회담 당시 이들 단체는 정치대화(Political Dialogue)[15]를 논의하는 수준의 느슨한 협력체로 외부의 위협이 발생하면 갈등과 분열을 반복했기 때문에 정치적·군사적 일관성을 찾을 수 없고,[16] 쿠데타 이후 군부와 개별적인 접촉을 가진 뒤 이익 추구를 위해 각자도생을 선택했다. 한편 2011년 이후 정전협상에 참가하지 않았던 AA, MNDAA, TNLA, UWSA 등 4개 단체는 중립적 태도를 견지한다.

NUG는 시민방위군(PDF: Peoples' Defence Force)을 창설하고 EAOs의 참여를 독려했다. 그러나 버마족이 주축이 된 NUG에 우호적이지 않은 각 EAOs는 선뜻 협력의 손길에 화답할 가능성은 크지 않고, 이런 이유에서 NUG가 주도한 연방군(federal army) 창설은 국민화해와 국민통합이 선행된 뒤에 논의될 수 있다. 이런 상황을 참고할 때 KIA, KNLA, 친민족군(CNA: Chin National Army), 그리고 소수의 카레니 민족 진보당(KNPP: Karenni National Progressive Party) 등 4개 단체가 PDF와 군사적으로 연대한 사실은 놀라울 수밖에 없다.[17]

해 유엔을 포함한 국제사회의 지원을 요청한다(BNI 21/02/03).

15 NCA에 합의한 무장단체와 정부간 협상 프로세스로서 여기에서 민주적 연방제 연방을 구현하기 위한 법적 근거인 연방협정을 작성한다.

16 예컨대, 2018년 7월 개최된 3차 21세기 뼁롱회담 당시 땃마도가 카렌주(Karen State, 꺼잉주 Kayin State)에 도로를 건설하고 중화기를 배치하면서 KNU의 항의를 받는 등 평화협상운영팀(PPST: Peace Process Steering Team) 내부에서 불만이 표출되었다(Ganesan, 2018: 381-382). 이로 인해 KNU는 PPST 의장직에서 사퇴하고 더 이상 회담에 참석하지 않겠다고 선언했다(Nyein Nyein 18/10/29). SSA-S도 샨주 내 소수종족 문제를 의제로 한 정치대화가 만족스럽지 않다고 문제를 제기했고, 몽주(Mon State)에 근거지를 둔 NMSP도 땃마도와 잦은 무력충돌을 했다(Mon News Agency 20/01/15).

17 기존 4개 단체 외에 2022년 1월 전버마학생민주전선(All Burma Students' Democratic Front)과 2023년 6월, 카렌니민족인민해방전선(KNPLF: Karenni National People's Liberation Front) 등 두 무장단체가 추가로 가담했다. 전자는 1988년 민주화운동 실패 이후 태국-미얀마 국경지대에서 군대를 양성하고 무장투쟁으로 군부정권을 퇴진시키려는 버마족 중심의 학생 무장단체이다. 후자는 2009년 정부군의 일원인 BGF로 편입하여 친군부 노선을 채택했으나 카렌니(꺼

군부는 쿠데타 이후 EAOs의 분열을 확인하고 이들에 대해 다시 분할통치 전략으로서 정전협정을 꺼내 들었다. 2022년 신년 축제가 끝난 4월 17일, 민아웅 흘라잉 군사령관은 다음 달부터 21개 EAOs 중 10개 단체와 평화회담을 시작한다고 발표했다.[18] 군부는 회담의 목적으로 EAOs와 교전을 멈추고 양자의 합의에 따른 연방제의 기틀을 마련할 것이라고 밝혔지만, 지금까지 정전협상에 임한 군부의 행태를 참고할 때 이는 전략적 획책에 불과하다.

쿠데타 이후 군부는 국경의 외부에서 내부로 EAOs, 농촌을 중심으로 한 내부에서 외부로는 PDF에게 포위되는 형국이며, 전례에 없던 교전 패배로 피로도가 누적되었고 사기도 크게 저하되었다. 즉 군부는 정전협상을 실시하면서 일시적으로 EAOs와 교전을 중단하고, 땃마도는 전열을 재정비할 시간을 벌 수 있다. 또한, EAOs 병력의 절반 이상을 차지하는 UWSA와 같은 대규모 EAOs를 회담에 초청함으로써 PDF와 EAOs 간 추가 연대를 방지하거나 최소한 EAOs의 중립을 확인하고자 한다. 나아가 중립을 지키는 소규모 EAOs를 고립시켜 이들이 향후 PDF와 협력할 가능성을 원천적으로 봉쇄함으로써 궁극적으로 땃마도에게 불리하게 전개되는 전세(戰勢)를 역전시키고자 한다. 정전협정을 통해 군부는 일시적으로 교전을 완화할 수 있겠지만, EAOs도 장기간 추구해 온 연방제의 구현이라는 정치적 목적은 현재 군부체제에서 달성할 수 없다는 사실을 잘 알고 있다. 따라서 양자 간 회담은 상호 간 필요조건을 일시적으로 해소하는 공론의 장에 불과하다.

야) 지역의 지속적인 교전으로 인해 2023년 군부와 정전협정을 전격 파기하고 반군부 진영으로 전환했다. 병력은 약 2천여 명으로 알려지지만 이보다 더 적을 가능성이 크다. 2011년과 2016년 정전협상에서 정부의 협상 대상 단체는 아니다.

18 평화회담에 참가한 무장단체는 다음과 같다. 2015년 정부와 정전협정에 서명한 7개 무장단체는 샨주회복평의회(RCSS: Restoration Council of Shan State 또는 SSA-S), 민주카렌불교도군(DKBA: Democratic Karen Buddhist Army), 카렌족연합평화평의회(KNU/KNLA Peace Council), NMSP, ALP, PNLO, 라후민주연합(LDU: Lahu Democratic Union)이다. 한편 정전협정에 합의하지 않은 세 단체는 UWSA, 민족민주전선군-마잉라지부(NDAA: National Democratic Alliance Army, Mongla), SSPP 또는 SSA-N이다.

한편, 군사적으로 PDF와 협력하는 EAOs가 출현했다는 사실에서 적대적 공생관계였던 지금까지의 사회적 균열 구도는 변화를 예고한다. 구체적으로 PDF와 연대를 선택한 EAOs는 그간 자신의 이익만 좇던 편협한 시각을 벗어나 군정의 초대에 응하는 행위가 그들의 신뢰와 정통성을 깎아내린다는 것을 인식하기 시작했다(*Fulcrum* 22/06/01). 500개가 넘는 국내외 시민사회기구도 현재 군정이 국내법과 국제법을 위반한 테러조직으로써 이들이 주도하는 정전협상 자체가 법적 효력이 없는 무의미한 행위라며 협상 참가를 반대하는 공개서한을 EAOs에게 보냈다(*The Irrawaddy* 22/09/27).

군부가 주도하는 평화회담의 성패 여부는 예단할 수 없다. 그러나 군부가 통치한 시기 국민은 군부에 의해 철저히 이용되었고, 이제 더 이상 군부가 국가의 혼란을 수습하는 깨딩신, 즉 수호자가 아니라는 점도 확신하기에 이르렀다. 무엇보다 국민은 군부에 의해 탄압받았던 소수종족의 현실을 자각하기 이르렀고, 아웅산 수찌 정부를 계승한 NUG도 소수종족의 목소리에 귀 기울이지 않았던 과거의 행적을 반성하는 것처럼 보인다. NUG는 그들이 정권을 회복할 경우 소수종족을 포용하는 연방제를 구현할 것이라고 주장한다. 이를 증명하는 차원에서 부통령을 포함한 정부 각료에 소수종족을 중용하고, 가장 변방으로 내몰렸던 로힝야족(Rohingya)을 시민으로 인정할 것이라고 한다. NUG를 중심으로 한 민주진영이 진정성을 가지고 소수종족 문제에 접근할수록, 또한 EAOs가 군부의 획책에 휘말리지 않을수록 군부가 추구하는 분할통치 전략은 생명력을 잃을 수밖에 없을 것이다.

IV. 1인 독재체제[19]의 영속

1. 네윈 독재체제의 특성

네윈(Ne Win, 재임 1962-1988)은 2002년 12월 사망하기 전까지 미얀마 군부 정치의 틀을 형성하고 정권의 작동 원칙을 마련한 장본인이다. 그는 능력이 뛰어난 하급자보다 자신에게 충성하는 인물을 우선시하는 "루가웅 루도"(*lukaun-ludaw*) 원칙을 수립했고, 이러한 후견주의는 현재까지 생명력을 유지한다. 땃마도 내에서는 상부의 명령은 가치 판단 없이 따라야 하고, 낮은 성과보다 무례함이나 불충실함이 더 큰 처벌을 받는다(Selth, 2021: 18). 간단히 말해 상명하복의 군사문화는 미얀마 땃마도를 움직이는 원천이 되었고, 땃마도의 정점에 있는 인물은 절대적 권한을 독점하며 이에 대한 어떠한 도전도 용납되지 않는다. 실제로 네윈이 권좌에 있는 동안 하급자들은 스스로를 네윈이라는 큰 정원에서 출생하고, 양육 받았다는 의미에서 네윈 창빠욱(*newin-chan-pauk*)으로 평가했다(Mya Maung, 1992: 25). 또한, 네윈의 별칭은 넘버원(Number One), 또는 '큰 할아버지'라는 의미인 어포지(*ahpogyi*)였다.

네윈은 자신을 향한 정적의 도전이 감지되면 정적의 또 다른 경쟁자를 활용하여 축출하는 선제적 대처에 나섰다. 예를 들어 쿠데타 1년 뒤인 1963년 2월 8일, 당시 군 서열 2위이자 무역 및 산업부 장관인 아웅지(Aung Gyi) 준장은 네윈이 추진한 급진적 사회주의 경제체제를 두고 띤폐(Tin Hpe) 준장, 바네잉(Ba Nyein)과 갈등한 뒤 권좌에서 밀려났다(Taylor, 2015: 276-277). 그는 일본 방문 당시 군부가 곧 민간에게 정권을 이양할 것이라는 개인적 견해를 밝혀 네윈의 심기를 불편하게 했다(Mya Maung, 1991: 104). 아웅지의 축출 이후 실질적인 권력 2위에 오른 띤폐 준장도 경제정책의 실패를 책임지고 1968년 해임되었다(Silverstein, 1977: 89-90). 네윈에게 권력서열 2위는 자신의 정

---

[19] 근본적으로 정치체제 유형상 군부통치는 권위주의 체제의 한 유형으로 분류할 수 있으나 이 글에서는 군사평의회의 의사결정과 권력의 중심을 평가하는 차원에서 '1인 독재'라는 용어를 쓴다.

적으로 인식하고 언젠가는 축출해야 할 대상으로 삼았다.

    1976년 7월 초, 정부는 옹쪼민(Ohn Kyaw Myint) 대위를 비롯하여 14명의 장교(소령 3명, 대위 11명)를 쿠데타 기도혐의로 체포했다. 이들은 네윈, 산유(San Yu) BSPP 및 국가평의회(State Council) 서기, 군 정보국을 담당하는 띤우(Tin U) 준장 등 최고 인사를 암살하려다가 실패했다. 이듬해 1월 체포된 주동자들은 모두 재판 결과에 따라 교수형이나 징역형에 처해졌다(Martin, 1977: 155; Taylor, 2015: 442; Trager et al., 1978: 148).

    그런데 당시 권력서열 3위였던 띤우(Tin Oo, 군 정보국장과 동명이인) 군사령관겸 국방장관의 해임은 놀라운 사건이었다. 군부에 따르면, 띤우는 군부 내 쿠데타 음모를 미리 알고 있었지만 이를 방조함에 따라 처벌이 불가피했다. 그런데, 띤우의 사퇴는 쿠데타가 발생하기 4개월 전인 1976년 3월 6일의 일이다(Martin, 1977: 155). 쿠데타가 발생하기 전 쿠데타 방조 음모로 띤우를 처벌했다는 사실은 상식적으로 이해되지 않는다. 그의 또 다른 해임설을 접하면 그의 사퇴 이유가 이해된다. 띤우의 부인인 띤모웨(Tin Moe Wai) 박사가 서구국가 외교관의 도움으로 주방용품을 밀수한 사실이 당국에 의해 발각되었고, 이 사실에 진노한 네윈의 두 사람의 이혼을 요구했으나 띤우가 거절한 뒤 전격 축출 당했다. 즉 쿠데타 방조의 진위와 상관없이 네윈의 명령이나 조언을 따르지 않는 어떠한 하급자도 권력층에서 생존할 수 없다는 교훈을 준다.

    띤우는 1962년 쿠데타에 가담하지 않았고, 네윈의 핵심층(inner circle)에도 속하지 않는 인물이지만 젊은 소장파 장교들로부터 신망의 대상으로 급부상하면서 네윈과 산유 등의 집중 견제를 받았다. 쿠데타 모의에 가담한 장교들이 쿠데타 이후 띤우를 최고지도자로 옹립할 계획이었다는 언급을 참고할 때 차세대 장교 내에서 그가 차지하는 위상을 확인할 수 있다.

    네윈은 미얀마 군 수뇌부의 인적 관계를 계획하고 실행하며 스승-제자 관계를 정립한 인물로 2004년 킨늉(Khin Nyunt) 총리가 축출되면서 공식적으로 그의 계보는 해체됐다. 그럼에도 그가 구축한 국가의 수호자라는 군부의 위상은 현재까지 지속성을 유지하고 있으며, 권력을 장악하고 유지하는 군 수뇌부의 행동 양식에 표본이 되고 있다.

2. 딴쉐 독재체제의 특성

네윈을 계승한 딴쉐(Than Shwe, 재임 1992-2011)는 야전 경험은 적지만, 심리전 병과 출신으로 용인술(用人術)에는 일가견이 인물로 알려진다. 그는 네윈과 마찬가지로 소수의 핵심층을 구성하고 각 핵심 인사들이 상호 경쟁하는 구도를 연출함으로써 절대권력을 향유할 수 있었다. 그런데, 독립운동 당시 조직한 4소총대대(4th Burma Rifle) 출신을 중심으로 자신의 핵심층을 구성한 네윈과 달리, 딴쉐는 독립군 출신도 아니고 군 이력도 화려하지 않았다. 그는 쿠데타를 일으킨 쏘마웅 장군이 건강상의 이유로 퇴진한 뒤 1992년 4월, 국가법질서회복위원회(SLORC: State Law and Order Restoration Council)의 의장으로 취임했다. 취임 당시 외교가에서는 그도 쏘마웅처럼 단기간 소모될 운명으로 관측되었고, 그 또한 권력의지를 보이지 않는 대신 네윈에게 절대 충성하는 인물이었다. 군 고위층에서도 그는 똑똑하지 않은 인물로 간주했기 때문에 때때로 그는 조롱거리가 되기도 했다(Rogers, 2010: 91). 명목상 최고지도자라고 하지만 막후권력으로서 네윈이 존재했기 때문에 그는 외부의 비판과 조롱을 감수했다. 네윈에게 복종하는 듯한 행동을 하면서도 한편으로 군사평의회 내 자신의 입지를 공고히 하고 이를 바탕으로 독자적인 권력 계보를 창조했다.

  네윈은 딴쉐-마웅에(Maung Aye) 부의장-킨늉 1서기 등 3명으로 구성된 집단지도체제를 꾸렸고, 특히 가장 총애하는 인물로 권력서열 3위인 킨늉을 전폭적으로 지원했다. 두 인물과 달리 상대적으로 젊고 유능한 킨늉을 한 때 사위로 점찍은 적이 있다는 네윈은 두 인물이 자신에게 도전할 가능성을 최소화하는 차원에서 킨늉에 의존했다. 2002년 3월, 네윈 족벌이 쿠데타 기도 혐의로 체포되기 전까지 삼각구도는 견고하게 작동했다. 킨늉은 독자적으로 잠재적 도전자를 제거[20]하거나 두 인물보다 대중에 노출되는 빈도를 늘려 그

---

20 대표적인 인물로서 권력서열 4위이자 국가평화개발평의회(SPDC: State Peace and Devel-

가 군사정부의 실질적 지도자로 각인되고자 했다.

딴쉐는 마웅에와 킨늉 사이에 문제가 발생할 때마다 중재를 통해 이들의 연대 가능성을 미연에 방지하면서 독자적인 권력 구축에 나섰다(Kyaw Yin Hlaing, 2008: 169). 1999년부터 네윈이 병약해지자 딴쉐는 독주체제를 준비했고, 2002년 3월 네윈 족벌을 전격 체포하면서 1인 체제의 완성을 위한 채비를 마쳤다. 이어 2004년 10월, 킨늉 총리를 체포하고 킨늉이 담당하던 군 정보국을 해체함으로써 비로소 1인 독재체제를 굳혔다. 킨늉 총리의 축출 사유는 부정부패와 명령 불복종 혐의였지만, 실제로는 군 정보국의 비대화와 사유화였다(Selth, 2019: 56-81). 딴쉐는 사회를 감시하고 통제하는 군 정보국의 기능을 일시적으로 마비시키는 위험을 감수하면서까지 자신의 정적인 킨늉 총리를 군사 작전하듯이 제거하는 정치적 모험을 시도했던 것이다. 만약 정적 제거에 실패하면 킨늉 추종자를 중심으로 역모가 발생할 수 있으므로 딴쉐는 킨늉을 제거하기 위해 그와 갈등과 경쟁 관계에 있는 군 인사들을 활용하는 치밀함도 보였다. 즉 네윈과 같은 후견인이 없는 상황에서 딴쉐는 사적 권력을 최대화한 킨늉을 축출함으로써 그의 추종자들을 권력층에서 완전히 제거하는 부수적인 효과까지 누릴 수 있었다.

킨늉 총리의 축출 사건을 볼 때 딴쉐 의장이 독재체제를 구축하는 방식은 선제적으로 대응하던 네윈의 방식과는 달랐다. 즉 그는 잠재적 정적이 사적 권력을 축적하고 그것이 정점에 도달했을 때 해당 정적을 포함하여 관련된 모든 인물을 숙청함으로써 제3의 인물로 하여금 권력 축적 시도 자체가 무의미하다는 교훈을 전시했다. 네윈이 비정기적으로 그리고 수시로 잠재적 도전자를 제거하기 위해 적지 않은 비용을 투입한 것과 달리 딴쉐는 사적 권

---

opment Council) 2서기였던 딴우 중장(1976년 해임된 딴우 군사령관과 동명이인임)으로 2001년 2월 19일 헬기사고로 사망했는데, 사고 원인은 규명되지 않았지만, 공공연히 킨늉의 소행으로 알려진다. 딴우는 마웅에에게 충성하는 인물로 알려졌다. 또한, 1997년 윈 민(Win Myint) 중장은 킨늉의 천거로 군사평의회 3서기로 발탁되었지만, 킨늉과 대립하다가 2001년 전격 경질되었다.

력을 최대화하여 권력을 향한 임계점이 최대치에 이른 정적을 제거함으로써 추종자의 도전 의지까지 꺾어버리는 초토화 전략에 능했다. 이를 통해 그는 군부 내 일원주의를 강화하고 더욱 광활한 형태의 독재체제를 구현할 수 있었다.

    2011년 떼인쎄인 정부가 출범하면서 딴쉐는 모든 직위에서 퇴진했지만, 과거 네윈이 그랬던 것처럼 현재까지 막후에서 절대적인 영향력을 행사한다. 그는 자신을 포함한 족벌의 안위를 보장받기 위해 역시 권력층 간 상호 견제와 균형을 이루는 구도를 완성한 뒤 퇴진했다. 첫 번째로 킨늉 총리 후임으로 발탁된 쏘윈(Soe Win) 총리가 2007년 지병으로 사망하자 떼인쎄인 1서기가 후임 총리로 임명되었다. 권력서열에 근거하면 군사평의회 1서기가 서열 3위에 해당하지만, 딴쉐는 자신의 심복인 쉐망(Shwe Man) 합동참모장을 서열 3위로 낙점했고, 떼인쎄인을 4위인 총리에 지명함으로써 쉐망과 떼인쎄인 간 경쟁관계를 유도했다. 두 번째 인사는 2011년 유사민간정부가 출범할 당시 쉐망이 대통령으로 유력하게 거론됐지만, 이번에는 떼인쎄인 총리를 대통령, 쉐망을 하원의장으로 천거했다. 예상치 못한 인사는 떼인쎄인과 쉐망의 연합보다 두 인물이 상호 경쟁하고 또한 딴쉐의 눈 밖에 나지 않으려는 충성 경쟁으로 이어졌다.

    2015년 총선을 앞두고 쉐망 하원의장은 통합단결발전당(USDP: Union Solidarity and Development Party)의 당 대표에서 전격 경질되었다. 그는 공공연히 대권 도전 의사를 표출했고, 군부의 정치적 역할을 축소해야 한다는 급진적 개혁안을 주장하거나 아웅산 수찌와 연대를 모색하는 등 떼인쎄인 대통령 및 군부와 차별화를 추구했다. 2015년 총선에서 그는 USDP 당적으로 입후보를 희망하는 군 출신 159명 가운데, 59명만 공천을 허락했을 정도로 군 출신 인사를 배제하고자 했다. 이에 진노한 딴쉐는 떼인쎄인 대통령에게 그의 경질을 명령했다(장준영, 2016b: 143).[21]

---

21   쉐망 전 하원의장은 2019년 연방이익수행당(UBP: Union Betterment Party)을 창당하고

딴쉐는 네윈의 뒤를 잇는 군수뇌부의 대부(大父)이지만, 네윈 계보와는 차별화하는 독자적인 계보를 창조했고, 그 결과 현재 군 수뇌부의 전폭적인 충성을 받는 인물이다. 그는 자신의 독자적 파벌 구성과 이를 통한 독재체제 구현을 위해 기존 권력층에서 일퇴이진(一退二進)했고, 그 기회가 왔을 때 모든 역량을 동원하여 새로운 계보를 완성하는데 성공한 후 막후권력을 행사 중이다. 그가 네윈을 포함한 네윈 족벌에 행한 역모의 기억은 그를 추종하는 제자들에 대한 구속력과 감시를 강화한다. 딴쉐의 최측근, 즉 스승-제자관계의 최대 후원자인 민아웅 흘라잉 군사령관의 행적을 지켜봐야 할 이유 중 하나이다.

3. 민아웅 흘라잉 독재체제의 특성

민아웅 흘라잉 군사령관의 등장은 이색적이다. 2010년 총선을 앞두고 딴쉐, 마웅에, 쉐망 등 군서열 1-3위가 동시에 퇴역할 계획이었는데, 당시 군부의 권력 승계방식에 따르면 뚜라 민아웅(Thura Myint Aung)이 딴쉐의 유력한 후계자였다. 그러나 예상과 달리 그는 국방장관으로 지명되었고, 군 최고서열인 군사령관에는 민아웅 흘라잉이 내정되었다. 민아웅 흘라잉보다 군사관학교(DSA: Defence Service Academy) 1기 선배인 뚜라 민아웅은 보직 결정에 불만을 제기하자 곧바로 가택연금에 처했고, 그것이 그의 최종 말로였다(*The Irrawaddy* 11/02/10; Williams, 2011: 1211). 딴쉐는 구축된 기존 질서를 존중하지 않는 대신 하급 장교들의 충성심 유발과 상호 경쟁을 의도했고, 그 결과 민아웅 흘라잉이 최종 승자가 되었다.

민아웅 흘라잉 군사령관이 권력을 공고화하는 과정은 딴쉐의 전철과 유사한데, 특히 아웅산 수찌 정부에 들어서 권력 의지는 충만했지만, 이를 행

2020년 총선에 참가했으나 본인을 포함하여 출마자들은 단 한 명도 승리하지 못했다. 2021년 쿠데타 이후에도 그는 중용되지 못했을 정도로 군부체제가 유지되는 한 그의 정치생명은 끝난 것으로 보인다.

하기보다 군 내부에서 자신의 입지를 공고화하는 데 주력했다. 실제로 그는 2016년 11월, 국방대학(NDC: National Defence College)에서 정부가 법치를 존중하지 않고 각 EAOs를 제어하지 않을 뿐만 아니라 방기까지 하고 있으므로 군부가 주도하여 국가비상사태를 선포할 수 있다고 엄포를 놓았고, 이듬해 8월에는 로힝야족 문제 해결을 위한 국가진상조사위원회(National Commission of Inquiry)에 외국인이 포함되었다는 이유로 아웅산 수찌 국가고문에게 직접 쿠데타 가능성을 언급했다. 실제로 그는 군 수뇌부의 현안 참여를 보장하는 국방안보평의회(NDSC: National Defense Security Council)의 소집을 정부에 요구했으나 정부는 이를 받아들이지 않았다. 이 때까지만 하더라도 쿠데타에 대한 군부의 의향은 충만했지만 쌓은 명분이 적었으므로 적절한 기회가 필요했다.

그는 딴쉐를 만나 고견을 청취하는 등 그에 대한 충성을 철회하지 않은 것 같다. 딴쉐는 민아웅 흘라잉에게 국제사회의 압력과 제재에 대한 대응, 아웅산 수찌의 활용 방법, 군부가 정치권에 영속적으로 남기 위한 USDP의 활용 방법 등 현재 군부가 봉착한 총체적 난국을 돌파할 방안을 조언했다고 알려진다(The Irrawaddy 22/09/01). 실제로 2023년 현재까지 민아웅 흘라잉은 딴쉐를 비정기적으로 예방하고 국정 현안 전반에 관한 조언을 구하고, 또 그의 조언에 따라 군사평의회를 운영하는 것으로 알려진다.

딴쉐와 달리 민아웅 흘라잉은 장기간 야전에서 근무한 이력으로 성향상 정치군인과 거리가 멀고 국정운영 경험도 전무하며, 무엇보다 쿠데타 이후 예상치 못한 민주진영의 거센 저항을 극복하지 못하고 있다. 이에 딴쉐는 과거 군사평의회를 유지한 다양한 비책을 공유하면서 자신의 입지를 강화하고자 한다. 민아웅 흘라잉은 하급자 간 경쟁과 갈등 관계를 통해 상급자에 대한 충성심을 유발하는 용인술, 자신의 권력의지를 축적하며 기회가 왔을 때 권력을 쟁취하는 치밀한 면모 등 딴쉐의 유산을 물려받아 새로운 절대 권력자가 되고자 한다.

한편, 2010년 이후 군 수뇌부 구성원이 간부후보학교(OTS: Officer Training School) 출신에서 DSA 출신으로 완전히 교체되었다. 군부는 근대식 군사 교육기관을 통해 교리와 운용 무기를 포함한 자산 등을 발전시키고, 군사 부문뿐만 아니라 정치, 사회, 경제 등 국가의 모든 영역을 포괄하는 교육을 통해 고도로 전문화된 신직업주의 조직으로 거듭난다. DSA가 군부의 직업적 전문성의 강화와 기능 확장을 담당하게 된 것이다.

이보다 더 중요한 사실은 DSA와 OTS 간 비공식적으로 첨예했던 전임 군부정권의 갈등 양상이 2011년 이후 DSA 출신이 국방부와 지역사령부를 장악하며 자연스럽게 해소되었다는 점이다. 이에 DSA 출신 최고 선배로서 민아웅 흘라잉은 매년 1-2회에 걸쳐 자신에게 충성하는 장교를 DSA 기수에 상관없이 요직으로 발탁함으로써 자신의 권력을 공고히 해왔다.[22] 1970년대 말 동일한 기수의 장교가 중책을 맡을 수 없다는 내부 인사원칙을 마련했는데(Nakanishi, 2013: 264), 그는 소수의 장교가 연합하여 모반을 책동하지 못하게 하려는 의도에서 이 원칙을 고수한다.

미얀마 군 수뇌부의 시각에서 권력은 사유화의 대상이고 절대 세습되지 않으며 분점해서도 안 된다. 그렇기 때문에 최고 권력자가 되었을 때 권력을 수호하는 것만큼이나 중요한 것은 없다. 네윈이 창조하고 남긴 권력을 향한 군부의 유산은 현재까지 생명력을 유지한다.

---

22 대표적인 인물이 군 권력서열 4위에 모민뚠(Moe Myint Tun) 중장이다. SAC의 위원이기도 한 그는 DSA 30기로 20기 중반으로 구성된 핵심 인사 8명 중 가장 연소자이다. 그는 야전에서 그리고 군 행정업무에도 특별한 성과를 거두지 못했으나 2011년부터 민아웅 흘라잉의 사진을 머리맡에 두고 잠을 자는 등 그를 신으로 숭배하기 시작했고, 이후 급속한 진급으로 군 수뇌부 내 유력인사로 급부상했다. 민아웅 흘라잉이 대통령 출마와 같이 군 직위를 그만둘 경우 그가 차기 군사령관으로 가장 유력하다(*Myanmar Now* 21/05/22; *The Irrawaddy* 22/03/17). 이 가정이 현실화하면, 현재 군 요직을 차지하고 있는 DSA 20기대 군 인사들은 모두 퇴진해야 한다.

V. 경제활동의 주체로서 군부

네윈 정권과 비교하여 1988년 등장한 신군부의 특징 중 주목할 점은 군부의 활발한 경제활동이며 그 성과는 상급 군부에 대한 충성심 유발과 군 수뇌부를 중심으로 한 내부 결속력 유지, 그리고 군 개인적으로 부의 축적을 가져왔다. 즉 군부는 그들의 독보적인 지위를 이용하여 자원을 독점하거나 그들에게 유리하게 배분함으로써 독과점적 형태의 지대 추구(rent seeking)를 해 왔고, 이를 통해 군 내부 단속과 단결을 유지한다.

  군부의 경제활동은 EAOs와 정전협정의 결과로 지역사령부의 고위 군 장교가 참여하는 정전 자본주의(ceasefire capitalism), 군부의 비호를 받는 정실 자본가(crony)가 특정 시장을 독점하는 정실 자본주의(crony capitalism), 현역 및 퇴역 군인이 설립한 군 기업의 경제활동으로 집약되는 군 자본주의(military capitalism) 등 세 영역에서 설명할 수 있다. 정실 자본가는 전통적 대지주나 경제발전으로 인해 출현한 전문관료(technocrat)와 거리가 멀고, 주로 고위 군 장교나 관료 가문 출신이거나 개인적 노력에 근거하여 군 수뇌부와 사적 관계를 구축한 배경을 가진다. 이들은 군부, EAOs 지도자와 연계하므로 사실상 세 분야에 모두 관여한다. 이들 세 종류의 자본주의는 천연자원의 추출과 수출부터 각종 물품의 밀매, 통행세 부과 등 합법과 불법의 영역을 넘나들고 민간경제의 모든 분야에 관여한다.

1. 정전 자본주의

정전 자본주의는 국경을 중심으로 한 지역 환경의 변화로 인한 정전협상의 부산물로서 1988년 이후 본격화했다. 정부는 국경 지역의 범죄행위 퇴치, 국민의 3대 대의를 이행하기 위한 발전적인 행동, 양귀비 재배와 마약 생산과 근절 등을 3대 목표로 설정하고, 내전으로 인해 낙후된 지역사회의 개발을 추구하기 위해 1989년 5월, 국경 및 소수종족 발전중앙위원회(Central Committee for Development of Border Areas and National Races)를 조직했다. 실제로 이 위원회는 정전협정을 매개로 군부가 정전 자본주의로 진입하고 매진할 수 있는 경로가 되었다. 위원회의 하위 작업반 격인 국경 및 소수종족 발전 작업위원회(Work Committee for Development of Border Areas and National Races)는 군 정보국의 수장인 킨늉 1서기가 담당했고, 그는 최초 꼬깡족과의 정전협정을 시작으로 정부와 EAOs간 모든 정전협정을 전담했다.

또한, 이 시기부터 정부와 정전협상에 참가한 EAOs측 중재자도 종교 지도자 또는 공동체 지도자에서 지역 사업가들로 교체되었다. 예를 들어 꼬깡족으로 구성된 샨주혁명군(SSRA: Shan State Revolutionary Army, 1976)을 결성하고 무장투쟁을 한 로싱한(Lo Hsing Han, 중국 이름 Luo Xinghan 羅星漢)은 BCP의 붕괴 직전 정부와 BCP간 대화를 중재했고, 그 대가로 국내 굴지의 사업가로 승승장구할 수 있었다.[23] 한때 '골든트라이앵글의 왕' 또는 '마약왕'으로 불렸던 쿤사도 신변 보장과 사업 허가를 조건으로 1996년 땃마도에 항복했고, 1989년 BCP의 후신으로 MNDAA을 설립한 퐁짜신(Phone Kyar Shin, 중국이름 Pheung Kyashin 彭家声)도 대표적인 마약과 무기 밀매상 출신이다. 과거 무장단체의 지도자에서 사업가로 변신한 인물들은 정전협정을 매개로 각종 이권에 개입하며 부를 축적했고, 군부와 인적 네트워크를 강화하며 중앙으로 진출하기도 했다.

정전협정 이후 군부는 해당 지역에 도로, 주택, 시장, 학교 등 기간시설을 건설하고 그들의 치적을 매년 서적으로 출간했다. 그러나 지역 주민이 정전협정의 성과를 누렸다는 객관적 증거를 찾기 힘들고, 이런 주장은 아웅산 수찌 정부가 추진한 "평화 사업"(business for peace)을 통해서도 확인된다. 2018년부터 정부는 NCA에 서명한 EAOs가 활동하는 지역의 지속 가능한 평

---

23 로싱한의 성공은 족벌로 계승되었다. 스티븐 로(Steven Law)로도 알려진 그의 아들 뚠민나잉(Tun Mying Naing)은 아시아월드(Asia World)를 설립(1992.06.05)하고 군부의 보호와 후원 아래 국내 굴지의 그룹으로 성장했다. 로싱한도 1988년 이후 군부를 대신하여 마약을 밀매한 것으로 알려진다.

화와 발전을 지원하는 차원에서 평화 사업을 도입했지만, 재정은 부족했고 사업을 위한 복잡한 절차와 제도를 도입하면서 사업은 시작 단계부터 와해 수순으로 접어들었다. 오히려 건설된 기간시설은 주민의 편의와 상관없는 전시행정의 결과물이었고, 군부, 그리고 군부와 협력한 EAOs의 지도자 등이 지역 경제를 독점했다(Woods, 2011: 747-770). 경제적 주도권이 해당 지역을 관할하는 땃마도에게 있으므로 땃마도와 결탁한 소수의 EAOs 지도자 역시 지역사회의 발전이나 주민의 복지에는 큰 관심을 가지지 않는다. 결국 평화사업은 주민 친화적이라기보다 지역 유력자의 부를 축적하는 도구가 되었다.

땃마도는 편재상 해군과 공군보다 육군이 중심이 되고, 지휘체계는 지방의 지역사령부와 중앙의 국방부로 이원화되는데, 1988년 이전까지 지역사령부 장교는 국방부 장교보다 승진과 복지 등에 있어서 열등한 대우를 받았다. 그러나 정전 자본주의가 도입되면서 지역사령부 소속의 장교가 직간접적으로 마약 생산과 밀매, 추출산업 개입, 통행료 징수를 통한 국경무역 통제 등 합법과 불법적 영역을 넘나들며 부를 축적할 수 있었다(Callahan, 1999: 54; Williams, 2011: 1207). 이 과정에서 킨늉 전 총리 휘하의 군 정보국 요원들도 지역사령부 소속 장교와 경쟁이 불가피했고, 두 집단 간 누적된 갈등은 결국 킨늉 총리의 축출로 막을 내렸다. 이제 지역사령부가 군 정보국의 역할을 대체하면서 각 지역사령부의 대령급 이상 장교는 직접 경제활동에 참여할 수 있게 되었다. 정전협정은 정부와 EAOs 간 총성을 멈추는 데 그치지 않고, 고위 군부의 부를 축적하는 도구가 되었다.

그러나 EAOs의 지도자와 땃마도의 하급간부나 사병 등 군부정권이 작동하는데 일정 수준 기여하는 주체에 대한 보상도 풍부하지 않고, 자구책으로서 이들이 행하는 부정부패는 심각한 수준이다. 하급 장교들은 소위 말하는 커피값(*kawphi-zayeik*)이나 찻값(*laphet-zayeik*)을 마련하기 위해 불법행위를 마다하지 않는다(Selth, 2021: 20-21). 또한, 2021년 쿠데타 이후 탈영병으로 중심으로 군 내부의 인권 탄압, 적은 급료와 복지제도 등이 생생하게 폭로되었다(Kyed et al., 2021). 땃마도 구성원의 경우 금전적, 물질적 보상이 충분하지 않은 상황에서 전장에 투입하는 것 자체로만 사기를 저하하는 주요 동인이 된다.

2. 정실 자본주의

정실 자본주의의 주체는 군부와 가까운 재계 거물(tycoon), 군 수뇌부를 포함한 고위 군 인사 가계의 2-3세, 군 기업의 직접적인 경제활동, 그리고 세 집단의 연합이다. 1988년 신군부가 공식적으로 사회주의 계획경제체제를 포기하고 민간에게 전면적으로 경제활동을 개방하자 군 수뇌부와 가까운 인물들이 기업을 설립하고 시장에 진입했다. 이들 기업은 1980년대 말부터 1990년대 초 설립되었고, 건설, 부동산, 도소매업, 호텔 및 관광, 은행을 포함한 금융업, 항공업 등 하위에 최소 6개 이상의 자회사를 거느린다.[24]

정실 기업은 1995년부터 2011년까지 정부가 추진한 민영화[25]에 최대의 수혜자가 되었다. 민영화가 진행되는 동안 공시 없는 입찰은 관행이 되었고, 정부는 민영화할 분야의 사업체 입찰을 공시하면 정부나 군 인사와 가까

---

24 신군부 시기 대표적인 정실 기업가는 투 트레이딩(Htoo Trading)을 설립한 떼자(Tay Za)이다. 그는 1960년대 국가정보국(NIB: National Information Bureau)을 설립한 민스웨(Myint Swe) 대령의 아들로 DSA 27기로 입학했으나 곧 중퇴했고, 1987년 사업가 투(Htoo) 여사의 딸인 띠다조(Thida Zaw)와 결혼했다. 도정업(搗精業)을 시작하여 1990년 33만3천333달러를 투자하여 투 트레이딩을 설립했다. 2006-2007년 회계 연도 기준 투 트레이딩은 미얀마 수출의 5위, 민간 기업 분야에서는 1위를 차지했다(*Myanmar Times* 07/06/04-10). 또한, 그는 딴쉐의 아들인 짜잉산쉐(Kyaing San Shwe)와 친구이자 딴쉐의 두터운 신임을 받았다. 당시 권력서열 3위였던 쉐망의 아들인 아웅텟망(Aung Htet Man)은 투 트레이딩의 이사였고, 그가 경영하는 에쉐와(Aye Shwe Wah)가 투 트레이딩과 사업 파트너였다. 떼자의 비즈니스 네트워크와 관련한 내용은 *U.S. Department of the Treasury*(2008)를 참조하라.

25 정부는 시장 지향적(market-oriented) 경제의 지향과 국가 건설을 민영화의 목표로 설정하고, 특정 민간집단의 독점을 방지하겠다는 원칙도 세웠다(Ford *et al.*, 2016: 25-26). 민영화는 1단계(1995-2007), 2단계(2008-2011)로 나누어 추진되었는데, 1단계에서는 전국의 영화관과 소규모 공장 등을 민영화하는 데 그쳤다. 2단계에서는 항만, 선박회사, 도로 등 기간산업의 민영화가 이뤄졌고 참여 기업도 증가했는데, 그중 군 기업의 독주가 두드러졌다.

운 기업이 자회사를 설립한 뒤 해당 분야에 낙찰되는 결과도 부지기수였다. 현지인은 이를 두고 호주머니화(pocketization)로 부른다(Ford et al., 2016: 30-31). 공개입찰이더라도 입찰 결과는 정해져 있다(Aung Zaw, 2005). 한인 사업가가 장관 사위와 사업 파트너가 미리 낙찰 예상가를 통보해 주고 그 대가로 이들에게 뇌물을 제공한 뒤 입찰을 받았다는 일화도 주목할 만하다(김희숙, 2022: 122). 군 고위인사, 고위관료, 관련한 정실 기업가 등은 그들만의 내부 핵심층을 형성하고, 자본과 시장의 통제를 넘어 정보까지 장악하며 새로운 계급 동맹이 형성되고 있었다.[26]

군인 가족이 설립한 기업도 주목할 만하다. 네윈 정권에서는 매우 제한적이고 규모도 크지 않았던 군인 가족기업은 1988년 이후 시장 개방과 외자 도입, 민영화, 대규모 기간시설 확충으로 사업 규모와 분야는 크게 확대되었다. 예를 들어 딴쉐 전 의장 가족의 경우 자신의 장남 퉁나잉쉐(Htun Naing Shwe)를 필두로 8명의 자녀뿐만 아니라 1990년 이후 출생한 2세대까지 기업을 운영한다. 군인 가족기업의 실질적인 소유주는 고위 군 인사의 2세로서 영국, 싱가포르, 호주 등 영어권에서 주로 경제학, 경영학, 컴퓨터공학과 같은 고등교육을 받았고 영어에 능통하며, 실물 경제에 대한 이해도와 전문성을 갖추고 있다.

2021년 쿠데타 이후 SAC 소속 고위 장교 4명의 자녀와 배우자는 건설, 제약, 엔터테인먼트 등 총 27개 회사를 경영하고(*Reuters* 21/09/07), 130개 이상의 기업이 군 수뇌부와 연계되어 있다는 사실도 확인된다(*ABC News* 21/07/29). 특히 민아웅 흘라잉 군사령관 가족[27]과 선대(先代)가 군부 출신을 배경으로 하는 모쪼따웅(Moe Kyaw Thaung) 일가의 가족기업에 주목할 필요

---

26 한편, 군부와 결탁한 기업들은 도로, 항만, 공항 등 기간시설의 신설과 확장에 반강제적으로 동원되지만 실제로 참여 기업의 사업 이익은 크지 않다. 이에 대한 대가로 정부는 참여 기업에 산림, 광산, 리조트, 플랜테이션 개발권을 부여한다.

27 대표적으로 동아일보(21/03/11)를 참조하라.

가 있다.[28]

민아웅 흘라잉의 경우 장기간 야전에서 근무했고, 군사령관으로 취임하기 전 경제활동에 참여한 전력이 없지만, 이미 그는 미얀마에서 가장 부유한 인물 중 한 명이 되었다(*Eurasia Review* 21/07/01). 쿠데타 이후 국제사회와 국제 비정부기구(NGO: nongovernmental organization)가 미얀마 내 투자한 기업의 철수를 종용하고 실제 기업의 철수가 발생하자 민아웅 흘라잉 군사령관의 아들인 아웅빼쏭(Aung Pyae Sone)과 딸인 킨띠리텟몽(Khin Thiri Thet Mon)은 철수한 기업을 인수하는 방식으로 사업 규모를 확장했다. 이에 2021년 3월, 미국 재무부는 부친의 지위를 배경으로 직접적인 이익을 챙긴 두 인물과 그들이 경영하는 6개 회사에 대한 제재를 발표했다(*U.S. Department of the Treasury* 21/03/10). 민아웅 흘라잉 군사령관의 쿠데타는 개인적 권력 욕구를 충족하기 위한 정치 행위일뿐만 아니라 그의 족벌에게 막대한 부를 가져다주는 새로운 기회이기도 하다.[29]

모쪼따웅은 KT 그룹 및 찌따(Ky-Tha) 그룹 등 두 대기업을 소유하고 있는데, 그의 아들인 조나단 모쪼따웅(Jonathan Moe Kyaw Thaung)이 실질적으로 기업을 운영한다. 그는 신군부정권 당시 떼자의 행적처럼 군부를 대행하여 무기를 구매하거나 직접 협상장을 마련하거나 군부에 금전적 기부를 하는 방식 등으로 군 수뇌부와 밀착 관계를 형성했다. 특히 그는 민아웅 흘라잉과 그의 일가, 미얀마 최대 민간기업 중 하나인 깐보자(Kanbawza) 그룹의 아웅꼬윈(Aung Ko Win) 회장과 긴밀한 관계를 맺고 있다(*The New York Times* 21/12/24). 두 대

---

28 NUG는 군부와 협력하는 정실 기업가 명단을 발표했는데, 대부분 2011년 이후 급성장한 기업들이다(*Myanmar Now* 22/01/26).

29 킨띠리텟몽은 영화와 드라마의 수입과 배급 같은 엔터테인먼트, IT, 신문방송을 포함한 대중매체 등 주로 젊은 층에 소구력이 있는 분야를 주력 사업으로 채택하고 있어서 쿠데타 이후 미얀마가 외부와 교류가 뜸해지면서 사업에 일정 수준 타격을 입고 있다고 전해진다. 한편, 민아웅 흘라잉 가계의 사업분야와 행태와 관련한 사례는 *Justice for Myanmar*(20/08/14, 21/04/21)를 참조하라.

기업의 하위에는 미얀마와 싱가포르에 28개의 자회사를 비롯하여 비즈니스 네트워크를 형성하고 있으며, 2008년 설립한 자선 단체인 KT Care도 운영한다.

한편, 국영기업의 민영화 과정에서 정실 기업이 독립적 행위자가 되어 향후 국내 경제 구조 조정에 개입하고 나아가 정치 과정에 적극적으로 영향을 미치고 그 결과 군부와 정실기업가 간 연대로 인한 과두제의 출현 가능성을 예측한 연구가 있다(Ford et al., 2016: 38). 그러나 미얀마 민간영역에서 경제활동은 사실상 선택된 군 수뇌부가 장악한 상황에서 정실 기업가와 EAOs 지도자 등은 군부에 의존하여 경제활동을 하는 바 모든 경제적 권한도 군부로 귀속된다. 따라서 군부와 정실기업가 간 연대는 상호 호혜적이지만 불평등하고 비대칭적 관계로 보아야 한다. 예를 들어 2004년 킨늉 총리가 축출된 후 그와 가까웠던 유자나 그룹(Yuzana Co. Ltd)이 쇠락의 길로 접어들었다. 2022년 5월에는 신군부 정권 당시 군부와 결탁으로 재계에서 독보적 위치를 차지하던 제거바(Zaykabar)의 킨쉐(Khin Shwe) 회장과 에덴 그룹(Eden Group)의 칫카잉(Chit Khine) 회장이 구금되었다(Myanmar Now 22/05/06). 킨쉐 회장은 쉐망 전 하원의장과 사돈 관계이지만, 두 기업이 아웅산 수찌 정부와 협력했다는 이유가 현 군부의 심기를 불편하게 했을 가능성이 크다. 군부와 기업가 간 정경유착은 불필요한 자원의 낭비, 기업과 시장의 건전성을 훼손하는 대표적인 부정부패사례로서 근본적으로 경제 구조의 왜곡을 초래한다.

미얀마에서는 군 수뇌부가 배분하는 자원의 수혜를 입는 개인이나 집단은 그 대가로 충성을 맹세하는 형태이다. 그런데, 그들이 독점한 자원과 자금이 고갈될 때 상부로 향하는 군 수뇌부의 충성과 내부 결속력이 약화하거나 종국에는 주종관계의 종료로 이어질 수 있다. 또한, 분배에서 배제되거나 분배의 양을 두고 자금의 수혜자 간 갈등이 발생할 수 있는데, 지역사령관과 국방부 요직 인사를 포함하여 군 수뇌부 중 부패혐의로 해당 직위에서 축출되는 사건이 자주 발생하는 이유도 불공평한 자원의 배분 결과로 이해할 수 있다. 이론적으로 미얀마에서 경제적 부의 축적은 군 최고지도자의 동의가 있어야 가능하지만, 권력 감시의 사각지대에서 일탈한 부를 독점하려는 군 수뇌부의 시도와 이에 대한 처벌도 지속할 것이다. 근본적으로 군 수뇌부와 연계한 정실 기업가, 군 기업 구성원 간 공생관계는 군부가 독점하는 자원이 고갈될 때 해체될 수밖에 없는 느슨한 연대로 볼 필요가 있다.

3. 군 자본주의

미얀마 군부의 경제활동은 1950년대 후반부터 시작되었으나 당시는 사업 규모나 분야가 협소했고, 근본적으로 수익금은 군인과 군인 가족의 생계와 복지를 위한 것이었다. 1988년 신군부가 시장을 개방하면서부터 군 자본주의가 본격화했다. 신군부는 1965년 제정된 사회주의 경제체제법을 폐지하고, SLORC 명령 제89/9호에 의거 국영경제기업법(State-Owned Economic Enterprises Law)을 도입했다.[30] 정부가 12개 품목을 관리감독한다는 조건은 사실상 군부가 해당 품목을 독점한다는 것이며, 이는 본격적으로 군부가 경제활동의 주체가 된다는 신호탄으로 보아야 한다. 나아가 군부는 미얀마경제지주공사(UMEHL: Union of Myanmar Economic Holdings Limited, MEHL로 개칭)와 미얀마경제공사(MEC: Myanamr Economic Cooperation)[31] 등 두 개의 군 기업을 설립함으로써 군 자본주의의 서막을 열었다.

1990년 설립된 MEHL은 국방부가 지분의 40%를 출자하고 참전용사 기구를 비롯하여 군 관련 기구가 나머지 지분을 분담했다. 설립 당시 자본금

---

30 이 법령에 따르면 티크, 석유, 천연가스, 진주, 옥 등 보석류, 수산물, 통신사업, 철로 및 항공사업, 은행 및 보험, 방송, 금속 산업을 포함한 12개 분야의 고부가가치 자원에 한해서는 국가가 직접 관리 및 경영한다. 시장 개방에 따라 해당 분야에 대한 외국인투자가 발생했을 때 정부는 합작회사를 설립하고 토지를 제공하는 수준에서 일정 지분을 할당받았다. 군부로서는 사업 참여를 위한 별도의 비용과 자원을 투입하지 않고 정기적인 이익을 창출할 수 있게 되었다. 천연가스 개발과 판매가 대표적인 사례 중 하나이다.

31 MEC는 국방부 산하에 등록되어 병참참모가 대표를 맡는데, 설립 초기에는 주로 국방비에 할당되지 않는 군수물자 조달과 중공업 사업에 특화했다. 그러나 철강회사, 은행, 시멘트 공장, 보험 등에도 진출하는 등 2014년 기준 34개의 자회사를 거느리는 것으로 확인됐다(장준영, 2017: 130). 이 글에서는 MEHL만 다룬다.

은 약 4천만 쨧(Kyat)으로 1991년 국민총생산(GNP: Gross National Product)의 20%와 맞먹는 수준이었다(Steinberg, 2021: 17). MEHL의 설립 목적은 국가 자본 수출의 극대화, 국가 필수 수요영역에 대한 수입 부문의 지원, 국가 경제 성장으로 인한 국민 복지 향상, 생필품 가격의 안정 등이다. 설립 목적만 보았을 때 집단으로서 군부의 이익을 도모한다는 의도는 없어 보인다.

그러나 MEHL의 시장 독점은 신군부가 집권하는 내내 일상이었다. MEHL이 주요 기간시설 운영과 신규 개발권을 획득할 정도로 민영화는 요식행위에 불과했고, 합법이라는 방식으로 군 기업은 민영화한 국영기업을 장악했다(Ford et al., 2016: 28). MEHL은 2012년 자동차 수입이 전면 자유화되기 전까지 국내 자동차 시장과 옥과 루비 등 광물자원을 독점했으며 정실 기업가와 외국인 투자기업과의 합작사업에도 폭넓게 관여한다. 2011년 시장을 개방한 뒤 대도시를 중심으로 부동산가격이 폭등하자 군부는 군사 목적으로 민간 소유 토지를 수탈했고, 이를 국내에 진출한 외국기업에 유상으로 임대하는 방식으로 별다른 노력 없이 부를 축적했다. 권력을 남용하여 경제적 이익을 추구하려는 군부의 시도는 정권의 유형을 가리지 않는다(Maung Aung Myoe, 2020: 120-123).

군 기업의 자회사 수나 사업 분야 등 일부 정보는 공개되지만, 기업의 지배구조와 수익, 그리고 수익의 분배 방식, 자금 흐름 등 기업의 작동 방식은 철저히 비밀에 부쳐진다. 국내 기업과 합작회사를 설립한 해외 투자기업의 명단 등도 공개되지만, 이들과의 사업 방식은 물론 관계도 명확하지 않다(Maung Aung Myoe, 2020: 117-125). 최근에 군 기업의 활동과 관련한 정보가 외부에 알려졌는데, 예를 들어 2017년 최소 45개 기업과 관련 사회 기구들이 군부에 약 615만 달러를 제공했고, MEHL과 MEC가 매년 최소 4억3,500만 달러를 땃마도로 송금한다(ABC News 21/07/29; HRC, 2019: 4). 쿠데타 이후 군부는 매년 약 20억 달러 이상의 수익을 보장하는 국영기업인 미얀마오일가스 기업(MOGE: Myanma Oil and Gas Enterprise)도 장악했다. 지금까지 사업 분야와 실적 등을 참고할 때 군 기업의 설립 목표가 이행되었거나 국가 경제에 이

바지한다는 군부의 소명의식은 유효하지 않은 것 같다.

그림 1과 같이 MEHL은 권력서열 5위까지 후견인그룹을 형성하며 이들은 직접 기업 경영을 하지 않지만 의사결정에는 관여한다. 문제는 5명 모두 현역 군인이고 기업을 경영한 경험이 없는 경제 문외한이다. 단적인 예로 민아웅 흘라잉 군사령관은 에너지난을 돌파하기 위해 자전거를 이용하라는 황당한 제안을 하는가 하면 네피도(Naypyidaw)에는 필요 없는 지하철과 전기버스 도입 검토를 지시했다. 또한, 그는 미얀마가 5년 내 아세안 내 중위소득 국가, 10년 내 최고소득 국가가 될 것이라고 장담했다(Frontier 21/09/30; The Irrawaddy 22/12/17).

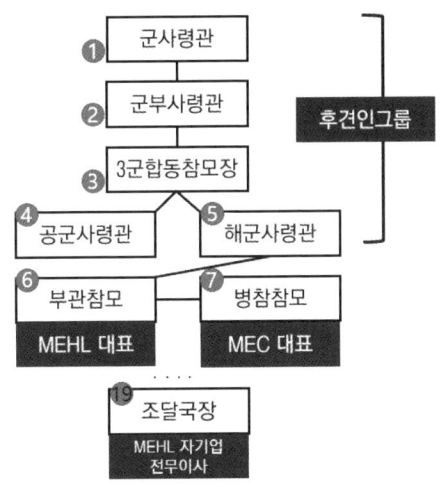

그림 1 MEHL의 최상위 지배구조
※출처: 저자 작성.

결국 UMEHL과 같은 군 기업에 군 수뇌부가 참여하는 행태는 사업을 통해 창출된 수익을 소비하거나 분배하는 역할에 초점이 맞춰진다. 이익금은 군 수뇌부의 결속력을 강화하는 강력한 매개체가 되고 추가로 생산되는 부는 다시 그들만의 네트워크만을 통해 가능해진다(HRC, 2019: 22). 민아웅 흘라잉은 아래로부터 충성심을 유발하고 이반을 방지하는 차원에서 자산과 자본을 하급자에게 적절히 분배해 왔다(Justice for Myanmar 21/01/30).

2012년 이후 국가 예산에서 국방 관련 평균 지출비율은 GDP에 대비하여 3.45%로 1990년대 초반 3.5%, 1990년대 후반과 2000년대 초반 2%와 비교하여 상대적으로 높지 않다(Maung Aung Myoe, 2020: 103-104). 2011년부터 국방부, 내무부, 국경부에 할당되는 예산에 한해서는 공개적으로 토론을 거친 뒤 의결해야 하는 절차를 도입한 결과이다(The Irrawaddy 17/08/09). 이로 인해 정부는 예산 증액을 위한 군부의 요구를 수용할 의지가 없었고, 군부도 그러한 주장을 단 차례도 하지 않았다. 군부가 예산 증액을 요구하더라도 합리적 근거를 찾기 어려울 것이다. 따라서 민간정부의 출범 이후 군부는 생존을 위해서라도 군 자본주의에 더욱 의존할 수밖에 없는 환경에 처해졌다.

나아가 아웅산 수찌 정부는 지난 20년간 MEHL이 누려온 면세 혜택을 2019년부터 폐지했다(Maung Aung Myoe, 2020: 120). 이 행위는 군 기업에 대한 특권을 폐지하는 첫 번째 조치로서 군부의 즉각적인 반응은 없었지만, 군 수뇌부를 중심으로 불만이 확산하는 동기가 되었다. 군부가 독점하다시피 한 경제 권력을 어떠한 보상도 없이 축소하는 행위는 수용할 수 없는 조처였다. 군부의 경제적 권한을 축소하려는 정부의 시도에 대한 집단적 반발이 이번 쿠데타의 배경 중 하나였으므로 정부의 급진적인 정책은 군부의 집단행동을 유발하기에는 충분했다.

VI. 자원동원과 선전선동

1. 규율민주주의와 정치지도자의 독특한 세계관

신군부가 주창한 이데올로기는 규율민주주의(disciplined democracy)로서 1989년 초 쏘마웅(Saw Maung) 당시 SLORC 의장이 교도(教導) 또는 제한적 형태의 민주주의로 최초 언급했지만, 그 실체는 명확히 파악되지 않았다. 그러다가 1993년 킨늉 당시 1서기가 인도네시아를 방문하여 인도네시아 군부의 이중기능을 학습했고, 1997년 SLORC이 SPDC로 개칭한 뒤 규율민주주의는 공식적으로 언급되었다(장준영, 2013: 9-11).

킨늉 1서기는 규율민주주의를 미얀마의 민주주의를 법의 테두리 안에서 자유를 가지는 규율이 충만한 민주주의, 국가의 정치·경제·사회 구조가 조화로운 민주주의, 국가의 역사적 전통·풍습·문화가 조화로운 민주주의, 국가결속의 구도 안에서 모든 국민에게 공정한 이익을 가져다주는 민주주의로 정의했다. 나아가 미얀마의 민주주의를 실현하기 위한 선제 조건으로는 과거로부터의 교훈을 얻어 국민화해를 달성하고, 정치에서 군부가 중요한 역할을 해야 하며, 국가의 생산 자원을 개발하고 근대화하는 것이다.

군부에 따르면 그들은 다당제와 시장경제체제를 도입했으므로 이제 군부 주도로 경제발전과 민주주의의 구현을 필요로 한다(Aung Moe San, 2003: 112-116). 역사와 현재의 중심에서 오로지 군부만이 국가의 미래를 보장할 수 있다는 주장이다. 특히 군부는 과거의 영광을 현재에서 다시금 구현하기 위해 전통을 정치의 전면에 내세워 그들의 통치에 합리화를 도모한다. 군부의 논리는 매우 단순하다. 왕조사를 돌아볼 때 전사왕(warrior king)이 통치했던 시기가 바로 왕조의 전성기였고, 이에 근거하여 현재의 전사왕 격인 군부가 국정을 운영할 때 미얀마의 전성기는 보장된다는 논리다. 과거지향적인 군부의 통치행태와 철학은 2005년 수도를 이전하면서 정점을 찍었다. 군부는 2005년 양곤(Yangon)에서 삔머나(Pyinmana)로 수도를 이전하면서 삔머나의 절반을 왕궁이라는 의미인 네피도로 개칭했고, 그들이 본보기로 삼는 아노여타(Anawrahta), 버잉나웅(Bayinnaung), 알라웅퍼야(Alaunghpaya) 등 세 명의 전사왕을 군 연병장에 동상으로 제막했다.

2011년 3월, 떼인쎄인 대통령은 취임사에서 규율민주주의를 신정부의 공식적인 이념으로 선언했다. 그러나 5년에 걸친 정권의 임기 내내 규율민주주의를 추구하기 위한 정부의 시도는 이전 군부정권과 비교하여 현저하게 줄어들었다. 과거의 사례를 떼인쎄인 정부에서 비교하는 시도가 적었다는 것을 의미한다. 오히려 2012년 4월 보궐선거에서 NLD가 압승했고, 정부의 개혁개방으로 인해 군부의 정치적 입지는 축소되었다. 또한, 규율민주주의의 이념적 총체로 창당한 USDP도 내부적으로 퇴역한 군부를 옹호하는 강경파와 국민의 지지를 받는 정당으로 성격을 변화해야 한다는 온건파로 양분되면서 정강으로서 규율민주주의는 위기를 맞았다(장준영, 2013: 18-19). 결정적으로 USDP는 2015년과 2020년 총선에서 연거푸 패배하면서 규율민주주의를 주창할 명분을 잃었다. 나아가 군부는 규율민주주의가 국민의 정신세계를 지배할 정도로 사회 깊숙이 침투하기를 희망했으나 각종 총선과 보선에서 국민은 군부가 아닌 다른 정당을 선택함에 따라 규율민주주의가 국민에게 별다른 감흥을 주지 못한 것으로 보인다.

한편, 1962년 네윈부터 2023년 민아웅 흘라잉까지 군 최고지도자들 사이에서 발견할 수 있는 하나의 공통점은 자가적 신비화와 인위적으로 형성된 위상에 대한 하급자들의 맹목적 숭배를 강요한다. 그들은 근대 제도의 대표적 상징인 군인 출신이지만 국민에게는 왕조시대의 왕과 같은 지도자로 각인되고자 한다. 현대에 들어 미얀마 장군의 세계관은 불교 문화의 산실이라는 주장이 있다(Houtman, 1999). 우 누가 추진한 복지국가(welfare state), 네윈이 주창한 버마식사회주의(Burmese Way to Socialism) 등 근대적 이념의 핵심 사상은 불교의 철학과 가치관을 반영한다. 앞서 언급했듯이 딴쉐는 수도를 옮겨 마치 자신이 군부가 개국한 왕국의 왕처럼 행동했다. 또한, 우 누부터 현재 민아웅 흘라잉까지, 심지어 아웅산 수찌 국가고문을 포함하여 역대 모든 지도자는 자신의 이름으로 불탑을 건축하고 보시했다.[32] 특히 민아웅 흘라잉은 2013년 버강에 소재한 틸로밍로(Htilominlo) 불탑 보수 및 재건사업을 관장했고, 2023년 8월 1일 네 번째 국가비상사태를 선포하기 하루 전 네피도에 마라위자야(Maravijaya)[33] 부처상을 완공했다(Myanmar Now 23/07/31).

---

[32] 역대 국가지도자는 자신의 안위와 공덕을 쌓기 위해, 그리고 왕조시대 불자왕의 행위를 답습하여 국민의 지지를 유도하기 위해 불탑을 보시했다. 우 누 총리는 거바에(Kaba Aye) 불탑, 네윈은 마하위자야(Mahawizaya) 불탑, 딴쉐는 외부(미국)의 침략을 무마하려는 의도에서 웃빠다땅띠(Uppathathanti) 불탑을 세웠다. 떼인쎄인 대통령은 부다 가야 불탑을 복제한 불탑과 마하떠자란띠(Mahathakyaranthi) 불상을 세워 인근 사원에 보시했고, 아웅산 수찌와 윈 민(Win Myint) 대통령도 '영원한 평화'라는 의미인 타워라네잉찬에 제디(Htawaranyeinchanye zedi)를 네피도에 봉헌했다.

[33] 사전적인 의미로 마라(末羅), 즉 불교에서 수행을 방해하는 마왕 파순(波旬)과 그 권속들을 이르는 천마(天魔)를 무찌른다는 것이지만, 국가의 평온과 안녕을 기원하는 차원에서 이 불상을 건립했다고 한다. 불상 건축은 2020년 6월 14일에 시작했고, 건축 과정에서 어신 세께잉다(Ashin Chekinda), 띠다구(Sithagu Sayadaw) 등 고승으로부터 감독과 자문을 받았다. 불탑 건축을 위해

버마족 출신의 군 지도자에게 역사는 사건의 기록이라기보다 버마족의 특수성과 독창성(uniqueness)을 돋보이게 하는 증거로서 세계적 추이나 기준이 어떻든 미얀마는 그것과는 분명 다르고 독창적이며 독특한 면모를 보여야 한다는 강박관념이 자리한다. 미얀마 방식의 독창적 역사 인식과 해석을 인정하면 세계적으로 합의되고 정설이 된 민주주의, 인권, 정치와 경제적 발전과 같은 보편적 가치는 수용하거나 추종할 대상이 아니다. 군부가 주장하는 미얀마만의 정치문화는 군부 권위주의의 별칭이기도 하다. 군부는 정통성을 마련하기 위해 국가 차원의 경제발전을 추진한 적은 없지만, 국민의 절대다수가 신봉하는 불교를 정치 영역에 끌어들여 국민의 자발적 동의나 지지를 유도하기 위한 자원으로 활용한다. 또한, 군부 통치자는 자신이 미얀마 왕의 화현(化現)이라고 주장했는데, 일례로 쏘마웅과 딴쉐는 짠싯따왕(Kyansittha, 재위 1084-1112/3)의 영혼이 깃들었다고 믿었다. 밍아웅흘라잉은 나다웅먀(Nataungmya, 재위 1211-1234)가 전생에 쌓은 업에 의해 선왕(先王)을 이어 왕이 되었다는 사실에 착안하여 자신의 운명도 그와 일치되기를 기대한다. 아웅산 수찌를 비롯한 민간정부의 고위 인사도 고승에게 보시하는 장면을 국영언론에 노출해 왔으니 불자왕(佛子王) 또는 담마라자의 외형을 답습해야만 하는 정치인의 행태는 숙명처럼 보인다.

사실 군부 지도자가 고승에게 보시하거나 불탑을 건축하는 등 의례적인 불교 활동보다 더 관심을 두는 분야는 점성술의 한 부분이었다가 불교의 영역으로 유입된 비과학적이고 주관적인 각종 비술(祕術)이다. 12세기 이후 미얀마에서 승려는 브라만 사제의 역할을 대행하면서 힌두신앙으로부터 파생된 점성술, 수비학, 그리고 토착신앙으로서 낫(Nat) 신앙 등을 바탕으로 미래

총 2,760만 달러의 보시를 받았다고 하는데, 그중 사업가와 퇴역 고위 군인을 포함한 군부 측근들은 약 330억 짯(약 1천만 달러)을 기부했다. 일부는 총 건설비용을 4천만 달러라고 주장한다. 대리석으로 만든 이 불상의 무게는 5,292톤, 기단부를 제외한 불상 높이는 18피트(5.5m), 기단부를 포함한 전체 높이는 63피트(19m), 사용된 대리석 수는 720개이다. 역시 숫자 9를 맹신하는 군부의 관례대로 각종 수치는 숫자 9에 맞춰진다.

를 점지하고 액운을 막는 각종 비술까지 섭렵했다. 미얀마 불교에서는 아라한(Arahant) 또는 야한다(Yahanda)와 웨익자(Weikza)를 엄격히 구분한다. 전자는 다섯 번째 미래불인 멧떠야(Mmettaya)의 조건을 충족하기 위해 고행에만 집중하는 해탈한 승려를 가리키고, 후자는 비술을 행하는 "고도의 또는 비전(祕傳)의 지식"에 정통한 남성으로서 마술적 힘을 보유하거나 특별히 장수하는 능력을 모색하는 평신도이다. 그런데 승려가 비술 능력을 갖추게 되고, 불교 신도도 내세를 위해 업을 쌓는 것보다 속세의 일에 더욱 관심을 두게 되면서 승려가 신도의 점괘를 예언해주기도 했다. 따라서 일반 불교신도는 아라한과 웨익자를 별도로 분리하지 않거나 동일한 존재로 보는 경향도 있다.

베딘서야(bedinsaya)로 불리는 점성술사는 승려와 엄격히 구분되지만 부적, 주문, 특별기도(mantra) 등 야다체(yadayache)로 불리는 주술행위를 통해 미래를 바꿀 수 있는 영험한 능력을 보유한다. 이런 이유로 우 누부터 네 윈과 딴쉐, 그리고 킨늉 총리, 현재 민아웅 흘라잉까지 역대 지도자들은 꿈을 해몽하거나 가까운 미래를 예측하고 이에 대한 처방을 제시한 개인 점성술사를 곁에 두었고, 이 점성술사들의 점괘는 이들의 행동 양식에 절대적인 영향력을 행사했다. 지도자들은 비술의 결과에 따른 초자연적인 현상을 정치에 적극적으로 활용함으로써 인간의 영역을 넘는 신비감과 신성함을 조성하고자 했다. 민아웅 흘라잉의 경우 "시대를 바꾸고 싶으면 머리를 쏴라."(khit-pyaun-jin-yin-gaun-pyit)는 조언을 한 와지뻬잇 서야도(Wazipeit Sayadaw, 법명은 어신 꺼위따 Ashin Kovida)와 친분이 두텁다. 불행히도 2021년 쿠데타 이후 땃마도와 경찰은 시위대의 머리를 조준하는 일이 적지 않았다. 와지뻬잇 서야도는 승려이면서 주술적 능력이 탁월하여 민아웅 흘라잉에게 다양한 점괘를 알려주는 웨익자의 역할도 병행하는 것으로 알려진다.

군 지도자들은 무력에 의존하여 정권을 잡았으나 정치력은 없고 국민도 지지해주지 않으니 불안한 자신들의 미래를 비술로 치유하며 마치 그들의 통치가 미리 정해진 '운명'이거나 스스로 '셋짜밍'이라는 사실을 강조한다. 그러나 이러한 비밀스런 행위는 자기만족의 영역을 벗어나지 못할 뿐 국민의 광범위한 동의를 얻기에는 역부족이다. 오히려 군부가 행한 다양한 비술 행위가 공공의 영역에 노출될 때 미얀마를 통치하는 주체는 군부가 아니라 점쟁이라는 조롱이 어색하지 않다.

군 지도자는 국민의 낮은 심리적 근대화를 기대하지만, 이미 군부는 도덕적 자원이 고갈되었기 때문에 정치권 내 군부가 불교와 관련한 어떠한 의례를 하더라도 국민적 지지를 얻기는 힘든 시대에 뒤떨어진 정치 행위에 불과하다. 군 수뇌부가 불탑을 세우거나 승려에게 보시하는 행위를 국민에게 노출하더라도 자원 동원 효과는 거두기 못할 것이며 오히려 그들만의 보시 행위에 국민들의 원성만 높아질 것이다. 군 수뇌부의 불교 보호와 후원 행위는 자기만족이나 불교도로서 선업(善業)을 쌓기 위한 과정으로만 이해할 수 있다.

2. 연방단결발전연합과 대중동원

군부는 1993년 9월 친목단체로서 연방단결발전연합(USDA: Union Solidarity and Development Association)을 설립했다. 1994년 9월 개최된 1회 USDA 정례 회담에서 딴아웅(Than Aung) 사무총장은 USDA가 군부와 상호 소통하는 대중기구라고 강조했고(Coakley, 1998), 킨늉 전 총리는 경제와 국방이라는 두 가지 의무를 동시에 책임지는 군부의 보조기구로 정의했다(Steinberg, 2001: 114). 한마디로 USDA는 정권 지도자로부터 하달된 정책과 이들의 정치적 요구에 부응하기 위한 정권의 대리기구였다(NDD, 2010: 7).

USDA 회원은 매년 4-5일간 개최하는 정례 회담에서 군부가 주창한 규율민주주의와 그 본질을 내용으로 하는 미얀마 역사와 문화 등을 교육받았다. 즉 군부는 USDA에게 군부의 통치 철학과 전략을 선전하고, USDA는 회원을 대상으로 규율민주주의의 필요성과 군부 통치의 당위성을 선동하면서 국민의 이성적 판단을 흐리게 하고자 한다. 그러나 언론 매체를 통한 정부의 보도와 달리 군부에 대한 국민의 실질적 지지는 확인되지 않는다. 대중 집회에 참여하지 않으면 벌금을 부과받거나 가정의 물과 전기가 끊기기도 했으며, 교사는 학생을 체벌하는 등 USDA의 횡포는 다양한 분야에서 확인되었다. "USDA는 국가를 위해 어떠한 선한 행위도 한 적 없고, 누구도 가입을 원치 않는다."는 지역민의 일갈은 국민 사이에서 USDA가 차지하는 위상을 확인할 수 있다(NDD, 2010: 30).

나아가 USDA는 동원한 대중을 통해 군부 통치를 반대하는 집단과 인사들을 탄압함으로써 군부의 사회통제 역할을 대리했다. 예를 들어 2003년 아웅산 수찌와 그의 지지자를 겨냥해 발생한 디베인(Depayin) 학살, 2007년 승려 중심의 샤프론 혁명에서 USDA 산하 쏷아신(swanarshin)은 군부를 대행하여 폭력을 행사하고 시위 가담자를 체포했다.

쏷아신은 덜랑(dalan)[34], 즉 밀고자가 조직화한 단체이다. 덜랑은 반체제 인사와 집단에 대한 효율적 정보 접근과 취득을 위해 도입된 군부정권의 유산으로서 최초 도박꾼, 밀매업자, 매춘업자 등 범법자를 중심으로 비밀리에 구성되었고, 2004년 군 정보국이 해체된 이후 대규모로 육성된 덜랑이 군 정보국의 역할을 대체했다(The Irrawaddy 21/07/27). 당시만 하더라도 덜랑의 주요 구성원은 군부를 지지하는 마을 지도자, 불한당, 덜랑 행동을 약속한 뒤 출소한 전과자, 가정 생계를 책임지는 여성 등 주로 경제적인 이유에 근거했고, 다양한 구성성분과 상위 통제 조직이 견고하지 않아 덜랑 간 협력이나 응집력도 크지 않았다. 2008년 기준 USDA와 쏷아신 회원은 매월 10만 짯(80달러)을 보수로 받았고, 신규 회원은 5만 짯(40 달러)를 받았다(NDD, 2010: 37). 덜랑이 사회적으로 배제되거나 소외된 계층임을 고려할 때 이 정도의 보수는 유인 요인이 되기에 충분하다.

쏷아신은 땃마도, 경찰과 같은 제도권의 기능을 보완하거나 지원하는

---

34 힌디어 달랄(dalal)에서 유래한 용어로서 사전적으로 상업적 거래가 원활할 수 있도록 개입하는 중개업자(pweza)를 의미한다. 이들은 왕조시대부터 현재까지 기득권에 기생하는 형태로 존재한다. 식민시기에는 독립운동가의 은신처를 식민당국에 밀고하여 아첨꾼이라는 의미로 얼로도이(alodawyi)라고 불렀다. 덜랑 이외에 더쇼(dashoe), 얼랑슈(alanshu)로도 불린다.

것이 아니라 그 기능을 완전히 대체하는 집단으로서 군부의 보조자가 아니라 대리자 역할을 했다. 즉 쌍아신은 군부를 대리하여 폭력을 생산하고 공포를 전시하여 공개적으로 군부에 저항하거나 반대하는 환경을 최소화함으로써 사회에 대한 강압적 통제체제를 완성하고자 한다. 국민도 제복을 입지 않은 쌍아신의 활동을 우려하여 스스로 자기검열을 일상화하고, 공개적으로 체제를 비판하지 않는 수동적 생활 양식에 길든다.

    2010년 총선을 앞두고 USDA는 USDP로 발전적 해체를 선언했다. 그렇지만 쌍아신 출신의 덜랑은 2012년과 2013년에 발생한 반이슬람교도 종교갈등에서 폭력을 행사하거나 로힝야족 마을을 습격했다(ICG, 2022: 5). 아웅산 수찌 정부에서도 로힝야족 학살에 대한 국외 여론이 악화하자 이들은 군부를 지지하는 대중 집회를 개최했다. 여전히 사회 내에는 군부를 지지하는 집단이 존재하거나 여전히 군부의 사회적 영향력이 유효하다는 사실을 확인할 수 있는 대목이다. 2020년 총선이 끝난 직후 선거 결과를 인정하지 않는 국민이 거리로 나섰는데, 이는 덜랑의 재활동이 개시된 것으로 해석할 수 있다. 이들은 쿠데타 4일 전, 쉐더공(Shwedagon) 불탑 근처에서 선거 결과를 인정하지 않는 시위를 벌였고, 이를 취재하러 온 언론인과 주민을 공격했다(*The Irrawaddy* 21/07/27). 쿠데타 초기에도 덜랑은 민간인 복장에 마스크와 모자를 착용하여 군부를 반대하는 시위대와 식별할 수 없게 위장하고 흉기를 소지하면서 시위 주동자들을 당국에 밀고하거나 이들을 직접 체포했고, 무고한 시민에게까지 폭력을 행사했다.

    2003년 디베인 학살 당시 쌍아신의 일부는 승려로 위장하여 폭력을 행사했듯이, 승려가 군부를 대행하여 폭력을 행사한 사례는 없었다. 그런데, 2020년 총선 이후 거리 집회에서는 극단주의 불교도 단체인 마바따(MaBaTha) 소속 승려가 참가했다. 어신 위라뚜(Ashin Wirathu)를 필두로 하는 마바따는 타종교로부터 국민과 불교를 보호하고 궁극적으로 국가를 수호하겠다는 목표에 근거하여 활동한다. 특히 마바따는 로힝야족 문제를 국제사회와 연대하여 해결하려는 아웅산 수찌 정부와 지속적인 대립각을 세워 온 반면, 외국인 혐오(xenophobia)와 맹목적 애국심(chauvinism)을 공유한다는 점에서 군부를 지지한다. 군 수뇌부는 마바따 소속 승려나 이들과 가까운 승려에게 보시하는 형태로 유착관계를 형성했다. 마바따에 대한 국민적 지지가 높다고 평가할 수 없지만, 승려가 사회적으로 차지하는 위상과 역할을 고려할 때 군부를 반대하는 국민조차 마바따 소속 승려에 대한 비난을 공개화하지 않으며 이런 행태는 도시에서 농촌으로 갈수록 더 심화된다.

3. 뾰조디와 대중동원[35]

2021년 3월 5일, 만달레와 양곤을 각각 상부지부와 하부지부로 하는 민병대 뾰조디(pyuzawhti)가 조직되었다. 그런데, 땃마도 공보부는 뾰조디를 조직한 적이 없으므로 이에 관해 어떠한 입장도 없으며, 뾰조디는 온라인상에 떠도는 가상 조직에 불과하다고 간주한다(Neo News 21/09/26). USDP도 뾰조디 창설에 어떠한 개입도 하지 않았다고 한다(BBC 21/09/30).[36] 군부는 그들과 뾰조디 간 어떠한 관계도 없다는 것이 공식 입장이다.

그러나 뾰조디가 군부, 그리고 군부를 절대적으로 지지하는 집단과 깊이 연관되어 있다는 정황은 다양하게 포착된다. 첫째, 뾰조디의 구성성분이다. 뾰조디는 덜랑을 포함하여 참전용사, 마바따 구성원, USDP 당원이나 지지자가 주축을 이룬다(RFA 21/05/12; Neo News 21/09/26). 뾰조디 조직원은 평시에 덜랑처럼 군정으로부터 일당 5천 짯(Kyat, 2-4 달러), 교전에 참여하면 20만 짯(95 달러)을 받는다(The Irrawaddy 22/08/10). 쏭아신의 사례처럼 경제적 동기는 뾰조디를 움직이는 주요 동인 중 하나인 셈이다. 또한, 전통적으로 USDP의 지지세가 강하거나 USDP가 의석을 점유한 지역에서 덜랑과 뾰조

---

35 이 부분은 장준영(2022)의 일부를 발췌 및 수정하여 작성했다.

36 네윈의 손자 에네윈(Aye Ne Win)이 창설에 개입했다는 설이 있으나 직접 부인했다. 네윈 일가는 2002년 국가전복 기도혐의로 투옥되었다. 에네윈은 2013년 출소한 뒤 반로힝야족 운동에 참여하면서 군 수뇌부의 신임을 얻기 시작했다. 특히 민아웅 흘라잉의 아들인 아웅·뻬쏭(Aung Pyae Sone)과 동업 관계를 구축함에 따라 재기에 성공한 것으로 보인다.

디 조직원의 수는 상대적으로 많다(BBC 21/09/30).

둘째, 뺘조디의 창설 목적은 군부 통치를 반대하는 국민의 상식과 정면으로 대치된다.[37] 즉 국민과 종교를 수호한다는 명분, 국가와 국민의 분열을 좌시할 수 없다는 소수의 덜랑, 그리고 군부와 군정당 지지자들의 소명의식은 군부가 국가비상사태를 선포한 배경과 궤를 같이한다. 그들이 주장하는 부정선거가 국가와 국민의 분열에 심대한 영향을 미쳤다는 증거는 없으며, 국가비상사태는 종교와 어떠한 관련성도 없고 연결고리도 찾기 어렵다.

셋째, 뺘조디의 활동지역은 땃마도와 경찰의 공백이 상대적으로 크고, PDF이 강세를 보이는 사가잉주(Sagaing Region), 머궤주(Magwe Region) 등이므로 땃마도와 경찰의 대체재 역할을 한다. 예컨대 군부는 사가잉주에서 창설한 77개 뺘조디에게 2천 정의 소총과 기초 군사훈련을 지원했다(*Myanmar Now* 22/02/25; *RFA* 22/03/14). 군부는 PDF에 대항하기 위해 지역민이 자발적으로 민병대를 조직했다면서 군부와 뺘조디간 연계성을 극구 부인했다(*RFA* 22/05/18).

현재까지 뺘조디의 교전 능력은 현저히 떨어져 군과 경찰의 지원 없이는 PDF를 압도할 수준은 아니다. 그러나 군부는 다음과 같은 의도에서 뺘조디를 활용하여 사회 통제의 고삐를 조이고자 한다. 첫째, 뺘조디는 군부의 대행자로서 군부에 대한 국내외 비난 여론을 분산시키는 역할을 한다. 군부는 뺘조디가 행한 민간인 학살이나 대규모 피난민의 발생과 관련하여 거리를 둠으로써 그들과 뺘조디 간 연관성을 부인한다. 즉 군부는 땃마도와 경찰의 투입을 최소화하고, 이들 두 집단 대신 뺘조디가 폭력을 대리 행사함으로써 그들이 충당해야 할 물리적 지출을 최소화하고, 동시에 군부에게 쏟아지는 비

---

37 1) 군부 통치를 반대하는 자의 정보를 축적하고 제공함, 2) 덜랑으로 낙인찍힌 자와 사회적 처벌(social punishment)을 받은 자를 보호함, 3) 각 지역의 시위 주동자 명단을 확보 및 보고함, 4) 무장투쟁을 하거나 군사훈련에 가담한 자의 명단을 확보 및 보고함, 5) 퇴역 군인 가족의 보호이다(*Neo News* 21/09/26).

난을 쀼조디가 방어함으로써 군부가 입는 도덕적 내상을 최소화하고자 한다. 쀼조디는 현재 군부가 처한 위기를 돌파하기 위해 급조된 소모품일 뿐이다.

둘째, 쀼조디의 활동은 국민의 심리적 위축을 지향하여 국민 스스로가 자발적으로 반군부 의지를 표명하지 못하는 효과를 누린다. 평범한 시민으로 가장하여 일상에 개입하는 덜랑의 존재는 일반 국민에게는 신변의 안전을 보장받을 공간의 축소를 의미하고, 궁극적으로 반군부 저항의 심리적 동력을 약화하는 동인이 된다. 쀼조디도 마을 내 존재할지도 모르는 반군부 민병대원을 색출한다는 명분으로 민간인 마을을 습격하고 방화를 저지르는 등 지역사회에 공포감을 확산한다. 쀼조디 조직원은 해당 지역민 출신으로 땃마도에게 정보, 지리, 보급품뿐만 아니라 PDF를 비롯한 반군부 민병대와 관련한 다양한 정보를 제공한다. 마을 주민은 지금까지 느껴보지 못한 생명에 대한 위협과 같은 공포심으로 인해 표면적으로 NUG나 PDF를 지지하지 않는 것처럼 행동한다.

USDA의 사례처럼 자발적 의사에 반하여 쀼조디에 강제로 가입시키는 행위는 사회적 반발을 사고 있다. 쿠데타 초기 경제적 이익을 추구하기 위해 덜랑이 된 주민이 있었지만, 소셜네트워크에 쀼조디 조직원과 이들의 활동이 공유된 뒤 사회적 처벌이 보편화되었다. 군부는 USDA 회원에게 행했던 것처럼 쀼조디에 가입하지 않으면 식량과 식수 공급을 중단하겠다고 협박하지만, 군부와의 협력이 낱낱이 공개됨에 따라 쀼조디 가입률은 떨어졌고, 신변의 위협을 느낀 지역민은 다른 마을로 이주하는 소극적 행보도 보인다.

셋째, 군부는 버마족이 거주하는 지역에 쀼조디를 조직하고 활동을 독려함으로써 버마족 사회의 분열을 의도한다. PDF의 창설과 활동, 그리고 버마족이 거주하는 농촌 지역을 중심으로 하는 이들의 활동지역 등 쿠데타 이후 국민의 저항은 새로운 현상이다. 이에 군부는 버마족이면서 불교를 공유하는 중부 저지대 지역에 군부가 포섭한 승려가 포함된 쀼조디 조직원을 투입했다. 승려는 총을 든 자에게 설법을 전파하지 않고, 폭력을 행사하고 살상을 하는 행위는 불교도로서 용납받지 못하는 처사이다. 지역사회에서는 승려가 극우 집단인 마바따라는 사실을 인지하지만, 불교도로서 이들을 배척하는 행위는 종교적으로 불경스럽다. 종족적·종교적·문화적 유사성을 공유하는 지역사회는 군부의 의도대로 갈등의 시대로 접어들고 있다.

VII. 맺음말

1962년 정치개입에 성공한 이래 군부는 사회 세력 중 가장 근대화하고 무기를 독점하는 집단으로서 모든 분야에서 우월한 지위를 점했다. 군부는 물리력으로 사회를 통제하는 한편, 경제발전을 도외시했고 스스로 국가의 수호자가 되어 내전을 관리한다는 명분으로 버마족과 소수종족으로 사회를 분열시켜 국민 간 갈등을 고착화했다. 군 내부적으로 편협한 독재체제를 완성하여 경직도가 높은 권력적 수직구조를 완성하고 군사문화를 사회 저변에 확산했다.

  1988년 집권한 군부의 환경과 군부의 직업주의는 크게 변화했지만, 군부와 소수종족 간 대립구도는 지속성을 유지했다. 먼저 군부는 군사력만으로 EAOs를 제압할 수 없다고 인정하고, 빠른 속도로 정전협정을 추진했다. EAOs에 대한 공격과 회유를 반복하면서 군부는 정치권에 남을 명분을 마련함과 동시에 경제활동을 통한 막대한 부를 창출하기에 이르렀다. 따라서 소수종족의 분열을 매개로 한 군 내부의 결속 시대는 종료했고, 군부는 경제적 이익 추구와 배분을 통해 내적 결속을 추구하면서 약탈적 이익집단으로 변절하였다. 경제적 부의 축적은 군 수뇌부, 정실 기업가, 소수 EAOs 지도자 등 소수집단에 국한되고, 이런 구도는 군 수뇌부내 단결과 충성을 유도하는 강력한 매개가 되고 있다. 즉, 군 내부의 결속 유지 동인으로서 후견-수혜관계에 근거한 1인 지배체제의 공고화와 상명하복의 군사문화는 지속성을 유지하는 것으로 보인다. 현재로서 군 수뇌부의 분열이나 갈등이 발생할 가능성은 작다.

  군부는 땃마도의 물리력을 전시하며 외형적으로 사회복지단체를 가장

한 광활한 수준의 대중동원을 추구하면서 군부 통치의 행동 양식을 사회 말단까지 침투하려고 시도했다. 강압적인 대중동원의 형태로서 군 지도자는 담마라자와 같은 왕의 외형을 추구했고, 군부가 추구하는 국가도 왕조시대의 현대적 구현이었다. 과장되기는 했지만, 모든 성인 인구가 대중동원단체의 회원이었을 정도로 군부의 대중동원은 전 계층과 사회를 망라했다. 그러나 군부가 추구한 그들의 통치 철학이 국민에 이식되어 대규모 지지기반을 형성했다는 객관적 증거는 찾기 어렵다. 다만, 떨랑과 군부를 지지하는 민병대의 강압적 사회통제로 인해 미얀마는 2011년까지 군부 통치가 잘 작동되는 국가로 보였다.

그러나 2021년 쿠데타 이후 군부를 둘러싼 환경은 크게 변화했다. 군부는 소수종족에 대한 분할통치 전략을 고수하고 있으나 이미 일부 소수종족은 PDF와 연대에 나섰다. 이에 군부는 전통적 전략으로서 10개 EAOs와 정전협상을 개시했지만 군부가 원하는 성과를 거두기는 힘들어 보인다. 군정은 추가의 EAOs가 NUG 진영에 서거나 연대하지 않도록 하고, 동시에 땃마도의 전열을 재정비하는 시간을 벌고자 한다. 정전협상에 참여한 EAOs는 군부의 잠재적 위협에 순응하거나 자단체의 이익을 관철하기 위한 행태를 보이지만, 시민사회와 다른 EAOs의 견제를 받으므로 운신의 폭이 넓지 않다. 따라서 군부의 분할통치 전략도 과거처럼 적중할 가능성이 낮다.

가장 주목해야 할 점은 군부와 민주진영간 무장대결 형국이다. 지금까지 군부는 그들에 대한 사회적 저항이나 도전이 발생할 때마다 땃마도와 경찰을 동원한 강경 진압으로 권위주의체제를 유지해 왔다. 그러나 2021년 5월, NUG가 PDF를 창설하고 2023년 현재 6개 무장단체가 연대하면서 양 진영은 팽팽한 대결 구도를 유지한다. 군부는 땃마도와 함께 떨랑을 조직화한 쀼조디로 PDF와 맞서고 있지만 쀼조디가 땃마도를 대체하기에는 역량 면에서 크게 부족하다. 오히려 명분이 없는 교전으로 병영에서 이탈하는 하위급 장교와 사병이 증가하고 있어 땃마도 전체의 사기는 크게 저하되었고, 장기간의 교전을 통해 땃마도의 전투 수행력도 우수하지 않다는 사실이 증명되었다.

표 1 군부 통치전략의 쿠데타 전후 상황 비교

	쿠데타 이전	쿠데타 이후	특징
종족에 대한 분할통치	○ (성공)	△ (부분 성공)	일부 EAOs가 PDF와 공조 NUG를 중심으로 연방제 구현 추진 군부의 강압으로 정전협정에 참여하는 10개 EAOs 존재
1인 독재체제	○	○	군 수뇌부내 동요 없음. 군 최고지도자 1인 체제 유지
군부의 경제활동	○	○	군 수뇌부내 권력 유지 동인 군의 정치개입 주요 동인
자원동원과 선전선동	○	△	친군부 민병대 조직 및 활동 PDF와 대결에서 패배 증가 NUG와 PDF의 불확실한 미래

덜랑에 대한 사회적 처벌은 전국적으로 확산했고, 뺘조디도 PDF에 비해 성과를 거두지 못함에 따라 군부의 부담은 가중될 가능성이 크다.

2023년 8월 1일, 군사평의회는 정상적이지 않은 상황이라는 명분으로 네 번째 국가비상사태를 선포했다. 2023년 8월 총선 계획을 발표할 때까지만 하더라도 군정은 10개 EAOs를 비롯하여 군부에 호의적인 정당과 사회세력을 규합하여 총선 승리를 도모하고 2011년처럼 군복을 벗은 민간정부를 출범시키고자 했을 것이다. 그러나 교착상태에 빠진 PDF와의 대결 구도, 국제적 고립의 심화, 외부의 제재로 인한 경제난 등 총체적 위기의 출구는 보이지 않고, 선거인 명부 조사원에 대한 피습을 비롯한 향후 군정의 계획을 방해하는 도처의 반군과 저항군의 존재로 인해 군부가 주도하는 장래 정치질서도 적지 않은 도전에 처해 있다. 최근 군정은 비폭력을 옹호한 아웅산 수찌를 이용하여 PDF의 무장투쟁을 방해하려는 공작을 시도 중이다. 민주진영의 최고 지도자인 아웅산 수찌의 위상을 고려하여 무장대결에 회의적이라는 입장을 대중에 공개했지만, 이는 날조되었거나 사실무근일 가능성도 배제할 수 없으며, 무엇보다 PDF의 동요도 목격되지 않는다.

민아웅 흘라잉 군사령관은 교전 지역을 배제하거나 교전 지역에서 순차적으로 총선을 실시할 수 있다고 언급했지만, 자신의 절대권력이 확보된다면 총선은 큰 의미가 없다. 총선은 군부, 정확히 민아웅 흘라잉 군사령관이 헌법상 최고지도자를 인준하는 형식상 절차로 기획되는 것이니만큼 과정보다 결과에 치중할 가능성이 크다. 따라서 총선이 실시된다면 그 형태는 2010년 11월 총선처럼 선거인 명부 조작, 사전 선거 등 관권선거의 양태를 띨 것이 유력하다.

궁극적으로 민아웅 흘라잉 군사령관은 떼인쎄인 정부처럼 군부가 국정운영을 주도하는 민간정부를 수립하고자 한다. 그러나 떼인쎄인 정부가 출범하면서 딴쉐가 모든 직위에서 사퇴했듯이 민아웅 흘라잉을 대체할 새로운 지도자가 등장하지 않는 이상 새로운 정부에 대한 국내외적 인정과 지지는 기대할 수 없다. 2011년 떼인쎄인 정부가 출범했을 때 아세안 의장국인 베트남, 중국 정도만 제외하고 미얀마의 새정부를 축하하는 외교 축전은 없었다.

권력욕을 놓지 않으려는 민아웅 흘라잉과 그를 추종하는 군부는 PDF의 자발적 와해를 비롯하여 민주진영의 추진 동력이 약화할 때 집권에 대한 자신감을 내보이며 총선 가능성을 언급할 것으로 보인다. 총선이 실시되고 그 결과에 따라 민아웅 흘라잉을 국가수반으로 하는 새정부가 출범하면 민주진영과 땃마도의 대결 구도는 한층 격화할 수 있고, 민주진영이 내부 분열로 와해할 수도 있다. 그러나 명확한 사실은 총선 자체가 군부 통치의 정당성을 보장하거나 NUG를 포함한 소수종족무장단체 등 반군부 진영에 대한 공세를 강화하는 동기가 되기는 어렵다. 더군다나 물질적, 정신적 측면에서 전열을 재정비해야만 하는 땃마도가 단기간에 새 정부를 보조하기에는 무리가 따를 것으로 예측된다.

현재와 같은 교착상태가 지속하는 상황을 고려하여 민아웅 흘라잉 군사령관은 새정부 구성 대신 전임 군사정부 사례를 참조할 수 있다. 즉 1988년 집권한 신군부는 23년간 포고령, 고시, 명령 등 임시변통적인 법과 제도에 따라 국정을 운영했으며, 그 과정에서 딴쉐는 철옹성 같은 독재체제를 구축했다. 민아웅 흘라잉 군사령관도 누구도 넘보지 못하는 1인 지배체제를 희망하므로 총선 실시와 민주주의 회복, 연방제에 기반한 연방제를 실시한다는 '희망고문'을 국민에게 전시하며 그 끝을 알 수 없는 과도군사정부 체제를 유지할 수 있을 것이다. 그러나 군사정부를 계승했던 1988년과 민주화의 단맛과 쿠데타라는 쓴맛을 본 뒤 2023년의 환경은 매우 다르다.

이제 민아웅 흘라잉을 위시한 군부는 지난한 무장대결에서 승리한다고 하더라도 과거 군사정부처럼 권력구조가 일원화된 정부를 구성하기는 쉽지 않을 것이다. 다만 민아웅 흘라잉 스스로가 국정 전반에 걸쳐 전면적인 쇄신에 착수할 때 앞으로 언급할 모든 과제는 일간 해소될 수 있을 것이다. 첫째, 장기간 지속한 교전으로 탈영병의 증가와 병력의 사기 저하, 그리고 살상 무기의 과다 사용으로 인한 땃마도의 전력(戰力) 소모가 심각하여 땃마도의 정상화를 위한 재정 투입은 큰 부담이 될 것이다. 나아가 군 수뇌부의 동요는 목격되지 않지만, 하부로 갈수록 수뇌부에 대한 충성도가 크게 약화되어 상명하복의 땃마도 질서를 회복하는 데에도 적지 않은 비용이 필요하다.

둘째, 세계은행에 따르면, 2021년 미얀마의 GDP 성장률을 국가 성립 이래 최저인 -17.9%였고, 코로나19 팬데믹 이후 회복세도 동남아 국가 중 가장 더디다. 군 인사, 경제인 등 주요 인사에 대한 표적 제재, 달러 송금 금지 등 미얀마를 겨냥한 국제사회의 제재가 강화하는 상황에서 경제도 정상화의 단계로 나아가기 위한 환경도 녹록지 않다. 땃마도의 정상화를 위해 국가 재정과 수입이 땃마도로 집중될 경우 경제회복 속도는 더욱 더딜 것이다. 군부의 비호 아래 군기업의 경제활동은 유지될 수 있고, 이로 인해 군인 사회로 부가 집중되는 비대칭적 현상은 국민의 상대적 박탈감은 높아질 수밖에 없다.

셋째, 일부 EAOs가 시민방위군과 연대했듯이 이제 버마족과 소수종족 간 대립 관계도 새로운 국면에 진입할 가능성이 열렸다. 따라서 군사평의회는 고전적 전략으로서 분할통치보다 EAOs를 통합할 수 있는 새로운 정책을 필요로 한다. 그러나 그들의 선배들이 주창한 연방의 분열을 고려할 때 과연 군부가 EAOs의 자율성을 보장하는 연방제 성격의 연방에 동의할 것인지 의문이다. 간단히 말해 이제 소수종족은 군부를 배제한 버마족과 화해할 의향을 타진할 환경에 처했다.

　마지막으로 추락한 미얀마의 국제적 위상을 확립하는데 각고의 외교적 노력이 필요하다. 쿠데타 이후 미얀마는 전통적 우방으로서 중국과 우호를 유지하면서 추가로 러시아에 밀착하는 행보를 하고 있다. 군부 입장에서는 지렛대를 놓아 정권 퇴진이라는 외부의 압력을 견뎌내려고 하지만, 근시안적인 군부의 외교행태는 외교기조의 심각한 왜곡을 유발하고 지금까지 쌓아 온 대외관계를 복원하기 위해 적지 않은 시간과 노력이 필요하다. 미얀마는 러시아와 군사협력뿐만 아니라 경제와 사회문화 교류까지 확대할 것이라고 하지만, 러시아의 국내상황과 지리적 입지, 러시아와 아세안과 교류 경험 등을 참고할 때 미얀마의 선택은 실행 가능성이 작으며 국익의 차원에서도 바람직하지 않아 보인다. 오히려 아세안, 일본, 한국 등 지난 10년간 교류를 확대한 국가들과의 협력을 재개함으로써 외교 정상화로 나아갈 수 있을 것이다.

참고문헌

김희숙. 2022. "미얀마: 한인의 현지 인식과 적응, 그리고 정체성." 김희숙, 이요한. 미얀마·라오스·캄보디아: 새로운 한인 사회의 형성과 확장 가능성. 서울: 눌민.

서경교. 1994. "군부의 정치퇴진에 관한 비교 연구: 태국, 필리핀, 한국의 경우."『한국정치학회보』 27(2), 291-313.

이은택. 2021. "父권력 등에 업고 … '쿠데타 주도' 미얀마군 최고사령관 자녀들, 막대한 부 축적."『동아일보』(3월 11일) https://www.donga.com/news/Inter/article/all/20210311/105837237/1 (검색일: 2021.09.30)

장준영. 2022. "쿠데타 이후 미얀마 내 진영 대결의 양상과 전망: 시민방위군과 뺘조디의 활동을 중심으로."『시민과 세계』통권 41호, 69-112.

장준영. 2020. "아웅산 수찌 정부에서 정전협정과 평화구축을 위한 노력: 회고와 전망."『국제지역연구』 24(4), 111-136.

장준영. 2017.『하프와 공작새: 미얀마 현대정치 70년사』, 서울: 눌민.

장준영. 2016a. "미얀마 신정부의 개혁개방 평가: 회고와 전망."『동남아연구』 25(3), 371-399.

장준영. 2016b. "2015년 미얀마 총선과 정치변동: 선거의 민주화와 불확실한 미래."『동남아시아연구』 26(1), 225-260.

장준영. 2013. "미얀마의 정치적 자유화와 정당정치: 미얀마식 민주주의를 향하여?."『비교민주주의연구』 9(1), 5-36.

Alagappa, Muthiah. ed. 2001. *Coercion and Governance: The Declining Political Role of the Military in Asia*. Stanford, Stanford University Press.

Ardeth Maung Thawnghmung. 2008. *The Karen Revolution in Burma: Diverse Voices*, Uncertain Ends. Washington D.C., East-West Center.

Ardeth Maung Thawnghmung and Khun Noah. 2021. "Myanmar's Military Coup and the Elevation of the Minority Agenda?" *Critical Asian*

Studies 53(2), 297-309.

Aung Moe San. 2003. "Three Key Elements that must be Realized without Fail for Emergence of a Democratic State." Ministry of Information. Daw Suu Kyi, NLD Party and Our Ray of Hope and Selected Articles. Yangon: News and Periodicals Enterprise.

Aung Naing. 2022. "NUG Announces Blacklist of Business Owners Allegedly Supporting Military through Arms Trade." *Myanmar Now* 01/26/2022. https://myanmar-now.net/en/news/nug-announces-blacklist-of-business-owners-allegedly-supporting-military-through-arms-trade (검색일: 2022.09.30)

Aung Naing. 2022. "As Myanmar's Junta Puts Cronies in Its Crosshairs, Businesses Fear Worse to Come." *Myanmar Now*. 05/06/2022. https://myanmar-now.net/en/news/as-myanmars-junta-puts-cronies-in-its-crosshairs-businesses-fear-worse-to-come (검색일: 2022.09.30)

Aung Zaw. 2005. "Tycoon Te Za: Well-Connected, and Well-Heeled." *The Irrawaddy* 13(6). https://www2.irrawaddy.com/article.php?art_id=4761(검색일: 2022.09.25)

BBC. 2021. "Pyuzawhti-aphwe-bardwe-lout-thalei."[퓨조디는 무엇을 하는가?]. 09/30/2021. https://www.bbc.com/burmese/burma-58750041 (검색일: 2022.08.30)

Beech, Hannah. 2021. "Worldly, Charming, and Quietly Equipping a Brutal Military." *The New York Times* 12/24/2021. https://www.nytimes.com/2021/12/24/world/asia/myanmar-coup-military-tatmadaw-kyaw-thaung.html(검색일: 2022.07.15)

Bethke, Felix S. 2012. "The Consequences of Divide-and-Rule Politics in Africa South of the Sahara." *Peace Economics, Peace Science and Public Policy* 18(3), 1-13.Ganesan, N. 2018. "Taking Stock of Myanmar's Ethnic Peace Process and the Third Twenty-First Century Panglong Conference." *Asian Journal of Peacebuilding* 6(2), 379-

392.

Brömmelhörster, Jörn and Wolf-Christian Paes. 2003. "Soliders in Business: An Introduction." Brömmelhörster, Jörn and Wolf-Christian Paeseds. *The Military as an Economic Actor: Soldiers in Business*. Macmillan: Palgrave.

Callahan, Mary P. 1999. "Junta Dreams or Nightmares?: Observations of Burma's Military since 1988." *Bulletin of Concerned Asian Scholars* 31(3), 52-58.

Callahan, Mary P. 2003. *Making Enemies: War and State Building in Burma*. New York: Cornell University Press.

Christopher, A. J. 1988. "'Divide and Rule': The Impress of British Separation Policies." *Area* 20(3), 233-240.

Coakley, V. 1998. "Politics of Stability: Co-opting Burma's Civil Society Through the USDA." *Burma Issues Newsletter* Vol.8, No.10. https://www.burmalibrary.org/sites/burmalibrary.org/files/obl/docs3/USDA-BI-1998-10.html (접속일: 2022.08.29)

Davis, Matt and Anne Worthington. 2021. "Uncovering the Shadowy Business Empire Bankrolling Myanmar's Military Generals." *ABC News* 07/29/2021. https://www.abc.net.au/news/2021-07-29/the-shadowy-business-empire-propping-up-myanmar-military-junta/100328162(검색일: 2022.08.30)

Emery, James. 2021. "Myanmar Reckoning For A Fraudulent Leader: Analysis." *Euroasia Review* 07/01/2021. https://www.eurasiareview.com/01072021-myanmar-reckoning-for-a-fraudulent-leader-analysis/(검색일: 2022.09.28)

Ford, Michele, Michael Gillan and Htwe Htwe Thein. 2016. "From Cronyism to Oligarchy? Privatisation and Business Elites in Myanmar." *Journal of Contemporary Asia* 46(1), 18-41.

Houtman, Gustaaf. 1999. *Mental Culture in Burmese Crisis Politics: Aung San Suu Kyi and the National League for Democracy*. Tokyo: Institute for the Study of Languages and Cultures of Asia and Africa, Tokyo University of Foreign Studies.

Htet Myet Min Tun. 2022. "Beware of False Peace in Myanmar." *Fulcrum* 06/01/2022. https://fulcrum.sg/beware-of-false-peace-in-myanmar/(검색일: 2022.08.30)

Htet Naing Zaw. 2017. "Lawmakers Denounce Large Defense Budget." *The Irrawaddy* 08/09/2017. https://www.irrawaddy.com/news/burma/lawmakers-denounce-large-defense-budget.html (검색일: 2021.04.20)

HRC(Human Rights Council). 2019. The Economic Interests of the Myanmar Military, A/HRC/42/1. https://www.ohchr.org/en/hr-bodies/hrc/myanmar-ffm/economic-interests-myanmar-military(검색일: 2022.08.10)

ICG(International Crisis Group). 2003. "Myanmar Backgrounder: Ethnic Minority Politics." *ICG Report* No.52. Bangkok/Brussels: ICG.

ICG(International Crisis Group). 2022. "Resisting the Resistance: Myanmar's Pro-military Pyusawhti Militias." *Crisis Group Asia Briefing* No.1719. Yangon/Bangkok/Brussels: ICG.

Justice for Myanmar. 2021b. "Who Profits from a Coup?: The Power and Greed of Senior General Min Aung Hlaing." 01/30/2021. https://www.justiceformyanmar.org/stories/who-profits-from-a-coup-the-power-and-greed-of-senior-general-min-aung-hlaing(검색일: 2022.09.28)

Justice for Myanmar. 2021a. "Dirty Secrets #3: Min Aung Hlaing's Daughter in Secret Deal with Mytel." 04/21/2021. https://www.justiceformyanmar.org/stories/dirty-secrets-3-min-aung-hlaings-daughter-in-secret-deal-with-mytel(검색일: 2022.08.30)

Justice for Myanmar. 2020. "Dirty Secrets #2: Sr. Gen. Min Aung Hlaing's Family Selling FDA and Custtons Clearance for Profit." 08/14/2020. https://www.justiceformyanmar.org/stories/dirty-secrets-2-srgen-min-aung-hlaings-family-selling-fda-and-customs-clearance-for-profit(검색일: 2022.08.30)

Khine Win. 2021. "The Economics Behind Min Aung Hlaing's Grand Delusions." *Frontier* 09/30/2021. https://www.frontiermyanmar.net/en/the-economics-behind-min-aung-hlaings-grand-delusions/(검색일: 2022.09.30)

Khin Maung Soe. 2021. "Pyuzawdihsoeda-beidhulei, thudoe-badweloutnelei."[뷰조디는 누구이고, 그들은 무엇을 하는가?] *RFA* 05/12/2021. https://www.rfa.org/burmese/program_2/pyuu-saw-htee-a-promilitary-group-05122021182357.html(검색일: 2021.11.02)

Kyaw Yin Hlaing. 2008. "Power and Factional Struggles in Post-Independence Burmese Governments." *Journal of Southeast Asian Studies* 39(1), 149-177.

Kyed, Helene Maria and Ah Lynn. 2021. Soldier Defections in Myanmar: Motivations and Obstacles Following the 2021 Military Coup. Copenhagen: DIIS(Danish Institute for International Studies).

Linter, Bertil. 1998. "Drugs and Economic Growth: Ethnicity and Exports." Rotberg, Robert I. ed. *Burma: Prospects for a Democratic Future.* Washington D.C.: Brookings Institute Press.

Linz. Juan J. 1975. "Totalitarianism and Authoritarian Regime." Greenstein, Fred and Nelson Policy. eds. *Handbook of Political Science* Vol.3. Mass. et al.: Addison-Wesley.

Linz, Juan J. and Alfred Stepan. 1996. *Problems of Democratic Transition and Consolidation: Southern Europe, South America, and Post-Communist Europe.* Baltimore: Johns Hopkins University Press.

Mani, Kristina. 2011. "Military Entrepreneurs: Patterns in Latin America." *Latin American Politics and Society* 53(3), 25-55.

Mani, Kristina. 2010. "Military Empresarios: Approaches to Studying the Military as an Economic Actor." *Bulletin of Latin American Research* 30(2), 1-15.

Martin, Edwin W. 1977. "Burma in 1976: The Beginnings of Change?" *Asian Survey* 17(2), 155-159.

Maung Aung Myoe. 2020. "The Defence Expenditures and Commercial Interests of the Tatmadaw." Montesan, Michale J., Terence Chong and Prajak Kongkirati. eds. *Praetorians, Profiteers or Professionals?: Studies on the Militaries of Myanmar and Thailand.* Singapore: ISEAS.

Maung Aung Myoe. 2009. *Building the Tatmadaw: The Myanmar Armed Forces Since 1948.* Singapore: ISEAS.

Maung Maung. 1969. *Burma and General Ne Win.* Bombay. et. al: Asia Publishing House.

McCathy, Gerard. 2019. "Military Capitalism in Myanmar: Examining the Origins, Continuities and Evolution of "Khaki Capital"." *Trends in Southeast Asia* No.6. Singapore: ISEAS.

McPherson, Poppy, Reade Levinson, John Geddie, Wa Lone, Simon Lewins, and Stephen Grey. 2021. "How Family of a Myanmar Junta Leader are Trying to Cash In." *Reuters* 09/07/2021. https://www.reuters.com/investigates/special-report/myanmar-generals-families/(검색일: 2022.09.30)

Mon News Agency. "Tatmadaw and Karen BGF Withdraw from Hinthar Dine Checkpoint." 01/15/2020. http://monnews.org/2020/01/15/tatmadaw-and-karen-bgf-withdraw-from-hinthar-dine-checkpoint/

Mya Maung. 1992. Totalitarianism in Burma: Prospect for Development. New York: Paragon House.

Mya Maung. 1991. *Burma Road to Poverty.* New York: Praeger.

Myanmar Now. 2021. "Min Aung Hlaing Makes Himself Military Supremo for Life." 05/22/2021. https://www.myanmar-now.org/en/news/min-aung-hlaing-makes-himself-military-supremo-for-life(검색일: 2021.08.10)

Myanmar Now. 2023. "Minaunghlaing-hpaya-koungyazayeik-dawlathan-leizehkanshi-chaukla-thetdan-kounchein-hpayabwegyi-lout-yan-sizinne"[4천만 달러를 투입한 민아웅 흘라잉의 불탑이 건축 6개월 만에 완공되어 큰 축제를 개최할 계획임]. 07/31/2023. https://www.facebook.com/myanmarnownews(검색일: 2023.07.31)

Myanmar Times. 2007. 06/04-10/2007.

Nakanishi, Yoshihiro. 2013. *Strong Soldiers, Failed Revolution: The State and Military in Burma, 1962-88*. Singapore: NUS Press.

NCA-S EAO. "Nationwide Ceasefire Agreement Signatory-Ethnic Armed Organizations, Special Meeting of the Peace Process Steering Team Statement." 02/20/2021.

NDD(The Network for Democracy and Development). 2010. Burma: A Violent Past to a Brutal Future: The Transformation of a Paramilitary Organization into a Political Party. NDD.

Neo News. 2021. "Myeauk-ahpweasi-pyuzawdi."[지하조직 뿌조디]. 09/26/2021. https://neonews.press/pyusawhtee/(검색일: 2021.11.02)

New Light of Myanmar 09/15/1994.

Nordlinger, Eric E. 1977. *Soldiers in Politics*. Englewood Cliffs: Prentice Hall.

Nyein Nyein. 2018. "'Business for Peace' Model Utilized in Nationwide Peacebuilding." *The Irrawaddy* 05/22/2018. https://www.irrawaddy.com/news/burma/business-peace-model-utilized-nationwide-peacebuilding.html(검색일: 2022.09.28)

Nyein Nyein. 2018. "Analysis: Why Did the KNU Temporarily Leave Peace Talks?" *The Irrawaddy* 10/29/2018. https://www.irrawaddy.com/factiva/analysis-knu-temporarily-leave-peace-talks.html

Nyein Nyein. 2020. "Military Chief Blames Ethnic Armies, Govt for Myanmar's Protracted Peace Process." *The Irrawaddy* 08/20/2020. https://www.irrawaddy.com/news/burma/military-chief-blames-ethnic-armies-govt-myanmars-protracted-peace-process.html(검색일: 2020.09.12)

Perlmutter, Amos. 1969. "The Praetorian State and the Praetorian Army: Toward a Taxonomy of Civil-Military Relations in Developing Polities." *Comparative Politics* 1(3), 382-404.

RFA. 2022. "Hardline Monks Tied to Pro-junta Militias in Myanmar's Sagaing Region." 03/14/2022. https://www.rfa.org/english/news/myanmar/monks-03142022181622.html(검색일: 2022.04.15)

RFA. 2022. "Conflict between Myanmar's Proxy Forces May Outlast a Political Resoution." 05/18/2022. https://www.rfa.org/english/news/myanmar/proxies-05182022213414.html(검색일: 2022.08.30)

Rogers, Benedict. 2010. *Than Shwe: Unmasking Burma's Tyrant*. Chiang Mai: Silkworm.

SACM(Special Advisory Council for Myanmar). 2022. *Effective Control in Myanmar* 09/05/2022. https://specialadvisorycouncil.org/2022/09/statement-briefing-effective-control-myanmar/(검색일: 2022.09.15)

Salai Samuel Hmung. 2021. "New Friends, Old Enemies: Politics of Ethnic Armed Organisations after the Myanmar Coup." *SEARBO Policy Briefing*. Canberra: The Australian National University.

Saw Moe Set(Dawna Myay). 2022. "Myanmar Junta's 'People's Security Groups' Exposed as Fraud Intended to Divide People." *The Irrawaddy* 08/10/2022. https://www.irrawaddy.com/opinion/analysis/myanmar-juntas-peoples-security-groups-exposed-as-fraud-intended-to-divide-people.html(검색일: 2022.08.28)

Saw Thonya. 2021. "Ethnic Parties Peace Team (PPST) condemns the coup, calls for peaceful solutions and appeals for support from the UN." *BNI(Burma News International)* 02/03/2021. https://www.bnionline.net/en/news/ethnic-parties-peace-team-ppst-condemns-coup-calls-peaceful-solutions-and-appeals-support-un(검색일: 2022.04.25)

Selth, Andrew. 2021. *Myanmar's Military Mindset: An Exploratory Survey*. Queensland: Griffith Asia Institute.

Selth, Andrew. 2019. *Secrets and Power in Myanmar: Intelligence and the Fall of General Khin Nyunt.* Singapore: ISEAS.

Selth, Andrew. 2002. *Burma's Armed Forces: Power without Glory.* Norwalk: EastBridge.

Silverstein, Josef. 1977. *Burma: Military Rule and the Politics of Stagnation.* Ithaca and London: Cornell University Press.

Skaar, Elin and Camila Gianella Malca. 2014. "Latin American Civil-Military Relations in a Historical Perspective: A Literature Review." *CMI Working Papers* 2014-6. Bergen: CMI Institute.

Smith, Martin. 1991. *Burma: Insurgency and the Politics of Ethnicity.* London and New Jersey: Zed Book Ltd.

Smith, Martin. 2007. *State of Strife: The Dynamics of Ethnic Conflict in Burma.* Washington D.C.: East-West Center.

Steinberg, David I. 2021. "The Military in Burma/Myanmar: On the Longevity of Tatmadaw Rule and Influence." *Trends in Southeast Asia* No.6. Singapore: ISEAS.

Steinberg, David I. 2001. Burma: *The State of Burma.* Washington D.C.: Georgetown University Press.

Stepan, Alfred. 1988. *Rethinking Military Politics: Brazil and the Southern Cone.* Princeton: Princeton University.

Sun, Yun. 2022. "One Year after Myanmar's Coup, Old and New Resistance is Undermined by Divisions." *Brookings* 02/01/2022. https://www.brookings.edu/blog/order-from-chaos/2022/02/01/one-year-after-myanmars-coup-old-and-new-resistance-is-undermined-by-divisions/ (검색일: 2022.08.30)

Taylor, Robert H. 2015. *General Ne Win: A Political Biography.* Singapore: ISEAS.

The Irrawaddy. 2022a. "Junta Watch: Regime Boss Ties 'Patriotism' to Fuel Bills as Wife Pens Ode to Air Force." 12/17/2022. https://www.irrawaddy.com/specials/junta-watch/junta-watch-regime-bossties-patriotism-to-fuel-bills-as-wife-pens-ode-to-air-force.html (검색일: 2023.08.20)

The Irrawaddy. 2022b. "Myanmar Rights Groups Urge Ethnic Armed Organizations to Shun Junta Peace Talks." 09/27/2022. https://www.irrawaddy.com/news/burma/myanmar-rights-groups-urge-ethnic-armed-organizations-to-shun-junta-peace-talks.html (검색일: 2022.09.28)

The Irrawaddy. 2022c. "Myanmar Junta Chief Met Ex-President and Former Dictator: What Did They Discuss?" 09/01/2022. https://www.irrawaddy.com/news/burma/myanmar-junta-chief-met-ex-president-and-former-dictator-what-did-they-discuss.html (검색일: 2022.09.28)

The Irrawaddy. 2022d. "Protégé of Myanmar Junta Boss Tipped to be His Successor as Military Chief." 03/17/2022.

The Irrawaddy. 2021. "Kyundaw-dalan-ma-houtpa."[나는 덜랑이 아니다]. 07/27/2021. https://burma.irrawaddy.com/article/2021/07/27/244529.html(검색일: 2022.04.25)

TNI(Transnational Institute). 2009. *Neither War nor Peace: The Future of the Cease-Fire Agreement in Burma*. Amsterdam: TNI.

Trager, Frank N. and William L. Scully. 1978. "Burma in 1977: Cautious Changes and a Careful Watch." *Asian Survey* 18(2), 142-152.

U.S. Department of the Treasury. 2008. "Tay Za Financial Network." https://home.treasury.gov/system/files/136/archive-documents/burma-20508-tay-za-financial-network--document.pdf(검색일: 2022.09.28)

U.S. Department of the Treasury. 2021. "United States Targets Family Members Profiting from Connection to Burmese Coup Leader." 03/10/2021. https://home.treasury.gov/news/press-releases/jy0051(검색일: 2022.09.20)

Vrieze, Paul. 2022. "Joining the Spring Revolution or Charting Their Own

Path?: Ethnic Minority Strategies following the 2021 Myanmar Coup." *Asian Survey* 62(4), 1-31.

Wai Moe. Wai Moe. 2021. "Myint Aung Dismissed, Placed Under House Arrest." *The Irrawaddy* 02/10/2011. https://www2.irrawaddy.com/article.php?art_id=20725(검색일: 2022.09.28)

Wai Moe. 2008. "Burma's Referendum: History is Repeating Itself." *The Irrawaddy* 02/29/2008. https://www2.irrawaddy.com/article.php?art_id=10626 (검색일: 2022.08.31)

Williams, David C. 2011. "Cracks in the Firmament of Burma's Military Government: From Unity through Coercion to Buying Support." *Third World Quarterly* 32(7), 1199-1215.

Woods, Kevin. 2011. "Ceasefire Capitalism: Military–Private Partnerships, Resource Concessions and Military–State Building in the Burma–China Borderlands." *Journal of Peasant Studies* 38(4), 747-770.

Ye Myo Hein. 2022. *One Year On: The Momentum of Myanmar's Armed Rebellion*. Wilson Center and Tagaung Institute.

Zaw Oo and Win Min. 2007. *Assessing Burma's Ceasefire Accords*. Washington D.C.: East-West Center.

제2장

미얀마 군부쿠데타의 내재적 시선

천기홍 (양곤대학교 미얀마어과 박사과정)

I. 머리말

2021년 2월 쿠데타 발생한 지 3년차에 접어들면서 현재 미얀마의 정치 경제 상황 변동은 안정을 찾기보다 갈수록 혼란에 이르고 있다. 또한 각 분야별 변곡점도 계속 요동치는 추세다. 2020년 초 미얀마에 코로나가 확산되면서 강력한 지역봉쇄조치가 시행되었고 이는 곧 경기침체로 이어졌다. 하지만 아웅산 수찌 정권은 민관합동 정책을 통해 서서히 회복 가능성을 나타냈고 2020년도 11월 총선에서 전폭적인 국민의 지지를 이끌어내며 전체 의석수의 약 83%를 차지하는 성과를 이끌어내며 코로나 극복과 경기 회복의 긍정적 신호를 보여주었다. 불행히도 21년 2월 1일 신군부의 쿠데타 이후 초기 1년여간 국제사회의 관심과 여론은 민주화 회복과 함께 미얀마 국민을 구하자는 여론이 매우 강하게 나타나며 정권을 탈취한 신군부를 강하게 비판했다. 이와 함께 국민을 대상으로 한 무차별적 탄압과 진압은 예상과 달리 거센 국민 저항을 야기했으며 현재까지도 민주 진영에 속한 국민저항단체는 신군부의 영향력이 약한 변방지역에서 힘을 키워가 신군부에 위협이 될 뿐만 아니라 이들이 해결해야 할 과제로 남게 되었다. 하지만 쿠데타 1년 남짓 지난 2022년 2월 발발한 러시아의 우크라이나 침공이 미얀마를 국제사회의 이목에서 점점 멀어지게 하면서 신군부는 이를 계기로 더욱더 강한 탄압을 이어나갔다. 신군부의 영향력이 갈수록 강해지자 이러한 상황을 지켜보는 이들로 하여금 미얀마는 향후 자생적 회복 불능 상태로 이르게 될지도 모른다는 염려가 커져만 갔다. 신군부는 동요되지 않는 단호한 모습을 유지하면서 민주진영의 기세를 꺾기 위해 다방면에서 옥죄기를 시도했다. 먼저 민족통합정부(NUG: National Unity Government)로의 국민기금 유입을 차단하기 위해 금융권을 통제하고 지속적으로 악화되는 경제상황을 극복하겠다는 명목으로 외환 사용을 금지하는 '외국환 관리법 개정안'을 발표하여 화폐가치를 떨어트렸다. 현재 주요 품목 소비자 물가지수는 쿠데타 전보다 100%이상 올랐고 쿠데타 전 1달러 1,300짯대인 공식환율은 현재 2,100짯이지만 암시장에서는 3,900짯으로 두 배 가까이 거래된다. 유류의 경우도 쿠데타 전 리터당 550짯에서 현재 2,400짯대로 거래되고 잦은 유류파동소문은 경제성장에 지속적 악영향을 미치고 있다. 또한 시민불복종운동(CDM: Civil Disobedience Movement) 감시를 위한 통신 장악은 2000년대 초 군부 시절로 역행했다. 쿠데타 직후 신군부는 통신사를 통해 데이터 비용을 2배로 인상하였고 통신 심(Sim)카드 실명제 정책을 통해 일정기간 재등록 되지 않은 번호에 한 해 강제 해지 조치를 시행했다. 또한 민간인들의 소셜네트워크(페이스북) 접근을 제한하고 지속적으로 감시하며 신군부를 반대하거나 민주 진영을 지지하는 자들을 검열, 체포 또는 구금하는 조치도 계속 강화되고 있다. 또한 쿠데타 이후 시행된 야간 통행금지와 도시 간 이동시 엄격한 검문 검색은 20년을 훌쩍 뛰어넘은 과거로 회귀했을 뿐만 아니라 실탄이 장착된 무장 순찰 차량의 활보는 도시 분위기를 충분히 공포스럽게 만들고 있다. 이러한 영향들은 경제분야에도 부정적인 상황으로 나타난다. 세계은행의 경제동향 보고서에서는 2021년 미얀마 한 해 경제성장은 마이너스 18%, 3월 소비자 물가지수(CPI: Consumer Price Index)는 전년 동월 대비 17.3% 상승했다고 발표했다. 그리고 실업률이 증가하면서 22

년 기준 빈곤 지수는 40%에 육박한다는 보고서를 접할 수 있다(world bank, 2022).

　　신군부 쿠데타 이후 외국인투자기업들의 속내는 복잡하면서도 미묘한 차이점들을 나타내고 있다. 우선적으로 가스 에너지 분야 투자기업들의 철수[1] 발표이후 대도시의 경우 하루 4~8시간씩 단전이 시행되고 지방은 격일제로 하루 5~6시간의 전기만 공급되는 곳도 증가하는 상황이다. 한편으로는 양곤(Yangon), 만달레이(Mandalay), 바고(Bago), 따웅지(Taunggyi) 등의 주요 대도시에서는 쿠데타 초기와 달리 민주진영의 간헐적 무장 저항 외 표면적으로는 안정화 상태로 비춰지고 있다는 점도 눈 여겨 볼 부분이다. 특히 의류를 생산하는 노동 집약형 봉제 기업들 중 유럽 오더를 제외한 기업들은 여전히 정상적인 생산 활동을 이어가고 있다. 현지화 가치하락이 외환을 취급하는 봉제 기업들에게는 오히려 도움이 되고 있으며 신군부에 대한 공포가 노동 쟁의를 억제하는데 효과적이라는 반사이익을 누리고 있다는 점이다. 22년도 하반기부터 신군부가 장악한 도시 간 이동은 예전보다 자유로워졌으며 교육기관은 재정비를 통해 23학년도 학사 일정을 한 달 앞당길 만큼 등교 학생 수가 눈에 띄게 증가하였다[2]. 양곤의 경우 출퇴근시간 교통 상황은 쿠데타 이전처럼 느껴질 정도로 혼잡하다. 필자는 해당지역 거주민들을 조사하며 금번 사태를 함께 겪은 입장에서 공감하는 부분이기도 했다. 조사대상 중 소수를 제외 한 대부분의 답변에서 대도시에서 시민 저항은 신군부에 큰 타격을 주지 못한다는 점, 신군부의 도시 통제와 감시, 검문검색은 나날이 증가하면서 공포 정치

---

[1] 미얀마 자원부(MOGE: Myanma Oil and Gas Enterprise)와 함께 해상 천연가스(야드나 유전) 발굴 사업에 참여했던 프랑스의 토탈(Total Energies)과 미국의 셰브런(Chevron)은 신군부 쿠데타 1주기가 되던 2022년초 철수 예정을 공표했고 2023년 1월 21일 완전 철수라는 공식 성명을 발표했다(Financial Times, 2022).

[2] 2023년도 1학기 대학 학사 일정이 한 달 일찍 시작되었으며 오히려 정원 초과로 입학 인원을 조정 운영(양곤대학교 학생처 관계자 증언)하였고 사립학교법이 통과하면서 기초교육시장이 오히려 활성화되고 있다.

가 장기화 될 것이라는 우려였다. 하지만 지난 7월 민주인사 4인의 사형집행 과 9월 만달레이 북서부 사가잉(Sagaing) 지역 초등학교 헬기 무차별 발포로 아동을 비롯한 11명의 민간인 희생자 발생, 10월 북부 카친주(Kachin Sate)전 투기 공습으로 인한 60여 명의 희생자 발생 등 아동을 포함한 민간인이 희생 되는 신군부의 잔혹하고 무차별적인 탄압은 국제사회를 자극하면서 봉제산 업에도 작은 파장을 낳고 있다. 만약 노동집약산업을 주력으로 하는 해외 투 자기업들이 철수하게 된다면 민생고와 직결되므로 국제사회는 이러한 부분 에 대한 경제제재에도 고심을 할 수 밖에 없을 것이다. 조사 대상자의 대부분 역시 이러한 민생고를 이유로 해외투자기업의 철수를 희망하지 않았다.

또 하나의 특이 사항으로 치안과 강력 범죄 증가가 신군부의 공포를 넘 어 또 다른 문제점으로 다가오고 있다는 점이다. 쿠데타 초기 신군부는 중범 죄자들을 의도적으로 가석방하여 사회혼란 및 시민 불안을 가중시켰고 민간 정권 시절 대도시로 유입된 대다수 외지인들이 주요 산업단지에 거주하며 생 계를 이어 갔으나 제조 기업들의 철수로 일자리를 잃게 된 실업자들이 잠재 적인 범죄집단으로 유입되어 현지민들의 삶을 위협한다는 점이다. 이로 인한 여러 사회문제가 증가하여 초기 신군부로만 집중되었던 반감과 원망이 차츰 민주 진영으로 확산되는 부분에도 관심을 가져야 한다.

마지막으로 신군부 집권의 장기화 가능성 중 하나로 미얀마 특유의 지 형적 특성을 들 수 있다. 신군부는 집권 장기화에 대한 자신감이 단지 자만심 에서 비롯된 것이 아닌 지형적 요인도 신군부에 유리하게 작용했을 것으로 보인다. 이는 전통적 왕권 형성과 영토가 확장되는 과정에서 동일한 지역을 중심으로 권력이 유지되어온 유형에서 잘 나타나는데 현재 신군부가 장악한 지역과도 상당한 유사성을 나타내고 있다. 이 글에서는 첫 번째로 현 사태가 발발했던 당시 상황을 시작으로 현재까지의 상황이 어떻게 흘러가고 있는지 를 정리하였다. 두 번째로 신군부가 장악한 도시 유형과 지형적 특성을 다루 며 신군부가 장기 집권에 대해 자신감을 가지는 이유와 마지막으로 국민들이 바라보는 내재적 시선을 파악하기 위해 22년 8월부터 11월까지 4개월 간 현지인을 대상 면담, 조사한 자료를 토대로 하나씩 살펴보고자 한다.

II. 신군부 쿠데타와 민주진영의 저항

2021년 2월 1일 양곤의 이른 아침, 모든 통신이 마비되었고 핸드폰 문자 알림을 통해 가까스로 받은 유일한 소식은 절대 외출을 금하라는 내용이었다. 미얀마 거주 21년차인 필자에게 그간 잊고 살았던 군부에 대한 불편한 기억이 10년 만에 깨어나는 것 같았다. 미완이긴 했으나 민주화 과도기 6년 동안 미얀마 국민들에게도 군부에 대한 공포와 적개심은 서서히 잊혀지고 있었다. 하지만 쿠데타가 발발하자 국민들은 신군부의 불법 행위를 절대 용인할 수 없다는 의지로 전국적 시위에 참여하였고 일주일 만인 8일 군부는 계엄령을 선포했다. 그리고 바로 다음날 수도 네피도에서 경찰의 총격에 의한 첫 희생자가 발생했다. 이 사건을 개기로 13일 전국 대다수 공무원들이 연대 파업에 돌입했고 신군부는 14일부터 통신망을 차단했지만 여파는 갈수록 커져갔다. 16일 아웅산 수찌 국가 고문이 추가 기소되면서 17일 1차 대규모 거리시위가 전개되었고 2월 22일 8888항쟁을 빗댄 2222항쟁에서는 첫 희생자를 애도하며 신군부의 퇴진을 요구하는 평화 시위와 문화 퍼포먼스가 곳곳에서 펼쳐졌다. 이 때만 해도 군경은 별다른 대응을 하지 않았기에 국민들 사이에서는 민주적 시위가 승리할 것이라는 굳은 믿음이 충만했다. 하지만 28일 2차 대규모시위에서 갑자기 돌변한 군경은 시민을 향해 무차별 총격을 가했고 양곤에서만 하루 만에 18명의 사망자가 발생하였다. 그야말로 아수라장이었다. 하지만 국민들은 물러서지 않았다. 3월 3일 3차 대규모 시위에서는 무차별 총격과 진압으로 38명이 목숨을 잃었다. 불과 한 달 만에 일어난 일이라는 것이 믿기지 않았다. 시민들은 진압군을 향해 깨진 보도블록과 화염병을 던졌고 모래주머니로 바리게이트를 쌓아 올리며 거세게 저항하였고 불붙은 타이어에서 나오는 검은 연기와 매캐한 냄새는 도시를 진동했다. 밤낮으로 들리는 총성과 중무장한 군용트럭과 병력들이 오가던 그 광경은 한 번도 경험하지 못했던 공포와 혼돈으로 다가왔다. 필자는 2007년 샤프란 혁명 때도 현지에 거주했으나 당시 느꼈던 위기감과 공포와는 확실히 달랐다. 3월 신군부의 무력진압에 의해 사망자가 450명에 육박[3]하자 시민들은 신군부를 집단 학살자로 주장하며 국제사회의 적극적 개입 R2P(Responsibility to Protect)을 요구했으며 소셜네트워크 활동을 통해 미얀마의 상황을 전 세계로 알리기 위해 적극적으로 노력했다. 하지만 이러한 시민들의 노력과는 달리 대내외적 상황은 호전되지 않았다. 3월 연방의회대표단(CRPH: Committee Representing Pyidaungsu Hluttaw)은 신군부에 맞서기 위해 소수민족무장 단체들로 연방 군대 창설을 제안했으나 대표적 무장단체인 카렌민족연합(KNU: Karen National Union), 아라칸 군(AA: Arakan Army), 카친 독립군(KIA: Kachin Independence Army) 등은 신군부의 쿠데타와 무력진압에 대한 비난 성명을 발표하는 데만 그쳤고 독자적 저항 활동을 하겠다는 발표 외 민족통합정부와의 통합에는 선을 그었다. 이러한 소극적 태도는 2015년 민주 진영의 총선승리와 민주정권 수립 당시 아웅산 수찌의 국민 통합과 평화 프로세스에 대한 소수민족의 기대와 희망이 컸음에도 불구하고 참여권은 주어지지 않았으며 인프라 시설이 개발되던 가운데에서도 소수민족 지역은 여전히 제외되었다(CNN, 21/03/05). 또한 민주진영 집권 6년간 소수민족들은 불법 무장단체의 오명에서도 벗어나지 못한 상황에서 연방의회대표단은 쿠데타 이후에서야 비로소 이들에 대한 테러리스트 규정을 철폐했다(Wikipedia). 이후 반 신군부 연합전선 구성을 위한 연방 군대 제안은 소수민족 단체들을 설득하기에는 미흡했던 것으로 보여진다. 대외적인 조치를 보면 쿠데타 초기 유엔미얀마특사는 안보리를 통해

---

3 2021년 3월 27일은 미얀마 국군의 날로 최고사령관 밍아웅흘라잉(Min Aung Hlaing)은 신군부 반대세력을 테러집단으로 규정하였다. 이날 시위로 양곤에서만 114명이 사망하였고 3월 한 달 간 전국사망자는 450여 명에 이르렀다(정치범지원연합, AAPP: Assistance Association for Political Prisoners).

미얀마 사태의 적극 개입을 주장했지만 중국과 러시아의 반대로 규탄에 거치는 수순으로 마무리 되었다. 특히 사태 발발 전 1월 시진핑 중국 주석과 왕이 외교부장의 미얀마 방문 당시 군부와 사전 교감이 있었을 것이라는 의심으로 반중 정서가 확산되면서 중국인 사업장을 대상으로 방화 사건들이 일어났고 중국 투자기업들이 대거 철수하는 사태로 이어졌다.

신군부의 쿠데타와 무력 진압으로 인한 사상자가 늘어나자 5월 민주진영에서 설립한 임시정부 격인 민족통합정부와 CRPH는 시민방위군(PDF: Peoples' Defence Force) 창설을 공식발표하였다. 시민 방위군 창설 선언 당시 미얀마 국민들은 국민통합정부로 전폭적인 지지를 보냈으며 빠른 시일내 신군

표 1 2021년 2월 쿠데타 발생 전후 시점에 대한 일지(주요 언론 기사 토대 필자 작성)

1월 29일	주미얀마대사관 11월 총선에 대한 군부의 반발 조짐에 대한 교민 주의 공지(각 언론사 72시간 내 정치적 혼란 야기 가능성 제기)
1월 30일	국방사령관 밍아웅흘라잉은 2008년 기초 헌법에 기초하여 이를 준수할 것이라는 성명을 발표(2008년 기초 헌법에 따라 모든 조치-무력 동원도 가능하다는 이면적 의미가 내포되었음)
2월 1일	오전 8시 부로 비상사태 선포 현 부통령 우민쉐를 임시 대통령으로 선출 한다는 공식 발표
2월 5일	정부 조직개편-연방행정평의회-주지사 명칭에서 위원장 명칭으로 바뀜 군부시절의 '국가평화개발평의회(SPDC: State Peace and Development Council)'조직으로 변경됨(2월 5일부터 교육계, 각 부처 공무원 시위 참여-전국으로 퍼짐)
2월 8일	UN Christine Shraner Burgener 특사-미얀마 군부 대변인과 비디오 컨퍼런스 통화-2008년 기초 헌법 위법에 대한 군의 과도 정권 수립의 정당성 주장 미얀마 국영방송 민주주의 침해 혼란 야기하는 자 처벌 공식 발표, 당일 오후 8시~오전 4시 통금 발표-계엄령(제한조치 144조) * 네피도 살수차 동원
2월 9일	* 네피도 첫 희생자 발생
2월13일	23,000명 죄수 가석방 혼란 야기
2월 14일	양곤 군 병력 장갑차 본격 배치
2월17~22일	미얀마 1, 2차 대규모 시위 전개(2222항쟁)
2월 26일	양곤 시위 대규모 폭력진압 전개
2월 28일	진압군 실탄 발사 양곤 사망자 발생

부를 축출할 수 있다는 희망을 내비쳤다. 하지만 민주진영의 무력 저항 발표는 기대감에 사로잡힌 젊은 층의 시위 참여 증가로 이어졌지만 오히려 5월까지 국민저항으로 희생된 인원은 840여 명에 이르게 된다(정치범지원연합). 군경의 살상무기가 동원된 진압이 본격화되면서 시위에 참여했던 많은 청년층들은 결국 무장 저항의 길을 택했고 소수 종족 무장단체의 거점으로 유입되어 군사훈련 후 지역 PDF로 배치되었다. 하지만 미흡한 훈련과 무장력 열세였던 시민방위군은 초기 신군부와의 교전에서 이렇다 할 성과를 얻지 못했으나 2년이 지난 현재 국민기금으로 지원된 무기와 지속된 군사훈련으로 변방 및 산악지역에서는 신군부를 긴장시킬 만큼의 성과를 나타내고 있다. 하지만 여전히 양곤, 만달레이 등 대부분 도시 지역들은 신군부가 장악하고 있으며 도시 사이를 잇는 주요 도로에는 군 무장 차량과 병력들이 대거 배치되어 검문검색을 통과해야 하는 상황이 매일 연출되고 있다. 현재까지 군부의 폭력에 사망한 인원은 4,000여 명 구금된 인원만 20,000여 명에 이른다.

III. 미얀마의 지형적 특성에 따른 신군부의 주요도시와 상반된 지방 차별 전략

최근 국민통합정부와 신군부는 각자 현 상황이 자신들에게 우월한 위치에 놓여 있다고 주장한다. 22년 9월7일 국민통합정부의 두와라시라 부통령은 PDF와 EAOs가 국토의 절반 이상을 장악했다고 선포했고 미얀마 특별자문위원회에서도 현재 국민통합 정부가 약 70%의 행정력을 행사하고 있으므로 군부의 장악력이 사실상 약화된 것이라고 발표하며 군부 축출을 위한 국제사회의 적극적 지지가 필요하다고 피력했다(Special Advisory Council for Myanmar, 2022). 하지만 미얀마의 지형적 특성을 좀더 상세히 살펴보면 현재 신군부가 통제하는 영역은 경제활동이 장기간 유지되어 왔던 주요 도시 지역인 점을 간과할 수 없다. 다시 말하자면 민주 진영이 주장하는 것은 영토(Territory)의 개념이지만 신군부가 주장하는 것은 실질적 정치와 경제적 영향력을 포함한 영역(Areas of real political and economic influence)이라는 점에서 각자의 주장이 대조된다. 미얀마 영토는 중부 평원 지대와 외곽 산악지역으로 둘러싸인 지형적 구분이 뚜렷하다. 전통적으로 강력했던 왕조 국가들은 중부 평원 지대를 중심으로 형성되었고 이후 서서히 남하한 형태로 영국 식민지 이후부터 군부의 장기 집권을 거쳐 현재까지 주요 행정 지역인 만달레이, 네피도, 양곤으로 이어지며 경제활동의 주 영역을 유지하고 있다. 이와 반대로 독립 이후 자치를 주장하며 반기를 들었던 소수종족들은 산악 지역을 중심으로 저항을 이어왔으며 군부 장기 집권뿐만 아니라 민간 정권시절에도 여전히 통합의 갈등을 겪었다.

미얀마 전체 인구 54백만 명 중 현재 정상적인 경제활동 영역인 19개 도시의 거주민은 천만 명에 못 미치는 9백만 명 정도로 전체인구의 18%에 불구하며 이 지역이 미얀마 전체 경제 활동의 80%를 차지한다(World Population Review, 2022). 이 지역들은 권력 및 기득권 계층으로 치우쳐진 불균형 및 차별정책과도 관련된다. 신군부는 실질적 경제활동이 이루어지는 도시 지역은 엄격하게 통제하고 관리하지만 변방 지역은 무차별 학살과 거주지 파괴를

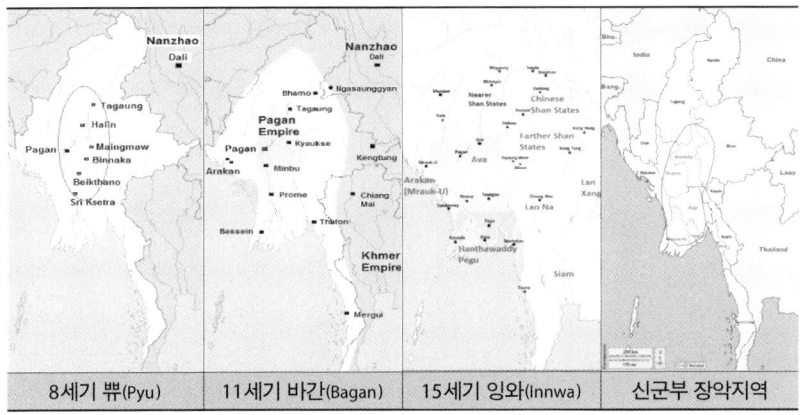

그림 1 　미얀마 고대 왕조의 시대별 통치 영역과 현재 신군부 주요활동영역 비교
출처: Wikipedia, d-maps(신군부 장악 지역)의 자료로 필자 작성

일삼는 게토(Ghetto)[4] 전략을 통해 정권을 유지하려는 맥락을 읽을 수 있다. 한마디로 신군부의 통제 정책은 지역 차별 정책 즉 '맞춤형 통치 전략(tailored governance strategy)'을 추구하는 것으로 보인다. 이러한 내용은 23년도 세계은행 상반기 미얀마 경제상황 자료에서도 필자의 주장을 뒷받침하고 있는데 가계의 빈곤과 불평등은 소외된 지방이 더 심각한 영향을 받고 있으며 미얀마 가구의 절반이 1년간 소득은 감소했지만 15%는 소득이 증가했다는 점이다(world bank, 2023). 이 15%는 대부분 대도시 거주민이라는 점에서 신군부의 통치 영역과 맞물린다고 볼 수 있다.

반면 현재 NUG와 시민방위군(PDF: Peoples' Defence Force)이 활동하는 지역 대부분은 여전히 산악 및 변방 지역이다. 하지만 최근 PDF가 만달레이 북서부 사가잉지역에서까지 활동력 넓히자 신군부는 대규모 병력과 중화기를 투입하며 지역 방어에 집중하고 있다. 이는 신군부에게 도시가 얼마나 중요한 영역인지를 잘 나타내는 방증이기도 하다.

최근 발간된 UN 인권보고서에는 쿠데타 발발 2년이 지난 2021년 2월 1일부터 2023년 1월 31일까지 신군부의 폭력 형태를 주기별로 나타내는데 1년 차인 2021년은 양곤, 바고, 머궤, 만달레이 등 도시 지역을 중심으로 그리고 2년차부터 3년차까지는 미얀마 남동부 및 북서부 지역으로 이동 변화한 것을 참고할 수 있다. 이러한 상황은 3년차가 되는 현재 신군부는 도시 중심 지역을 장악하여 통제의 압박 수위를 높이는 한편 외곽 지역에서 활동 중인 민주진영 저항단체 소탕을 위해 화력을 집중하고 있다는 것을 파악할 수 있다. 무엇보다 심각한 점은 신군부의 무차별 공습과 포격, 민간인 주거지 파괴, 인도주의적 접근을 거부하는 등의 방식이 2011년 북부 카친지역 소수민족

---

4   게토는 소수 인종이나 소수 민족, 또는 소수 종교집단이 거주하는 도시 안의 한 구역 을 가리키는 말이다. 주로 빈민가를 형성하며 사회, 경제적인 압박을 받는다. 역사적으로 볼 때, 중세기에 유럽에서 설치한 유대인 강제거주지역, 나치 독일이 만든 유대인 강제수용소, 미국에서 흑인 등이 사는 빈민가가 게토에 속한다(Wikipedia).

표 2	미얀마 전체인구와 도시인구
미얀마 전체인구	54,199,196
양곤	4,477,638
만달레이	1,208,099
네피도	925,000
몰러먀인	438,861
꺼인 세익찌	246,065
바고	244,376
뻐테인	237,089
몽유와	182,011
싯뛔	177,743
메익틸라	177,442
미예익	173,298
Keng Tung	171,620
따웅지	160,115
민잔	141,713
더웨	136,783
삐	135,308
힌더다	134,947
라쇼	131,016
따톤	123,727
합계	9,622,851(18%)

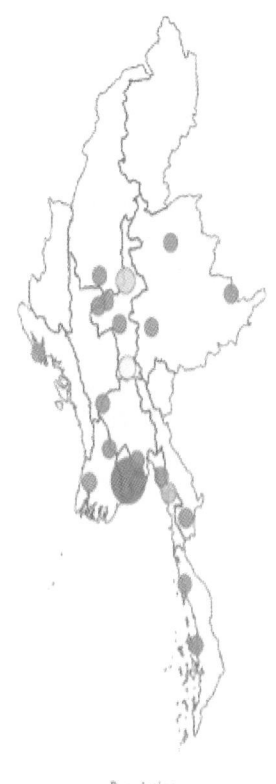

그림 2 미얀마 대도시 분포도
출처: *World Population Review*(2022)

들과 2017년 북서부 라카인(Rakhine)지역에서 발생했던 로힝야족에 대한 학살 수법이 매우 유사하다는 점이다. 2022년 2월 이후 전국적으로 약 39,000채의 가옥이 신군부의 공격으로 불타거나 파괴되었으며 이는 2021년에 비해 1,000배 이상 증가한 수치라고 전한다. 특히 북서부 사가잉 지역은 25,500채 이상의 가옥이 파괴될 정도로 2022년부터 민주 진영과 신군부의 군사적 충돌이 가장 심한 지역으로 나타나고 있다. 이로 인해 현재 인구의 거의 절반이 빈곤에 처해 있으며 농촌인구는 기아의 위험이 심각한 것으로 보고되었다. 신군부는 이들 지역에 계엄령을 선포하고 인도주의적 접근을 차단하면서

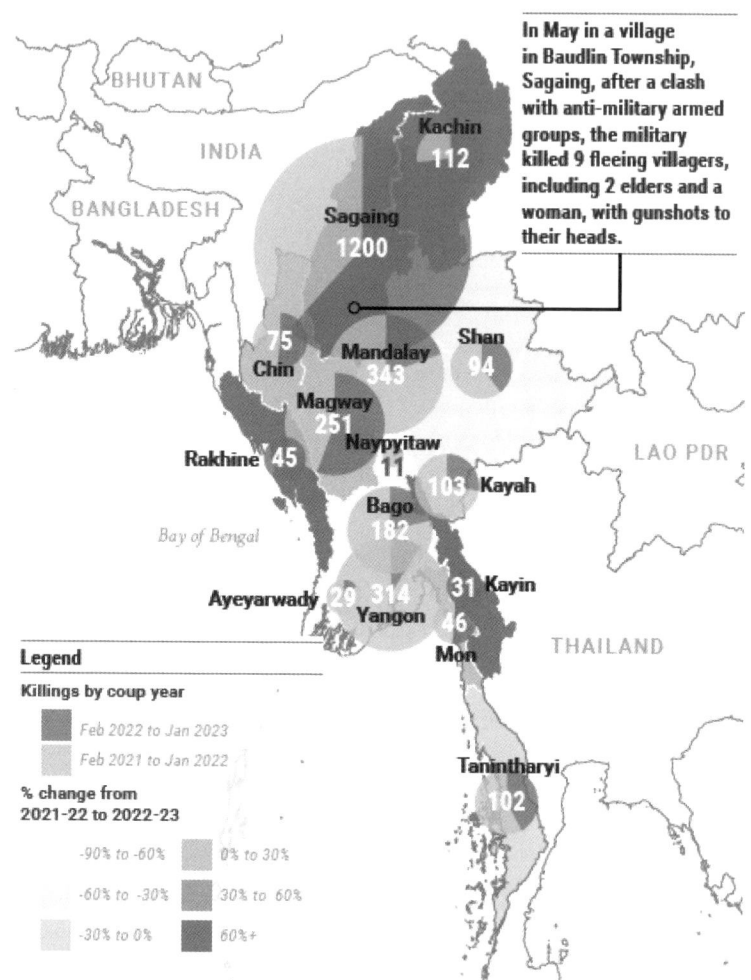

그림 3 Situation of human rights in Myanmar
출처: UN HUMAN RIGHTS(2023)

상황은 더욱 더 심각해지고 있다. 유엔 인권 담당자는 미얀마 전역에서 살인, 실종, 피난, 고문, 체포, 성폭력 등의 폭력과 범죄에 여전히 노출되어 있다는 보고서를 발표하였다(UN Human Rights, 2023).

상기 언급된 내용들을 정리하자면 현재 신군부가 장악한 지역들은 미얀마의 영토적 특징과 관계된 즉, 전통적 왕조가 세력을 유지한 영역들이 독립을 거쳐 1962년 네윈 정권부터 현재까지도 다이아몬드 중심부 형태인 주요 경제활동 영역으로 이어져 왔다는 것을 살펴볼 수 있다. 주요 경제 지역은 엄격히 통제, 관리하고 소외된 지역은 철저히 파괴, 응징하는 신군부의 상반된 대응 전략은 지정학적 영토 개념이 아닌 정치, 경제적 영역 개념으로 지속적인 국가 통치 전략을 이어 갈 가능성이 높다.

IV. 쿠데타를 향한 내재적 시선

쿠데타가 발발한지 1년 6개월이 되었던 지난 2022년 8월부터 11월까지 미얀마인들을 대상으로 조사했던 내용 중에 나온 우려의 단어를 배열하면 생계, 치안, 공포, 불안, 검문 검열, 체포, 분노 등의 순으로 조사되었다. 하지만 쿠데타 초기 분노, 공포, 체포, 죽음, 불안의 상태에서 시간이 지날수록 생계와 치안, 그리고 공포에 대한 심리적 불안 요소들로 변화되어 가는 점이 주의할 만한 대목이다.

이러한 부분들은 신군부의 통치를 인정할 수 없지만 민생고로 인한 생계와 위협스러울 정도로 악화된 치안 상태의 현 상황을 불가항력적으로 수용할 수밖에 없는 점을 보여주고 있다. 필자는 쿠데타 발발 1년 6개월 된 시점부터 현재까지 이들의 생각은 어떻게 바뀌었는지 그리고 이를 통해 향후 미얀마의 상황이 어떻게 전개될 것인지 조심스레 연구하고자 하였다. 이에 가능한 여러 분야의 사람들을 접촉하며 신군부 집권에 대한 의견을 아래와 같이 조사하였다. 중점적 조사기간은 22년 9월부터 11월까지 4개월간 진행되었으며 나머지 일반 정보는 중간 중간 수집되었다. 조사 방식은 대면 및 비대면으로 진행하였고 대상은 대학교수(4명), 기업인(1명), 법조인(1명) 직장인 포함 일반인(12명), 학생(10명) 총 28명을 대상으로 조사하였다.

기본적으로 현재 신군부를 인정하는 가에 대한 질의에 대해 93%가 신

표 3 조사 대상의 쿠데타 직후(좌)와 현재(우)의 심리상황(wordrow.kr)

군부를 인정하지 않는다는 답변이었고 소수의 인원은 중도입장이었다. 종합적인 국민 정서는 여전히 신군부를 인정하지 않는 분위기였으나 국민통합정부의 재집권 가능성을 질의했을 때 반드시 가능하다라고 답한 인원은 7%에 불과했으며 재집권에 부정적인 견해도 71%나 되는 점은 매우 눈여겨봐야 하는 점이다. 이는 역설적으로 신군부의 영향력이 장기화 될 것이라는 우려와 함께 민주 진영에 대한 기대치가 시간이 갈수록 낮아지고 있다는 점이다. 이는 신군부를 공포의 대상으로 바라보았던 과거의 단면이 현재 재조명 되는 것으로 비쳐진다.

　　금번 설문조사 중 특별히 CDM에 참여 중 체포되어 투옥됐던 학생 1명과 대학교수 1명, 그리고 보수성향의 대학교수 1명의 인터뷰 내용 중 주목할 만한 내용을 별도로 정리하였다.

1) 군부에 체포되어 구금된 이유와 상황, 성추행은 없었나?
CDM 투옥 학생　　자신과 어머니와 언니 세 식구가 CDM 활동 중 체포되어 군부대 지하 심문소에 구금되었다. 나와 언니는 기자로 활동했고 SNS상에서 활발히 활동했다. 어머니는 우리의 기사를 포워드했다. 죄목은 보안법 위반이었다. 체포 당시 건강이 악화되어 식사를 못 할 만큼 위독한 상황이었던 터라 다행히 성추행은 없었으나 어머니를 심문하는 과정에서 두 딸을 원하는 대로 할 수 있으니 심문에 협조하라며 4일간 잠을 재우지 않았다고 들었다. 어머니

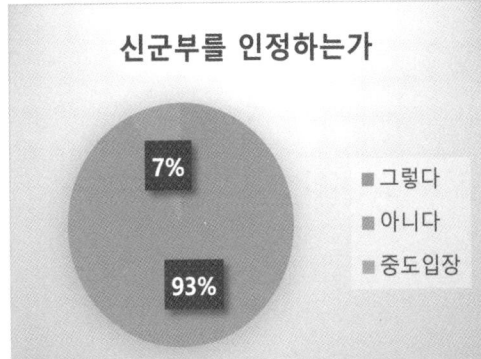
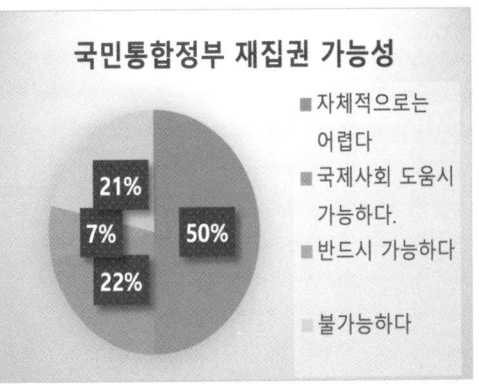

	시민불복종운동(CDM)참여여부	
	그렇다(7명)	아니다(21명)
CDM 참여 또는 비참여 이유	* 쿠데타는 21세기 더 이상 존재하면 안되는 현상이며 불공정하다. * 여전히 군부에 저항하는 사람들이 많고 그들 편에서 함께하고자 한다. * 최근 경제상황이 어려워지면서 CDM 참여가 무색해진 것 같다.	* 가족과 생계유지로 참여할 수 없었다. * 국민통합정부도 신군부도 국민은 생각하는 것 같지 않아서 생계만 집중하기로 했다.
신군부를 바라보는 시각	* 신군부는 절대로 인정할 수 없다. * 사리사욕만 채우는 부패한 조직이며 반대하는 국민은 제거 대상으로만 볼 뿐이다. 그러므로 축출해야한다.	* 정치에서 배제되어 국방의 역할만 해야한다. * 상황이 더욱 복잡해졌다. * 미얀마의 지정학적 특성상 소수 종족과의 갈등 역시 내전이었고 이러한 갈등에서는 나름 필요하다고 생각한다.
군부 집권이후 변화	* 직장을 잃었고 생계가 어렵다 * 체포와 고문의 공포로 인해 정상적인 삶이 망가졌고 물가상승으로 인한 극심한 인플레이션으로 인해 대부분의 국민들이 어려움을 겪고 있다.	* 분노와 공포가 많아졌다. * 치안이 매우 불안정하다 * 물가상승, 생계가 어려워졌다. * 군부는 협조하는 집단과 비협조 집단으로 분류하여 통치하기 시작했다. * 관계 간 신뢰가 사라졌고 서로 말조심을 해야 한다.
쿠데타 전 권력 협상이 이뤄졌다면	* 50대 50이다. 군부가 협상을 해서 원하는 것을 얻었다 하더라도 군부는 더 많은 권력을 얻기 위해 언제든지 쿠데타를 일으켰을 것이다. * NUG가 협상을 할 이유가 없다. * 범죄 집단과 협상을 한다는 것은 인정할 수 없다. * 협상을 했다면 최악의 사태는 피할 수 있지 않았을까 생각된다.	* 이번 사태는 민주 진영에서도 총선에 대한 군부의 재검토 요청을 받아들여야 했고 사전 쿠데타가 감지됐을 때 군부와 협상을 하여 적절한 권력 분배가 이뤄져야 했다. 그랬다면 지금 이 상황까지는 이르지 않았을 것이라고 생각한다. * 쿠데타가 일어나지 않았겠지만 민족민주동맹(NLD: National League for Democracy) 협상을 할 의지가 없었다고 생각한다. * 협상이 되었다 하더라도 협상은 공식적으로 권력을 인정해주는 것이기 때문에 언젠가는 쿠데타를 일으켰을 것이다.

	시민불복종운동(CDM)참여여부	
	그렇다(7명)	아니다(21명)
로힝야와 소수민족에 대한 의견	* 쿠데타 전까지는 받아들일 수 없었는데(종교적 편견을 인정한다.) 쿠데타 이후 학살에 대해 인정하게 되었다. 사과가 필요하다. * 소수 민족 무장단체에 대해 쿠데타 전에는 역할이 크지 않다고 생각했지만 쿠데타 이후 크게 의지하게 되었다. 꼭 통합해야 한다. * 로힝야 탄압의 주체는 군부였다. 하지만 미얀마의 미래를 위해서는 국민통합정부가 공식적 사과를 하고 함께 힘을 모아야 한다. * 로힝야는 처음부터 이방인이었다. 그러므로 그들이 거주할 지역은 제공 가능할지 몰라도 통합은 반대한다.	* 종교적인 문제로 다수의 미얀마인들은 로힝야를 받아들이지 못할 것이라 생각한다. 수용불가. * NUG에서 소수종족들을 설득할 수 있을지 의문이다. 통합에 참여하는 민족들도 있겠지만 다소 부정적이다. 자치권을 주면 통합에 참여할 지도 모르겠다. 하지만 그것은 목적이지 통합은 아니라고 생각한다. * 로힝야에 대한 탄압을 몰랐다. 우리와 인종은 다르지만 미안한 생각을 가지고 있다.
국민통합 정부의 재집권과 민주화 가능성	* 무기체계로 현재 어려움은 있겠지만 언젠가는 민주화가 꼭 올 거라고 믿는다. 오래 걸려도 반드시 집권할 것이다. * 국민으로부터 압도적인 지지를 받고 있으며 소수종족 단체와 연합전선도 펼치고있다. 외교적으로도 우세에 있으므로 지지를 얻을 것으로 믿는다. * NUG가 활동하는 것 같지만 갈수록 미온적이고 기대감은 사라지고 있다.	* 우크라이나처럼 국제사회의 지원없이는 거의 불가능하다고 생각한다. * 군부의 영향력이 너무도 강하다. 그리고 오히려 양곤 등 대도시 사람들은 이기적이기 때문에 내부통합도 어려울 것 같다. * NUG 군사력이 미비하고 조직도 약하다. NUG도 믿지 않는다.
23년 8월 총선 여부	* NLD 인사들은 대부분이 체포 구금되거나 살해당했다. 나오게 되더라도 허수아비를 내세울 것이다. * 현 상황에서 총선은 쉽지 않을 것이다.	* 국민들을 협박해서 총선을 치르겠지만 그 결과를 누가 믿을 수 있을까? 총선은 의미가 없다. * 군부가 협박하면 참여할 수밖에 없지만 표는 안 줄 것이다.
현재 교육 상황	* 현재 초, 중, 고등학교에는 일부만 참여할 뿐이고 대학교육은 거의 중단된 것으로 보인다. * 서서히 정상화되고 있다. CDM참여를 후회하지는 않지만 후회하는 사람들도 있다. 규제를 완화하면 다시 참여하는 사람들도 많아질 것 같다.	* CDM의 효과가 사라질 것이다. 9월1일부터 30일까지 대학입학 시험을 다시 칠 수 있게 기회를 준다고 했는데 50%이상은 참여할 것 같다. * 초, 중, 고 등교학생들이 예전보다 많아졌다. 특히 도시는 더 뚜렷하게 증가하고 있다.
대도시가 안정화되어 가고 있다고 생각하는가?	* 대도시가 정상화되어 가고 있다고 보지않는다. 단지 생계로 인해 일상 같이 보일 뿐이다. 예전처럼 마음 놓고 돌아다니기가 어려운 상태다. 쿠데타 이후 언제 어디에서 군인이 나타나서 검문, 검열을 하고, 의심받고 잡혀갈지 모르는 상태다. 치안도 나빠졌기 때문에 사람들이 저녁 7시면 대도시 임에도 불구하고 길가에 사람들이 별로 없는 현상을 목격할 수 있다. 그렇기 때문에 전국이 안정되지 않다고 본다. * 여전히 곳곳에서 위험을 무릅쓰고 시위를 하고 있다. 국민저항운동은 끝나지 않았다고 생각한다. * 군부의 장악 의지에 비하면 NUG는 부족하다. 도시는 안정화되고 있다.	* 결국 돈이다. 군부는 돈이 되는 지역만 보호하고 나머지는 철저히 배격하고 있다. 현재 양곤, 만달레이 등 대도시는 군부가 장악했기 때문에 안정화된 것처럼 보일 뿐이다. * 여전히 도시 곳곳에서는 총성과 폭탄 소리가 들리고 있지만 예전보다 무감각해졌다. * 치안불안으로 예전보다 이른 귀가로 저녁에는 한산하지만 여전히 식당이나 바(Bar)는 북적거린다. 죄책감은 들지만 이러한 상황에 무감각해지고 있음도 사실이다. * 군부 장악 지역은 안정되었다.

를 제외한 자신과 언니가 석방된 이후 매일 감시를 당했고 감시자로부터 스토킹과 부적절한 문자로 괴롭힘을 받았다. 지하에 함께 구금된 남성들은 고문을 당했다. 밤새 구타와 고성이 오갔고 남성의 경우 화장실 이용도 금지했다고 들었다. 성고문이나 염산 고문을 가하는 소리도 들었다. 남성들이 더 고문을 많이 당했다. 언니와 출소 후 어머니와 쪽지를 주고 받았다. 한동안 연락이 끊어져서 걱정했었는데 다행히 지난 22년 11월 17일 미얀마 'National Day' 국경일 특별사면으로 풀려났다. 폭행으로 인해 한쪽 청력을 잃으셨고 현재 병원치료 중에 있다.

2) 작금의 사태로 미얀마 군부를 바라보는 시각은 어떠한가?
CDM 투옥 학생   2015~2020년 짧은 6년간 누렸던 민주주의로 인해 미얀마는 많이 발전했다. 당시 대학생이었기 때문에 교육적 혜택을 누렸다. 오랫동안 군부가 교육을 폐쇄했기 때문에 미얀마는 희망이 없었다. 군부는 괴물같은 존재다. 사리사욕을 채우기 위해서만 행동하고 국민은 안중에 없다. 뜻을 거스를 경우 언제든지 제거할 수 있는 존재 정도로 여긴다.

보수성향 대학교수   미얀마는 지정학적으로 주변국에 둘러싸여 있기 때문에 국방을 위해서도 군 권력은 필요하고 적절한 힘의 분배가 필요하다. 그리고 EAOs와는 오랫동안 적대관계를 이어왔기 때문에 군은 실전에 능숙하고 군부에 반하는 세력은 적으로 간주한다. 그렇기 때문에 현재 군부에 반대하는 집단은 축출의 대상으로 본다는 것에 주의를 기울여야 한다. 한 가지 등한시 할 수 없는 것은 현재 군부는 살상 경험이 매우 많다. 군부의 힘이 강한 태국의 경우만 해도 국민들을 대상으로 총격을 가하지는 않는다. 하지만 미얀마 군인은 다르다. 실제 내전을 이어 오면서 살상을 밥 먹듯 해온 조직이므로 군을 쉽게 보면 안 된다. 밍아웅흘라잉은 야전 사령관이었으며 라카인 지역 로힝야 토벌 때도 학살을 주도했다. 군은 매우 무서운 존재다. 군의 생각을 바꾼다는 것은 거의 불가능하다.

3) 쿠데타 전 군부와 민주진영간의 권력 분배 협상이 이뤄졌다면 지금의 사태까지 이르렀다고 보는가?

보수성향 대학교수   2016년부터 주어진 민주주의에 대한 기회를 잘 살려야 했지만 민주정권도 국민들도 자만했다. 군이 그만큼 무서운 존재라는 점을 간과했던 것 같다. 군의 영향력이 강했음에도 불구하고 그 부분을 적절하게 고려하지 못한 사태로 봐야한다. 이번 사태는 민주 진영에서 총선에 대한 군 권력의 재검토에 협조해야 했고 사전에 쿠데타가 감지되었을 때 그들과 협상하여 적절한 권력을 분배해야 했다. 민주 진영이 너무 섣불렀다. 협상이 이뤄졌다면 민주진영의 힘이 약해졌을지는 모르겠지만 쿠데타는 발생하지 않았을 것이라 생각한다.

4) 로힝야 문제와 소수 종족에 대해 어떠한 생각을 가지게 되었나?

CDM참여 투옥 학생   쿠데타 전까지만 해도 종교적 편견으로 로힝야를 인정할 수 없었다. 로힝야 학살사건은 거짓 뉴스라고 생각했다. 하지만 군인들이 자국민을 죽이는 것을 보고서야 인정하게 되었다. 소수 종족 무장단체에 대해서도 이전에는 통합에 대해 생각해본 적이 없었다. 하지만 이제는 그들의 힘이 필요하고 많이 의지하게 되었다. 반드시 통합이 되어야 한다.

CDM참여 교수1   쿠데타 전까지는 대부분의 국민들은 로힝야에 대해 증오심이 많았다. 정서적으로 꺼려졌다. 종교적 배타심도 있었던 것 같고 인종적 편견도 있었던 것이 사실이다. 하지만 이번 사태를 통해 로힝야 사태를 돌아보게 되었고 국민의 한사람으로 사과해야 한다 생각한다.

CDM참여 교수2   로힝야 족을 흡수하는 것에 대해서는 반대한다. 로힝야족의 국적이 미얀마인이 아니기 때문이며 또한 솔직히 종교적인 편견을 버리기 어렵다. 다만 라카인 지역 일부에 대해서 수용소를 운영하는 것에 대해서는 찬성한다. 다른 소수 종족은 로힝야와 다르다. 그들은 역사적으로 같은 영토 안에 있었고 1947년 삥롱 협정 당시 이후부터 연방 민주주의를 위해 꾸준히 협의가 이뤄져 왔었다. 그래서 이들 소수 종족은 같은 나라 사람으로 생각하고 이들과는 통합을 해야한다 생각한다.

보수성향 대학교수   종교적인 문제로 대부분의 미얀마인들은 로힝야를 받아들이지 못할 것이라 생각한다. 솔직히 로힝야를 믿을 수도 없고 저들을 흡수한다는 것은 반대한다.

5) 국민통합정부가 소수종족무장단체와 협력하여 군부를 축출하고 민주주의 재건에 성공할 것이라고 믿는가?
CDM참여 투옥 학생   NUG에서 지속적으로 설득하면 통합되는 부분도 있겠지만 안 되는 부분도 있을 것이다. 반대하는 조직이 나올 수도 있다. 하지만 자치권을 인정하면 통합할 수도 있다고 생각한다.

보수성향 대학교수   양곤에 거주하는 대다수의 사람들 중 경제활동에 우위에 있는 사람들은 대부분 국민통합정부에 대해서 회의적이라고 생각하는 사람들이 많다고 생각한다. 저들의 존재가 어디에 있는지 그리고 과연 현재 저들의 활동이 과연 국민들에게 어떠한 도움이 되는지에 대한 의문이 많다. 그리고 소수 종족 무장단체는 독립 전 영국의 식민지 군대로 이용되다가 독립 후 자신들의 자치권만 주장했던 단체들이다. 그러므로 신군부에 저항활동을 하는 것은 국민을 위하는 것이 아닌 자신들의 자치권을 위한 활동이라고 생각하므로 통합은 어렵다고 생각한다.

6) 2023년 8월 총선이 시행된다면 NLD당이 총선에 참여할 수 있다고 생각하는가?
CDM참여 교수   이번 쿠데타는 미얀마기초헌법(2008)을 위반하면서 발생한 문제였고 내년 총선은 어떤 법을 근거한 총선인지 의문이 든다. NUG는 엄연히 2021년 선거에서 승리한 NLD가 합법적으로 만든 정부이다. 그렇기 때문에 총선에 NLD가 나온다는 것은 신군부의 총선을 받아들인다는 의미인데 그것은 말이 안된다. 현재 대부분의 NLD인사들이 체포 구속되었고 처형된 상황인데 어떻게 총선에 나갈 수 있겠는가? 만약에 나온다면 그것은 신군부에 의한 꼭두각시라고 생각한다.

V. 맺음말

이 연구는 신군부 쿠데타 이후 2년 8개월간 미얀마인들이 직접 겪어야만 했던 상황과 심리 상태를 조사하며 향후 신군부와 민주진영 간 구도가 어떻게 변화되는지 살펴보는 계기가 되었다. 내용을 종합하자면 신군부는 쿠데타에 대한 국민적 지지가 매우 미흡한 상황에서 자신들의 권력 유지를 위한 정당성만을 내세우며 적대세력에 일삼는 잔혹한 탄압은 이미 위험 수위를 넘어선 단계이다. 2011년 떼인쎄인 정권을 거쳐 2016년 미완의 민주화 과정을 겪은 10여 년간 미얀마는 외적으로 그 성장 형태가 탄탄해 보였지만 군 권력에 대한 모니터가 상대적으로 약했던 것도 이번 사태의 한 요인으로 보인다. 더불어 2016년 민주정권 탄생 이후 2차례(16년, 19년도)에 걸친 로힝야 학살 사건에서 아이러니한 점을 발견할 수 있는데 당시 국민들 사이에서 오랫동안 내재됐던 무슬림 혐오 정서는 로힝야 학살을 주도했던 군을 지지하게 되었고 이로 인한 수찌 고문에게 쏟아진 국제적 비난과 고립은 로힝야 탄압이 정당했다는 여론으로 변질되면서 과도한 민족주의 정서가 군과 민주 진영이 공존하는 원인을 제공했다는 점이다. 이러한 민족주의 정서는 민주진영 집권 기간 중 소수 종족에 대한 인식에서도 잘 나타난다. 오랜 역사 속에서 공존해왔던 '소수 종족(Ethnic Organization)'들을 'EAOs'라는, 군부 시절 인용되었던 표현 그대로 사용했고 이러한 인식은 소수종족과의 통합과는 동떨어진, 그로 인해 소수 종족 단체들이 현 사태를 방관하는 결과를 초래한 것도 통합의 걸

림돌로 작용하고 있다. 특히 국민들이 갈망하는 NUG와 소수민족 단체들과의 통합 지연은 국민들의 민주화 기대치를 낮추게 되는 것은 아닐까 우려스럽다. 지난 10월 5일 미얀마 반 군부 언론사인 '이라와디(Irrawaddy)' 매체는 "군사정권에 대한 미얀마의 저항과 미래는 어떻게 될 것인가(On Myanmar's Resistance to the Junta and What the Future Holds)"라는 분석 기사를 발간하며 민주진영의 행보에 우려를 표명했다. 내용을 인용하자면 NUG와 민족통합협상위원회(NUCC: National Unity Consultative Council)[5]의 불협화음 즉, 국민통합정부의 2008년 기초 헌법 폐기 조치에 일부 EAOs들은 이를 수용하지 않았다는 점, 그리고 국민 통합협의체의 초기 설립 의도는 긍정적이었으나 지도부 마찰에 따른 일부 조직의 탈퇴, 무엇보다 신군부를 축출하기 위해 다수 소수종족무장단체와의 통합이 중요함에도 불구하고 각자의 역사적 배경과 정치적 목표에 이견을 좁히지 못하고 연방주의와 권력 공유에 대한 정책 신뢰도 역시 미약하다는 점을 비판했다. 그만큼 국민통합정부의 행보가 국민들과의 공감대에 발을 맞추지 못하고 있다는 점에 대해 각성을 촉구한 것이다(The Irrawaddy, 2022). 그리고 신군부를 대상으로 무장저항을 전개함에 있어 중요한 위치를 차지하고 있는 PDF 조직에 대한 국민통합정부(NUG)의 통제력도 여전히 미흡한 것으로 보인다. 신군부의 쿠데타 이후 NUG는 2021년 5월 PDF 창설을 공식 선포하고 무장 활동을 전개해 왔지만 이들에 대한 무장 지원 및 군사훈련의 주체가 전국 각지에 구성된 EAOs가 주를 이루다 보니 조직의 명령체계가 NUG가 아닌 EAOs가 우선권을 가지고 있다는 점 역시 통합의 어려움으로 보여진다. 한 예로 미얀마 동북부 샨주(Shan State)가 거점인 미얀마민족민주동맹군(MNDAA: Myanmar National Democratic Alliance Army)의 지원을 받아 22년 말 조직된 PDF '버마인민자유군(BPLA: Bamar People's Liberation Army)'의 수장과 자유아시아방송(RFA: Radio Free Asia)과의

---

5 21년 11월 16일 공식 출범한 기구로 현재 CRPH와 NUG, 8개의 EAOs, CDM 네트워크와 시민단체 등 28개로 조직된 반 신군부 협의체로 연방 통합을 비전으로 내세움(fulcrum, 22/01/05).

인터뷰 내용을 참고하면 군사지원을 한 조직의 명령을 우선적으로 따를 수밖에 없는 실정을 참고할 수 있다(RFA, 2023).

이렇듯 지난 미얀의 민주화 6년간 보완되지 못했던 혹은 방치되었던 여러 분야에서의 잔상들이 현재 민주 진영과 신군부 심지어 국민들조차 예측하지 못했던 악재로 터져 나왔다고 판단된다. 하지만 미완의 민주화 6년은 국민들의 민주화 인식을 개선하는데 분명 긍정적 개기가 되었으며 신군부 역시 국민 저항이 빨리 식을 것이라는 예측을 빗나가게 하였다. 이와 더불어 금번 연구 기간 동안 현 상황에 대해 대부분의 설문 참여자들은 '생계와 치안 악화'라는 쟁점 때문에 민주화 염원이 서서히 흐릿해져 가는 것을 인정하면서도 여전히 NUG의 반격이 구체화되길 간절히 바라고 있다. 이에 저자는 몇 가지 개선 사항을 제안하고자 한다. 첫 번째 NUG는 빠른 시일 내 국민신뢰 프로세스를 마련해야한다. 이 프로세스는 국민을 대상으로 국민통합정부의 장기적, 구체적 정책 마련의 필요성을 충분히 인식시킬 수 있어야 하며 소수 종족단체와의 통합에 필요한 연방주의와 소수 종족 탄압 역사에 대한 국민의식 개선사업도 포함시킬 필요가 있다. 그리고 두 번째, 신군부 축출에 대한 NUG의 섣부른 공식 발표는 오히려 역풍을 맞을 수 있다는 위기의식도 가져야 한다. 국민통합정부는 지금까지 군부 저항과 관련하여 세 번의 대표적 공식 발표[6] 후 실질적 이행을 못함으로써 국민들의 신뢰가 낮아지는 결과를 초래했다. 이렇듯 향후 민주 진영의 대응전략이 전보다 치밀하지 못하거나 변화가 없다면 민주화 회복에 대한 국민들의 희망과 인식은 부정적 방향으로 흘러갈 가능성이 높다.

---

6 2021년 9월 7일 국민저항전쟁 선포, 2022년 9월 17일 미얀마 영토 70%에 대한 행정권 장악 발표, 2022년 10월 8일 1년 내 신군부 축출 발표와 대공 군사무기 보유 발표(RFA, 2022)

참고문헌

Assistance Association for Political Prisoners(AAPP). 2022. "Political Prioners Post-Coup." 09/2022. http://aapp.org/ (검색일: 2022.06.29)

Banyar Aung. 2022. "On Myanmar's Resistance to the Junta and What the Future Holds." *The Irrawaddy* 10/05/2022. https://www.irrawaddy.com/opinion/analysis/on-myanmars-resistance-to-the-junta-and-what-the-future-holds.html (검색일: 2022.10.15)

CNN. 2021. "Myanmar's ethnic groups have long suffered from military brutality. The junta gave them a common fo." 05/03/2021. https://edition.cnn.com/2021/03/05/asia/myanmar-protests-ethnic-minorities-intl-hnk/index.html (검색일: 2022.11.30)

Financial Times. 2022. "Total and Chevron pull of Myanmar gas project." 21/01/2022. https://www.ft.com/content/821bcee9-0b9e-40d0-8ac7-9a3335ec8745 (검색일: 2023.03.03)

Htet Myet Min Tun, Moe Thuzar. 2022. "Myanmar's National Unity Consultative Council: A Vision of Myanmar's Federal Future." *fulcrum* 01/05/2022. https://fulcrum.sg/myanmars-national-unity-consultative-council-a-vision-of-myanmars-federal-future/ (검색일: 2022.10.27)

OCHA. 2023. "Situation of human rights in Myanmar since 1 February 2021(Advance unedited version)." *UN HRC* 30/06/2023. https://reliefweb.int/report/myanmar/situation-human-rights-myanmar-1-february-2021-report-united-nations-high-commissioner-human-rights-ahrc5352-advance-unedited-version(검색일: 2022.11.30)

RFA. "MNDAA 산하로부터 군사훈련을 수료한 저항 조직 BPLA 수장인터뷰(원문번역)." 05/01/2023. https://www.youtube.com/watch?v=_SbyqjKFfoc (검색일: 2023.01.05)

Special Advisory Council for Myanmar(SAC-M). 2022. "Effective Control in Myanmar." 05/09/2022. https://specialadvisorycouncil.org/2022/09/statement-briefing-effective-control-myanmar/ (검색일: 2022.09.11)

The Irrawaddy. 2022. "We control over half of Myanmar." 09/07/2022. https://www.irrawaddy.com/news/burma/nug-we-control-over-half-of-myanmars-territory.html (검색일: 2022.09.05)

U.S. DEPARTMENT OF THE TREASURY. 2022. "Risks and Considerations for Businesses and Individuals with Exposure to Entities Responsible for Undermining Democratic Processes, Facilitating Corruption, and Committing Human Rights Abuses in Burma (Myanmar)." 26/01/2022. https://home.treasury.gov/system/files/126/20220126_burma_advisory.pdf (검색일: 2022.02.17)

UN-Human Rights. 2023. "Situation of Human Rights in Myanmar March, 23." 03/2023. https://www.ohchr.org/sites/default/files/2023-03/myanmar-factsheet.pdf (검색일: 2023.03.08)

Wikipedia. 2024. "Committee Representing Pyidaungsu Hluttaw." https://en.wikipedia.org/wiki/Committee_Representing_Pyidaungsu_Hluttaw#cite_note-19 (검색일: 2024.01.26)

Wikipedia. 2022. "게토." https://ko.wikipedia.org/wiki/게토 (검색일: 2022.06.29)

World Bank. 2023. "Myanmar Economic Monitor: Navigating Uncertainty." 01/2023. https://documents.worldbank.org/en/publication/documents-reports/documentdetail/0991 34001292342538/p1791060704c4d0720a7ac0c3c23f1b5b90 (검색일: 2023.02.04)

World Bank. 2022. "Myanmar economy remains fragile, with reform reversals weakening the outlook." 21/07/2022. https://www.worldbank.org/en/news/press-release/2022/07/21/myanmar-economy-remains-fragile-with-reform-reversals-further-weakening-the-outlook (검색일: 2022.09.28)

World Population Review. 2022. "Population of Cities in Myanmar." 01/10/2022. https://worldpopulationreview.com/countries/cities/myanmar (검색일: 2022.10.01)

제3장

미얀마 민주화 과정의 역설:
느슨한 권위주의 체제에서 선거 권위주의로

문기홍(부경대학교 국제지역학부 조교수)[1]

I. 머리말[2]

2015년 역사적인 총선을 통해 준민간정권에서 민간정부로 성공적인 체제 이행을 이뤄냈던 미얀마는 2021년 2월 군부 쿠데타를 계기로 통치권이 다시 땃마도(Tatmadaw, 미얀마 군부)의 손에 들어가게 되었다. 땃마도는 쿠데타의 근거로 2020년 총선이 부정하게 치러졌으며, 선거 이후 민족민주동맹(NLD: National League for Democracy) 정부와 연방선거관리위원회(UEC: Union Election Commission)가 부정선거 관련 의혹들을 제대로 다루지 못했다는 것이다. 이에 의회가 소집될 예정이었던 2월 1일 새벽 땃마도는 아웅산 수찌, 윈민 대통

---

[1] 이 연구는 2020년 대한민국 교육부와 한국연구재단의 지원(NRF-2020S1A5C2A02093112) 및 2022년 외교부 "미얀마 국가비상사태 선포 이후 상황 분석 및 향후 전망" 연구 과제 지원을 받아 수행된 연구임.

[2] 이 장은 문기홍. 2022. "미얀마 민주화 과정의 역설: 느슨한 권위주의 체제에서 선거 권위주의로." 『아시아연구』 25(3)에 게재된 글을 수정·보완한 것임.

령, 국회의원, 시민활동가들을 구금하며 정권을 장악했다. 당일 쿠데타 세력은 선언문을 통해 국가 비상사태를 선포했다.[3]

쿠데타 이후 미얀마 시민사회는 시민불복종운동(CDM: Civil Disobedience Movement)과 여러 차례의 반군부시위를 벌이며 군사 쿠데타 정권에 저항하고 있다. 또한, 지난 2020년 11월 총선에서 선출된 의원들이 주도해 2022년 2월 연방의회대표단(CRPH: Committee Representing Pyidaungsu Hluttaw)를 설치했고, 연방의회 대표위원회는 4월 16일 성명서를 통해 민족통합정부(NUG:National Unity Government)를 설치하며 땃마도가 쿠데타 직후 설치한 국가행정평의회(SAC: State Administrative Council)와 정당성 여부에 대한 경쟁을 벌이고 있다. 한국 및 국제사회 역시 쿠데타 상황에 비상한 관심을 보이며 다양한 경로를 통해 땃마도가 설치한 SAC을 압박하고 있다. 하지만, 땃마도는 이에 크게 개의치 않으며 쿠데타 발발 6개월이 지난 후인 8월 2023년에 총선을 치를 계획을 공표하고, 반쿠데타 세력을 불법 집단으로 규정하는 등 자발적인 민간 정부로의 권력 이양을 전혀 염두에 두고 있지 않은 듯하다.

당초 이 연구는 2023년 8월에 총선이 치러질 것이라는 가정하에 작업 되었다. 하지만, 지난 8월 1일 땃마도 총사령관 민아웅 흘라잉(Min Aung Hlaing)은 국가 비상사태 기간을 6개월 더 연장하겠다고 선언했다(*The Global New Light of Myanmar* 23/08/01). 이로써 국가 비상사태 기간 연장만 네 번째 발표하는 것으로 명확하게 기한을 정해 두지 않은 채 선거 준비를 위해 더 시간이 필요하다는 주장만 반복되고 있다. 현재 연장된 기한이 끝나는 시점이

---

3   2020년 11월 8일 실시된 다당제 총선에서 사용된 선거인명부는 상당한 불일치를 보이며, 연방선거위원회는 이에 대한 적절한 조치를 취하지 못했다. [중략] 선거인 명부 문제에 대해 제대로 대응하지 못하고, 필요한 조치를 취하지 않았으며, 상하원 의회 소집 연기를 거부한 것은 2008년 헌법 제 417조에 따르지 않는 것으로 이는 미얀마 연방의 주권을 장악하고 나아가 국민의 단결을 저해할 수 있다. [중략] 위의 문제를 해결하기 위해 미얀마 삼권은 2008년 헌법 제418조 (a) 항에 따라 군사령관에 넘겨진다. 헌법 제 417조에 의거 향후 1년간 전국적 국가 비상사태를 선포한다 (*The Global New Light of Myanmar* 21/02/03)

2024년 1월이고, 2008년 헌법상 국가 비상사태 기간 종료 이후 6개월 이내에 선거를 치르도록 규정하고 있어 총선이 치러질 시점은 2024년 7월쯤일 것으로 예측해 볼 수는 있다. 땃마도는 올해 1월 새로운 정당 등록법을 공포했고, 선거 제도를 단순다수득표제(FPTP: First Past The Post)에서 비례대표제(PR: Proportional Representation)로 바꾸려고 적극 검토하는 등 본인들에게 유리한 제도적 장치를 마련하고자 박차를 가하는 모습이다. 이에 이 연구는 미얀마 정치 체제에 대한 기존의 논의를 검토하고, 2021년 쿠데타 이후 정치적 상황을 살펴봄으로써 향후 미얀마가 어떠한 정치적 체제의 특성을 가질지 분석하고자 한다. 아울러 권위주의 정권하에서의 선거가 어떤 의미를 가질지에 대한 분석 역시 필요하다. 따라서 이 논문은 정치 제도적 관점에서 미얀마 쿠데타 이후의 동학을 풀어보고자 한다.

II. 미얀마 쿠데타를 설명하는 요인들

1. 땃마도는 어떤 배경에서 왜 쿠데타를 일으켰을까?

1) 경제적 이익 추구

이 절에서는 군부 쿠데타가 일어난 배경을 가까운 과거로부터 찾아보고자 한다. 쿠데타를 설명하는 여러 가지 관점 중에서 비교적 높은 설득력이 있는 관점은 땃마도가 경제적 이익 관철 및 추구를 위해 쿠데타를 일으켰다는 것이다(Chambers, 2021; Myanmar Study Group, 2022). 미얀마 연구 모임(Myanmar Study Group)의 2022년 보고서에 따르면 NLD 정부는 임기 말 다음과 같은 몇 가지 경제 개혁 조치를 발표했었다고 한다.

· 국영 미얀마 석유 및 가스 기업에 대한 기업 경영 제공, 전기 에너지부를 엄격한 규제 기관으로 두는 등의 석유 및 가스 분야를 재검토 및 재정비

- 이해 상충(conflict of interest)를 제거하기 위해 다른 광업 및 천연자원 기업을 그들의 규제기관과 분리하고 법인화
- 새로운 소득세법을 현대 세무 관리 개념으로 성문화하고 국유 기업에 대한 세무 감사 시행
- 모든 수입원을 중앙 재무부 계정으로 통합하여 중앙 예산 각 부처의 재량으로 자금 전용을 위해 마련한 "기타 계좌(other accounts)" 정리
- 일부 은행이 도산할 수 있도록 은행과 금융 구조를 재구성하고 신용에 대한 접근성 증대 및 환율 유연성을 완화
- 합법적 수입 절차 가속화를 위해 무역 절차를 간소화
- 인프라 개발에 관련된 다양한 건설 회사들을 민영화(Myanmar Study Group, 2022: 27-28)

쿠데타 직후 땃마도는 이전 NLD 정부의 고위급 경제 관료 및 고문을 수감했는데, 특히 이들 인사 중에는 국가 고문인 아웅산 수찌의 경제 자문을 맡았던 Sean Turnell이라는 학자도 포함되었다(The Irrawaddy 21/02/08). 이는 지난 10여년간 진행되어온 경제 개혁의 방향을 바꿔 놓으려고 한다는 군부의 인식을 스스로 입증한 셈이 된다. 2011년 테인 쎄인(Thein Sein) 정권 출범 이후 많은 사람의 관심은 민주화 및 경제 구조 개혁에 집중되었었다. 미얀마의 경제 구조 개혁과 관련해서는 전반적인 경제 구조 개혁을 포함해 민영화, 경제 정의 구축, 농업 분야 구조 개혁 등과 같은 주제로 지속적인 논의가 있었다(Tin Maung Maung Than, 2014; Ford, Gilland et al., 2016; Vikram Nehru, 2015; McCarthy, 2020).

예를 들어, 군부 소유로 잘 알려진 미얀마경제지주회사(UMEHL: Union Myanmar Economic Holdings Limited)와 미얀마경제공사(MEC: Myanmar Economic Corporation)는 군부 경제 구조를 구성하는 대표적 주체들이며 세금 및 정부로부터의 견제에 자유로운 위치에 있었다. 이들 기업체에 대한 세금 납부 등의 논의 테인 쎄인 정권 시절부터 시작되었다. 2013년 정부 주도로 구

성된 세금 징수 및 모니터링 위원회(The Board of Scrutinizing and Monitoring of Tax Collection)의 위원에 따르면 미얀마경제지주회사가 세금을 내지 않고 이득을 보고 있다는 주장에 대해, 이전에는 세금을 내지 않았지만, 2013년 3월부터 그들로부터 세금을 징수하고 있다고 밝혔었다(Nyein Pyae Sone 13/07/12). 하지만, 이들이 벌이는 사업과 이익의 규모에 비해 걷히는 세금은 미미한 수준이라고 평가되고 있으며, 이는 투명하지 못한 두 기업체의 운영 방식에서 기인한다고 보고 있다(Htet Naing Zaw 17/05/03; McCarthy, 2019).

하지만, 경제적 이익 추구 및 관철이라는 관점에서만 이번 쿠데타를 설명하기에는 미얀마 군부 경제는 상당 기간 동안 민간 정부의 간섭 없이 사회 전반에 걸쳐 광범위하게 이익 추구 구조를 마련해 놓았다는 점을 고려해야 할 것이다. 특히, 채굴 산업(extractive industries)은 군부 경제의 주요한 이익 창출 수단으로 간주되고 있으며, 배후에는 국제 인권 침해, 소수 민족과 갈등 요인 제공 등 여러 가지 논쟁의 대상이 되고 있다(The United Nations Human Rights Council, 2019).

국세청 자료를 인용한 맥카시(McCarthy, 2019)에 따르면 미얀마경제지주회사와 미얀마경제공사, 그리고 두 기업체의 몇몇 자회사는 미얀마 내 상위 25개 상업 납세자(commercial taxpayers) 명단에서 4개, 소득 납세자(income taxpayers) 명단에서는 5개를 차지하고 있다. 2017-18 회계연도의 국세청 자료에 따르면 총 1,017개의 기업체 중 미얀마경제지주회사는 상업세 납부 상위 13위, 소득세 납부 상위 5위에 올랐으며, 미얀마경제공사는 상업세 22위, 소득세 13위에 올라있다고 보고되었다. 자회사 먀와디은행(Myawaddy Bank)는 상업세는 미등록되었으나 소득세는 상위 3위에 올랐으며, 먀와디 무역(Myawaddy Trading)은 상업세 2위, 소득세 6위, 다곤 주류 회사(Dagon Beverage Company)는 상업세 1위, 소득세 17위를 차지했다(McCarthy, 2019: 21).

이 연구는 땃마도가 쿠데타를 일으킨 배경이 군부 경제 이익 관철이라는 점을 완전히 부정하려는 것은 아니다. 다만, 미얀마의 경제 구조는 오래전부터 군부에 의해 장악되어 있었고, 심지어 NLD 정부 출범 이후에도 여러 가지 한계에 부딪혀 제한적인 개혁 논의만 진행할 수 있었다는 평가가 있었다는 점에서 미얀마의 경제 구조는 상당 부분 땃마도의 통제하에 있다는 점을 지적하려고 한다(McCarthy, 2020). 특히, 로우어(Roewer, 2020)은 NLD 정당의 구조 자체가 권위주의적 통치하에서 이루어졌으며, 군부가 지배했던 권위주의적 환경이 정당을 형성하고 구조를 정착화시키는 데 지배적으로 작용했다고 주장하고 있다. 그런 이유로 NLD 정부 출범 이후 보다 도전적인 개혁 과제 수행에 한계가 있었다는 것이다. 그 결과 군부 권위주의의 부활 그리고 혼합 체제적 제도 특징에서 기인하는 제한된 활동 반경은 NLD가 민주화 및 구조 개혁의 정도를 보수적인 방향으로 조정하는 데 영향을 미쳤다고 주장하고 있다.

2) 쿠데타를 설명하는 정치 제도적 동학

지난 2015년 총선으로 아웅산 수찌가 이끄는 NLD가 정부를 꾸린 이후 불안한 동거 관계가 지속되었다고 볼 수 있다. 여기서 불안한 동거 관계라는 것은 제도적 장치에 기반해 미얀마 정치가 보여주는 특성이라고 할 수 있다. 제도적 장치는 공식적 정치 제도로 헌법, 선거 제도, 행정 제도, 의회와 같은 것을 의미한다.

첫째, 아웅산 수찌가 2015년 총선 승리 이후 보인 초헌법적인 행동과 소원해진 군부와의 관계는 대화나 협상보다는 강경한 수단을 선택하게끔 한 요소로 보인다. 2015년 총선 당시 아웅산 수찌는 본인이 헌법에 의한 제약 때문에 국가 수반이 될 수 없음을 잘 알고 스스로를 국가고문(State Counsellor)의 자리에 오르겠다고 천명한 바가 있다. 이러한 초법적 지위를 만들며 아웅산 수찌는 당시 자신은 "대통령 위에 있을 것이며, 모든 의사 결정은 내가 하겠다"라는 도발적 태도를 보인 바가 있다. 이러한 태도 때문에 정권 출범 이후 땃마도와 원활한 관계 형성에 어려움이 있었다. 스타인버그(Steinberg) 는 땃마도가 이번 쿠데타를 일으킨 주요한 여러 이유 중 하나로 아웅산 수찌와 민아웅 흘라잉이 제대로 신뢰 관계를 구축하지 못했음을 꼽고 있다(Steinberg, 2021). 그는 이 둘이 상당한 기간 개인적으로 만나지 않았으며, 이러한 불신 관계는 "개인화된 권력이 통치의 필수 요소인 미얀마 사회"에 좋지 않은 영향을 미쳤을 것이라고 분석했다(Steinberg, 2021: 31). 그런 측면에서 스타인 버그는 아웅산 수찌와 땃마도가 보여주는 오만함이 권력 방정식의 양면에 있으며 이러한 태도는 국가가 직면한 정치적 문제를 해결하는 데 있어 복잡한 요소로 보인다고 분석했다.

둘째, 민간 정부가 들어선 이후 기존에 땃마도가 구축해놓았던 제도적 장치를 개혁하려는 움직임은 땃마도 입장에서는 자신들의 특권(prerogatives) 및 방어선이 위협받고 있다는 인식을 하게 했다고 볼 수 있다. 헌법에 명시된 땃마도가 가질 수 있는 행정부 및 입법부와 관련된 권한은 강력한 민주화 열망 속에서도 그들이 안전지대에 있다는 것을 보장해주었기 때문에 행정체계 개편 및 헌법 개정 논의는 안전 장치 상실이라는 인식을 줬을 것이다.

그 첫 번째 사례로 행정관리부(GAD: General Administration Department) 개혁이다. 행정관리부는 미얀마 행정체계의 중추로 내무부(Ministry of Internal Affairs)의 관리하에 있기 때문에 군 장교들이 부서를 장악하고 있다. 특히, 2008년 헌법에 명시된 것처럼 행정관리부의 수장은 땃마도 총사령관에 의해 임명이 되는데, 2011년 준민간정권 출범 이후 다른 정치, 사회 분야의 개혁에 비해 덜 주목받은 개혁 의제였다. 땃마도가 행정관리부를 손에 쥐고 있었던 이유는 이 조직이 미얀마의 가장 하위 행정 단위인 16,700개에 달하는 구와 마을(ward and village) 수준까지 광범위하게 뻗어져 있기 때문이다. 특히, 연방 정부의 36개 부처를 지원하고 조정하며, 연방 정부 구역인 네피도(Nay Pyi Taw)의 공공행정 역시 행정관리부가 담당하고 있다(Saw and Arnold, 2014). 따라서 행정관리부의 주요 기능은 14개 주 및 지방 정부(state and regional governments)를 포함한 국가 전체의 공공 행정 구조를 관리하는 것인데, 지방 정부의 행정관리부 공무원은 행정 서비스 제공을 담당한다. 그리고 주 및 지역 정부보다 하위인 구 및 타운십(district and township) 수준에서는 지역 관리자 및 감독 역할을 수행한다(Saw and Arnold, 2014). 이렇듯 전국 각

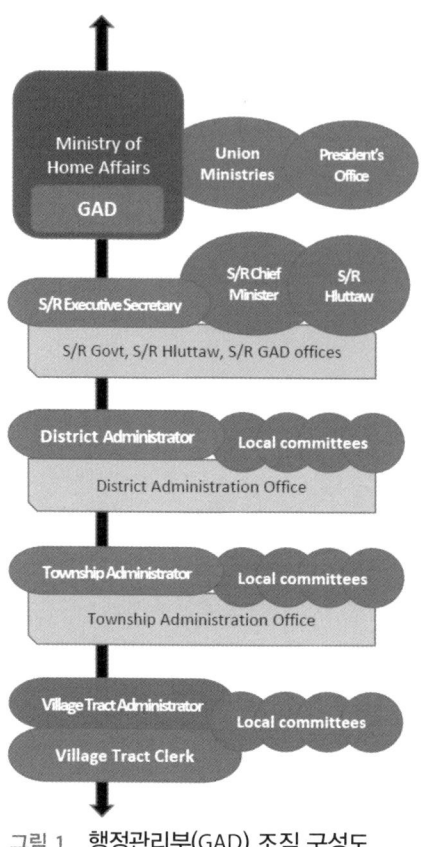

그림 1 행정관리부(GAD) 조직 구성도
출처: Saw and Arnold(2014: 1)

지에 조직을 가지고 있기에 땃마도 입장에서는 광범위한 전국 조직의 관리를 쉽사리 민간 정부에 넘기기는 어려웠을 것이다.

이런 행정관리부를 민간 정부로 조직 개편을 하는 논의는 아웅산 수찌 정권 출범 이후 3년여 만인 2018년부터 본격적으로 시작되었다. 2017년 아웅산 수찌 정부는 연방 정부 부처를 위한 부처(MOUG: Ministry for the Office of the Union Government)를 설립하며 우 민 뚜(U Min Thu)를 장관으로 임명했다. 연방 정부의 사무처를 관장하기 때문에 이 기관을 통해서 처음 행정관리부 제도 개편에 대한 논의가 시작되었다. 2017년 10월 20일 연방의회 세션에서 MOUG 및 국제협력부(Ministry of International Cooperation) 설치 안이 통과되었는데, 이 부처의 설치를 통해 연방 정부의 행정 부담을 덜겠다는 것이었다. 즉, 연방 정부는 재무 관장, 행정, 법안 제출 등의 다양한 일을 수행하는데, 새롭게 설치되는 부처들이 소관 업무를 수행한다면 효율적으로 연방 정부가 작동할 수 있을 것이라는 의도였다(Ministry of Information, 2017).

이후 2018년 12월 21일 대통령실 대변인을 통해 발표된 성명에서 땃마도의 관리하에 있는 행정관리부를 민간이 이끄는 부처로 이관할 것이라고 공식 발표하였다. 이러한 기조는 당해 4월 18일 있었던 미얀마 신년 대통령 연설에서도 찾을 수 있는데, 당시 대통령인 우 윈 민(U Win Myint)은 향후 연방 정부(federal government) 구성을 위해 중앙에 집중된 권력을 더 분산할 것이라고 밝힌 바가 있다. MOUG의 설치 및 신임 장관 임명은 그에 대한 후속 조치였다. 행정관리부 개편에 대한 군부의 입장을 무시할 수 없기에 2018년 12월 있었던 성명서에서는 이러한 분권화 정책은 헌법에 기초한 것이라는 것을 강조했다. 헌법에 따르면 수직적 행정 체계는 대통령이 연방 정부를 이끌고, 아래에 주/지역 장관이, 그리고 구/군 단위 행정으로 이어지는 것으로 정의하고 있다. 따라서 헌법상 행정 명령을 총괄하는 사람은 땃마도가 아닌 대통령이라는 것을 명확히 했고, NLD 정부는 이로써 행정관리부 조직 개편에 대한 정당성을 강조했다. 이후 행정관리부의 관리 권한이 민간 정부로 넘어갔으나 2021년 5월 5일 쿠데타 이후 행정관리부를 다시 군부 관리 하에 있는 내무부 소속으로 개편하였다.

두 번째 사례로는 2019년부터 2020년 의회 기간 동안 있었던 헌법 개정 시도이다. 땃마도 주도로 헌법을 제정할 당시부터 대표성과 절차에 대한 논란이 있었기에 2008년 국민 투표로 헌법이 공포된 이후에도 이를 개정해야 한다는 목소리가 있었다.[4] 연방 의회에서 헌법 개정에 대한 공식적인 논의는 준민간정부 시절이었던 2013년에 한 번, 민간 정부 시절인 2019년에서 2020년에 한 번 총 두 차례 있었다. 2013년에 있었던 헌법 개정 시도는 헌법의 문민화(civilization) 시도였다기보다는 헌법 개정 여론에 대한 정치적 제스처 정도로 볼 수 있을 것이다. 민간 정부하에서 시도한 헌법 개정은 본격적인 헌법 문민화 시도로 평가된다(International IDEA, 2020). 그 내용을 보면, 의회의 군부 대표 인원을 향후 정권부터 차례로 줄여나가는 개정안이 포함되었으며, 헌법의 기본 원칙 중 하나인 "진정하고 규율된 다당제 민주 제도의 번창(flourishing of a genuine, disciplined multi-party democracy system)"에서 "규율

---

[4] 헌법 제정 과정 및 NLD 정부의 헌법 개정에 대한 자세한 논의는 문기홍(2021a)을 참고하라.

(disciplined)"을 삭제하는 의견도 포함되었다(*The Global New Light of Myanmar* 20/02/27). 즉, 입법부에서 군부의 대표단의 비율을 차기 정부에서는 15%로, 이후 10%, 5%로 줄어나가는 것을 의미했고, 군부가 표방한 규율 민주주의 정신에서 규율을 삭제하는 것을 의미했다.

마지막으로, 통합단결발전당(USDP: Union Solidarity and Development Party)의 치욕적인 2020년 총선 패배 역시 쿠데타라는 선택을 하게끔 한 원인으로 작용했을 것이다. 과거 지난 10여 년간 치러진 총 세차례의 총선에서 통합연방단결발전당의 영향력은 지속적으로 줄어든 것을 확인할 수 있다. NLD가 불참했던 2010년 선거에서 최다 득표율 및 의석을 차지한 이후 2015년 및 2020년 선거에서는 만족스러운 결과를 얻지 못했다. 2015년 총선은 아웅산 수찌가 처음 군부와 겨뤘던 역사적 선거이기에 어느 정도 NLD의 압승을 기대했던 것이 사실이다. 하지만, NLD 정부의 5년간 실책 및 악화되는 여론을 바탕으로 땃마도와 통합연방단결발전당은 어느 정도 2020년 총선에서 의미 있는 승리를 거두리라는 예상을 했었다. 그렇지만 전체적인 득표율도 줄었으며, 그에 따른 의석 수도 줄어든 것을 확인할 수 있다. 여기에 1990년 총선 결과를 까지 추가해본다면 군부 대리 정당은 확실히 그 기대만큼 성적을 거두지 못했다.[5]

이를 의석 점유율로 환산해보면 통합연방단결발전당의 성과는 두드러진 감소세를 보이는 것을 알 수 있다. NLD의 의석 점유율은 상원, 하원 모두에서 각각 1.9% 포인트, 1% 포인트 증가한 반면, 통합연방단결발전당은 상원에서 2.9%, 하원에서는 1.2%만큼의 점유율을 잃었다.

이러한 패배와 더불어 스타인버그(Steinberg, 2021) 땃마도가 지난 NLD 정부 시기를 거치며 감정적 측면에서 폭발한 것이라고 보기도 했다. 2015년도 국방 백서에서도 드러난 바와 같이 땃마도는 국가의 안보 전략 수립에 있

---

[5] 88년도 항쟁과 신군부 쿠데타를 겪은 후 약속대로 치러진 1990년 다당제 총선에서 아웅산 수찌가 이끄는 NLD는 총 57.87%를 득표했고, 392석을 얻었다. 그에 반해 군부 대리정당이었던 NUP는 21.17%를 획득했으나 의석수는 10개밖에 얻지 못했다.

표 1 **미얀마 총선 결과, 득표율 및 의석수(2010, 2015, 2020)**

총선 결과(득표율 및 의석수)			2010	2015	2020
NLD	상원	득표율	-	57.68%	57.5%
		의석수	-	135	138
	하원	득표율	-	57.2%	57.5
		의석수	-	255	258
USDP	상원	득표율	-	28.2%	22.5%
		의석수	129	12	7
	하원	득표율	56.83%	28.3%	23.1%
		의석수	259	30	26

출처: 연방선거관리위원회(UEC: Union Election Commission) 및 저자 직접 계산

표 2 **총선결과, 의석 점유율(2010, 2015, 2020)**

총선 결과(의석 점유율)		2010	2015	2020
NLD	상원	-	80.3%	82.1%
	하원	-	77.2%	78.2%
USDP	상원	76.8%	7.1%	4.2%
	하원	78.4%	9.1%	7.9%

출처: UEC 및 저자 직접 계산

어, 그들이 단순히 내외부의 전통적 안보 위협, 소수 민족 무장 세력, 외부 위협 세력에만 대응하는 것이 아니라 국정 전반에서 그들의 존재를 규정하고 있다. 특히, 헌법 수호, 규율 민주주의 수호 등 정치적 분야에서도 수호자의 역할을 수행한다고 규정한다. 그렇기 때문에 지난 NLD 정부 시기를 거치며 땃마도 존재에 대한 광범위한 조롱 및 비난은 사회관계망서비스(SNS)를 통해 퍼져나갔고, 이런 존재적 정당성에 대한 폄하는 땃마도의 관점에서는 참을 수 없는 것이라는 분석도 있다(Steinberg, 2021: 31).

1988년부터 2010년까지 군부 정권은 NLD를 위시한 민주화 세력의 강력한 요구 그리고 분리를 요구하는 소수 민족 세력과의 갈등 관계를 비교적 잘 관리했다고 볼 수 있다. 88항쟁과 2007년 승려가 주도한 사프론 혁명은 군부 정권에 충격을 주었지만, 땃마도에 반대하는 세력은 이러한 갈등을 군부 통치 체제의 붕괴로 연결하지는 못했다. 1962년에서 기원한 60여 년이 넘

는 군부 통치 기간 동안 군부는 성공적으로 반대 세력을 억압해왔고, 이는 새 헌법이 그 권력과 위상을 심하게 감소시키지 않을 것이라는 확신을 주었다고 볼 수 있다.

3) 과거 군부 정권과의 차이

그렇다면 이번 군부 쿠데타는 과거 군부 정권과 어떤 차이를 보이는가? 전통적으로 권위주의 정권은 독재자의 개인적 카리스마를 강조하거나, 사회·경제적 발전을 도모하며, 사회 내의 특정 민족-종교 분열과 동일시하거나, 사회적 혁명에 호소하고, 안정적 국가 안보를 제공함으로써 통치 정당성을 주장해 왔다고 볼 수 있다(Beetham, 1991). 그런 의미에서 이전의 1962년 쿠데타 정부는 혁명 의회(RC: Revolutionary Council)를 설치했고, 1988년 쿠데타 정부는 법질서회복위원회(Law and Order Restoration Council)를 설치하며 혁명과 안정적 국가 안보에 그 정당성을 호소 했다고 볼 수 있다.

하지만, 최근의 쿠데타 정권은 앞선 군 최고사령관의 성명에서 볼 수 있는 것처럼 2008년 헌법에 기반해 법과 질서를 다시 회복하겠다는 논리이므로, 이전의 쿠데타 정권이 기존의 모든 체제를 부정했던 것과는 다르다고 볼 수 있다. 첫째, 이전 두 번의 쿠데타는 군부가 이전 정부 혹은 체제의 정당성을 부정하며 쿠데타를 일으켰기에 군부는 권력을 잡자마자 이전의 제도적 기반을 폐지하였다. 1962년 쿠데타 및 이후의 상황을 살펴보게 되면, 당시 땃마도 총사령관 네윈(Ne Win)은 쿠데타를 일으키며 독립 이후 시행된 의회 민주주의 제도를 폐기했다. 의회 민주주의 제도는 1947년 헌법에 근거한 것인데, 이러한 제도가 소수 민족 갈등, 엘리트 집단 간의 내분, 경제 정책의 실패 등 여러 문제를 제대로 다루지 못했다는 주장이었다. 이에 의회 민주주의 제도와 1947년 헌법을 모두 폐기하고, RC를 설치하며 버마식 사회주의(Burmese Way of Socialism)를 채택하였다.

1988년 쿠데타는 민주항쟁의 물결이 가장 뜨거웠던 때에 일어났다. 1974년 공포된 버마 사회주의 연방 헌법(The Socialist Republic of the Union of

Burma)에 근거해 버마사회주의계획당(BSPP: Burma Socialist Programme Party)을 통해 통치를 했으나 정치, 경제 실정으로 국민들의 불만이 쌓여갔고, 양곤 시내의 작은 찻집에서 촉발된 사건이 학생운동 그리고 전국적 대중 시위로 번지게 된 것이다. 이에 땃마도는 88년 9월 쿠데타를 일으키며 국가법질서회 복위원회(SLORC: State Law and Development Council)를 설치하며 이전의 헌법과 일당 체제를 폐기했다. 위와 같은 쿠데타의 역사적 궤적에서 볼 수 있듯이 이전의 땃마도는 쿠데타를 통해 기존의 질서를 "혁명" 또는 "복원"할 것이라고 주장하며 새로운 통치 제도와 체제를 내세웠던 것이다.

둘째, 쿠데타 이후 땃마도는 고위급 장교들로 구성된 의사 결정 조직을 설립했다. 선술한 바와 같이 1962년 쿠데타 이후에는 RC를, 1988년에는 SLORC를 만들었다. 국가법질서회복위원회는 1997년 국가평화개발평의회(SPDC: State Peace and Development Council)로 이름을 바꾸었다. 따라서 어떤 측면에서는 땃마도는 쿠데타 이후 정권을 한 명의 강력한 카리스마를 가진 지도자에게 맡기기보다는 "집단적" 의사 결정 기구를 통해 통치를 했다고 간주할 수 있다. 물론 이런 기구들은 강력한 의사결정권을 가진 총사령관 네윈, 딴쉐(Than Shwe)와 같은 지도자가 존재했고, 의사 결정 기구의 권한이 땃마도 총사령관의 결정권보다 막강한 권한을 가졌다고 증명하기는 힘들 것이다. 예를 들면, 1998년 국가평화발전평의회로 이름을 바꾼 군부 정권의 수장은 딴쉐 장군으로 부총사령관 마웅예(Maung Aye)와 같이 2011년 준민간정권에 권력을 넘길 때까지 그들은 권력의 중심에 있었다.

나카니시(Nakanishi, 2013)가 과거 군부 정권의 행태를 살펴보며 땃마도는 권력이 특정한 개인에 집중되는 것을 꺼리는 경향이 있다고 지적한 바가 있는데, 이러한 조직 개편은 그런 땃마도의 경향성을 잘 보여주고 있다. 2002년 조직 개편에서는 부정부패에 연루된 장군 및 지역 사령관을 평의회 주요 구성원에서 제외했고, 2004년 조직 개편에서는 2003년 "규율 민주주의를 위한 7단계 로드맵(7 step roadmap to Disciplined Democracy)"을 주도해서 발표한 킨뉸(Khin Nyunt) 장군을 조직에서 제외하며 주요 구성원을 재구성했다.

그러나 권력 정점 이후의 네윈의 삶이 보여주듯, 강력했던 군부 통치자는 퇴임 이후 권력 구조에서 완전히 배제되는 경향이 있다. 따라서 이전의 군부 정권은 개인의 탐욕보다는 집단 이익에 따라 행동하고 결정을 내리는 경향이 있다고 볼 수 있다.

III. 선거 권위주의에 대한 이론적 논의

이 절에서는 2021년 군부 쿠데타 이후 정치적 상황이 어떠한 방향으로 흘러갈지 분석해보기 위해 선거 권위주의라는 개념으로 체제 변화의 특징을 살펴보고자 한다. 우선 이 연구에서는 2011년부터 2020년까지 미얀마의 체제를 느슨한 형태의 권위주의로 정의하고자 한다. 2015년 총선을 통해 민간 정부가 들어섰고, 의회에서 소위 민주화 세력인 NLD가 다수를 점했으며, 미얀마 사회 역시 보다 자유화된 모습을 보였던 것은 사실이다. 정치 자유도를 평가하는 프리덤 하우스(Freedom House)의 보고서에 따르면 2017년 처음으로 미얀마는 자유롭지 않은(not free) 국가에서 부분적으로 자유로운 국가로(partly free) 분류되기도 했다(Freedom House, 2017).

하지만, 이 연구에서 미얀마의 체제 이행을 민주주의로 향하는 자연스러운 민주화 패러다임에서 분석하기 보다는 체제 이행을 가능하게끔 만든 근간이 무엇인지 질문을 했고, 지난 10여 년간의 민주화 과정은 군부 권위주의 붕괴와 시민 혁명이 만들어낸 결과라기 보다는 군부가 주도한 체제 이행 계획의 결과물이라고 정의하고자 한다. 따라서 민주적 절차를 통해 민간 정부가 수립되었고, 시민권 및 자유권 등이 긍정적인 방향으로 변했다. 하지만, 이러한 체제 이행을 가능하게끔 만든 근간을 살펴보면 변화의 방향성이 민주주의 체제 수립 및 공고화라는 방향으로 갔다고 보기만은 어려울 것이다.[6]

---

6   이 연구에서의 가정은 지난 세월 동안 민주화를 열망하며 민주주의 사회를 이루고자 했던 운

선거 권위주의의 개념은 1980년대부터 1990년대까지 일었던 제3의 민주화 물결(the 3rd wave of democratization) 이후 권위주의 정권이 의회제도, 선거 제도, 헌법 등과 같은 민주주의 제도는 받아들였지만 이를 민주화의 수단으로 사용하기보다는 권위주의 정권 연장의 도구로 이용하면서 등장했다. 특히, 다당제 선거(multiparty election)는 광범위하게 실시되었고, 역설적이게도 권위주의적 관행이 이러한 민주적 구조에 의해 결정이 된다는 점에서 기존의 폐쇄적 권위주의 체제(closed authoritarianism)와는 다른 형태를 지녔다고 보고 있다.

기존의 민주화 과정에 대한 가정은 폐쇄적 권위주의에서 벗어나 어느 정도 수준의 제도적 민주화를 이루게 되면 이러한 체제 이행(regime transition)의 방향성이 민주주의를 향해 간다는 것이었다(Carothers, 2002). 캐러더스는 민주화의 분석적 관점이 "민주적 이행의 패러다임(democratic transition paradigm)"에 기반하고 있기 때문에 종종 민주적 제도가 권위주의 체제 유지에 기여한다는 사실을 간과하고 있다고 지적했다(Carothers, 2002: 18).

> "선거 권위주의 정권은 행정부의 수반과 정기 선거를 의회 구성을 위해 정기적인 다당제 선거라는 형태의 게임을 한다. 하지만, 이 과정에서 권위주의 정권은 자유 민주주의의 선거의 원칙인 자유와 공정성을 체계적이고 심각하게 위반함으로써 선거는 민주주의의 도구로 사용되기보다는 권위주의적 통치의 도구로 간주된다."(Schedler, 2006: 3)

그렇다면 선거 권위주의를 특징짓는 요소들은 무엇이 있을까? 우선 쉐들러(Schedler, 2006)는 선거 권위주의 정권도 기본적인 민주주의 정치 체제가 가진 요소들, 즉 헌법, 의회, 재판부, 지역 정부 및 의회, 심지어는 민간 언론, 시

동가들과 시민들의 노력을 평가 절하하고자 하는 것이 아니다. 다만, 민주화 모델의 여러 가지 경로 중 지난 세기 동안 미얀마가 따라온 경로는 보다 권위주의 주도의 민주화(authoritarian-led democratization)의 관점에서 보는 것이 더 적합하다는 가정이다.

민사회까지 갖추고 있다고 한다(Schedler, 2006: 12). 하지만, 선거 권위주의라는 이름으로 특징지어지기 위해서는 선거는 단순한 표결행위 이상의 의미가 있어야 한다. 즉, 선거는 재임 중인 권위주의 통치자의 운명을 결정하는 주요한 정치적 게임이어야 하는 것이다. 따라서 억압, 차별, 배제, 부정 수단으로 얼룩지더라도 선거는 경쟁의 장을 제공하고, 규칙이 존재하며, 다양한 행위자들과 그를 위한 자원과 전략으로 구성되어야 하는 것이다(Schedler, 2006: 12).

2010년 총선을 통해 준민간정부를 수립한 이후 미얀마의 정치 체제에 대한 논의는 어떤 방향으로 전개되었는지 보고자 한다. 우선 기본 적으로 미얀마 정치 체제에 대한 논의는 혼합 체제(Stokke and Aung, 2020)의 틀에서 분석되어 왔다, 즉, 완전한 권위주의 형태도 아닌 또 민주주의도 아닌 두 체제 논의의 중간 지대(grey zone)에 있다고 분석되었다. 특히, 이러한 논의는 한 극단의 체제 특성에 기반해서 분석되는데, 예를 들면 장준영(2018)의 경우 완전하지 못한 민주주의 형태라는 측면에서 결손 민주주의(defective democracy)라고 정의했다. 한편으로 모겐베서(Morgenbesser, 2015)는 경쟁적 권위주의 (competitive authoritarianism), 맥도날드(Macdonald, 2013)는 선거 권위주의 (electoral authoritarianism)와 같은 권위주의 체제 특성에 기반해 확장된 권위주의 개념을 미얀마에 적용하였다.

다만, 경쟁적 권위주의 혹은 선거 권위주의의 개념은 선술한 바와 같이 궁극적으로는 권위주의 체제의 연장을 위한 민주적 제도의 허상을 규정하고 있기에, 2015년과 2020년 두 차례 총선에서 민주 진영에 손을 들어준 시민들의 지지는 체제 특성 규정을 복합하게 했다. 따라서 기존의 선거 경쟁주의 논의는 기각되는 분위기였고 파렐리(Farrelly)는 2012년 보궐선거에서 NLD가 44석 중 43석을 차지하는 압도적인 선거 결과를 얻은 이후 미얀마 정치 체제를 설명하기 위한 다른 모델이 필요하다는 주장을 했다(Farrelly, 2015: 18).[7] 특히, 2012년 보궐선거, 2015년 총선, 2020년 총선까지 군부를 배경으

---

7   2012년 보궐 선거는 4월 1일 총 48석의 공석을 메우기 위해 치러졌는데, 카친주의 3석을 제외

로 한 정당인 통합연방단결발전당은 유의미한 승리를 거두지 못했고, 2008년도 헌법은 군부의 의회 권한 보장, 행정부(3개 부처) 권한 보장 등을 담고 있지만, 실질적인 선거 제도, 과정에서 전형적인 선거 권위주의 행태를 보이지는 않는 것으로 평가되고 있다. 즉, 시민들의 강력한 지지를 받은 NLD 주도의 민간 정부와 2008년 헌법을 근간으로 정치, 사회 전반에 영향을 미치는 군부의 공존은 미얀마의 전환기적 체제에 대한 정의를 복잡하게 만들었다고 볼 수 있다.

IV. 미얀마 정치와 선거 권위주의

현대의 비민주주의 체제는 과거 전체주의로 대표되는 체제에서 군부, 일당체제, 개인주의적 권위주의 체제 등 다양한 권위주의 체제의 행태에 관심이 쏠리고 있다(Geddes, 1999). 이에 따라 학계에서는 권위주의 제도 하의 각종 정체제도(political institutions) 체제의 근간을 지지하거나 혹은 약화시켰는지에 대한 질문을 던지곤 했다. 이러한 다양한 제도는 정당(Schuler and Malesky, 2014), 선거(Hyde and Marinov, 2012; Greene, 2002), 입법부(Wright, 2008), 그리고 헌법(Ginsburg and Simpser, 2014)에 이르기까지 다양하게 분석되고 있다. 이러한 최근 10년 동안 권위주의적 제도주의에 대한 연구의 관점에서 권위주의적 제도변화와 특히 권위주의적 선거 개혁에 대한 논의는 필요하다(Golosov, 2013). 그런 이유로 다당제에 기반한 민주적 선거는 보편적으로 권위주의 정권에게 매력적인 도구가 될 수 있다는 것이다(Alagappa, 1995).

선거 권위주의, 즉 권위주의 통치자의 정권 연장에 기여하는 여러 요소가 있지만, 선거제도, 특히 비례대표제는 비민주적인 선거 결과를 가져올 수

하고 총 45석의 의석을 두고 정당들이 경쟁했다. 이 중 NLD는 총 44개의 선거구에 후보를 출마시켰고, 이 중 43석의 의석을 가져왔다.

도 있다는 연구가 있다(Stroh, 2010; Golosov, 2013). 스트로(Stroh, 2010)의 연구에서 르완다의 비례대표제가 권위주의적 권력 유지를 용이하게 만들었다고 밝혔는데, 특히 소선거구제는 지역 주민과 그들이 선출한 대표가 더욱 긴밀한 관계를 형성함으로써 일종의 후견인-피후견인 관계를 형성할 수 있었다고 주장했다. 그의 연구에서 1990년부터 2008년까지 비례대표제로 치러진 선거는 다음과 같은 몇 가지 측면에서 권위주의적 권력 강화에 기여했다고 주장했다. 첫째, 정당의 중앙 지도자들이 선거에 나설 후보를 선택했으며, 둘째, 비례대표제가 정당 간 관계에 영향을 미쳤는데, 지배적인 정당에 도전하는 다른 정당들이 경쟁함으로써 승리하고 얻을 수 있는 이익을 감소시켰다. 셋째, 전국 수준의 비례대표 명단은 조작에 손쉽게 노출되었으며, 마지막으로 의회가 구성된 후 개별 대의원은 비례대표 명단을 통해 임의로 교체되었다고 한다(Stroh, 2010: 7-10).

골로소프(Golosov, 2013)도 선거 권위주의 체제는 여타 전제 정권과 마찬가지로 권력 효용 극대화 및 위험 회피를 위해 개혁을 추진 혹은 개혁에 저항한다고 지적하고 있다. 이런 관점에서 러시아의 선거 제도 개혁에 대해서 논의했는데, 비례대표제는 지역의 권위주의 행태를 전국적 단위의 권위주의 행태 및 체제에 맞추려는 시도였다고 보고 있다. 즉, 연방 당국의 경우 지역에 비례대표제를 실시하는 주목적은 주변부에 대한 통제를 극대화하는 것이었고, 통제를 위한 주요 도구로 작동했다고 평가하고 있다(Golosov, 2013: 93).

땃마도는 쿠데타 이후 줄곧 다섯 단계 로드맵(Five-Point Road Map of SAC)이라는 이름으로 2023년에 총선을 치를 것이라고 밝혀왔다. 이에 쿠데타 이후 초기에는 기존의 연방선거관리위원회를 재구성하고 2020년 총선을 재검표 하는 등 땃마도 주도의 총선에 대한 정당성 확보에 힘을 썼다. 이후 구체적인 계획을 밝히지 않은 상태에서 2022년 2월 1일 땃마도는 다가올 선거에서 기존의 FPTP 대신 PR를 채택하겠다고 밝혔다(*The Irrawaddy* 22/02/01). 헌법에서는 선거제도가 단순다수득표제로 치러지는 것으로 규정되어 있기 때문에 향후 헌법 개정 및 적용 절차가 남아있지만, 비례대표제로의 선거 제도 전환은 소수 민족을 포함한 소수 집단의 대표성 강화보다는 땃마도에 이득을 가져다줄 것이라는 분석이 나오고 있다(ANFREL 22/03/11).[8]

아래의 표들은 지난 두 차례의 총선에서 각 지역별로 NLD 및 통합연방단결발전당의 득표율을 종합해놓은 것이다. 상원과 하원의 득표율 현황표에서 알 수 있듯이 NLD는 카야주(Kayah State)를 제외하고 득표율이 증가했고, 통합연방단결발전당은 샨주(Shan State)에서 득표율이 소폭 상승한 것을 볼 수 있다. 앞선 절에서 총선 결과를 논의하며 2020년 총선에서 통합연방단결발전당이 대패하며 오히려 의석을 잃었다고 한 바가 있다. 하지만, 전체적인 득표율의 현황을 보았을 때, 대부분의 지역에서 20%대의 득표율을 보이고 있으며, 심지어 샨주와 에야와디주(Ayeyarwady State)에서는 30%가 넘는 득표율을 보이고 있다.

현재의 선거 제도가 단순다수득표제로 승자독식의 구조이기에 득표 비율과 상관없이 대부분 지역에서 다수 득표를 한 NLD가 의석수를 가져가는 구조이다. 이런 구조를 득표율과 연동하는 비례대표제로 바꾼다면 통합연방단결발전당 혹은 다음 총선에서 군부를 대리할 정당이 득표율만큼의 의석을 확보할 수 있을 것이다. 아울러 표에는 포함시키지 못했지만, 바마족이 주로 거주하는 중심부 지역을 제외하면 소수 민족 주에서 그들을 대표하는 소수 민족 정당이 높은 득표율을 기록하기도 했다. 만약 땃마도가 이들을 포섭해 연합 체제를 구축한다면 의회에서 의석 점유율이 더욱 높아질 수 있을 것이다.

군부가 명시적으로 내세운 쿠데타의 명분은 부정선거에 대한 의혹이다. 쿠데타 직후 땃마도는 2020년 총선의 명부, 유권자 수, 유효표 및 무효표 등

---

[8] 현재까지 밝혀진 바에 따르면 군부는 명확하게 어떤 형식으로 비례대표제를 구현할지 구체화하고 있지는 않다. 다만, 최근 2019년 태국 총선에서 태국 군부는 헌법 개정을 통해 상원의원 250명은 군부가 임명하고 하원의원 500명을 소선거구제로 350명 정당 득표율에 따른 비례대표제로 150명을 선출하는 방식을 택했다. 전문가들의 계산에 따르면 새로운 선거 제도로 제 1당인 푸어타이당은 지난 선거 제도 대비 41석을 적게 얻는 것으로 나왔다(Lertchoosakul, 2019). 선거 제도에 집중한 연구는 향후 선거 계획이 명확해지는대로 후속 연구에서 다뤄질 예정이다.

표 3　NLD와 USDP의 득표율(2015년, 2020년 하원선거)

PyithuHluttaw	NLD		USDP	
	2015	2020	2015	2020
Kachin	37.37%	41.16%	29.5%	28.01%
Kayah	50.54%	41.98%	29.75%	23.08%
Karen	43.58%	51%	29.54%	21.9%
Chin	43.3%	48.57%	25.49%	19.29%
Sagaing	64.95%	70.3%	37.52%	23.28%
Tanintharyi	70.36%	77.31%	24.63%	18.42%
Bago	59.95%	71.32%	30.73%	24.48%
Magway	66.18%	75.09%	27.77%	21.38%
Mandalay	60.43%	73.3%	32.85%	24.23%
Mon	48.77%	54.97%	26.84%	18.24%
Rakhine	17.58%	24.49%	25.02%	21.62%
Yangon	71.79%	82.16%	22.66%	14.25%
Shan	25.46%	29.86%	30.92%	32.81%
Ayeyarwady	54.31%	62.9%	35.99%	32.27%
Total	51.04%	57.45%	29.22%	23.09%

출처: UEC 및 저자 직접 계산

을 일일이 검사하며 결과를 발표하며 부정선거 가능성을 제기해 왔고, FPTP에서 PR로 선거 제도를 개편하려는 등 선거라는 절차를 통해 정권을 재창출하겠다는 의지를 밝혀왔다(The Global New Light of Myanmar 21/12/27). 아울러 올해 초 새 정당 등록법을 발표하며 군부 대리 및 지지 정당과 반대하는 정당을 구분했으며 NLD를 포함한 39개의 정당은 해산되었다(The Irrawaddy 23/03/22).

선거 제도를 비례대표제로 바꾸는 논의는 이번이 처음은 아니다. 지난 2012년 있었던 보궐선거 이후 몇몇 정당이 선거 제도를 비례대표제로 바꾸자고 제안하기 시작했다. 당시 2012년 보궐선거에서 NLD가 44석 43석을 차지하며 독주를 시작했는데, 이러한 국민의 지지가 계속된다면 소규모 정당과 소수 민족 정당은 물론 통합단결발전당(USDP: Union Solidarity and Development Party) 역시 다수 의석을 차지하기 어려울 것으로 전망했기에 적극

표 4 NLD와 USDP의 득표율(2015년, 2020년 상원선거)

Amyotha Hluttaw	NLD		USDP	
	2015	2020	2015	2020
Kachin	43.11%	45.77%	24.34%	21.93%
Kayah	49.06%	43.03%	26.22%	21.55%
Karen	44.32%	50.96%	29.76%	19.71%
Chin	39.19%	46.72%	22.61%	19.28%
Sagaing	64.17%	69.89%	27.87%	22.95%
Tanintharyi	68.93%	76.37%	23.93%	18.39%
Bago	61.15%	72.83%	29.82%	23.53%
Magway	63.35%	77.35%	27.76%	21.86%
Mandalay	60.01%	71.98%	33.24%	23.97%
Mon	48.6%	54.39%	25.12%	17.19%
Rakhine	12.86%	21.95%	25.86%	17.57%
Yangon	73.32%	81.88%	21.48%	14.99%
Shan	27.86%	28.95%	36.17%	38.84%
Ayeyarwady	56.6%	63.59%	39.2%	33.45%
Total	50.89%	57.54%	28.09%	22.51%

출처: UEC 및 저자 직접 계산

적으로 비례대표제 도입을 논의했었다(*Radio Free Asia*, 2012). 특히, 당시 카친, 친, 카렌, 카레니족 등 소수 민족 무장단체와 휴전 협상을 벌이던 정부로서는 비례대표제와 같은 제도를 통해 정치 제도권으로 그들을 흡수하고 그들이 무장 투쟁이 아닌 제도적 수단을 통해 협상할 수 있도록 하려는 움직임이 있으며, 그 결과로 무장 투쟁 포기와 휴전 협정이 이루어질 것이라는 예측이 있었다(Transnational Institute, 2014). 하지만 결과적으로 NLD는 비례대표제 도입에 반대했고, 당시 하원의장이자 친아웅산 수찌 인물로 평가되는 우 쉐만(U Shwe Mann)[9]은 선거 제도 개혁은 헌법의 취지에 어긋나는 것이라며 변경 가능성

---

9 당시 분위기상 거의 모든 사람이 2015년 총선에서 NLD가 압승을 거둘 것으로 전망했기에 우쉐만이 속한 정당인 통합단결발전당(USDP)의 많은 의원은 새로운 시스템을 생존의 기회로 생각하고 있었다.

을 일축했고 이후 비례대표제 도입은 한동안 거론되지 않았다(Nyein, 2013).

이론적으로 비례대표제는 정당의 총득표수에 비례해 당선자를 결정하는 방식으로 단순다수득표제에 비해 사표가 적으며 소수 정당도 의회 진출의 기회를 가질 수 있어 다양한 계층의 요구와 이해관계가 반영될 수 있다는 장점이 있다. 하지만, 태국의 2019년 총선 사례에서 알 수 있듯이 하원의원 500명 중 150명을 비례대표제로 연동했을 때 제1야당이었던 프어타이당은 이전 선거 대비 41석을 적게 얻는 효과를 가져올 것이라는 예측이 있었다(Lertchoosakul 19/04/30). 미얀마 군부는 이러한 점을 적극 활용할 수 있다. 앞선 표에서 나온 것처럼 2015년과 2020년 총선에서 NLD는 하원에서는 각각 51.04%, 57.45%의 득표율을 기록했고, 통합단결발전당은 각각 29.22%, 23.09%의 득표율을 기록했다. 상원 선거에서는 NLD는 각각 50.89%, 57.54%, 통합단결발전당은 28.09%, 22.51%를 기록했다.

단순다수득표제에서는 이러한 득표율이 의석수로 환산되는 것이 아니라 큰 의미를 가지지 못하지만, 만약 비례대표제로 치러지는 선거에서 군부가 기존에 존재하는 군부 지지자 세력을 동원한다면 지난 두 번의 총선에서 기록한 최소 20% 정도의 득표율을 기록할 수 있을 것으로 예측할 수 있을 것이다. 물론 비례대표제를 실시하면 소수 민족으로 구성된 정당도 의회로 진출할 수 있는 기회가 찾아올 것이기 때문에 이들의 정치적 협상력 역시 확대될 수 있다. 하지만 이러한 정치적 협상력이 아웅산 수찌를 위시한 NLD에 긍정적인 작용을 할 수 있을지는 미지수이다. 아웅산 수찌 정부는 임기 동안 로힝야 사태를 적극적으로 해결하지 못해 국제 사회의 비판에 직면했었으며 여전히 해결되지 못한 과제로 남아있다. 아울러 평화 협정과 관련된 협상 역시 진전을 보이지 못했고 정치적 대화 이전 전국적평화협정(NCA: National Ceasefire Agreement)에 서명을 촉구하는 것으로 비춰지며 소수 민족 리더십으로부터 비판을 받기도 했다(Lintner, 2020).[10] 이러한 분위기 지속된다면 발전당과 군

---

10 NLD 정부는 평화 협정 이외에도 여러 크고 작은 문제로 소수 민족 대표와 갈등을 겪기도

부 할당 의석, 소수 민족 정당과 연합을 구성해 의회에서 NLD가 다수당이 되는 것을 막을 수 있다는 예상도 가능해진다.

올해 초인 1월 말 땃마도는 새로운 정당 등록법(Political Party Registration Law)을 발표하며 정당 등록 과정에 까다로운 조건을 내걸었다. 새 법에 따르면 총선에 후보를 내보낼 정당은 최소 10만 명의 당원과 1억 짯(미화 약 4만 5천 달러)의 선거 자금을 보유하고 있어야 한다고 규정하고 있고, 주 및 지역구 선거에 참여하려는 정다은 최소 1,000명의 당원과 1천만 짯(미화 약 4천 5백 달러) 규모의 선거 자금을 보유하고 있어야 한다고 규정하고 있다. 이를 만족하지 못하는 정당은 등록할 수 없으며 새 법 공표 이후 60일 이내에 등록을 완료하지 않으면 정당의 지위를 잃게 된다고 규정하고 있다(*Burma News International* 23/01/28). NLD를 포함해 소수 민족 정당 및 소규모 정당은 즉각 이 법에 반발하며 정당 등록을 하지 않을 것이라고 했으며 국제사회에서도 불합리한 정당 등록법에 대한 비판이 일었다. 3월 말 기준으로 총 52개의 정당이 등록 신청을 했는데 이 중 최소 30개 이상의 정당이 군부 대리 혹은 지지를 위한 정당으로 알려졌다. 가장 최근인 9월 6일 자동투표기 시연식에서 발표된 선관위원장 성명에 따르면 새 법에 따라 등록된 정당은 총 64개로 50개의 정당은 기존에 있었던 정당이 재등록을 한 것이며, 나머지 14개의 정당은 신생 정당이라고 밝혔다. 이 법에 반대한 NLD를 포함한 39개의 정당은 해산되었다.[11]

했다. 단적인 예로, 2017년 몬주의 살륀강(Salween river)을 가로지는 대교는 아웅산 장군 다리(General Aung San Bridge)로 명명되었는데, 몬주는 이 다리를 몬어로 몬주를 뜻하는 야마나(Yamana)를 가져와 야마나 다리(Yamana bridge) 혹은 살륀 다리로 명명되길 원했다. 이후 몬주 주도인 몰라먀인(Malamyine)에서는 3월 17일 20,000명의 시위대가 이에 항의하는 집회를 여는 등 이 다리의 명명으로 인해 거센 반발을 불러왔다(Inkey, 2017).

11 동남아시아 국가 중 전형적으로 선거 권위주의 형태를 보이는 캄보디아, 2018년 총선 이전의 말레이시아와는 다르게 권위주의 세력이 선거에서는 승리를 거두지 못한 것이다. 캄보디아의 경우 2018년 총선을 앞두고 여당인 캄보디아인민당(CPP: Cambodian People's Party)를 비판하는 인사들이 체포되거나 고발 당하는 등 자유로운 경쟁 환경을 제약했고, 이는 결국 캄보디아인

앞에서 살펴본바와 같이 이후 치러질 선거에서 민주 진영에 대패하는 것을 저지하기 위해 제도적 장치들이 고안되고 있다. 대리 정당을 내세울 경우 그 정당의 안정적 득표를 확보하기 위해 대중을 동원할 가능성이 클 것이다. 이미 땃마도는 쿠데타를 일으키면서 이전의 SLORC과 SPDC가 했던 것처럼 국가행정평의회(SAC: State Administrative Council)의 하위 조직을 구성해 놓았다. 하위 조직은 각 주(State/Region), 자치구(Self-administered), 지역(District), 타운쉽(Township), 마을(Village and Ward) 단위로 구성했고, 각각의 단위별로 의장을 지정해놓았다(*The Global New Light of Myanmar* 21/02/23). 땃마도의 현재 목표는 총선 이후 그 결과에 따라 정권을 이양하겠다는 것인데, 이런 의미에서 지난 2010년 총선에서 USDP가 의회에서 다수당이 되었던 양상과 비슷하게 전개될 수도 있다고 조심스레 예측해 볼 수 있다.

V. 맺음말

군부 정권이 대중적 지지를 받고 있으며 통치 정당성을 갖고 있다고 보기는 어렵다. 하지만, 1988년 8월 8일 대규모 민주항쟁 이후 민주화 세력에 대항할 수 있는 세력을 만들고자 1988년 국가법질서회복위원회 설치 이후 군부 정권은 1993년부터 연방단결발전위원회(USDA: Union Solidarity and Development Association)를 조직해 2010년까지 운영했다. 이후 군부 정권은 전국적 조직을 갖춘 연방단결발전위원회를 통해 적극적으로 대중을 동원해 세력을 과시했고, 군부 정권의 정치적 이념에 대해 홍보했다. 또한, 지지자들을 동원해 반대 세력을 적극적으로 저지하였다. 단순히 지지 세력을 과시한 것뿐 아

민당이 하원의석 125석을 모두 차지하는 결과를 가져왔다(정연식, 2018). 말레이시아의 경우도 2018년 총선에서 동맹당(Alliance)-국민전선(BN: Barisan Nasional)이 61년간 지배해 온 정치지형이 무너지기 전까지는 선거권위주의 관점에서 체제 분석이 이뤄졌다(황인원, 2018).

니라 대중조직을 동원해 정치 폭력을 행사하기도 했다. 민병대 조직을 만들고 군사 훈련을 시키기도 했으며, 무법을 자행하고 종교 갈등을 부추기는 등 "공포의 정치"를 대중조직을 통해 전달했다고 볼 수 있다. 마지막으로 연방단결발전위원회는 점차 군부 정권의 정치적 이념과 신념을 고스란히 전하면서 정치적 임무를 수행하기 시작했다. 특히, 2010년도 총선거에서 군부 정권의 대리 정당으로 자리매김하면서 선거 이후 거대 여당으로 의회를 장악했다. 명목상으로는 군부 정권이 선거를 통해 민간 정부에 권력을 이양한 것으로 보이지만, 실상은 군부 대리 정당이 국회에서 다수 의석을 차지함에 따라 군부 정권의 탈출 전략 및 후기 권위주의 체제에서의 안전에 기여했다고 볼 수 있다(문기홍, 2021b).

지난 2년 반 동안 미얀마 사태에 대한 뚜렷한 해결책이 부재한 가운데 군부는 다시금 선거를 치르겠다는 의지를 재확인하고 있으며, NUG 및 민주화 세력은 부정 세력에 의한 부정선거 가능성을 제기하며 계속해서 무장 투쟁 및 국제사회로부터의 지지를 호소하고 있다. 이런 가운데 선거 제도 개편과 정당 등록법에 이에 최근 미얀마 선거관리위원회는 전자투표기를 선보이며 이를 시연하고 시험 투표하는 행사를 가졌다. 이 행사에서 선거관리위원장인 우 떼인 소(U Thein Soe)는 다음 선거에 폐쇄 명부 비례대표제를 도입할 것이라고 공식적으로 밝혔다(*The Global New Light of Myanmar* 23/09/06). 특히 미얀마 군부는 러시아와 중국과 선거 관련 협력을 강화하는 등 긴밀한 관계를 유지하고 있다. 선관위 위원장을 포함한 몇몇 위원은 9월 6일부터 12일까지 러시아 연방 중앙선거관리위원회 방문 및 양해각서 체결을 위해 러시아를 방문했고, 러시아 연방의 지방선거 참관, 투표 및 개표 과정 역시 참관을 한 것으로 알려졌다(*The Global New Light of Myanmar* 23/09/07). 또 다른 대표단은 중국의 개혁개방 정책, 일대일로 프로젝트, 중국 공산당 창당 및 발전 사업과 같은 현안 논의를 위해 10일부터 16일까지 중국을 방문했다(*The Global New Light of Myanmar* 23/09/10).

오래된 정치, 사회적 시스템의 잔재들은 불완전한 체제 이행과정에서 살아남았고, 그 관행들은 다시금 되풀이되고 있다. 2010년 총선 이후 10여 년간의 정치적 변화는 한 극단에서는 철저한 정치적 혁명을 요구하는 집단과 다른 한 극단에서 불안한 정치적 교착 상태를 유지하는 세력 간의 충돌했던 기간이었다. 그런 측면에서 최근 10여 년간의 민주화의 과정은 단순히 민주주의로의 이행이라는 관점에서 바로 보기보다는 폐쇄적 군부 권위주의에서 미얀마 역사상 느슨했던 권위주의 통치로의 이행 즉, 권위주의적 유산이 민주주의적 가치와 함께 공존했던 것으로 볼 수 있을 것이다. 이러한 민주화 이행 과정의 불명확한 성격은 다시금 선거 권위주의라는 형태로 창출되지 않을까 평가해 본다.

참고문헌

문기홍. 2021a. "군부 권위주의 체제와 민주화: 미얀마의 민주화 과정과 민주주의 후퇴 현상을 중심으로." 『아시아리뷰』 11(2), 217-246.

문기홍. 2021b. "미얀마 군부 정권의 대중동원 메커니즘." 『동남아시아연구』 31(4), 215.

장준영. 2018. "체제 전환과 정치발전의 사이에서: 미얀마의 결손민주주의와 정치발전의 과제." 『동남아시아연구』 28(4), 161.

정연식. 2018. "캄보디아의 2018년 총선: 캄보디아구국당 해산과 퇴행적 선거권위주의." 『동남아시아연구』 28(4), 197-221.

황인원. 2018. "말레이시아 선거권위주의 체제 붕괴의 정치적 함의: 2018년 14대 총선을 중심으로." 『동남아시아연구』 28(3), 213-261.

Alagappa, M. 1995. *Political legitimacy in Southeast Asia: The quest for moral authority*. Stanford University Press.

ANFREL. 2022. "Myanmar Junta Switch to PR System Beneficial Only to Them." *Asia Network for Free Election*. https://anfrel.org/myanmars-junta-switch-to-pr-system-beneficial-only-to-them/

Beetham, David. 1991. *The legitimation of power*. Bloomsbury Publishing.

Burma News International. 2023. "Military Council's new Political Parties Law a final blow to any possibility of NLD ever contesting any elections under the coup-regime." *BNI* 01/28/2023. https://www.bnionline.net/en/news/military-councils-new-political-parties-law-final-blow-any-possibility-nld-ever-contesting-any

Carothers, T 2002. "The End of the Transition Paradigm." *Journal of Democracy* 13(1), 5-21.

Chambers, P. 2021. "Khaki Capital and Coups in Thailand and Myanmar." *Current History*.

Farrelly, N. 2015. Beyond Electoral Authoritarianism in Transitional Myanmar.

European *Journal of East Asian Studies* 14(1), 15-31.

Ford, Michelle, Michael Gillan and Htwe-Htwe Thein. 2016. "From Cronyism to Oligarchy? Privatisation and Business Elites in Myanmar." *Journal of Contemporary Asia* 46(1), 18-41.

Freedom House, 2017. *Freedom in the World report*. Freedom House.

Geddes, B. 1999. "What Do We Know About Democratization After Twenty Years?" *Annual Review of Political Science* 2, 115-144.

Ginsburg, Tom, and Simpser, Alberto. 2014. Introduction: Constitutions in Authoritarian Regimes. In Constitutions in authoritarian regimes, edited by Tom Ginsburg and Alberto Simpser: Cambridge University Press.

Golosov. 2013. "Proportional Representation and Authoritarianism: Evidence from Russia's Regional Election Law Reform." *Representation* 49(1), 83-95.

Greene, K.F. 2010. "The political economy of authoritarian single-party dominance." *Comparative political studies* 43(7), 807-834.

Htet Naing Zaw. 2017. "Deputy Defense minister: perks over for military business." https://www.irrawaddy.com/news/burma/deputy-defense-minister-perks-military-businesses.html. (검색일: 2022.07.01.).

Hyde, Susan D., and Marinov, Nikolay. 2012. "Which Elections Can Be Lost?" *Political Analysis* 20, 191-210.

Inkey, M. 2017. The Bilu Kyun Bridge Controversy. Burma News International https://www.bnionline.net/en/feature/item/3151-the-bilu-kyun-bridge-controversy.html (검색일: 2023.12.20.).

International IDEA. 2020. "International IDEA Interim Report: Constitutional Amendment Bills in Myanmar." https://constitutionnet.org/vl/item/constitutional-amendment-bills-myanamar-27-january-2020-international-idea-interim-report

Kyi Pyar Chit Saw and Matthew Arnold. 2014. Administering the State in

Myanmar: An Overview of the General Administration Department. The Asia Foundation.

Lertchoosakul, K. 2019. "Explaining the surprises and upsets of Thailand's 2019 election." https://www.newmandala.org/explaining-the-surprises-and-upsets-of-thailands-2019-election/ (검색일: 2022.09.08.).

Lintner, B. 2020. Why Burma's Peace Efforts Have Failed to End Its Internal Wars. United States Institute of Peace. https://www.usip.org/publications/2020/10/why-burmas-peace-efforts-have-failed-end-its-internal-wars (검색일: 2023.12.20.).

Macdonald, A. 2013. "From Military Rule to Electoral Authoritarianism: The Reconfiguration of Power in Myanmar and its Future." *Asian Affairs: An American Review* 40(1), 20-36.

McCarthy, G. 2020. "Class Dismissed? Explaining the Absence of Economic Injustice in the NLD's Governing Agenda." *Journal of Current Southeast Asian Affairs* 38(3), 358-380.

McCarthy, G. 2019. *Military Capitalism in Myanmar: Examining the Origins, Continuities and Evolution of "Khaki Capital."* Singapore. Yusof-Ishak ISEAS.

Ministry of Information. 2017. "Pyidaungsu Hluttaw to debate formation of two new ministries." https://www.moi.gov.mm/moi:eng/?q=news/14/11/2018/id-12089. (검색일: 2022.05.15.).

Morgenbesser. L. 2015. "In Search of Stability Electoral Legitimation under Authoritarianism in Myanmar." *Journal of East Asian Studies* 14(2), 163-188.

Myanmar Study Group. 2022. "Anatomy of the Military Coup and Recommendations for the US Response." Washington, DC. United States Institute of Peace.

Nakanishi, Y. 2013. *Strong Soldiers, Failed Revolution: The State and Military in Burma, 1962-88.* NUS Press and Kyoto University Press.

Nehru, Vikram. 2015. "Developing Myanmar's Finance Sector to Support Rapid, Inclusive, and Sustainable Economic Growth." *ADB Economics Working Paper Series* 430, Asian Development Bank.

Nyein Pyae Sone. 2013. "The Union of Myanmar Economic Holdings also has to pay." https://www.irrawaddy.com/in-person/interview/the-union-of-myanmar-economic-holdings-also-has-to-pay.html. (검색일: 2022.07.01.).

Radio Free Asia. 2012. "Burma Eyes Proportional Representation." 07/27/2012. https://www.rfa.org/english/news/myanmar/proportional-representation-07272012173300.html

Roewer, Richard. 2020. "What the NLD's top-down party structure means for Myanmar." *East Asia Forum* 05/01/2020. https://eastasiaforum.org/2020/05/01/what-the-nlds-top-down-party-structure-means-for-myanmar/

Schedler, A. 2006. *Electoral Authoritarianism: The Dynamics of Unfree Competition*. Lynne Rienner Publisher.

Schuler, Paul, and Malesky, Edmund J.. 2014. Authoritarian Legislatures. In *The Oxford Handbook of Legislative Studies*, edited by Shane Martin, Thomas Saalfield and Kaare W. Strom: Oxford University Press.

Steinberg, D. 2021. *The Military in Burma/Myanmar: On the Longevity of Tatmadaw Rule and Influence*. ISEAS: Yusof-Ishak Institute. Singapore.

Stokke, Kristain and Soe Myint Aung. 2020. "Transition to Democracy or Hybrid Regime?" *The European Journal of Development Research* 32, 274-293.

Stroh, A. 2010. "Electoral rules of the authoritarian game: undemocratic effects of proportional representation in Rwanda." *Journal of Eastern African Studies* 4(1), 1-19.

The Global New Light of Myanmar. 2023. Government commits to conducting elections following National Census enumeration in 2024.

09/10/2023.

The Global New Light of Myanmar. 2023. *UEC delegation leaves for Russia*. 09/07/2023.

The Global New Light of Myanmar. 2023. *UEC points out advantages of Myanmar electronic voting machines*. 09/06/2023.

The Global New Light of Myanmar. 2023. *State of Emergency extended further six months*. 08/01/2023.

The Global New Light of Myanmar. 2021. *UEC continues third-day meeting of electoral reforms with political parties*. https://www.gnlm.com.mm/uec-continues-third-day-meeting-of-electoral-reforms-with-political-parties. 12/27/2021.

The Global New Light of Myanmar. 2021. Appointment and Assignment of Chairmen of State/Region Administration Councils. 02/23/2021.

The Global New Light of Myanmar. 2020. "Pyidaungsu Hluttaw continues debate on constitution amendment bill." 02/27/2020.

The Irrawaddy. 2023. "33 Myanmar Political Parties, Mostly With Military Links, Register With Junta." 03/22/2023. https://www.irrawaddy.com/news/burma/33-myanmar-political-parties-mostly-with-military-links-register-with-junta.html.

The Irrawaddy. 2022. "Myanmar Junta Leader Endorses Proportional Representation Election System." 02/01/2022. https://www.irrawaddy.com/news/burma/myanmar-junta-leader-endorses-proportional-representation-election-system.html.

The Irrawaddy. 2021. *Family of Suu Kyi's Detained Economic Advisor Calls on Myanmar Military for Release*. https://www.irrawaddy.com/news/burma/family-suu-kyis-detained-economic-adviser-calls-myanmar-military-release.html. (검색일: 2022.07.01.).

The United Nations Human Rights Council. 2019. "The economic interests of the Myanmar military: Independent International Fact-Finding Mission on Myanmar." Geneva. United Nations Human Rights

Council.

Tin Maung Maung Than. 2014. "Introductory Overview: Myanmar's Economic Reforms." *Journal of Southeast Asian Economics* 31(2), 165-172.

Transnational Institute. 2014. "Burma Policy Briefing: Ethnicity Without Meaning, Data Without Context." No. 13. TNI.

Wright, J. 2008. "Do Authoritarian Institutions Constrain? How Legislatures Affect Economic Growth and Investment." *American Journal of Political Science* 52(2), 322-343.

제2부
미얀마와 지역 및 국제사회

제4장　미얀마 연방민주주의 구상과 도전: 포스트-쿠데타 시기 무장저항과 연방군대 전망을 중심으로

이유경(국제분쟁전문기자)

제5장　일방주의적 제재 담론을 넘어: 대미얀마 협력의 딜레마와 새로운 인도적지원-개발-평화 연계 모색

홍문숙(부산외국어대학교 조교수)

제6장　미얀마의 정치적 위기와 아세안 대응 그리고 민주주의

최경희(서울대 아시아연구소 HK연구교수)

• • • •

제4장

미얀마 연방 민주주의 구상과 도전:
포스트-쿠데타 시기 무장저항과 연방군대 전망을 중심으로[1]

이유경(국제분쟁전문기자)

I. 머리말

2021년 2월 1일 미얀마에서 쿠데타가 발생한 지 3년이 흘렀다. '21세기 쿠데타'에 대한 미얀마 시민들의 즉각적 반응은 비폭력 대중 시위였다. 그러나 대중시위는 곧 무장투쟁 형태로 전환됐다. 마을(village)단위, 지구(district)단위, 타운십(township) 단위로 무장 조직들이 우후죽순 생겨났고, 그해 5월 5일 민주진영 과도정부 성격의 민족통합정부(NUG: National Unity Government)는 시민방위군(PDF: Peoples' Defence Force) 결성을 선포했다. NUG는 산발적으로 흩어진 PDF들을 규합하고 정비하여 4개월이 지난 9월 7일 '시민방어전쟁'을 선포하기에 이른다. 그 방어 전쟁도 만 3년을 채워가고 있다.[2]

---

[1] 본 글은 2021년 필자가 '한국민주주의 연구소' 학술펠로우로 작성한 유사 주제의 논문 〈'연방민주주의'를 향한 미얀마의 여정과 도전-소수민족 커뮤니티의 입지와 저항운동 그리고 연방군대 전망을 중심으로〉의 기본 틀과 일부 챕터를 다량 인용 및 참고하였음을 알려드립니다.

[2] NUG. 2023. "The Second Anniversary Report on People's Defensive War." 09/12/

방어전 1주년이 막 지난 2022년 10월 7일, NUG는 기자회견을 통해 "향후 1년이 최후 공세의 마지막 해가 될 것"이라며 "1년 이내 군부 붕괴"를 공언한 바 있다.[3] 누가 봐도 성급한 자신감의 피력이자, '저항 프로파간다' 일부에 지나지 않는 것으로 받아들여졌다. 그로부터 1년여의 시간이 지난 2023년 10월 27일, 중국 국경과 인접한 샨주 북부 일대에선 미얀마민족민주동맹군(MNDAA: Myanmar National Democratic Alliance Army), 땅민족해방군(TNLA: Ta'ang National Liberation Army) 그리고 아라칸 군(AA: Arakan Army) 등 이른바 '3형제 동맹군'(TBA: Three Brotherhood Alliance)을 주축으로 한 소수민족 무장저항 조직들이 "쿠데타 이래 최대" 규모의 대 군부 공격을 감행했다. 이 작전은 곧 다른 지역 저항조직들의 공세를 강하게 추동하면서 도미노 효과를 보이고 있다.

'1027 작전'에 대한 평가는 다방면의 흐름을 고려할 필요가 있다. 이를 주도한 'TBA'가 반 군부 의제를 갖고 있긴 하지만 봄의 혁명 초기부터 반 군부 저항에 적극 연대한 조직들은 아니다. 대신 그들 고유의 조직적, 종족적 의제에 따른 행보를 보여왔다는 점에서 냉정한 접근이 필요하다. 미얀마의 오랜 전문가들 역시 도취감에 빠지지 말 것을 경고하고 있다.[4] 그럼에도 반 군부 무장저항진영이 '방어적'(defensive) 입지에서 '공세적'(offensive) 태세로 전환하는데 동력을 제공하고, 그 분기점이 됐다는 점에서 보면 '1027 작전'의 의미는 결코 가볍지 않다.

2023. https://gov.nugmyanmar.org/the-second-year-anniversary-report-on-peoples-defensive-war/ (검색일: 2023.09.15)

3   Myanmar Peace Monitor. 2022. "NUG announces 2023 as decisive year for revolution as it prepares to widen action." 10/22/2022. https://mmpeacemonitor.org/314133/nug-announces-2023-as-decisive-year-for-revolution-as-it-prepares-to-widen-action/ (검색일: 2023.12.28)

4   Anthony Davis. 2023. "The dangers of the guerrilla triumphalism in Myanmar, Asia Times." 12/06/2023. https://asiatimes.com/2023/12/the-dangers-of-guerrilla-triumphalism-in-myanmar/ (검색일: 2023.12.29)

쿠데타 발생 후 2년여 동안 PDF와 소수민족무장단체(EAOs: Ethnic Armed Organizations)들, 그리고 NUG의 명령체계 밖에 놓인 독립적 무장 조직들은 때로는 독자적으로 때로는 연합 전선에서 쿠데타 군부 통치 기구인 국가행정평의회(SAC: State Administration Council)를 무력화시키기 위해 싸우고 있다. 미얀마를 70년 넘게 장악해 온 미얀마 군 탓마도의 완전한 붕괴가 저항세력들의 최우선 목표다. 그리고 다시, '탓마도 없는 미얀마'라는 지금으로선 상상하기 어려운 새로운 국가건설을 꿈꾸고 있다. 궁극적으로 연방민주국가 건설이 NUG-PDF 그리고 다수 EAOs의 최종 목표가 될 것이다. 저항 진영 누구라도 자신들의 투쟁을 '혁명'이라고 부르는 이유다. 미얀마는 지금 '무장혁명' 중이다.

NUG 대통령 권한 대행 두와 라쉬 라(Duwa Lashi La)는 2023년 9월 말 〈블룸버그통신〉과의 인터뷰에서 반군부 저항 군 진영의 영토 장악력은 60%가 넘는다고 말했다. 그는 "PDF와 소수민족 군대의 협력이 좋은 결과를 낳고 있다"며[5] 그동안 "100개 이상의 탓마도 초소(outpost)를 탈환"했고, 그리고 심지어 "수도 네피도를 위협할 만한 위치에 있다"고 말했다.

실제로 그 한달 전인 8월 30일 쿠데타 군부 통치기구 SAC은 네이피도 퓐마나(Pyinmana) 타운십 주민들과 면담을 갖고 "반군들이 언제라도 공격할 수 있다"고 경고한 것으로 보도됐다. 퓐마나 타운십 수도 네피도에서 동쪽으로 약 40km 떨어진 곳에 위치하고 있으며 탓마도 군과 PDF간 격렬한 교전이 벌어졌던 현장이다. 저항세력은 또한 네피도 인근 공군 기지에 대한 드론 공격을 반복하면서 이목을 집중시켰다.[6] 2022년 9월 미얀마특별협상위원회

---

5 Bloomberg. 2023. "Myanmar Resistance Leaders Claims Majority Control Over Territory." 09/29/2023. https://www.bnnbloomberg.ca/myanmar-resistance-leader-claims-majority-control-over-territory-1.1978023 (검색일 : 2023.09.10)

6 The Irrawaddy. 2023. "Naypyitaw Junta Airbase Hits by Myanmar Resistance Drone Strike." 09/18/2023, https://www.irrawaddy.com/news/war-against-the-junta/naypyitaw-junta-airbase-hit-by-myanmar-resistance-drone-strike.html (검색일: 2023.09.25)

(SAC-M: Special Advisory Council for Myanmar)의 분석 보고서는 이미 SAC통치구역이 17%로 대폭 축소됐다고 지적한 바 있다. 17%를 제외한 영토는 저항세력 통치이거나 저항세력과 탓마도 간의 잦은 교전으로 이쪽과 저쪽을 오고가는 "분쟁(disputed)" 영토라는 것이다.[7] 군사적으로, 정치적으로 그리고 무엇보다 도덕적으로도 탓마도 사병들이 전투력 상실의 수렁에 빠져 들고 있다는 점 역시 분명해 보인다. 친군부 민병대인 국경수비대 부대 전체가 탈영한 사건이 발생하는 가 하면[8] 탈영병 수는 꾸준히 증가하고 있다.[9] 여기에 더해 공습이 급증[10]하는 것도 탓마도의 지상전 전투력 약화를 반영한 현상으로 볼 수 있다. 동시에 탓마도가 '맨 파워'를 잃더라도 여전한 화력으로 파괴력을 과시하며 잔혹함의 수위는 급상승할 수 있다는 의미이기도 하다. 민주진영이 섣불리 낙관 할 수만은 없는 이유다.

여기서 잠시 쿠데타 발생 전후 상황을 짚어 보자. '2021 쿠데타'는 군부가 그들의 로드맵대로 추진하던 2010년대의 개혁 실험이 자기 권력 유지에

---

[7] "Briefing Paper: Effective Control in Myanmar." SAC-M 09/05/2022. https://specialadvisorycouncil.org/2022/09/briefing-effective-control-myanmar/ (검색일: 2023.09.28)

[8] Sebastian Strangio. 2023. "Military-aligned Border Guard Forces Defect in South-eastern Myanmar." *The Diplomat* 06/27/2023. https://thediplomat.com/2023/06/military-aligned-border-guard-forces-defect-in-southeastern-myanmar/ (검색일: 2023.10.08)

[9] NUG 발표에 따르면 쿠데타 이후 2년간 군인, 경찰 합산 약 14,000명이 탈영한 것으로 추산된다. NUG. 2023. "The Second Year Anniversary Report on People's Defensive War." 09/12/2023. https://gov.nugmyanmar.org/the-second-year-anniversary-report-on-peoples-defensive-war/ (검색일: 2023.09.15)

[10] 〈유엔 인도주의 업무 조정국〉(OHCHR)에 따르면, SAC은 2021년 2월 쿠데타 이후 2023년 7월까지 988회 공습을 감행했으며 이중 258건이 사가잉 지역에서 벌어졌다. 공습으로 인한 전체 사망자는 281명이다. OHCHR. 2023. "A/HRC/54/59: Situation of human rights in Myanamr-Report of the United Nation High Commissioner for Human Rights." 09/19/2023. https://www.ohchr.org/en/documents/country-reports/ahrc5459-situation-human-rights-myanmar-report-united-nations-high (검색일: 2023.10.08)

도움이 되지 않는다고 판단한 시점에 감행했다. 쿠데타 발생 3개월 전에 치러졌던 2020년 11월 총선은 친 군부 정치세력에게 민주적 방식으로는 권력을 잡을 수 없다는 교훈을 주었다.[11] 물론 2015년 11월 총선에서도 친 군부 정당인 통합단결발전당(USDP: Union Solidarity and Development Party)이 아웅산 수찌가 이끄는 〈민족민주동맹〉(NLD: National League for Democracy)에 크게 패배했다. 따라서 선거가 친군부 진영에 유리한 방식이 아니라는 점은 이미 확인한 터다.[12] 다만 그 결과조차 당시로선 군부의 '규율과 번영의 민주주의'라는 대기획[13]의 일환이었고[14] 개혁 개방이 군의 이미지 세탁에 기여한 바가 큰 만큼 예정대로 진척돼야 했다. NLD 정부 구성을 방해하는 것보다 군부의 이미지 세탁과 의제 실현이 더 중요한 때였다. 그러나 2020 총선은 달랐다. 반복된 패배였다. 선거는 더 이상 군부에게 실험 대상도, 권력 유지 위한 '포장 수단'도, 이미지 세탁 수단도 아니라는 점이 거듭 확인됐다.

그리고 또 하나의 맥락이 유의미해 보인다. 군부는 아웅산 수찌와 NLD 정부가 2016년 이래 독자적으로 추진해온 소수민족과의 연방제 논의에 매우 불편했을 것이다. NUG 연방업무부(Federal Union Affair) 장관 리안 뭉 사콩(Dr. Lian Hmung Sakhong)은 2019년 8월 28일 '전국 휴전'(NCA: National

---

[11] Zsombor Peter. 2020. "Aung San Suu Kyi, NLD Win Second Landslide Election in Myanmar." *Voice of America* 11/15/2020. https://www.voanews.com/a/east-asia-pacific_aung-san-suu-kyi-nld-win-second-landslide-election-myanmar/6198393.html (검색일: 2021.10.15.)

[12] Oliver Holmes. 2015. "Final Myanmar results show Aung San Suu Kyi's Pary won 77% of seats." *The Guardian* 11/23/2015. https://www.theguardian.com/world/2015/nov/23/final-myanmar-results-show-aung-san-suu-kyis-party-won-77-of-seats (검색일: 2021.07.26)

[13] 1993년 '국가법질서회복위원회'(SLORC) 시절부터 추진해 온 군부의 민주화 로드맵.

[14] Htet Aung. 2007. "Burma's Rigged Road Map to Democracy." *The Irrawaddy* 08/2007, Volume 15 No.8, http://www2.irrawaddy.com/article.php?art_id=8052 (검색일: 2021.07.27)

Ceasefire Agreement)[15] 협정 4주년 기념식에서 아웅산 수찌가 다섯가지 연방제 원칙을 제시한 것이[16] 군부에게 경고 등이 됐을 거라는 분석을 내놨다.[17] 이 또한 쿠데타 배경으로 점치는 건 신빙성이 없지 않다. 결국 '2021 쿠데타'는 민주주의가 작동하는 한 주류 정치 무대에서 권력상실이 자명한 것에 대한 두려움과 연방제에 대한 불관용 입장을 지닌 군부가 도발한 것으로 볼 수 있다.

'2021 쿠데타'는 2010년대 '민주화 이행기'라는 10년의 실험을 뒤엎고 다시 '절대 군정'의 과거를 불러낸 반역의 쿠데타다. 2010년대 자체가 군부가 주도한 '위로부터의 개혁'이었다는 점을 감안하면 그 '개혁시대' 뒤엎은 '2021 쿠데타'는 '친위 쿠데타'의 성격마저 지닌다. 게다가 2021 쿠데타는 "대통령의 비상 사태 선포"를 전제로 쿠데타를 사실상 합헌으로 명문화 해놓은 2008 헌법 416조와 417조마저 위반했다. 그날 새벽 탓마도는 아웅산 수찌 국가자문역은 물론 비상사태 선포 주체인 윈 민 대통령과 NLD 정부인사들 그리고 민주인사들 다수를 강제 구금했다. 쿠데타 주역이 비상사태를 선포한 그날 헌법에 쿠데타 합헌 조항을 교묘히 심어 놨던 영리한 군부는 없다. 그리고 물론 2008년 군정헌법도 무효화됐다. 그날 이래 미얀마는 헌정질서 위기상태에 놓여 있다. 바로 그 위기를 '탓마도 없는 국가건설'의 기회로 삼겠다는 게 민주진영과 소수민족해방진영의 저항 동력일 것이다. 그리하여 '2021쿠데타'는 미얀마 역사에 '불가역적'인 대전환점을 제공했다. NLD를 위

---

15 미얀마 전역 모든 반군들과 일괄적으로 휴전하여 총성을 멈추게 하겠다는 테인 쎄인 정부의 야심찬 아이디어다. 2015년 10월 15일 10개 조직이 서명했으나, 2021 쿠데타 이후 카렌민족해방군(KNLA: Karen National Liberation Army)과 친민족전선(CNF: Chin National Front)는 탈퇴했다.

16 Xiang Bo. 2019. "Myanmmar State Counselor stresses flexibility, broad-mindedness, in achieving peace, emergence of federal union." *Xinhua* 10/28/2019. https://www.xinhuanet.com/english/2019-10/28/c_138510483.htm (검색일: 2023.10.06)

17 Dr. Lian Hmung Sakhong. 2021. "Minister for Federal Union Affairs, Myanmar National Unity Government." 08/31/2023. https://youtu.be/vUVah8KWgvM?feature=shared&t=116 (검색일: 2023.09.30)

시한 주류 민주 진영이 오랜 세월 고수해 온 '비폭력 노선'을 내던지고 무장 저항 전술을 택하는 획기적 결정을 내린 것이다. NUG는 2021년 9월 7일 '시민방어전'을 선포하며 다음과 같은 성명을 낸 바 있다.

> "비무장 시민들에 대한 테러리스트 군부의 무기 사용과 인간안보에 대한 위협으로 인해 미얀마 시민들의 봄의 혁명은 이제 무장 저항의 단계로 돌입한다"

무장 노선을 채택하고 이를 "무장 혁명"이라 부르는 순간 민주화 운동의 의제와 목표도 일면 변화됐다고 볼 수 있다. 저항을 넘어 '혁명'을 강조하는 건 이들이 싸우는 목표가 단순히 쿠데타에 대한 '저항'이나 '군부 퇴진'을 요구하는 게 아니라 군부독재의 역사와 전통을 철통같이 잇고 있는 탓마도를 몰락시키고 이를 대체할 새로운 군대를 포함하여 새로운 국가를 건설하는데 있다는 의미다.

그렇다면 탓마도가 패배한 자리 들어설 군대의 모습과 그 군대가 수호할 국가의 모습은 어떠해야 하는가. 이 물음에 대한 답을 찾기 위한 논의는 '연방 민주주의', 그리고 '연방 군대'로 모아진다. 2021 쿠데타는 아이러니 하게도 소수민족들의 오랜 열망이었고 미얀마 사회에 더할 나위 없이 필요한 체제인 연방제 논의를 재 점화시키는 계기가 됐다. 이어지는 장에서는 미얀마 민주과도정부 NUG와 NUG 통제를 받고 있는 저항조직들, 통제 밖에 있는 저항조직들 그리고 가장 중요하게는 소수민족무장군대가 '포스트-쿠데타' 국면에서 보여온 입지를 성과를 중심으로 미얀마의 연방 민주주의 건설의 향배와 도전을 가늠해 보려 한다.

II. 미얀마와 연방제, 그 일천한 논의사

'연방제'(federation)는 주(state), 지방(province) 혹은 지역(region)과 같은 국가(nation) 아래 행정단위의 자치정부들이 모여 국제법상으로 단일한 국가 공동체를 구성하는 정체체제다. 연방제 국가에서 중앙정부는 '연방정부'로 불리고 '주 정부' (혹은 '지방정부', '지역정부')는 연방정부와 동등한 수준의 권력행사가 가능한 자치권(self-governing)을 보장받는다. 미얀마 소수민족들이 수십 년 동안 정치적으로나 군사적으로 버마족 중심의 정치세력을 향해 무장투쟁까지 벌여온 것도 이 같은 '자치권'을 향한 긴 여정이라 볼 수 있다. 그리고 무엇보다 연방정부는 주정부의 자치권을 존중하는 동시에 국가 공동체 유지와 통합도 이뤄 내야 하는 고도의 정치 예술을 실행해야 한다.

다 종족 국가 미얀마에게 국가운영 체제로서의 '연방제'는 선택 보다는 필수에 가깝다. 소수종족이 전체 인구의 30% 넘게 분포하는[18] 사회에서 '다수결 원칙'을 고집하는 민주주의란 오히려 분쟁 요소들만 유지시켜 줄 뿐이다. 헌법은 소수커뮤니티의 권리를 온전히 보장해야 하며 소수민족에 대한 자치권 부여가 사회 안정과 국가 존립기반을 위해서도 불가피하다.[19] 이처럼 연방제가 필수로 채택되었어야 하는 사회임에도 미얀마의 연방제 논의 역사는 매우 얕다. '연방제'에 '민주주의'를 접목시킨 '연방+민주주의'를 구상한다는 건 두말할 것도 없다. 반세기 넘게 전 사회를 집어삼킨 군사독재는 군부로 모아지는 철저한 중앙집중적 권력구조에 갇혀 있었다.

독립 후 10여년 간의 짧은 의회민주주의를 파괴한 1962 네윈의 쿠데타

---

18 버마족은 68%로 추산된다. "Myanmar Population." *World Population Review*. https://worldpopulationreview.com/countries/myanmar-population (검색일: 2023.10.05)

19 Barbara Thomas-Woolley & Edmond J. Keller. 1994. "Majority Rule and Minority Right: American Federalism and African Experience." *The Journal of Modern African Studies*, Vol. 32, No. 3, pp.411-427, 09/1994. https://www.jstor.org/stable/161982 (검색일: 2023.10.05)

이후 '개혁 개방'을 수식어로 한 2010년대에 이르기까지 미얀마에서 "연방제(federalism)"라는 단어를 입에 올리는 것도 쉽지 않았다.[20] 이 기간 예외가 있다면, 1988년 전국적 규모의 88항쟁 이후 민주 진영에서 '연방제' 개념이 화두로 떠오르기 시작했다는 점이다. 88항쟁 이후 국경 변방지대 EAOs 내전 지역으로 피신했던 반군부 인사들, 학생들, 활동가들은 소수민족 커뮤니티가 이미 오랫동안 정치적 열망으로 품어온 '연방제'에 노출됐고 눈을 뜨기 시작했다. 비록 연방제 담론이 소수민족 "해방구"라 불렸던 '정글'이나 국경일대 망명공간을 벗어나지 못하는 한계를 지녔음에도 불구하고 2000년대 망명활동가와 단체들, EAOs와 여타 다양한 영역의 소수민족시민단체들은 '연방헌법기안 및 협력 위원회'(FCDCC: Federal Constitution Drafting and Coordinating Committee)를 성공적으로 조직하였다. 그리고 2008년 FCDCC는 군정헌법에 대한 대항마로서의 '연방민주주의 헌법'을 기안하는 성과를 냈다.

연방제 논의가 제도권으로 진입한 건 앞서 언급했듯 2010년대다. 흥미롭게도 이 시기 민주 진영은 물론 친 군부 정치 세력조차 "연방제"를 입에 올렸고, 소수종족과의 협상 테이블에도 형식적이긴 하나 이 문제가 올라왔다. 어떤 연방제를 지향하는가에 대한 세부적 논의나 연방제에 대한 진정성 등 근본적 물음은 논외로 치부됐지만 연방제 자체가 다 종족 국가에 필요하다는 원론적인 면은 친 군부 정치권도 인지하고 있다는 점을 확인한 시기였다. 2010년대는 개혁 대상이 개혁을 주도하는 모순으로 그 한계가 뚜렷했음에도 군부는 스스로 특권을 벗고 민주화 이행기에 나섰다는 이미지 세탁용 정치적 수사가 다방면에서 필요했던 시기다. '연방제'도 그중 하나다.

2011년 2월 출범한 '준 민간정부(Quasi-civilian government)' 테인 쎄인 정부[21]는 집권 기간 EAOs와의 휴전 및 평화협상을 적극 추진했다. 바로 이

---

20 Htet Min Lwin 2023, "Federalism at the Forefront of Myanmar." *Kyoto Review of South East Asia*, Issue. 36, 09/01/2023. https://kyotoreview.org/issue-31/federalism-at-the-forefront-of-myanmars-revolution/ (검색일: 2023.10.05)

21 "Burma ex-Prime Minister Thein Sein named new president." *BBC* 02/04/2011.

시기 후자의 오랜 열망인 '연방제' 논의도 협상 테이블에 오르는 듯 보였다. 이를 테면 2014년 2월 12일 '연합의 날'(Union Day)[22], 테인 쎄인 대통령은 EAOs와의 휴전 및 평화협상의 궁극적 목표가 "연방제에 기반한 정부 구성"이라는 깜짝 발언으로 EAOs로부터 환영을 받았다.[23] 그러나 정부 협상 창구였던 연방평화조성추진위원회(UPWC: Union Peacemaking Work Committee)에 EAOs가 던진 '연방 군대' 제안은 단칼에 거절했다. 테인쎄인 정부가 염두한 '정치체제로서의 연방제'가 국방과 군대는 건드리지 않는다는 게 선명해졌다. 따지고 보면 연방제 언급자체도 진정성이 의심됐다. 테인 쎄인 체제는 2008년 군정 헌법에 기반한 첫 정부였고, 이 헌법이 연방제 정신과 정면 배치된다는 점을 감안하면 양측의 괴리감은 지극히 당연한 결과다.

2008년 군정 헌법은 기안 과정 자체부터 연방제 정신과 거리가 한참 멀다. 2007년 9월 3일 당시 군정 국가평화개발평의회(SPDC: State Peace and Development Council)는 1993년부터 소집해 온 전민족대표자회의(National Convention)의 마무리 작업인 헌법 기안을 위해 54명의 '헌법기안위원회'(CDSC: Commission for Drafting the State Constitution) 위원들을 직접 그리고 단독으로 임명했다. NLD와 다른 독립적 정당들과의 협의는 전무했고 이 과정에서 모두 배제됐다. 그렇게 기안된 헌법은 "군이 국가의 지도자로서 참여 가능토록" 길을 터준다며 권력의 핵심 요직을 군의 당연직으로 설계했다. 뿐만 아니라 2008년 헌법 7장은 EAOs의 국경수비대(BGF: Border Guard Forces)로의 전환을 의무로 명시해 놓았다.[24] 그리고 2009년 4월 SPDC는 모든 휴전 그룹의

---

https://www.bbc.com/news/world-asia-pacific-12362745 (검색일: 2021.10.15)

22   '연방 민주주의'를 다루는 본 글에서는 Union을 '연합' 혹은 '연합체'로 번역키로 한다. 본 글의 주제상 '연방'에 해당하는 'federalism'과 구분하기 위함이다.

23   Oo Nay Myo Tun & Thin Thiri. 2014. "Thein Sein assures Federal System on Myanmar's Union Day." *Radio Free Asia* 02/12/2014. https://www.rfa.org/english/news/myanmar/union-day-02122014174547.html (검색일: 2021.10.15)

24   Myanmar Peace Monitor. "Border Guard Force Scheme." https://www.mmpeace-

BGF로의 전환 계획을 재차 발표하며 압력을 가했다. EAOs의 BGF로의 전환은 EAOs를 탓마도 명령과 통제 하에 복속시키겠다는 발상이나 다름없는 것이다. EAOs가 수십년간 목표로 걸고 싸워온 '자치'와 '연방제'의 꿈은 물 건너 갈 가능성이 매우 컸다.[25]

2010년대 후반부 집권 세력인 NLD정부의 연방제 구상은 어땠을까. NLD는 우선 2015년 11월 총선을 앞둔 시점 총선 공약집[26]에 연방제 구상을 담았다. "자유와 동등한 권리 그리고 자치의 정신에 기반하여 모든 소수민족 그룹과 연대를 통한 연방 민주주의 연합체를 건설한다"는 게 공약집에 기술된 NLD의 연방제. 구체성이 결여됐다는 비판은 있지만 "연방 민주주의"를 공약집에 또렷이 기록했다는 건 그 자체로 진일보한 의미가 있다. 그 총선에서 NLD는 압승했고, 이듬해 민선정부가 들어서자 연방 민주주의에 대한 기대는 한층 더 높아졌다. NLD 정부는 집권 5개월만인 2016년 8월, 연방평화회의(UPC: Union Peace Conference)를 발족하고 '21세기 뻥롱회의'[27]라는 이

---

monitor.org/border-guard-force-scheme/ (검색일: 2021.10.15)

[25] 역사적으로 연방제를 당론으로 표방한 당으로 '연방단결당'(FUP: Federal Union Party)이 있다. 2013년 10월 28일, 미얀마 선관위는 16개의 소수민족 정당들이 모여 만든 이 당을 공식 승인하며 2015년 총선출마의 길을 터주었다. FUP는 37명의 후보를 냈고 한 석도 얻지 못했다. FUP가 친군부 정당 USDP는 물론 NLD까지도 대항마로 설정했던 건 반군부가 아니라 버마족 주류 정치질서 전체에 도전장을 낸 '소수민족 연합정당'으로서의 성격을 분명히 한 것이다.

[26] Online Burma/Myanmar Library. 2015. "NLD 2015 Election Manifesto (English)." 09/14/2015. https://www.burmalibrary.org/en/nld-2015-election-manifesto-english (검색일: 2021.10.16)

[27] '뻥롱회의'는 1947년 2월 12일 아웅산 장군이 이끄는 버마(미얀마 전 국호) 정부와 샨(Shan), 카친(Kachin), 친(Chin) 등 "프런티어 지역(Frontier Areas)"의 소수민족 대표단 사이의 독립 이후 버마 연방 구상에 대한 협약으로 회의가 열렸던 샨주 뻥롱의 이름을 따 "뻥롱협정"(Panglong Agreement)으로 불린다. 이 협정에 따르면 버마정부는 독립 후 프런티어 지역에 온전한 자치를 약속하며 연방국가를 구상했으나 아웅산 장군의 암살로 제대로 실현되지 못했다. 오늘날까지 미해결과제로 남아 있는 소수민족 자치를 논할 때마다 '뻥롱 정신'이 등장하는 건 그와 같은 배경 때문이다. 아웅산 수찌 정부는 이 '뻥롱 정신'을 되살려 NLD 정부 집권 기간 동안 소수민족 대표들과 벌인 협상을 '21세기 뻥롱회의'로 칭했다. 일각의 피상적 이해와 달리 1947년 뻥

름 하에 EAOs와의 평화협상을 시작했다. 이 회의는 2020년 8월까지 총 네 차례 진행됐으나[28] 별다른 성과를 내지는 못했다. 아니, 성과를 낼 겨를도 없이 이듬해 2월 이른 바 '21세기 쿠데타'가 발발했다. 권력을 찬탈당한 민주 진영은 하루 아침에 구금, 투옥이 일상이던 10여년전의 과거로 던져졌다. 그러나 '21세기 쿠데타'는 전 두 번의 쿠데타와 달랐다. 민주 진영은 잰 걸음으로 움직였고 쿠데타 4일만인 2월 5일 총선 선출 의원들을 중심으로 연방의회대표단(CRPH: Committee Representing Pyidaungsu Hluttaw)을 결성했다. 이어 3월 31일 2008년 군정헌법 폐기를 공식화하고 동시에 '연방민주주의 임시헌법'(Federal Democracy Charter)을 공표했다. 그리고 그해 4월 16일 민주진영 과도정부 성격의 NUG가 출범한 것이다. NUG는 대내적으로는 무장 혁명을 수행하면서 대외적으로 '미얀마의 합법정부'임을 인정받기 위해 SAC과 유엔에서 다투고 있다.

III. NUG의 연방 민주주의 비전과 민족통합협력위원회(NUCC)의 역할

그렇다면 NUG의 '연방 민주주의' 비전은 무엇인가. NUG는 2023년 1월 CRPH, 민족통합협상위원회(NUCC: National Unity Consultative Council) 등과 함께 신년사에 준하는 공동 성명을 발표했다. 성명에서 NUG는 '연방민주주의 연합체'라는 지향점을 다시 한번 강조했다.

"군부독재정권을 뿌리뽑고 연방민주주의 연합체를 건설하겠다는 우리의

롱협정은 미얀마의 모든 소수민족이 서명한 협정이 아니다. 카렌, 라카인, 카레니, 몬은 삥롱협정 당사자가 아니다. 삥롱협정 전문은 다음의 링크 참조 https://peacemaker.un.org/sites/peace-maker.un.org/files/MM_470212_Panglong%20Agreement.pdf (검색일: 2021.11.14)

28 '21세기 삥롱회의'는 다음과 같이 진행됐다. 1차 2016.8.31~9.4, 2차 2017.5월, 3차 2018.7.13~16, 4차 2020.8.19~8.21

열망은 모든 형태의 편협과 차별을 거부한다. 소수민족들의 권리와 평등 그리고 각 (소수민족) 주 혹은 연방 영토(federal units)내 자치권을 보장할 것이다. 그와 같은 연합체는 민주주의 기준에 따라 시민들의 권리와 인권을 보장하고 소수자의 권리를 보장하는 헌법 위에 건설될 것이다."[29]

NUG는 출범 초기부터 "미얀마 연방 민주주의 연합정부"(Government of the Federal Democratic Union of Myanmar)라는 짧지 않은 이름으로 '연방 민주주의'에 천착해왔다. 그러나 이 명칭은 두 가지를 모두 이해해야 온전한 독해가 가능할 듯하다. 하나는, '연방의(Federal)'라는 단어를 통해 미얀마의 여러 소수민족주에 자치권을 부여하겠다는 의사를 분명히 하고 있다는 점이다. 또 다른 하나는, '연합체'(Union)라는 단어다. 소수민족주 혹은 '연방영토('region', 소수민족 주가 아닌 버마족 주류 지방행정구역)'에 자치권을 보장한다 할지라도 '연방정부'(중앙정부)를 중심으로 유기적으로 '통합'되는 정치 체제가 바로 NUG의 연방민주주의 비전으로 풀이된다. '분리주의(separatism)'와는 분명하게 선을 그었다고 볼 수 있다. 또한 이 글 후반에 등장하게 될 개념이자 분리주의에 상당히 가깝고 연방주의(federalism)보다는 느슨한 'confederation' 형태 역시 아닐 가능성이 높아 보인다. NUG 출범의 토대가 된 '연방 민주주의 임시헌법'(Federal Democracy Charter) 1장에는 다음과 같이 '연방 민주주의 건설'이라는 '목표'가 또렷이 기록돼 있다.

"연방 민주주의 건설이라는 목표를 분명히 하며, 본 연방 민주주의 임시 헌법에 동의하고 이를 수용하는 모든 개인과 조직들은 연방 민주주의 건설을 위해 혼신의 노력을 다해야 할 것이다. 분쟁과 갈등의 뿌리를 제거하

---

[29] CRPH. 2023. "New Year Joint Declaration on the People's Revolution." 01/11/2023. https://crphmyanmar.org/publications/statements/new-year-joint-declaration-on-the-peoples-revolution/ (검색일: 2023.01.04)

고 모든 소수민족과 전 인구가 참여하고 협력할 수 있는, 그리하여 번영하는 연방 민주주의를 건설하기 위해 노력할 것이다."[30]

CRPH 명의로 발표된 이 임시헌법은 사실 NUG보다 한 달 앞서 결성됐던 NUCC선에서 만들어진 것이다. NUCC는 2021년 3월 8일 결성된 이래 '연방 민주주의'를 향한 눈에 띄지 않는 물밑 작업을 해 온 일종의 '범민주연합' 우산 조직의 성격을 지닌다. 'NUG-PDF'가 무장혁명을 수행 중이라면, 'NUG-NUCC'는 SAC 붕괴 이후의 밑그림을 그리는 중이다. NUCC는 2021년 11월 16일 첫 기자회견을 통해[31] 총 5개 카테고리의 28개 조직에서 56명이 참여하는 미얀마의 가장 포괄적이고 "가장 위상 높은 정치체"(highest political entity)로 자신들을 소개했다. CRPH는 NUCC의 구성원중 하나일 뿐이며 EAOs, 노조, 정당, 시민사회, 그리고 쿠데타 반대 불복종 운동을 벌인 시민 불복종운동(CDM: Civil Disobedience Movement)도 봄의 혁명 주체세력으로서 NUCC에 참여하고 있다. 이 다양한 구성원들이 '탓마도 없는 연방민주주의 국가'의 토대를 닦고 있다.

이런 관점에서 특히 눈여겨볼 NUCC 구성원이 있다. 바로 '소수민족총 파업 위원회'('GSC-N': General Strike Committee of Nationalities)다. GSC-N은 2021년 3월 양곤의 쿠데타 반대 대중 집회에 모여든 양곤 거주 소수민족 청년들의 반 쿠데타 네트워크로 시작됐다. 반쿠데타 운동 조직인 '총파업 위원회'를 모태삼아 소수민족 청년들이 '소수민족 총파업'을 특화하여 구성한 조

---

30 연방의회대표단이 발표한 임시 헌법 전문, 03/31/2021,
버마어: http://www.thithtoolwin.com/2021/03/blog-post_2449.html
영어: https://crphmyanmar.org/wp-content/uploads/2021/04/Federal-Democracy-Charter-English.pdf (검색일: 2021/04/10)

31 필자는 웨비나 형식으로 진행된 NUCC 첫 기자회견에 참석하였다. 기자회견 풀 영상은 https://www.facebook.com/watch/live/?ref=watch_permalink&v=893298151331525 (검색일: 2021.11.16)

직인데 소수민족에 뿌리를 두고 있는 만큼 '연방 민주주의'에 대한 열망과 이해도가 높다. 구성원 다수는 2010년대 개방 물결을 타고 대도시에 머물며 일정한 자유의 공기와 민주주의에 '노출'되고 학습된 이들이다.

포스트 쿠데타 국면에서 '연방 민주주의' 콘셉트에 중대한 변화가 온 것도 GSC-N의 역할에 기인한 것으로 보인다. 그동안 '연방제 논의'는 '종족'만을 기준으로 삼았다고 해도 과언이 아니다. 소수민족주에 소수민족자치정부를 세우고, 소수민족 군대를 인정하느냐 마느냐, 그리고 어디까지 인정하느냐 등이 연방제 논의의 주 이슈였다. 이때 "소수종족"은 대체로 군부독재 시대 선포된 135개 "공식인종"에 기반한다. 그 "공식인종"의 뿌리는 다시 네윈 시대 개정된 1974 헌법에 등장하기 시작한 "따잉인따"(Taing-Yin-Thar) 즉, '국가인종'에 있다.

'따잉인따'는 간단히 번역하면 '국가 인종' 정도이지만, 충분히 의역을 하자면 '버마/미얀마라는 국가의 토착민으로 인정받을 수 있는 종족' 정도의 의미다. 여기서 키워드는 '토착민'(indigenous)이다. 그리고 '국가'를 잊어선 안 된다. '국가가 인정한 토착민'이어야 한다는 '국가주의' 이념이 깔린 개념이다. 역으로 국가가 인정하지 않으면 누구도 '따잉인따'가 될 수 없다. '따잉인따'는 미얀마에 거주하는 이들을 '국가인종'과 '비국가인종'으로 나누겠다는 발상이고 후자를 종종 '외국인', '불법 이주민'으로 낙인 찍을 발판을 마련한 것이다. 로힝야 시민권 박탈의 서막이며, 궁극적으로는 로힝야 제노사이드를 향한 '전망'이 담긴 개념이다. 예컨대, 앞서 언급한 바 있는 테인 쎄인 대통령의 2014년 '연방제 발언' 역시 "모든 국가인종들은.."을 주어로 하여 "모든 국가인종들은 '삥롱 정신'에 기반하여 국가적 단결을 성취하고 연방시스템을 통한 평화적, 현대적, 그리고 민주적 국가를 향해 나아간다"고 말했다.[32] 따라서 '종족'에만 천착한 연방제 논의는 '특정 종족 배제'라는 엄연한 현실을 고려하지

---

32 Oo Nay Myo Tun & Thin Thiri. 2014. "Thein Sein assures Federal System on Myanmar's Union Day." *Radio Free Asia* 02/12/2014. https://www.rfa.org/english/news/myanmar/union-day-02122014174547.html (검색일: 2021.10.15)

못한 왜곡된 연방제였다. 종족 중심 협소한 연방제가 아닌 '사람' 중심의 연방제로 나아가야 한다는 견해가 바로 GSC-N에게서 나왔다.

이 같은 논의에서 로힝야 이슈와 맞물린 물음이 자연스럽게 제시된다. 2021년 반 쿠데타 대중 시위의 거리에서는 2016-2017년 탓마도의 제노사이드 대학살에 희생됐던 '로힝야 커뮤니티에 대한 사과' 피켓들이 등장했다. 이 장면들은 개인적 혹은, 소그룹적 동기에서 비롯된 것으로 보였다. 그러나 긴 호흡으로 보면 '로힝야에게 사과가 필요하다'는 인식과 성찰이 연방 민주주의 논의의 장으로 이어지고 있는 것이다. NUG-NUCC가 '포스트-쿠데타' 첫 두 해 동안 로힝야 커뮤니티를 동등하게 참여시키지 못하고 있다는 비판이 계속될 수 있었던 것도 GSC-N 논의에 힘입은 바가 크다. NUG는 내각 장차관을 임명하며 처음부터 소수민족들을 두루 안배하려는 노력을 보였다. 그러나 로힝야의 자리는 보이지 않았다. 이에 대한 비판을 의식해서인지 2021년 9월 17일 우선 로힝야 활동가 아웅 초 모우(Aung Kyaw Moe)를 인권부 '자문위원'으로 임명했다. 그리고 2023년 6월 30일, 아웅 초 모우는 다시 NUG 인권부 차관으로 임명됐다. CRPH는 차관 임명을 공지하면서 2021년 3월 31일 발표한 "연방 민주주의 임시헌법에 따라 아웅 초 모우를 NUG 인권부의 차관으로 임명한다"고 밝혔다.[33]

한편, CRPH가 쿠데타 발발 후 정확히 두 달 만에[34] 이 헌법을 내놓을 수 있었던 데는 이유가 있다. 2000년대 군부의 '민주화 로드맵'에 대항마로서 민주진영의 망명 활동가들과 소수민족들이 협력하여 구상한 로드맵 하에서 기안된 '연방헌법초안'이라는 기 모델이 있었기 때문이다. 2008년 2월 12

---

[33] CRPH. 2023. "Appointment of Deputy Minister (Announcement Number 1/2023)." 06/30/2023. https://crphmyanmar.org/publications/appointment-of-deputy-minister/ (검색일: 2023.06.30)

[34] CRPH. 2021. "Federal Democracy Charter, Declaration of Federal Democracy Union." https://crphmyanmar.org/wpcontent/uploads/2021/04/Federal-Democracy-Charter-English.pdf (검색일: 2021.04.10)

일 'FCDCC'가 기안한 헌법초안이 그것이다.[35] NUG의 연방업무부(Ministry of Federal Union Affairs) 장관이자 친민족과도협상위원회(ICNCC: Interim Chin National Consultative Committee)[36] 의장인 리안 뭉 사콩 장관은 CRPH의 임시 헌법이 FCDCC초안에 기반해서 작성됐다고 밝혔다.[37]

이 초안은 같은 해 SPDC가 국민투표로 통과시켰던 '2008 군정헌법'이 중추적 권력과 요직에 군의 점유를 보장하는 것에 대한 대항마로서 '다당제 민주주의'와 소수커뮤니티의 권리 보장 그리고 종교와 정치가 분리된 세속국가를 주요 내용으로 담았다. 이 임시헌법 가안은 이후 2015년, NCA에 서명하지 않은 단체들로 구성된 '소수민족연합연방위원회'(UNFC: United Nationalities Federal Council)에 의해 검토 보충됐다. 그리고 다시 2016년 7월 카친 주 반군 영토인 '메이 자 양'(May Ja Yang)에 모인 17개 EAOs들은 그해 8월 말 예정됐던 아웅산 수찌 정부와의 '21세기 뺑롱 평화 회의'(21th Panglong Peace Conference)를 앞두고 소수민족대표들은 이 연방헌법 가안을 토대로 사전 논의의 장을 갖기도 했다.[38]

결과적으로 2008년 군정 헌법에 '맞불'로 기안됐던 FCDCC의 연방헌법 가안은 '2021 쿠데타'를 계기로 다시 수면위로 올랐고 돌아온 군부지배체제에 맞붙는 형국이 됐다. 2021년 3월 31일, CRPH는 개혁개방까지 좌지우지했던 2008 군정 헌법을 폐기하고 '연방민주주의 임시헌법'을 선언했다.

---

35 버마어 전문 링크: https://www.mmpeacemonitor.org/images/pdf/The-constitution-of-the-federal-republic-of-the-union-of-burma-second-draft.pdf (검색일: 2023.09.29)

36 Union Minister, Ministry of Federal Union Affairs. https://mofua.nugmyanmar.org/minister/5?lang=en (검색일: 2023.09.29)

37 Dr. Lian Hmung Sakhong. 2022. "Minister for Federal Union Affairs, Myanmar National Unity Government." https://www.youtube.com/watch?v=vUVah8KWgvM (검색일: 2023.09.30)

38 이 회의에는 연합 와주군(UWSA: United Wa State Army), MNDAA, TNLA는 참여하지 않았다. Ye Htut. 2016. "Myanmar's Armed Ethnic Groups begin summit in Kachin State." *Radio Free Asia* 07/27/2016. https://www.refworld.org/docid/57d8fd165.html (검색일: 2021.09.30)

이제 연방 민주주의 건설의 최대 난제이자 핵심 과제는 EAOs와의 정치협상과 유기적 협력일 것이다. CRPH가 3월 31일 임시헌법 발표에 앞서 취한 두 개의 조치는 그 협상의 길을 트기 위한 제스처로 해석됐다. CRPH는 우선, 탓마도를 테러리스트로 공식 지정했다.[39] 이어서 EAOs에 붙여진 "테러리스트" 지정을 공식 해제했다.[40] 이는 탓마도를 더이상 한 나라의 군대로 인정치 않겠다는 점을 분명히 한 것이자, 연방군대 결성을 목표로 한 EAOs와의 협상과 협치를 위해 법적 장애물을 제거한 것이다.

아이러니하게도 2021 쿠데타 이후 소수민족 진영은 '연방제' 이슈를 기대만큼 적극적으로 설파하고 있지는 않다. EAOs 진영이 '연방제' 이슈에 적극적이지 않은 이면에는 NLD 정부 5년간 그들에게 쌓인 불신도 일면 기여했다고 볼 수 있다. 게다가 정치적 협상으로 다뤄져야 할 연방 민주주의 이슈는 현재 숨가쁘게 돌아가는 무장저항 국면에서 시급한 논의 대상이 되지 못하고 있다. 또한, NUG 출범 이후 한동안 '연방군대'에 대한 관심과 의제가 모든 진영의 화두처럼 등장하는 듯 했으나, 이 또한 뚜렷한 진전은 없다. 소수민족마다 역사와 경험이 동일하지 않은데다, EAOs간 미세한 입장차도 물론 존재한다. 일부 EAOs의 경우 탓마도와 휴전을 유지하며 '비전투의 시간'을 그들 고유 의제 실천에 적극 활용하는 모습이다. 이런 현실로 인해 '연방군대 결성'은 결국 치밀한 정치적 협상을 요할 수밖에 없다는 점이 더욱 분명해지고 있다.

---

39 CRPH는 3월 1일 "Declaration of Terrorist Group"이라는 제목의 공지를 통해 쿠데타 군부 공식 명칭인 '국가행정평의회'(SAC)를 테러리스트로 공식 지정한다고 발표했다. https://twitter.com/crphmyanmar/status/1366368462554107905?lang=en (검색일: 2021.11.11)

40 CRPH는 3월 17일 "announcing the removal of terrorist organization or unlawful organization of all ethnic armed organizations" 이라는 제목의 공지문을 통해 모든 소수민족 무장단체(EAOs)에 부여된 '테러리스트 규정'을 공식 해제한다고 발표했다. "CRPH announces removal of ethnic armed groups from terrorist, unlawful organizations." *Mizzima* 03/18/2013. https://mizzima.com/article/crph-announces-removal-ethnic-armed-groups-terrorist-unlawful-organizations (검색일: 2021.11.11)

IV. 소수민족 저항과 연방군대 전망

'2021 쿠데타' 이후 미얀마 내전은 크게 두 개의 카테고리가 맞물려 전개되고 있다. 하나는 국경 변방 소수민족주를 중심으로 진행되는 기존의 내전 지역이다. 또 다른 하나는 "버마족 주류의" 혹은 "평원 지대" 등의 수식어가 붙는 지역들로 쿠데타 이전에는 무장충돌이 거의 전혀 없던 새로운 내전 지역이다. 사가잉, 마구웨, 바고 등이 이 카테고리에 해당한다. 특히 북부 '사가잉 지역'(Sagaing region)은 무장 저항의 중심지로 떠올랐다.

사가잉의 지리적 입지는 내전에 유리한 지형을 제공한다. 북쪽 끝으로는 인도와 국경을 맞대고 있다는 점, 동쪽으로는 카친주 서부와 맞닿으며 카친 독립군(KIA: Kachin Independence Army) 통치 영토에서 활동하는 KIA, AA 등 EAOs와 네트워크가 가능하다는 이점이 있다. 서쪽으로는 두 소수민족 지역인 친주와 라까인주로 이어지고 남쪽으로는 또 다른 격전지 마구웨(Magwe Region)로 이어지면서 봄의 혁명 무장 저항의 거대한 북부 블록을 형성하고 있다. 전체 저항구도에서도 여러모로 중심지다. 실제로 'NUG-PDF'와 소수민족 동맹세력이 군부로부터 탈환하여 첫 NUG 통치영토가 된 타운(town)들은 모두 사가잉 지역에 있다. 2023년 11월 16일 탈환한 코우린(Kawlin) 디스트릭트와 다음날인 7일 탈환한 캄팟(Khampat) 디스트릭트가 바로 그 두 곳이다. NUG는 이 두 지역에 '일반행정국'(GAD: General administration Department) 사무실을 열고 NUG 깃발을 꽂았다.[41] NUG 대통령실 대변인 우 초 쪼(U Kyaw Zaw)는 "과도기 지역행정 메카니즘(interim local administration

---

41 'GAD'는 미얀마 지역행정의 핵심역할을 하는 지방정부 단위로서 민주진영에서는 GAD개혁을 꾸준히 시도해왔다. 그 일환으로 2018년 12월, NLD는 GAD를 연방정부 즉 민간정부 통치 하에 두는 개혁을 단행했지만 2021년 10월 쿠데타 군정은 GAD를 다시 내무부 통제로 두고 있다. "Myanmar Junta rolls back NLD reforms, Revives previous regime's plan." *The Irrawaddy* 10/21/2021. https://www.irrawaddy.com/news/burma/myanmar-junta-rolls-back-nld-reforms-revives-previous-regimes-plans.html (검색일: 2023.12.29)

mechanism)을 체계적으로 적용하겠다"[42] 고 밝혔다.

그외 양곤, 만달레이 등 대도시에서는 '치고 빠지는' 도심 게릴라 전술이 계속되고 있다. 사가잉, 마구웨 등과 함께 이들 도심 지역 역시 저 강도 분쟁(low intercity-conflict)'이긴 하나 '새로운 내전 지역'으로 같이 묶을 수 있다. NUG의 군대 PDF가 '새로운 내전 지역'에 집중적으로 결성되는 흐름을 보이는 건 지극히 당연하다. 소수민족지역에는 이미 베테랑 무장단체들이 활동 중이고 따라서 이들 지역에 PDF 혹은 '포스트 쿠데타 무장조직'들이 우후죽순 결성될 근거는 약하다. 다만, 카레니주와 친주 두 소수민족 지역은 예외적이다. 이름하여 '카레니민족방위군(KNDF, Karenni Nationalities Defense Force)과 친시민방위군(CNDF: Chin National Defense Force) 등이 포스트 쿠데타 시기에 결성되었고 지역 EAOs와의 협력과 공조로 반군부 작전을 펼치고 있다.[43]

미얀마의 20여개에 달하는 소수민족무장단체들의 '포스트-쿠데타' 행보를 보면 다음과 같이 4개의 카테고리로 분류할 수 있다.

첫째, 반 군부 무장저항 전선에서 NUG-PDF와 상시적이거나 임시적 형태의 동맹을 맺고 탓마도와 적극 충돌하고 교전하는 그룹이다. 카렌민족해방군(KNLA, 카렌민족연합(KNU: Karen National Union)의 군사국), 카친 독립군(KIA, Kachin Independence Organization의 군사국), 친민족전선(CNF: Chin National Front), 카레니 민족 진보당(KNPP: Karenni National Progressive Party) 등이 여기에 속한다.

둘째, '포스트-쿠데타' 정세를 십분 활용하여 군부와의 직접적 충돌 보

---

42 "NUG starts administrative processes in two occupied townships." *Thanlwintimes* 11/14/2023. https://thanlwintimes.com/2023/11/14/nug-starts-administrative-processes-in-two-occupied-townships/ (검색일: 2023.12.28)

43 미얀마에서 조직명에 '소수민족임'을 드러내는 대표적 단어 두 개는 'nationalities'(혹은 'national')와 'ethnic'이다. 카레니와 친주의 반쿠데타군부 무장 조직들은 PDF의 'P'(민중, 시민)대신, 'nationalities' 'national'(민족)을 이름에 넣어 구분된다.

다는 자기 조직의 내실을 기하고 자기 종족의 고유 의제를 의제를 꾸준히 밀고 나가는 '내실형' 그룹이다. AA와 TNLA이 대표적이다. 두 조직 모두 지난 2년여 '포스트-쿠데타' 국면에서 각각 통치 영토에서의 정치국을 강화하고 풀뿌리 행정통치 기반을 확장시켰다. 이 두 조직과 함께 TBA의 구성원인 MNDAA도 굳이 따지면 이 '내실형'에 가깝다고 볼 수 있다. 이들 TBA은 쿠데타 이후 2년여 동안 군부와 충돌한 이력이 없는 건 아니지만 'NUG-PDF-NUCC'를 중심으로 구성된 '범 저항 전선'의 일환이라기 보다는 조직과 종족의 이해관계에 따라 독자적 타임라인을 만든 것이다. 다만, 이 글의 서두에서 언급한대로 주목할 만한 반전상황이 2023년 10월 27일 이래 '샨주-중국' 국경일대를 중심으로 전개 중이어서 면밀한 관찰을 요한다. 2023년 1월 미얀마 언론 〈이라와디〉는 EAOs 전사 62%가 봄의 혁명에 가담하면 혁명의 성공 가능성은 50%가 될 거라는 예측 글을 실은 바 있다.[44] 이 예측을 토대로 보면 숫적으로도 우세한 TBA 주도의 '1027 작전'을 계기로 EAOs 전사 60% 이상이 봄의 혁명에 동참한 셈이 된다. 그렇다면 일단 혁명의 성공 가능성을 한층 높였다고 볼 수 있다. 동시에 TBA의 공세가 봄의 혁명의 대의와 지속적으로 맞물려 갈 지는 좀 더 두고 봐야 할 문제다.

셋째, 쿠데타 상황에 별다른 구애를 받지 않고 본래의 행보와 노선을 그대로 이어가는 조직으로 모든 무력 충돌에서 거리를 두고 있는 조직이다. 연합와주군(UWSA: United Wa State Army)이 대표적이다. UWSA는 80년대 말 '버마공산당(CPB: Communist Party of Burma)'의 사분 오열 과정에서 분파된 조직 중 하나로 군이 탓마도와 각을 세우고 군사적으로 대치관계에 있는 EAO도 아니며 그렇다고 적극 협력하는 관계도 아니다. 친중 성향으로 '군벌 소국'을 운영하고 있다고 볼 수 있다. UWSA가 사실상 통치 중인 샨주 북동부 '와

---

[44] "Around 31% of ethnic fighters in Myanmar actively supporting resistance." *The Irrawaddy* 01/09/2023. https://www.irrawaddy.com/opinion/analysis/around-31-of-ethnic-fighters-in-myanmar-actively-supporting-resistance.html (검색일: 2023.12.21)

자치 행정 지역(Wa Self-Administered Division)'는 'confederate' 통치에 가깝다. 동남아 대중적 마약인 메스암페타민 (일명 "야바" yaba), 헤로인 등 동남아발 마약 생산과 공장의 근원지로 의심받는 지역이지만 어떠한 법망으로부터도 간섭받지 않고 자유롭다. AA 총 사령관 트완 므랏 나잉은 언론과 인터뷰에서 라까인들의 자치 열망을 "confederation"으로 설명하며 UWSA를 모델로 언급한 바 있다.

UWSA는 2003년 당시 군부 SPDC가 소집한 '민족회의(National Convention)'가 개최될 때부터 꾸준히 수위 높은 자치를 요구해왔다.[45] 그 민족회의의 결과물인 2008년 군정 헌법은 와 지역을 6개의 타운십으로 나누고 공식 명칭을 '와 자치행정구역'으로 규정했다. 그러나 UWSA가 지속 요구하는 건 독립은 아니어도 현 "자치 행정"(self-administerd) 보다는 수위 높은 '자치주(Statehood)'다.[46] 다만, 그 자치주 지위를 위해 UWSA가 굳이 군부와 각을 세우고 무장 충돌을 할 이유는 적어도 지금으로서는 보인다.

넷째, 무장 '반군'으로서의 활동은 정체된 채 군부와의 협상에 적극적인 그룹들이다. PDF의 무장 저항에 직면한 탓마도가 전선 확장을 최소화하고 대외적으로나 형식적으로나 평화협상이 진행 중이라는 메시지를 띄우기 위해 마련한 협상 테이블에 군부와 마주한 조직들이 바로 이 카테고리에 해당한다. 아라칸해방당(ALP: Arakan Liberation Party)과 NCA 그룹 다수가 정도의 차이는 있으나 이 그룹에 속한다고 볼 수 있다. 군부는 2010년대 과도기 동안 NCA라는 이름으로 EAOs 통합 휴전을 시도하여 10개 조직 서명이라는 초라한 성적을 낳았다. 게다가 쿠데타 이후 KNU(카렌)와 CNF(친)은 군부와 격렬

---

45   Lawi Weng. 2019. "UWSP proposes Wa Autonomous Region." *The Irrawaddy* 01/05/2009. https://web.archive.org/web/20160111164539/http://www2.irrawaddy.com/highlight.php?art_id=14844 (검색일: 2023.12.28)

46   Yun Sun. 2023. "The UWSA and the Peace Process." *The Irrawaddy* 08/10/2016. https://www.irrawaddy.com/news/burma/the-uwsa-and-the-peace-process.html (검색일: 2023.12.22)

히 대치 중이어서 NCA는 사실상 실패한 시도가 됐다. 군부는 다시 이 네번째 그룹들을 각개 격파하며 분열 효과를 노리고 있는 것으로 보인다. 쿠데타 이후 민족 연대 및 평화성취 협상위원회(NSPNC: National Solidarity and Peace-making Negotiation Committee)⁴⁷라는 평화협상 플랫폼을 다시 만들고 NCA 조직들과 여러 차례 회동하고 있다. 지난 9월 21일에는 수도 네피도에서 샨주회복평의회(RCSS: Restoration Council of Shan State) 대표단과 만나 협상을 벌였고,⁴⁸ 5월에는 NCA 서명했던 단체들 중 7곳과 만났으며⁴⁹, 9월 2일에는 네피도에서 NCA 서명조직 10개 중 절반에 5개 조직과 마주 앉았다.⁵⁰ 군부 입장에서는 협상의 성과 여부를 떠나 여전히 군부와 대화하는 EAOs가 있다는 걸 끊임없이 보여주고 유지해야 한다. 그럴수록 민주진영이 추구하는 '연방군대'의 구상은 더 어렵게 된다.

이처럼 '포스트-쿠데타' 국면 미얀마의 20개 가까운 EAOs 행보는 위 기술한 네 개의 카테고리 안에서 다양한 입장과 다이나믹한 행보를 이어가고 있다. 지난 2년 반 동안 반 군부 저항 전선에서 PDF와 가장 적극적으로 동맹을 맺고 저항해온 소수민족 군대는 단연 첫번째 그룹 즉 카렌, 카레니, 카친, 그리고 친 등이고 만일 군부의 몰락이 내일 당장 벌어진다면 NUG-PDF-NUCC와 손을 잡고 '연방군대' 건설에 발을 담글 가능성이 있는 '후보

---

47 Joe Kumbun. 2021. "Do the Myanmar Junta's New 'Peace-making Committee' Stand any chance of Success?" *The Diplomat* 03/04/2021. https://thediplomat.com/2021/03/do-the-myanmar-juntas-new-peace-making-committees-stand-any-chance-of-success/ (검색일: 2023.10.07)

48 "NSPNC holds peace talks with RCSS." *Global Light of Myanmar* 09/22/2023. https://www.gnlm.com.mm/nspnc-holds-peace-talks-with-rcss-2/ (검색일: 2023.09.28)

49 "PPST members to hold talks on Military Council-led NSPNC issue." *BNIOnline* 05/16/2023. https://www.bnionline.net/en/news/ppst-members-hold-talks-military-council-lead-nspnc-issues (검색일: 2023.09.28)

50 "The Military Junta holds talks 5-NCA Signatory EAOs in Nay Pyi Daw." *BNIOnline* 09/02/2023. https://www.bnionline.net/en/news/military-junta-holds-talks-5-nca-signatory-eaos-nay-pyi-taw (검색일: 2023.09.28)

군'도 바로 이 네 조직 정도가 될 듯 하다.

1) KNU(카렌) : '연방군대' 구상 언급 유일

성명, 발언, 행보로 판단하자면 연방군대 이슈에 가장 적극적인 EAO는 KNU다. KNU는 본부 홈페이지를 통해 다음과 같이 조직의 목표를 '연방제 건설'로 거듭 명시하고 있다.

> "KNU는 민주적인 정치조직으로서 평등과 자치, 인권과 민주주의 그리고 버마연방 내에서 평등을 추구한다. (중략) 1947년 창설된 우리 KNU의 주 목표는 평등과 자치에 기반한 진정한 연방제다."[51]

지도부는 미디어에 노출될 때마다 조직의 목표가 '연방제 실현'과 '민주주의 실현'임을 강조해왔다. 2021년 9월 3일 발표한 성명에서도 "연방제와 민주주의를 촉진하는 데 혼신의 힘을 다할 것이며 쿠데타에 반대하고 독재와 싸우는 어떤 조직과도 함께 협업할 수 있다"고 표명한 바 있다. "반독재, 반군부, 연방 민주주의" 등 레토릭으로만 보자면 KNU의 언어는 범민주진영의 그것과 가장 많이 닮아 있다. 그리고 10월 15일 NCA 6주년을 기념한 이날[52]

---

51   KNU 홈페이지 https://knuhq.org/public/en (검색일: 2021.10.16)

52   2023년 NCA 6주년 기념식에는 NCA 서명 10개 조직 중 카렌과 친 무장군대인 KNU, CNF는 참석하지 않았다. 나머지 8개 조직 민주카렌불교도군(DKBA: Democratic Karen Buddhist Army), 카렌민족연합/카렌민족해방군-평화협의회(KNU/KNLA-PC: Karen National Union/Karen National Liberation Army-Peace Council), ALP, 전(全)버마학생민주전선(ABSDF: All Burma Students' Democratic Front), RCSS, 빠오 민족해방기구(PNLO: Pa-O National Liberation Organization), 신몬주당(NMSP: New Mon State Party) 그리고 라후민주연합(LDU: Lahu Democratic Union)은 참석했고 이들의 참석은 군부 관영언론 〈글로벌 뉴 라이트 오브 미얀마〉에 게재됐다. "National Solidarity and Peace Negotiation Committee, NCA signatories hold 6th Anniversary of NCA." *Global New Light of Myanamr* 10/16/2021. https://www.bnionline.net/en/news/military-junta-holds-talks-5-nca-signatory-eaos-nay-pyi-taw

KNU 중앙 집행부는 "탓마도는 연방민주국가 지지를 공식 선언하고 정치일선에서 물러나라고 요구"했다.

그리고 지난 2년여 KNU는 통치 영토 확장은 물론 행정, 교육, 의료 등 여러 분야에서 카렌주내 영향력을 확장해가고 있다. 카렌주 내전 현장 인도주의적 업무 등을 관장하는 〈카렌평화지원네트워크〉(KPSN: Karen Peace Support Network)는 2023년 9월 "버마 동남부 군부 장악력 가라앉고 있다" 제하의 보고서를 통해 2년 반 동안 탓마도가 미얀마 동남부(카렌주)에서 거듭된 패배로 "축소되고 있다"고 분석했다.[53]

KSPN에 따르면 쿠데타 이후 2023년 7월까지 2년 반동안, 탓마도 군캠프 62곳이 KNLA 통치로 넘어왔다. 이에 따라 SAC 통제하에 있던 학교 370곳이 KNU 교육부 산하로 넘어왔고 SAC 영토에서 교육받던 학생 4만명이 KNU영토로 이주하여 KNU 운영 학교에 다니고 있다. 2019년 쿠데타 전과 2023년을 비교해 볼 때 KNU 교육 커리큘럼(카렌어로 교육)에 따르는 학교수도 월등히 증가했다. 2019~2020년 사이 카렌교육문화부(KECD: Karen Education & Culture Department)학교'는 382개에 불과했지만 2023년 900개로 증가했다.[54] 군부의 영토 상실은 통치 권력 상실을 의미한다. '연방군대'와 관련해서도 필요성과 KNU구상을 가장 선명한 입장으로 공표한 EAO다. KNU 사무총장 파도 소 타 도 무(Padoh Saw Tar Doh Moo)는 2023년 8월 10일 온라인 기자회견을 통해 KNU의 정치 목표 4가지를 제시하며 미얀마 군이 정치권에서 완전히 배제된 상태에서 연방군대를 결성해야 한다고 주장했다.[55]

(검색일 : 2023.09.26)

53 "A shifting power balance: Junta Control Shrinks in South East Burma." *KSPN* 09/26/2023. https://www.karenpeace.org/wp-content/uploads/2023/09/Shifting-Power-Balance-Eng-Sept-2023.pdf

54 Ibid. P7

55 "Federal Army Necessary, but Military be Excluded." *BNIOnline* 08/14/2023. https://www.bnionline.net/en/news/knu-federal-army-necessary-military-be-excluded (검색

2) KIA(카친) : "진정한 연방군대라면 지지"

카친 커뮤니티 역시 반 쿠데타 군부 저항 최전선에 선 커뮤니티 중 하나다. KIA는 비폭력 대중운동으로 시작한 CDM 운동 초기부터 지지를 표명해왔다. 카친주 일부 지역에서 반쿠데타 평화시위를 벌이는 시민들을 KIA 군인들이 보호하는 장면이 연출되기도 했다. 특히 〈카친독립군〉은 쿠데타 직후 군부를 군사적으로 타격한 첫 EAO로 기록됐다. 쿠데타 발생 후 한달 여 지난 2021년 3월 11일 공격을 감행했는데 KIA는 군부가 '민간인에게 해를 입히면 보복한다'는 입장을 실제 공격으로 증명한 것이었다. 옥광산지대로 유명한 파칸에서도 반쿠데타 시위를 벌이던 시민들이 SAC 경찰에 무력 진압당하자 3월 28일 보복공격으로 경찰서를 공격해 경찰 30명의 목숨을 앗아갔다. 2018년 중반 이래 KIA와 탓마도간에 별다른 큰 군사적 충돌이 없었던 점을 감안하면 '2021 쿠데타'와 잔혹한 진압이 카친주의 정적을 깨뜨렸다.[56]

'연방제' 혹은 '연방 군대' 이슈와 관련 KIA 대변인 노 부 대령(Col. Naw Bu)은 카친 지역 전문 언론 〈The 74 Media〉와의 인터뷰에서 "진정한 의미의 연방군대 건설을 지지한다"며 "연방군대"를 직접 입에 올린 적이 있다. 그는 "진정한 의미의 연방군대는 소수민족을 포함하여 모든 미얀마인들의 권리를 보장하는 그런 조직이어야 한다"고 부연했다.[57] 그러나 지난 2년 동안 연방군대에 대한 진척된 언급이나 성명은 적어도 KIA쪽에서 나온 바는 없다. 다만, KIA 군 참모총장 감 숑 군탕(Gen. Gam Shawng Gunhtang)장군이 2022년 2월 삥롱협정(Panglong Agreement)을 기념하는 '연합체의 날'(Union Day) '연

일: 2023.09.27)

56 Center for Operational Analysis and Research. 2023. "Myanmar February Coup: Kachin State Scenario Plan." 05/2023. https://coar-global.org/2023/09/28/myanmar-february-coup-kachin-state-scenario-plan/ (검색일: 2023.09.28)

57 "Fighting ignites between KIA and Junta in Sagaing." *Myanmar Now* 09/08/2021. https://www.myanmar-now.org/en/news/fighting-ignites-between-kia-and-junta-in-sagaing (검색일: 2021.09.08)

방민주주의'의 중요성을 강조하며 NUG가 이에 심혈을 기울여야 한다고 강조한 바 있다.[58] KIA는 PDF와의 유연한 동맹 전술을 반복해서 보여주고 있어 '연방군대' 전망에 여러모로 주시할 대목이 있다.

연방 민주주의라는 정치 체제를 놓고 본다면 카친 커뮤니티의 경우 시민사회가 적극적이다. 카친 커뮤니티는 쿠데타 발생 약 두 달 후인 2021년 3월 15일 '카친정치과도기 준비팀'(KPIPT: Kachin Political Interim Preparation Team)을 출범시키고[59] "미래에 진행될지 모를 연방 민주주의 협상과정에서 카친 커뮤니티 이해를 대변할 수 있도록 준비하겠다"고 밝혔다. KPICT는 미얀마 안팎의 카친조직들이 군부 통치 기간 카친 커뮤니티의 의제를 대변할 연대기구로 출범시켰다. 2021년 11월 13일 KPIPT는 NUG 입법부에 해당하는 CRPH와 "진정한 연방제를 위해"(카친쪽 단체들이 매번 강조하는 용어 "진정한"이 포함됐다) 줌 미팅 논의를 갖고 향후 정기적 논의 모임을 갖기로 합의했다.[60] 이들은 2022년 9월 27일 비대면 회의를 갖기도 했다.[61]

그리고 2023년 2월 5일, 카친 무장단체 창설을 기념하는 '카친 혁명의 날' 62주년을 기념하는 KIO 의장의 메시지에는 '연방제'에 대한 언급이 없었

---

58 "KIA Chief Demands Myanmar Shadow Government Committee to Federal Democracy." *The Irrawaddy* 02/14/2022. https://www.irrawaddy.com/news/burma/kia-chief-demands-myanmar-shadow-govt-commitment-to-federal-democracy.html (검색일: 2024.01.09)

59 "Kachin Organisations Form Interim Coordination Team in Burma." *Kachin News Group* 03/19/2021. https://kachinnews.com/2021/03/19/kachin-organizations-form-interim-coordination-team-in-burma/?doing_wp_cron=1696512215.8726370334625244140625 (검색일: 2023.09.30)

60 https://twitter.com/MohMohThinzar1/status/1459767410546855937 (검색일: 2023.09.30)

61 CRPH. 2022. "Press Release: CRPH met and discussed with officials of Kachin Political Interim Coordination Team-KPICT." 09/28/2022. https://crphmyanmar.org/publications/crph-meeting-with-officials-of-kpict/ (검색일: 2023.09.30)

다. KIO 의장 반 라(N'ban La)는 그 대신 "우리는 봄의 혁명에 동참해왔다"며 "다른 소수종족들과 함께 독재 타도와 평등이 만발하도록 싸우고 있다"고 강조했다. 아울러 그는 CRPH의 축하 메시지에 감사인사를 전했다.[62] KIO와 카친 커뮤니티가 포스트-쿠데타 국면 반쿠데타 군부 무장혁명 전선에 함께 서 있는 건 자명해 보인다. '연방군대' 이슈는 보다 복잡하고 협상의 난제가 있는 만큼 가능성을 열어둔 EAO로 진단해 볼 수 있겠다.

3) CNF/CAN & CNDF(친) : 연방군대, 가장 협조적일 가능성

연방군대와 연방 민주주의 건설 논의에 가장 협조적 태세를 보일 가능성이 높은 소수민족은 친족이다. 친주 EAO인 '친민족군'[63](Chin National Army, 이하 "CNA" 혹은 "CNF/CNA"로 표기)은 '포스트-쿠데타' 국면 격렬한 저항세력으로 부상한 친시민방위군(CDF: Chin Defense Force)과 유기적으로 연대하고 있다. CDF는 인도 미조람 주와 미얀마 친주를 가르는 티오강(River Tio) 일대에서 CNA로부터 군사훈련을 받아온 것으로 알려져 있다.[64] 미얀마 평화협상 과정에서 코디네이터 역할을 맡아온 〈미얀마평화협의회〉(MPC: Myanmar Peace Council) 자료[65]에 따르면 CNA 전투병력 규모는 고작 200명 수준이다. MPC는 1988~2012년 사이 군부와의 교전으로 발생한 CNA쪽 사망자는 70명 정도로 밝히고 있는데 2003년 이후로는 그나마도 이 일대 싸움이 완전히

---

62 "KIO chairman urges an end to tensions between Kachin and Shan ethnic groups on the 62nd anniversary of Kachin Revolution Day." *BNIOnline* 02/10/2023. https://www.bnionline. net/en/news/kio-chairman-urges-end-tensions-between-kachin-and-shan-ethnic-groups-62nd-anniversary-kachin (검색일: 2023.02.11)

63 친민족전선 Chin National Front의 군사국이다.

64 "Next to India border a camp to take on Myanmar Junta." *The Times of India* 07/14/2021. https://timesofindia.indiatimes.com/india/next-to-india-border-a-camp-to-take-on-myanmar-junta/articleshow/84396592.cms (검색일: 2021.08.28)

65 https://www.mmpeacemonitor.org/1540/cnf/ (검색일: 2021.08.28)

멈췄다. 게다가 CNA는 2010년대 체결된 모든 종류의 휴전에 다 서명한 조직이다.[66] 그러나 쿠데타를 계기로 이 모든 상황이 뒤집혔다. 시민방위군인 CDF의 무장저항이 전면에 등장하면서 군사 활동이 거의 없던 친족 EAO인 CNF/CNA까지 다시 무대로 끌어들인 모양새가 됐다. 그리고 CNF(CNA 정치국)는 EAOs 진영에선 처음이자 마지막으로 지난 5월 29일 NUG와 군사협력 양해각서(MOU)까지 체결하며 협조를 공언했다.[67] 그 배경에는 CNF 부의장 살라이 리안 뭉 사콩(Salai Lian Hmung Skhong)이 NUG 정부에서 '연방업무부 장관'(Ministry of Federal Affairs)을 맡고 있다는 점도 작용했을 것으로 추정된다. 이 모든 상황을 종합해 볼 때, 추후 NUG 정부 하 연방군대 건설이 현실화하면 친족군대 CNA와 친족 시민군 CDF가 연합한 친주의 무장저항동맹은 가장 이르게 동참할 가능성이 있다.[68]

4) 카레니주 : 최초로 과도정부 수립

봄의 혁명 과정에서 카레니주 사례는 흥미롭다. 카레니주는 미얀마에서 가장 작은 주로 무장저항이 시작된 이래 곳곳이 격전지다. 그리고 2023년 6월 6일 쿠데타 이후 대 군부 무장저항 전선에서 최초로 '과도정부'를 수립한 주가 됐다. 과도정부인 '카레니 과도 행정 위원회(IEC: Karenni State Interim Executive Council)' 의장 쿠 우 레(Khu Oo Reh)는 "카레니 청년들을 포함하여 전국적으로 사악한 군부독재에 맞선 용감한 청년들을 자랑스럽게 여긴다."며 봄

---

[66] 2012년 1월 6일 주(state)단위 휴전을 체결했고, 그해 5월 7일 연방단위(union level) 휴전을 또한 체결했다. 그리고 2015년 10월 15일 전국 휴전에도 서명한 10개 조직에 속한다.

[67] "Chin National Front signs deal with Myanmar's shadow govt." *The Irrawaddy* 05/31/2021. https://www.irrawaddy.com/news/burma/chin-national-front-signs-deal-with-myanmars-shadow-govt.html (검색일: 2021.08.28)

[68] CNF/CNA + CDF 첫 연합작전은 2021년 9월 10일 친 주 탄트란드에서 전개됐다. https://www.facebook.com/watch/?v=397307708793902&extid=NS-UNK-UNK-UNK-IOS_GK0TGK1C&ref=sharing (검색일: 2021.09.30)

의 혁명 과정에서 청년 세대의 기여를 치하했다.[69] 미얀마 언론 〈미얀마 나우〉에 따르면 카레니주의 시민방위군 격으로 결성됐던 KDNF가 '카레니주의 군대'가 될 것이라고 말했다. '연방군대'에 대한 구체적 언급은 없지만 NUG와의 협력도 잘 이루어지고 있는 것으로 보인다. 쿠 우 레 의장이 '연방군대'에 대해 구체적으로 언급한 바는 없지만 그는 "독립 국가가 아니라 연방 민주주의 체계하에 구성원으로서(member state) 자리하겠다"고 밝히는 등 연방 민주주의에 대해서는 선명한 메시지를 주고 있다. IEC는 말 그대로의 과도 정부라는 의미다. 그는 또한 "봄의 혁명이 성공하고 새로운 카레니 정부가 들어서서 카레니 자치가 보장 받는 날 해체하게 될 것"이라며 거친 로드맵을 밝히기도 했다. 2023년 12월 현재 카레니 주 EAO인 '카레니 군(KA: Karenni Army)'과 '카레니민족방위군(KNDF: Karenni Nationalities Defense Force)' 등 포스트-쿠데타 조직들이 연합한 저항세력들은 약 70-80% 장악한 카레니 주도 로이꼬 전면 탈환을 위해 격렬하게 교전 중이다.[70]

5) 아라칸 군 : '라끼따의 길' 독자노선

AA는 '포스트-쿠데타' 초기부터 NUG와 적절한 거리두기를 하며 독자 노선을 밟아 온 대표적 EAO중 하나다. AA는 쿠데타 발생 3개월 전인 2020년 11월부터 탓마도와 비공식 휴전을 맺었다. 휴전은 쿠데타 이후로도 지속됐고, 군부가 미얀마 전역으로 확산되는 무장저항에 대응하느라 진땀을 빼는 사이 AA가 우선 택한 길은 쿠데타 군부 저항이 아니라 자신들의 오랜 숙원 과제인

---

[69] "The Karenni State's Revolutionary Resistance is truly awe-inspiring proclaims Duwa Lshi La, the NUG's acting president." *BNIOnline* 06/14/2023. https://www.bnionline.net/en/news/karenni-states-revolutionary-resistance-truly-awe-inspiring-proclaims-duwa-lashi-la-nugs-acting (검색일: 2023.09.30)

[70] "Karenni State police headquarters seized by resistance forces in Loikaw." *Kantarawaddy Times* 12/12/2023. https://ktnews.org/karenni-state-police-headquarters-seized-by-resistance-forces-in-loikaw/ (검색일: 2023.12.29)

라까인 주 내 통치력 확산이다. AA 입장에서는 굳이 탓마도를 자극하여 군사충돌을 하느니 이 틈을 타서 자기 통치기반을 확산시키는 게 유리하다고 판단했을 것이다. 이에 따라 2019년 12월 창설한 '아라칸 인민 행정처'(Arakan People's Authority)의 기능과 AA통치 영토내 정치적 기반을 보다 견고히 다지는 시기로 활용했다. 양측의 비공식 휴전이후 2023년 10월 27일 대공세가 있기 전까지 AA와 탓마도간에는 두 번의 충돌이 있었을 뿐이다.

총사령관 트완 므랏 나잉은 2019년 한 언론과의 인터뷰에서 UWSA처럼 "confederation을 선호한다"고 말한 적이 있다.[71] UWSA는 샨주 동부에 위치한 '와 자치 지역'에서 '외교'와 '화폐'를 제외하면 사실상 정부로 기능하고 있다. UWSA의 가까운 동맹이기도 한 AA는 UWSA의 운용과 통치방식이 상당한 수위의 자치를 누리는 데 주목하며 UWSA를 주권국에 준하는 'confederated state'의 유형으로 해석한 셈이다. AA 총사령관 트완 므랏 나잉이 2년전 인터뷰에서 'federation'이 아닌 "confederation"으로 표현한 건 연방정부로부터의 구속력이 훨씬 덜한 형태의 연방제를 추구하는 것으로 해석할 수 있다.[72]

---

71   Nan Lwin Hnint Pwint. 2019. "Consideration the only option for Arakanese People, AA Chief says." *The Irrawaddy* 01/11/2019. https://www.irrawaddy.com/news/confederation-option-arakanese-people-aa-chief-says.html (검색일: 2021.07.26)

72   'Federation'은 일정한 자치를 부여받은 주(지방)들이 모여 연방국가를 형성하고 연방정부(중앙정부)가 국제법상 그 나라의 주권을 대표하는 국가형태라면, 'Confederation'은 '주(state) 혹은 국가연합'에 가깝다. 즉, 고유한 주권을 가진 개별 정치체들이 약한 결속력으로 'Confederation'을 구성하는 연방체제다. 국제법상 Federation에서는 연방 국가만이 국제사회 주권국가로 인정받는다. 반면 Confederation에서는 이를 구성하는 국가들이 국제법상 주체가 될 수 있다. 외교·군사 영역에 있어서도 Federation은 연방 국가만이 이 두 영역을 통제할 수 있으나 Confederation의 경우 구성국들이 자신들의 군사권, 외교권, 주권을 행사할 수 있다. 따라서 Federation은 연방체제이지만 연방정부를 중심으로 결집력을 지닌 하나의 국가라면, Confederation은 중앙 정부가 외교와 화폐 정도에서만 대외적 대표성과 협상권을 지닌 느슨한 연방이다. 따라서 Confederation은 Federation보다 연방(중앙)정부의 권위가 약하다. 2003년 유고슬라비아 연방 공화국이 해체되면서 '세르비아와 몬테네그로 국가연합'(State Union of Serbia and Montenegro)으로 전

"우리의 주 목적은 '라끼타'(Rakhita)를 통해 우리의 잃어버린 주권을 되찾는 일이다. 전 세대들이 버마를 지원하고 협조 하느라 시간을 허비했다. 2차 대전 후 아라칸의 정치인들은 아웅산 장군을 포함하여 버마와 협력해 왔다. 그럼에도 아라칸은 정당한 대가를 받지 못했다. 심지어 88항쟁에도 동참했다. 그런 경험을 거쳐 우리는 버마를 더 이상 따라다니고 싶지 않다. 버마에서 계속 되는 민주주의를 향한 투쟁과 거리를 두는 건 우리의 전략적 입지다."

AA는 민주진영이 추구하는 연방 민주주의 실현 과정에서 NUG가 다루기 가장 힘든 상대가 될 것으로 보인다. 이들이 추구하는 바는 연방 민주주의라기보다는 독자적인 주권 세력이다. 이를 두고 AA사령관은 "내부 주권"(internal sovereignty)이라는 표현을 사용했다.

"AA의 정치적 목표는 '부국'(父國, 'Fatherland') 아라칸의 주권을 회복하는 것이다. 이 주권은 1784년 버마 꼰바웅 왕조[73]가 아라칸을 침범하고 식민화하면서 잃었던 바로 그 주권이다. 주권회복 노력에 조금의 타협이나 흥정은 없다. 미래에도 흥정은 없을 것이다"

그는 '연방군대'에 대해서도 "더이상 순진하지 않다"며 "미얀마 소수민족들은 연방군대에 대해 회의적 시각을 갖고 있다"고 말하기도 했다.[74]

환되었을 때 이 연합국가는 몬테네그로 공화국과 세르비아 공화국 두 개의 'confederated states' 가 'Confederation'을 구성하는 것으로 간주됐다. 이후 2006년 5월 몬테네그로는 국민투표를 통해 절반 이상의 찬성으로 완전 독립국가가 됐다.

73 버마왕국의 마지막 왕조
74 Allegra Mendelson & Alastair Mccready. 2021. "'We are not naïve anymore': Myanmar EAOs skeptical about federal army." *SouthEastAsia Globe* 04/23/2021, https://southeastasiaglobe.com/myanmar-federal-army/ (검색일: 2021.07.26)

AA는 14년의 짧은 역사에도 불구하고 급격히 성장했다. 2009년 26명으로 시작한 군대가 이제 3만에 이르렀다. 강력한 라까인 민족주의로 무장한 AA는 향후 미얀마가 어떤 방향으로 향하든 중요한 협상 대상이 될 것이다. AA는 라까인주 내에서 실질적 통치력을 확장해 가고 있는 만큼 라까인주 또 다른 커뮤니티 로힝야 이슈와 맞물려서도 대내외 적으로 협상 카드를 많이 쥐고 있다. 특히 AA가 포함된 TBA의 1027 작전이 탓마도 타격에 적지 않은 성과를 거두면서 AA의 입지는 높아졌다.

6) EAO도, NUG-PDF도 아닌 독립저항 조직들 연방군대 전망

한편, 무장저항 조직들 중에는 NUG-PDF도 아니고, EAOs도 아닌 독립적으로 활동하는 단체들도 적지 않다. 이들이 향후 연방군대에 편입될 여지가 있을지, 어떻게 편입될 것인지는 물론 또 다른 토론과 협상이 필요할 것이다. 그 대표적 사례로 사가잉 북부 팔레(Pale) 지역에서 '팔레 PDF'로 시작하여 '미얀마 로얄 드래곤 군'(Myanmar Royal Dragon Army)을 이끌며 명성을 얻어 온 보 나가르(Bo Nagar)라는 인물이 있다. 그는 2023년 9월 9일 '포스트-쿠데타' 국면에서 무장저항이 가장 강력한 사가잉, 마구웨, 만달레이 등 중북부 저항 조직들을 모아 버마민족혁명군(BNRA: Burma National Revolution Army)을 발족시켰다. EAOs가 아닌 버마족 주류 지역의 무장저항 조직이면서 NUG-PDF 명령체계로는 묶이지 않는 보 나가르와 BNRA 행보는 눈 여겨 볼 대목이 많다.

그는 NUG 명령체계하에 있지 않은 무장조직 여럿이 BNRA동맹에 참여하고 있다고 말했다. NUG는 이들에게 NUG 산하 지역 정부와 NUG 명령 체계하에서 활동하는 PDF 등과 협력해줄 것을 당부하며 궁극적으로는 군 개편 작업에 함께 해줄 것을 요청했다.[75] 최근의 BNRA 발족에 대해 NUG

---

75 "Resistance Commander forms New Army." *Democratic Voice of Burma* 09/13/2023. https://english.dvb.no/resistance-commander-forms-new-army-un-states-war-crimes-

와는 사전 상의가 전혀 없었던 것으로 알려지면서 NUG에게는 이 문제가 도전적 난제가 될 수 있다. NUG는 그동안 산발적으로 활동중인 저항세력들을 'NUG 국방부 명령체계(CoC: Chain of Command)'로 꾸준히 규합해왔다. 보 나가르는 NUG가 (사가잉 지역의) 팔레타운쉽의 여러 PDF 조직들을 '팔레타운쉽-PDF 동맹'('파 카 파')으로 묶어 NUG의 CoC로 끌어들이려는 노력에 호응하기 보다는 "나는 이 혁명에 대한 다른 견해를 갖고 있다"고 말했다. "내가 '파 카 파'(Pa Ka Pha, PDFs 버마명) 체계에 들어가지 않더라도 내 조국을 위해 최선을 다한다면 시민들은 만족해 할 것"이라는 게 그의 말이다.[76]

V. 맺음말

쿠데타 이후 약 3년간 미얀마의 EAOs와 그들이 속한 커뮤니티가 발표한 공식·비공식적 입장문, 작전 현황, 그리고 다양한 시민방위군과의 협치와 동맹 수위 등을 토대로 '연방 군대' 동참 가능성을 예측하자면 대략 아래의 도표와 같다.

이 도표에 근거하면 연방 군대 가담 가능성이 높은 EAOs는 NUG와 양해각서를 맺은 CNF/CNA가 '기대'되는 수준이고 KIA, KNU, KNPP는 '열려 있다' 정도로 볼 수 있다. EAOs가 태생적으로 갖고 있을 수밖에 없는 '소수민족 당사자성'과 NUG의 '연방 민주주의' 원칙 사이에 큰 모순이 없을 때에만 논의가 진척될 수 있을 것이다. 이런 차원에서 NUCC라는 상시적이고 포괄적인 우산 조직의 존재는 긍정적 출발선을 제공한다.

---

increasing-in-burma/ (접속일: 2023.09.13)

76   Oak, 2022, "Bo Nagar says Pale People's Defense Force has not yet joined a 12-group alliance." *Mizzima* 01/25/2022. https://mizzima.com/article/bo-naga-says-pale-peoples-defense-force-has-not-yet-joined-12-group-alliance (접속일: 2022.02.01)

표 1   EAOs와 PDF의 협치/동맹 현황 & EAOs의 연방군대 참여 가능성

소수민족무장 단체(EAOs)	시민방위군(PDF 등)과 협치/동맹 여부	연방군대 참여 가능성 전무/약/중/강/매우강)
친주 CNF/CNA	CDF와 연합작전 가능	강
카친주 KIA	지역PDF는 물론 다른 EAOs와도 협치 가능	중-강
카렌주 KNU	지역PDF 군사 훈련 등 다방면 협력	중-강
카레니주 KNPP	PDF, KNDP 와 협치 양호	중-강
라까인주 AA	PDF, BPLA 등 저항조직 군사훈련. '1027 작전'시 BPLA동참시킴. 독자 노선은 뚜렷.	전무-약
샨주 vs. 샨주진보당 (SSPP: Shan State Progressive Party)+TNLA	RCSS vs. SSPP 동족(샨) 내전 중	전무
	UWSA	전무 (성명 발표 없는 유일조직)
	MNDAA-군부와 충돌 잦아졌으나 PDF 협치 차원보다는 독자적 의제에 기반함.	전무-약
	TNLA-SSPP동맹으로서 샨주 '동족내전'에 가담 중. 쿠데타 후 통치영토 내 세력 확장. AA와 유사한 사례.	전무-약
로힝야	아라칸로힝야구원군(ARSA: Arakan Rohingya Salvation Army)-각종 범죄 활동에 반복 거론되고 있음. NUG/PDF 활동 연대 의사 적극 표현 중이나 2021년 9월 로힝야 활동가 암살 배후로 지목되는 등 고립과 비판에 직면해 있음 [67] RSO와 무력 충돌. AA와 무력 충돌.	전무
	로힝야연대기구(RSO: Rohingya Solidarity Organization)-무장저항 활동 한두차례 보고 빈약한 PR 활동. 방글라데시 보안군 협력한다는 비판 직면. 동족 무장조직 ARSA와 무력 충돌.	전무

NUCC는 연방군대 이슈에 대해 "민간 정부의 통제 아래 놓일 것"이라

는 대원칙을 분명히 밝히고 있다. 이 원칙은 각 소수민족주(혹은 지방)에도 적용되어 "모든 주의 군대가 각 주의 민간정부 통제에 놓여야 한다"는 입장이다. 아울러, 연방군대의 잠재적 자격에 대해서는 "대중적 지지와 정당성(legitimacy)을 누리고 있어야"하며 "통치영토가 있어야"한다고 제시했다. 이 기준으로 보자면 2024년 1월 현재 현재 통치 영토가 없는 로힝야 무장단체들이나, 영토 장악과 확장문제를 놓고 '동족 내전' 양상을 보이고 있는 샨주의 두 무장조직 RCSS와 SSPP의 경우는 연방군대 논의 과정에서 쉽지 않은 주제가 될 것으로 보인다.

현실적으로 볼 때 NUG, EAOs, 그리고 NUCC 모두 '연방군대'의 '우선 창설'에 대한 조급함은 버리는 편이 낫다. 대신 EAOs와 지역 PDF 간 공동작전과 유연한 동맹전술을 안정적이고 반복적으로 구사하며 '연방군대' 가능성을 높여가는 것이 한 방법이 될 수 있다.

연방 민주주의 건설을 목표로 삼는 범민주연합체 NUCC는 그 첫번째 단계로 '군부 제거'를 제시했다. 두 번째 단계는 과도기(transitional period)로서 민중의회(PA: People's Assembly)가 반복 소집될 것이며 마지막 세번째 단계에서 연방 민주주의 연합체 건설로 향한다. 현재 미얀마 시민들이 벌이는 사투에 가까운 '봄의 혁명'은 여전히 첫 단계에 머물러 있다. NUCC에 참여 중인 88세대 학생운동가 출신 민코 나잉이 지적했듯 NUCC는 '군부가 참여하지 않는 미얀마의 첫 범민족회의'가 됐다. 민주진영의 군부 배제 제1원칙은 과거 NLD식 대화와 화해의 정치가 지닌 공허함에서는 확실히 벗어나 있다. 2021년 미얀마 봄의 혁명 시국은 더이상 'NLD vs. 군부'의 갈등이 아니라는 말이다. '우리 세대에서 끝낼 마지막 싸움' 이라는 청년세대의 결연한 저항 레토릭과 이들의 무장저항 동참 역시 2021년 미얀마의 정치분쟁이 'NLD vs. 군부'라는 관성적 갈등 구도에서 벗어나 있음을 말해준다.

그럼에도 NUCC에 처음부터 로힝야 커뮤니티의 대표성이 반영되지 못한 건 로힝야를 배제했던 NLD 정치의 그림자를 불러왔다. 우여곡절 끝에 NUG 인권부 차관으로 임명된 로힝야 활동가 아웅 초 모우는 차관으로 임명되기 2년 전인 2021년 11월 자신의 소셜 미디어 계정을 통해 "연방민주주의를 향한 미얀마의 새로운 장이 열릴 거라고 하는데, NUCC는 또 다시 로힝야를 배제했다"고 일갈한 적이 있다. 그 같은 비판과 촉구에 직면해서야 NUG-NUCC가 제스처를 보였다는 건 그 자체로 이들의 한계가 여전했음을 말해 준 것이다. 이후 NUCC는 2022년 3월 21일 미국무부가 로힝야 박해를 제노사이드로 공식 인정한다는 입장을 내자 이를 환영하는 성명을 발표했다.[77] 청년 세대가 다짐하는 "마지막 싸움"이 소수민족들과의 '저항 공동체'를 형성하고, 그 저항이 연방 민주주의 성공으로 이어지기까지 로힝야 이슈는 미얀마 연방 민주주의 실험의 중대 바로미터가 될 것으로 보인다.

아울러 미얀마의 연방 민주주의 논의에 있어 두 개의 논점을 조심스럽게 예측해 본다. 하나는 어느 정도의 자치를 보장하느냐의 문제를 두고 '연합체형 연방제'(Federal Union)와 분리주의에 가까운 연방제 혹은 '주연합체(confederalism)' 사이에서 민감한 논의가 오갈 것으로 보인다. 또 다른 하나는 여전히 '연방군대' 이슈다. EAOs들이 수십년간 싸워온 목표가 연방 민주주의이고, 미얀마 연방제 논의의 주도권 상당 부분이 소수민족에게 있다는 점을 고려해 볼 때 소수민족 커뮤니티가 자기종족 군대의 군건한 자립과 독립성을 양보할 것으로 기대하긴 어렵다. NUG 혹은 후속 민주진영 정부는 매우 활수한 연방 민주주의 건설에 문을 열어야 할 것이다. 험난한 여정이다.

---

[77] "US Secretary of State Declares Burmese Military Committed Genocide and Crimes against Humanity Against Rohingya." *STATE DEPARTMENT* 03/21/2022. https://kh.usembassy.gov/u-s-secretary-of-state-declares-burmese-military-committed-genocide-and-crimes-against-humanity-against-rohingya/ (접속일: 2024.01.24)

참고문헌

Allegra Mendelson & Alastair Mccready. 2021. "We are not naïve anymore' : Myanmar EAOs skeptical about federal army." *SouthEastAsia Globe* 04/23/2021. https://southeastasiaglobe.com/myanmar-federal-army/ (검색일: 2021.07.26.)

Anthony Davis. 2023. "The dangers of the guerrilla triumphalism in Myanmar." *Asia Times* 12/06/2023. https://asiatimes.com/2023/12/the-dangers-of-guerrilla-triumphalism-in-myanmar/ (검색일: 2023.12.29.)

Barbara Thomas-Woolley & Edmond J. Keller. 1994. "Majority Rule and Minority Rights: American Federalism and African Experience." *The Journal of Modern African Studies*, Vol. 32, No. 3, 411-427, 09/1994. https://www.jstor.org/stable/161982 (검색일: 2023.10.05.)

BBC. "Burma ex-Prime Minister Thein Sein named new president." 02/04/2011. https://www.bbc.com/news/world-asia-pacific-12362745 (검색일: 2021.10.15.)

Bloomberg. 2023. "Myanmar Resistance Leaders Claims Majority Control Over Territory." 09/29/2023. https://www.bnnbloomberg.ca/myanmar-resistance-leader-claims-majority-control-over-territory-1.1978023 (검색일: 2023.09.29.)

BNIOnline. 2023. "The Military Junta holds talks 5-NCA Signatory EAOs in Nay Pyi Daw." 09/02/2023. https://www.bnionline.net/en/news/military-junta-holds-talks-5-nca-signatory-eaos-nay-pyi-taw (검색일: 2023.09.28.)

BNIOnline. 2023. "Federal Army Necessary, but Military be Excluded." 08/14/2023. https://www.bnionline.net/en/news/knu-federal-army-necessary-military-be-excluded (검색일: 2023.08.15.)

BNIOnline. 2023. "The Karenni State's Revolutionary Resistance is truly awe-inspiring proclaims Duwa Lashi La, the NUG's acting president." 06/14/2023. https://www.bnionline.net/en/news/karenni-states-revolutionary-resistance-truly-awe-inspiring-proclaims-duwa-lashi-la-nugs-acting (검색일: 2023.09.30.)

BNIOnline. 2023. "PPST members to hold talks on Military Council-led NSPNC issue." 05/16/2023. https://www.bnionline.net/en/news/ppst-members-hold-talks-military-council-lead-nspnc-issues (검색일: 2023.09.28.)

BNIOnline. 2023. "KIO chairman urges and end to tensions between Kachin and Shan ethnic groups on the 62nd anniversary of Kachin Revolution Day." 02/10/2023. https://www.bnionline.net/en/news/kio-chairman-urges-end-tensions-between-kachin-and-shan-ethnic-groups-62nd-anniversary-kachin (검색일: 2023.02.20.)

Center for Operational Analysis and Research. 2023. "Myanmar February Coup: Kachin State Scenario Plan." 09/28/2023. https://coar-global.org/2023/09/28/myanmar-february-coup-kachin-state-scenario-plan/ (검색일: 2023.09.30.)

CNF/CNA + CDF 첫 연합작전 영상. 2021. Thantland, Chin State 09/10/2021. https://www.facebook.com/watch/?v=397307708793902&extid=NS-UNK-UNK-UNK-IOS_GK0TGK1C&ref=sharing (검색일: 2021.09.30.)

CRPH. 2023. "Appointment of Deputy Minister (Announcement Number 1/2023)." 06/30/2023. https://crphmyanmar.org/publications/appointment-of-deputy-minister/ (검색일: 2023.06.30.)

CRPH. 2023. "New Year Joint Declaration on the People's Revolution." 01/01/2023. https:// crphmyanmar.org/publications/statements/new-year-joint-declaration-on-the-peoples-revolution/ (검색일: 2023.01.04.)

CRPH. 2021. "Federal Democracy Charter, Declaration of Federal Democracy Union." 03/31/2021. https://crphmyanmar.org/wpcontent/uploads/2021/04/Federal-Democracy-Charter-English.pdf (검색일:

2021.04.10.)

CRPH. 2021. "Declaration of Terrorist Group." 03/01/2021. https://twitter.com/crphmyanmar/status/1366368462554107905?lang=en (검색일: 2021.11.11.)

Dr. Lian Hmung Sakhong. 2021. "Minister for Federal Union Affairs, Myanmar National Unity Government." 08/31/2021. https://youtu.be/vU-Vah8KWgvM?feature=shared&t=116 (검색일: 2023.09.30.)

DVB Newsroom. 2023. "Resistance Commander forms New Army." 09/13/2023. https://english.dvb.no/resistance-commander-forms-new-army-un-states-war-crimes-increasing-in-burma/ (검색일: 2023.09.20.)

Federal Constitution Drafting and Coordinating Committee (FCDCC). 2008. "The Constitution of the Federal Republic of the Union of Burma (Second Draft)." 02/12/2008. 버마어 전문: https://www.mmpeacemonitor.org/images/pdf/The-constitution-of-the-federal-republic-of-the-union-of-burma-second-draft.pdf (검색일: 2023.09.29.)

Global New Light of Myanmar. 2021. "National Solidarity and Peace Negotiation Committee, NCA signatories hold 6th Anniversary of NCA." 10/16/2021. https://www.gnlm.com.mm/national-solidarity-and-peace-negotiation-committee-nca-signatories-hold-6th-anniversary-of-nca/ (검색일: 2021.10.28.)

Htet Aung. 2007. "Burma's Rigged Road Map to Democracy." *The Irrawaddy* 08/2007, Volume 15 No.8. https://www2.irrawaddy.com/article.php?art_id=8052 (검색일: 2021.07.27.)

Htet Min Lwin. 2023. "Federalism at the Forefront of Myanmar." *Kyoto Review of South East Asia* Issue 36, 09/01/2023. https://kyotoreview.org/issue-31/federalism-at-the-forefront-of-myanmars-revolution/ (검색일: 2023.10.05.)

Joe Kumbun. 2021. "Do the Myanmar Junta's New 'Peace-making Committee' Stand any chance of Success?" *The Diplomat* 03/04/2023. https://

thediplomat.com/2021/03/do-the-myanmar-juntas-new-peace-making-committees-stand-any-chance-of-success/ (검색일: 2023.10.07.)

Kantarawaddy Times. 2023. "Karenni State police headquarters seized by resistance forces in Loikaw." 12/12/2023. https://ktnews.org/karenni-state-police-headquarters-seized-by-resistance-forces-in-loikaw/ (검색일: 2023.12.29.)

Kachin News Group. 2021. "Kachin Organisations Form Interim Coordination Team in Burma." 03/19/2021. https://kachinnews.com/2021/03/19/kachin-organizations-form-interim-coordination-team-in-burma/?doing_wp_cron=1696512215.8726370334625244140625 (검색일 2023.09.30.)

KNU 홈페이지 https://knuhq.org/public/en (검색일: 2021.10.16.)

KPSN. 2023. "A shifting power balance: Junta control shrinks in South East Burma." 09/26/2023. https://www.karenpeace.org/wp-content/uploads/2023/09/Shifting-Power-Balance-Eng-Sept-2023.pdf P.7 (검색일 2023.10.02.)

Lawi Weng. 2009. "UWSP proposes Wa Autonomous Region." *The Irrawaddy* 01/05/2009. https://web.archive.org/web/20160111164539/http://www2.irrawaddy.com/highlight.php?art_id=14874 (검색일: 2023.12.28.)

Mizzima. 2021. "CRPH announces removel of ethnic armed groups from terrorist, unlawful organizations." 03/18/2021. https://mizzima.com/article/crph-announces-removal-ethnic-armed-groups-terrorist-unlawful-organizations (검색일: 2021.11.11.)

Myanmar News Agency. 2023. "NSPNC holds peace talks with RCSS, Global Light of Myanmar." *Global New Light of Myanmar* 09/22/2023. https://www.gnlm.com.mm/nspnc-holds-peace-talks-with-rcss-2/ (검색일: 2023.09.28.)

Myanmar Now. 2021. "Fighting ignites between KIA and Junta in Sagaing."

09/08/2021. https://www.myanmar-now.org/en/news/fighting-ignites-between-kia-and-junta-in-sagaing (검색일: 2021.09.08.)

Myanmar Peace Monitor. 2022. "NUG announces 2023 as decisive year for revolution as it prepares to widen action." 10/22/2022. https://mmpeacemonitor.org/314133/nug-announces-2023-as-decisive-year-for-revolution-as-it-prepares-to-widen-action/ (검색일: 2023.12.28.)

Myanmar Peace Monitor. 2021. "ERO profile." https://www.mmpeacemonitor.org/1540/cnf/ (검색일: 2021.08.28.)

Myanmar Peace Monitor. 2013. Border Guard Force Scheme." 01/11/2013. https://www.mmpeacemonitor.org/border-guard-force-scheme/ (검색일: 2021.10.15.)

Myanmar Population. *World Population Review*. https://worldpopulationreview.com/countries/myanmar-population (검색일 2023.10.05.)

Nan Lwin Hnint Pwint. 2019. "Confederation the only option for Arakanese People, AA Chief says." *The Irrawaddy* 01/11/2019. https://www.irrawaddy.com/news/confederation-option-arakanese-people-aa-chief-says.html (검색일: 2021.07.26.)

NUG. 2023. "The Second Year Anniversary Report on People's Defensive War." 09/12/2023. https://gov.nugmyanmar.org/the-second-year-anniversary-report-on-peoples-defensive-war/ (검색일: 2023.09.15.)

Oak. 2022. "Bo Nagar says Pale People's Defense Force has not yet joined a 12-group alliance." *Mizzima* 01/25/2022. https://mizzima.com/article/bo-naga-says-pale-peoples-defense-force-has-not-yet-joined-12-group-alliance (검색일: 2023.08.25.)

OHCHR. 2023. "A/HRC/54/59: Situation of human rights in Myanmar-Report of the United Nation High Commissioner for Human Rights." 09/19/2023. https://www.ohchr.org/en/documents/country-reports/ahrc5459-situation-human-rights-myanmar-report-united-nations-high (검색일: 2023.10.08.)

Oliver Holmes. 2015. "Final Myanmar results show Aung San Suu Kyi's Pary won 77% of seats", *The Guardian* 11/23/2015. https://www.theguardian.com/world/2015/nov/23/final-myanmar-results-show-aung-san-suu-kyis-party-won-77-of-seats (검색일: 2021.07.26.)

Online Burma/Myanmar Library. "NLD 2015 Election Manifesto (English)." 09/14/2015. https://www.burmalibrary.org/en/nld-2015-election-manifesto-english (검색일: 2021.10.16.)

Oo Nay Myo Tun & Thin Thiri. 2014. "Thein Sein assures Federal System on Myanma's Union Day." *Radio Free Asia* 02/12/2014. https://www.rfa.org/english/news/myanmar/union-day-02122014174547.html (검색일: 2021.10.15.)

Press Release. 2022. "CRPH met and discussed with officials of Kachin Political Interim Coordination Team-KPICT." 09/28/2022. https://crphmyanmar.org/publications/crph-meeting-with-officials-of-kpict/ (검색일 2023.09.30.)

SAC-M. 2022. "Briefing Paper: Effective Control in Myanmar." 09/05/2022. https://specialadvisorycouncil.org/2022/09/briefing-effective-control-myanmar/ (검색일: 2023.09.28.)

Sebastian Strangio. 2023. "Military-aligned Border Guard Forces Defect in Southeastern Myanmar." *The Diplomat* 06/07/2023. https://thediplomat.com/2023/06/military-aligned-border-guard-forces-defect-in-southeastern-myanmar/ (검색일: 2023.10.08.)

The Irrawaddy. 2023. "Naypyitaw Junta Airbase Hits by Myanmar Resistance Drone Strike." 09/18/2023. https://www.irrawaddy.com/news/war-against-the-junta/naypyitaw-junta-airbase-hit-by-myanmar-resistance-drone-strike.html (검색일: 2023.09.25.)

The Irrawaddy. 2023. "Around 31% of ethnic fighters in Myanmar actively supporting resistance." 01/09/2023. https://www.irrawaddy.com/opinion/analysis/around-31-of-ethIrrawaddy, nic-fighters-in-myanmar-actively-supporting-resistance.html (검색일: 2023.12.21.)

The Irrawaddy. 2021. "Myanmar Junta rolls back NLD reforms, Revives previous regime's plan." 10/21/2021. https://www.irrawaddy.com/news/burma/myanmar-junta-rolls-back-nld-reforms-revives-previous-regimes-plans.html (검색일: 2023.12.29.)

The Irrawaddy. 2021. "Chin National Front signs deal with Myanmar's shadow govt." 05/31/2021. https://www.irrawaddy.com/news/burma/chin-national-front-signs-deal-with-myanmars-shadow-govt.html (검색일: 2021.08.28.)

Thanlwintimes. 2023. "NUG starts administrative processes in two occupied townships." 11/14/2023. https://thanlwintimes.com/2023/11/14/nug-starts-administrative-processes-in-two-occupied-townships/ (검색일: 2023.12.28.)

The Times of India. 2021. "Next to India border a camp to take on Myanmar Junta." 07/14/2021. https://timesofindia.indiatimes.com/india/next-to-india-border-a-camp-to-take-on-myanmar-junta/articleshow/84396592.cms (검색일: 2021.08.28.)

Union Minister, Ministry of Federal Union Affairs. https://mofua.nugmyanmar.org/ minister/5?lang=en (검색일 2023.09.29.)

Xiang Bo. 2019. "Myanmar State Counselor stresses flexibility, broad-mindedness, in achieving peace, emergence of federal union." *Xinhua* 10/28/2019. https://www.xinhuanet.com/english/2019-10/28/c_138510483.htm (검색일: 2023.10.06.)

Ye Htut. 2016. "Myanmar's Armed Ethnic Groups begin Summit in Kachin State." *Radio Free Asia* 07/27/2016. https://www.rfa.org/english/news/myanmar/myanmars-armed-ethnic-groups-begin-summit-in-kachin-state-07272016161720.html (검색일: 2021.09.30.)

Yun Sun. 2016. "The UWSA and the Peace Process." *The Irrawaddy* 08/10/2016. https://news/burma/the-uwsa-and-the-peace-process.html (검색일: 2023.12.22.)

Zsombor Peter. 2020. "Aung San Suu Kyi, NLD Win Second Landslide Election in Myanmar." *Voice of America* 11/15/2020. https://www.voanews.com/a/east-asia-pacific_aung-san-suu-kyi-win-second-landslide-election-myanmar/6198393.html (검색일: 2021.10.15.)

뻥롱협정 전문. https://peacemaker.un.org/sites/peacemaker.un.org/files/MM_470212_Panglong%20Agreement.pdf (검색일: 2021.11.14.)

연방의회대표단이 발표한 임시 헌법 전문. 03/31/2021.

버마어: http://www.thithtoolwin.com/2021/03/blog-post_2449.html

영어: https://crphmyanmar.org/wp-content/uploads/2021/04/Federal-Democracy-Charter-English.pdf (검색일: 2021.04.10.)

NUCC. 2021. "첫 기자회견 영상." 11/16/2021. https://www.facebook.com/watch/live/?ref=watch_permalink&v=893298151331525 (검색일: 2021.11.16.)

제5장

일방주의적 제재담론을 넘어: 대미얀마 협력의 딜레마와 인도적지원-개발-평화의 연계 모색[1]

홍문숙 (부산외국어대학교 조교수)

I. 머리말

미얀마의 복합적 인도적 위기 상황이 심각하다. 2021년 이후, 미얀마 내부와 국경의 위기 상황이 장기화되면서 미얀마의 인도적 위기는 미얀마인들의 기본권 침해뿐 아니라 지역의 다면적 인간안보의 문제로 악화되고 있다. 2011-2017년 사이 연 5-7% 수준의 경제성장을 이루고, 2005년부터 2017년까지 빈곤 인구가 절반 수준으로 줄어들었던 경제 성장 속도는 21년 하반기부터 다시 악화되고 있다(본 저서의 10쪽 머리말 참고). 2022년 상반기에는 최소 2,240만 명이 다시 빈곤선 이하로 추락한 것으로 예상되고(UNDP, 2021), 하반기까지 대부분의 국제 NGO 및 재단의 현지사무소가 폐쇄되며, 내륙부 빈곤지역에서 국제기구 및 민간을 통해 운영되던 사회서비스가 대부분 중단

---

1 이 연구는 한국연구재단 지원으로 수행되었다(인문사회분야: NRF-2017S1A5A8019850).

되었다(홍문숙 외, 2022). 2023년 들어서는 도시 빈곤과 도시 중산층의 민생고도 가속화되고 있는 것으로 나타나는데, 최근 주요 국가들은 무역 및 차관 중단을 넘어서 농촌지역이나 빈곤층이 밀집된 지역에까지 생계와 인권에 직접적 영향이 있는 보건, 교육, 식량 등의 기본 사회서비스의 무상원조의 대부분 중단된 것으로 나타나 경우 서민들에 미치는 영향이 상당할 것으로 추정된다. 지난 수년간 군부가 관리하는 규율민주주의에 대한 '균형'이 비평화적 방식으로 무너지며, 2021년 쿠데타 이후 미얀마는 실패국가로 추락하는 양상을 보이고 있다(박은홍, 2022).

2023년에도 미얀마를 둘러싼 국제 관계의 방향은 안개 속이다. 지난 3년 동안 외교적 협상이 어려운 상황 속에서 경제제재 및 공적개발원조 중단을 통한 제재가 지속되고 있지만 다수의 전문가들은 땃마도의 전향적 변화가 나타나지 않고 있으며, 현재로서는 군부의 내부 붕괴가 분열의 조짐은 높지 않은 것으로 예측하고 있다. 이러한 '미얀마 문제'를 둘러싼 국제적 난맥상과 미얀마의 총체적 인도주의적 위기 속에서 우려되는 점은 주요 서방 정부와 국제 기구들의 대미얀마 인도주의적 지원을 확대하는데 주저하고, 미얀마의 코로나 위기, 국경 난민 발생, 최빈곤층의 식량위기, 아동 보호 등의 총체적 인도적 위기 상황에 적극적으로 대응하지 않거나, 대응하지 못하고 있다는 현실이다. 최근 주요국과 국제기구의 인도주의적 지원이 우크라이나 및 팔레스타인 지원에 집중하면서 '서구'의 미얀마 인도주의적 지원에 대한 정치적, 재정적 지원이 확대하지 못하고 있는 현실과 맞물려있다. 더욱이 최근 유럽에서는 대(對)미얀마 강경제재론, 버마 피로감, 무력투쟁지지가 부각되면서 학술교류, 장학생 지원 및 문화교류 등 비정치적 민간 협력까지 제재의 대상으로 간주되는 상황까지 발견되고 있다.

과거 동남아시아국가연합(ASEAN: The Association of Southeast Asian Nations)과 같은 지역협력체보다는 서구 국가들이 적극적으로 활용해온 '제재'는 중요한 외교적 도구이자, 국제 정세의 변화와 연계하여 효과가 있는 분야와 방법으로 활용되는 경우 압박을 유도할 수 있다는 유효한 도구이다. 특히,

땃마도 및 땃마도와 연결된 특정 인물과 기업의 자산 동결, 비자 발급 및 입국 금지 등의 처방을 통해 신속하게 국제사회가 압박을 행사하는 것이 필요하다는 것이 주요 국가가 동의하는 제재의 방식이다. 하지만, 이러한 전통적인 서구의 제재 정치의 한계는 2013년 이후 북한에 도입된 고강도 제재가 야기한 북한 식량생산량 감소 및 팬데믹 국제공조의 어려움으로 인한 인도적위기의가 악화되었던 사례 등에서 그 한계가 점차 드러나고 있다. 대미얀마 인도적 위기지원 축소, 정치적 특성이 강하지 않은 보건, 교육, 식량 협력 및 학술 기관 협력 혹은 장학금 제공과 같은 공적개발원조의 전면 금지의 경우에는 국제사회와의 연대의 고리를 끊고, 대다수의 시민들을 빈곤의 나락으로 추락시킬 수 있는 사회의 고립시를 심화시킬 수 있다는 측면에서 전면적 제재론에 대한 문제를 제기할 필요가 있다(홍문숙, 2022).

개념적인 측면에서 '제재인가 동조인가' 라는 이분법적 관점을 넘어서, 미얀마의 평화와 지역의 평화 차원의 지속가능한 발전으로 논의를 위해서는 미얀마를 둘러싼 국제 행위자들의 협력의 전략과 방법을 현실적으로 구성해 갈 수 있는 '지역적 공간'과 '포괄적인 협력을 위한 개념틀'이 필요하다. 따라서, 이번 글에서는 미얀마를 중요한 아시아와 동남아시아 지역의 평화, 인권, 민주주의와 같은 중요한 담론과 네트워크가 형성되는 '다중적 국제 사회의 장'으로 간주하고, ASEAN과 함께 ASEAN 동아시아 정상회의(EAS: East Asia Summit) 지역협력의 관점을 고려하여 논의를 전개하고자 한다. 또한 '미얀마라는 지역'의 인권 및 평화 조성을 위해 중장기적으로 국내외 행위자들이 함께 고려할 수 있는 인도주의-개발-평화 넥서스의 개념틀과도 연계하여 살펴볼 것이다.

여기서 인도주의, 개발, 평화 넥서스(이하 HDP 넥서스)는 위의 세 정책-아젠다-시스템의 연결을 일컫는 것으로 취약성의 근본 원인을 해소하기 위한 하나의 통합적 접근법(approach)으로 이해할 수 있다(김효정 외, 2021). HDP 넥서스는 2016년 5월 세계 인도주의 정상회의(World Humanitarian Summit)에서 UN 사무총장 보고서에서 처음으로 다자협력 장에 등장하여, UN 및

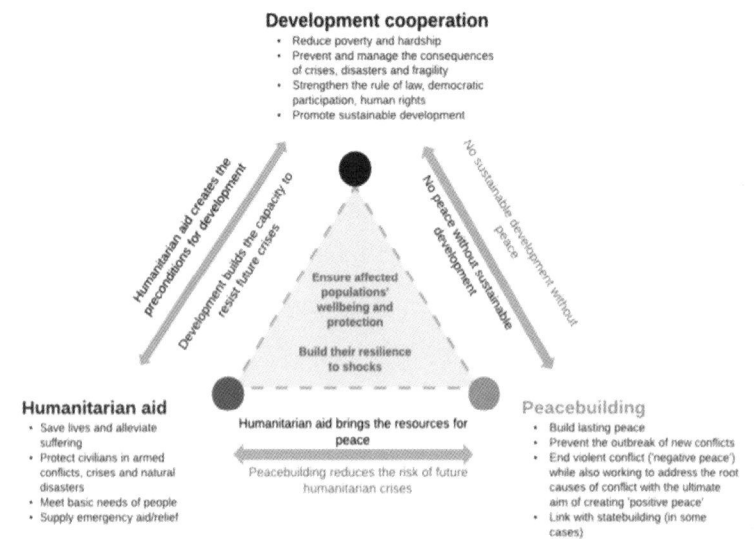

그림 1 Linkages Between Development Cooperation, Humanitarian Aid and Peacebuilding
출처: Medinilla et al.(2019: 2)[3]

세계은행과의 협업을 통해 인도주의·개발·평화 이니셔티브로 발전해왔다 (문경연, 2022). 2020년에 OECD(Organization for Economic Co-operation and Development)가 적극적으로 정책일관성을 강조하며 '트리플 넥서스'를 개념화하면서 국내외 양자 개발협력 및 인도주의적 지원 행위자 사이에서 논의되고, 최근 다수의 개발협력 프로그램에 적용되기 시작하였다. HDP 넥서스는 위기의 전 과정에서 사람들의 취약성을 개선하기 위해 협력의 일관성을 강조함으로, 분야 간의 상이한 활동방식과 재원조달 방식으로 취약한 위치에 있는 사람들의 개발 수요가 효과적으로 충족되기 어려운 현 시스템을 개선하기 위한 목적의 통합적, 포괄적 접근법이라 할 수 있다(OECD, 2020; 김효정 외, 2021).[2]

---

2 OECD DAC(2019)에 의하면 HDP 넥서스는 국제사회의 빈곤 감소를 위한 하나의 방안으로 국제개발협력 이행 과정에 있어 '협력, 일관성, 상호보완성'을 강화하는 것으로, 분쟁·갈등·취약

HPD 넥서스의 관심은 다자주의 주요 행위자들의 담론을 넘어서 국내에서 많은 협력 사업과 연구의 경험을 축적해온 대북 협력의 경험을 고려할 때도 '평화'를 원조조건으로 부과하는 '평화조건'에 대한 논의를 좀 더 포괄적으로 포함할 수 있다는 점에서 함의가 있으며, 나아가 미얀마를 연구하고 미얀마 협력을 실천하는 실천가들에게도 의미가 있다.[3] 따라서, 본 장에서는 HDP 넥서스의 각 축이 2021년 전후 미얀마 내에서 국제-국내 이행주체들 사이에서 어떻게 작동되어 혹은 작동되지 않았는지 다면적으로 검토한다. 이를 위해 미얀마 국가발전정책 형성 및 협상과정에서의 평화어젠다의 실종, 미얀마 국가발전의 계획과 중장기개발협력의 재원 및 프로그램에 우선순위 배제된 상황 및 2021년 이후, 인도주의적 지원의 정체를 둘러싼 양자 및 다자 행위자의 역동을 살펴보고 시사점을 도출하고자 한다.

이번 글에서는 선행연구(2018, 2020, 2022)에서 탐색한 2011년부터 2021년 사이 전환기 미얀마에서 진행된 미얀마 내부의 국가 개발정책 발전과정과 다자금융기구, 국제연합기구, 일본, 한국 등이 공적개발원조 사이의 관계에 대한 분석 결과에 기반을 두되, 본 지난 연구에서 한 걸음 나아가 지난 수년간 미얀마 국가발전과 평화 어젠다의 단절, 분쟁예방(conflict prevention) 및 평화조성(peacemaking)을 연결하지 못하는 국제협력의 구조적, 현실적 한계와 아세안 외부 구조(ASEAN Plus)인 ASEAN EAS 협력국가들의 미래 역할을 모색하고자 한다.[4] ASEAN 내부구조에 대한 논의는 6장에서 심도있게 다루고 있어, 본 장에서는 일본, 중국, 한국, 호주와 같은 국가 행위자와

국 내의 취약성을 줄이고 분쟁의 근본원인(root cause) 해결을 위한 위기관리 역량을 강화하고 개발 수요를 충족시키는 것을 의미한다(OECD, 2020; 김효정의 2021년 논문 참고).

3 대북지원 딜레마와 개발협력 전환의 가능성을 모색한 선도적인 연구인 '국제개발 조건으로서의 '평화': 대북원조의 이중적 딜레마와 북한개발협력의 평화-개발 연계'(김태균, 2019)을 참고하기 바란다.

4 본 글의 내용은 저자의 논문인 '전환기 미얀마개혁개방 10년의 도전과 위기: 국가발전정책-지식-권력의 국내외 역동을 중심으로(홍문숙, 2022)'의 일부 내용을 포함하고 있다.

ASEAN EAS와 같은 국가간 협의체계에 집중하고, 이들과 협력하는 국제기구 및 개발금융기구의 역할에 대한 논의도 부분적으로 포함하였다. 다만, 미얀마 인도적지원-개발-평화의 연계를 위한 중요한 국제적 영향력을 미치고 있는 미얀마 디아스포라 및 미얀마-태국 국경지역의 시민사회의 역할은 후속 연구에서 다루고자 한다. 마지막으로 시사점에서는 미얀마 둘러싼 '아시아'라는 공간을 메가아시아론에서 주장한 '다중적 사회의 장'의 관점(신범식, 2023)에서 EAS 협력 행위자들의 관계-담론-제도 구성에 대한 시사점을 제시하고자 한다.

II. 대미얀마 제재 담론: '서구'의 제재 전략과 영향력

1. 미얀마 제재의 짧은 역사

탈냉전 이후부터 미얀마 군부정권을 대상으로 경제 영역을 포함한 포괄적 제재조치는 미국 및 주요 서방국가들이 오랫동안 적용해온 전략이다. 그러나, 현실적으로 미국, 영국 및 유럽 주요 국가들의 대미얀마 제재는 2000년대 중반까지 고전적 외교 전략 고수, 미얀마 군부를 옹호하는 주변국의 지지, 제재 대상 품목 선정의 오류, 군부 주요 인사에 대한 제재의 어려움 등으로 소기의 성과를 이루지 못하였다(장준영, 2009). 2010년 이전까지 미국과 유럽의 주요 국들은 미얀마 군부에 압박을 가했고 미얀마 내부 및 디아스포라 미얀마 인사들의 헌신적 투쟁이 있었지만, 궁극적으로 땃마도는 수십 년간 굳건한 단합을 보였다. 미얀마에 대한 제재 중심의 국제적 보이콧의 영향력에 대해 의문을 제기되었고, 버마식 사회주의 고립노선을 오랫동안 걸어온 군부에게 주요국들의 경제제재 효과가 크지 않다는 비판을 제기하였다.

2011-12년까지는 미국과 영국의 제재파의 우려에도 불구하고, 미얀마의 고립 상태가 수십 년간 지속되었다는 점, 서구의 강력한 제재에도 미얀마 군부가 오랫동안 건재했던 점, 군부정권이나 단계적 개혁을 주창하는 온건파

정부가 들어온 현실을 고려하여 정치, 사회적으로 중요한 전환기를 맞을 수 있는 기회라는 국제사회의 컨센서스가 형성되기 시작했다. 2008년부터 2011년까지 DAC 회원국은 공식적으로 유상원조를 지원하지 않고 소규모의 무상원조 및 기술협력만 진행하였고, 2011년부터 대규모 부채탕감이 미얀마 개발협력 정상화의 출발점이라는 컨센서스를 만들어갔다. 2013년 대미얀마 무상 원조는 원조규모가 10배가량 급증하고, 유상원조도 이 시기를 기점으로 시작되었다. 국제사회의 대미얀마 제재가 급격하게 완화되기 시작하며, 2011년부터 2015년까지 떼인쎄인 정부의 공적개발원조 포토폴리오는 약정액 기준으로 총 13,700백만 달러에 달했고, 실제 집행액도 10,300백만 달러에 달했다(표 1 참고).[5]

2011년부터 부채탕감 및 사회개발분야 지원을 중심으로 공적개발원조가 확대되면서 미얀마는 2015년 기준 전 세계에서 일곱 번째 규모의 수원국이자 주요 공여국의 최우선 중점협력국가로 부각되었다. 공적개발원조 측면에서는 개방 이후 7년만인 2018년, 미얀마는 캄보디아와 라오스 다음으로 세계에서 가장 많은 규모의 공적개발원조를 지원받는 국가 중 하나로 부상하였고, 2021년 쿠데타 이전에는 수년 내 아시아 최대 수원국으로 도약할 것으로 예상되었다(Carr, 2018; Bjarnegård, 2020). 여기서 나타난 미얀마 국제개발협력에서 나타난 독특한 현상은 DAC 회원국 전체가 대미얀마 원조의 규모를 확대한 것이 아니라, 일본 원조액이 대부분을 차지하였다는 점이다. 지난 10년간 일본은 DAC 회원국 대미얀마 원조 총액의 79%, 무상원조 68%, 유상원조 93%까지 차지하며 독보적인 규모의 지원을 하였다.

2017-18년에는 문민정부가 집권하지만 오히려 주요국들이 다시 미얀마 제재를 논하는 상황이 전개되었다. 2010년 초반 제재유지 입장을 피력해

---

[5] 데이터는 "Creditor Reporting System." OECD. Stat website., Accessed December 29, 2021)연구에서 제시한 데이터에 근거하되, 저자가 최신자료를 비교하여 업데이트 함(접속일: 2022.12.31.) (홍문숙·김인애, 2022: 211)

온 미국, 영국, EU(European Union) 등은 민족민주동맹(NLD: National League for Democracy) 정부 및 아웅산 수찌의 로힝야 인권유린사태 및 국내외 여론에 미온적으로 대응하는 이중적 태도에 실망하고, 제재 카드를 적극적으로 사용해 온 유럽 국가들 모두 국제개발협력 예산을 급격하게 하향 조정하였다 (Décobert and Wells, 2020). 이와 같은 아웅산 수찌 정부의 실정으로 해, 수찌 정부가 규범 기반 개발협력, 평화, 인권, 민주주의 개발협력의 어젠다를 강조할 것이라고 기대했던 국가, 의회, 시민사회 단체들의 비판이 더욱 거세졌다. 아웅산 수찌 정부는 제재카드를 고려하고 있는 미국 및 이미 국제개발협력 예산을 급격하게 삭감하한 전통적인 공여국과의 관계를 조정하고, 중국, 인도, 한국, 태국, 베트남, 싱가포르 등과의 경제, 무역, 외국인직접투자, 개발협력, 관광 및 문화협력 및 이들과의 개발협력관계를 확대하기 시작했다(Bjarnegård, 2020; Décobert and Wells, 2020). 국제관계에서 고군분투했던 NLD는 국내정치에서만큼은 국민적 지지가 여전했고, 2019월 11월 총선에서 NLD는 다시 한번 압승을 거두었다. 규범 기반 개발협력 네트워크에 크게 동조하지 않고 로힝야 이슈에 대해 언급을 꺼려하는 대부분의 신흥공여국 및 공여기관 및 NLD 정부는 현실적으로 국가경제 규모를 키울 수 있는 교통, 산업개발, 도시 개발에 집중하기 시작하며, 갈등 예방 및 평화 어젠다에 대한 관심도가 눈에 띄게 축소되었다.

2021년 2월 땃마도의 도발 이후 아웅산 수찌 정부가 위기에 봉착하면서, G8의 주요국 정부들은 즉각적으로 성명을 발표하고, 적극적으로 대응하는 것으로 보였다. 2021년 2월부터 G8과 주요국 정부들이 쿠데타에 즉각적으로 성명문을 발표하고 다양한 수준의 정치·경제 제재를 신속하게 발표하였다. 미국, 영국, EU 등은 수입제한, 신규 투자 금지, 특정 인물 자산동결과 군정 고관에 대한 입국 금지, 비자발급 중지를 포함하는 전면적 제재를 시작하였다.[6] 5월에는 미얀마 군부 및 일가의 특정 인물과 관련 기업 자산동결을 통

---

6   미국의 경제 제재의 유형과 방법에 대한 상세한 논의는 박태정(2021)을 참고하기 바란다.

해 경제적으로 고립시키려는 핀셋 제재(targeted sanction)를 시행하여 군부를 압박하였다.[7] 주요국들의 공적개발원조도 2021년 5월 전후 차관지원 중단을 시작으로 대부분의 협력이 중단되기 시작하였다. 대규모의 차관을 제공해온 세계은행, 아시아개발은행, 일본, 독일, 한국도 신규 차관 금지와 추가 송금 금지 조치를 단행하며 군부 압박에 참여하였다.

하지만, 주요국들의 전격적인 정치적, 경제적 제재에도 불구하고 미얀마 군부는 군사협정을 맺은 동맹국과의 군사·경제·정보 협력을 더욱 적극적으로 확대하는 모습을 보여 시민사회의 큰 비판을 받았다. 지금까지 미얀마 군부를 압박하기 위한 유엔안전보장이사회의 정치적 합의가 불발되고, 의장성명서 수준의 발표[8]가 나오면서, 국제기구의 역할에 대한 실망감과 한계가 부각되면서, 이제 주요 국제기구 및 주요국 정부는 ASEAN으로 어젠다 협상과 조정의 역할을 넘기며 ASEAN 체계 속에서 미얀마 이슈에 대응할 것을 기대해왔다. 2022년 하반기에도 미얀마 땃마도의 자발적 퇴진이 가능해 보이지 않는 상황에서 외부 개입 없이 군부 진압 강화 및 확대가 예상되며, 무장단체를 포함한 연방군의 대(對)군부 항쟁 시작 및 내전 사태 장기화가 시작되었다. 2023년 기준으로 주요 제재 카드를 모두 사용해버린 서방 세계 대비 고립에 익숙한 땃마도의 버티기 전략이 '비교적 성공'하고 있는 것으로 나타난다.

2. 서구 제재담론과 일방주의의 한계

서구 주요국들은 2011년 이후 미얀마에 대한 경제·정치제재에 적극적으로 대응하였다. 특히, 영국과 미국은 미얀마 군부 압박에 전방위적으로 강경한

---

7 2021년 3월 기준의 쿠데타 이후 국제사회의 대응과 제재 목록의 번역본은 정재완 외(2021)의 "미얀마 쿠데타 이후 국제사회의 제재 동향과 시사점"을 참고하기 바란다.

8 2021년 2월 쿠데타 이후 미얀마 상황에 대한 유엔의 공식입장은 SC/14430 Statement Expressed Deep Concern (20121/02/04) S/PRST/2021/5 Press Statement (2021/03/10), SC/14697 Press Statement (2021/11/10) Press Statement SC/14754 (2021/12/29)에서 세부 내용을 확인할 수 있다.

목소리를 내왔다. 제재 수준의 차이는 있지만 대부분의 서구 및 아태지역 주요국은 대미얀마 군부 제재에 동의하고 군부 압박에 동의하였다. ASEAN을 제외한 타 주요 국의 입장은, 첫째, '전통적 제재지지 행위자'로 분류될 수 있는 미국, 영국, EU 등, 둘째, 과거 '제재유보 행위자'였으나 2021년에 '제제지지 행위자'로 참여하게 된 호주, 스웨덴, 한국 등이 있다. 과거 '미얀마 개방지지 행위자'였던 중국과 일본은 최근 상이한 행보를 보이고 있다.

먼저 대미얀마 전통적 제재행위자인 미국, 영국, EU 등의 최근 제재조치와 역할은 좀 더 현실적으로 살펴볼 필요가 있다. 이미 2011년대 초반부터 미국, 영국, EU 등의 미얀마에 대한 외교 정책이 변화하지 않았고, 국회와 시민사회의 우려가 있던 상황에서 차관의 제공은 요원한 것으로 보였다. 이들은 무역을 제외한 국제협력 분야에서 최소한의 수준으로 협력을 진행하다가 로힝야 사태이후 가장 신속하게 부분적 제재를 시행하거나, 공적개발원조 예산을 급격하게 삭감하는 방식으로 수찌 정부에 불만을 표출하였다. 2021년 전후, US 및 EU의 對미얀마 제재의 특징을 비교해보면, 두 양자 및 다자 행위자 모두 제재지지 세력으로 다양한 제재 관련 방법을 사용한 것을 확인할 수 있다.

미국은 대표적인 제재 지지 행위자로서 규범기반 제재 정책(미국 내 의회 및 디아스포라 미얀마 시민사회와의 협력 강조)을 구현하고자 하였다. 미국의 제재는 주요 EO(행정명령, Executive Order)을 통해 제재가 가동되며, 이번 대미얀마 제재의 경우 미국 재무부 SDN 목록(Specially Designated Nationals And Blocked Persons List) 및 무역통제 리스트(Commerce Control List)를 적극적으로 관리하고 있다. 2021년 초부터 미국은 미국 국제개발처(USAID: United States Agency for International Development) 공적개발원조(ODA: Official Development Assistance) 전면 중단하였고, 22년 최근에는 초, 미얀마에서 군부와 연관된 활동을 하는 경우, 금융, 법률, 평판 측면에서 리스크 높아질 것이라는 6개 부처 공동 입장 표시하였다.

EU의 경우, 이미 2018년 수찌 정부 시기부터 대 미얀마 제재를 가동해

왔다. 2018년에는 로힝야(Rohingya)족 문제와 관련하여 미얀마 군부 측 인사 14명 대상 제재, 2019년에는 미얀마 쌀에 대한 일반특혜관세제도(GSP: Generalized System of Preferences) 부여를 3년간 중단하였다. 땃마도의 쿠데타 직후인 '21년 2월에 긴급하게 EU 이사회 결론(Council Conclusion)을 발표하고, 3월에는 미얀마 주요 인사(EU 입국 금지, EU 역내 자산 동결, EU 시민 및 기업과 거래 금지를 시작하였다. 2021년 초, EU가 미얀마에 지원한 공적개발원조의 규모는 크지 않은 수준이었지만, 공적개발원조도 즉각적으로 중단하였다. 22년 2월 21일에는 EU의 대미얀마 4차 제재 시작 (4인 추가 및 4개 기업 추가로, 총 65명 10개 기업 제재 중) 되었고, 당일부터 현재까지 EU의 모든 공적개발원조는 중단되었다.

독일, 호주, 스웨덴 등은 '제재유보 행위자'였으나 2021년 이후 '제제지지 행위자'로 변화한 사례이다. 특히 독일과 스웨덴은 미얀마에 대해 비교적 제재와 인도주의적 지원의 균형있는 접근을 강조해왔다. 2011년 스웨덴, 덴마크 등이 먼저 미얀마에서의 공적개발원조 중 무상원조와 기술협력을 재개하는 데 적극적인 행보를 보였다. 다자협력, 삼각협력 및 시민사회협력을 진행해온 스위스도 2012년에 양곤에 대사관을 열고 교류협력 활동을 전개하였고, 2014년에는 인도주의적 지원 및 시민사회를 통해 지원에 집중해오던 주양곤 스웨덴 대사관에서 개발협력 사무실을 개소하였다. 유사한 방법으로 미얀마 시민사회를 지원해오던 덴마크도 같은 시기에 제재를 풀고 미얀마에 대사관을 열었다. 한국의 경우도, 대미얀마 관계에 있어서는 일정 부분 제재유보 세력으로 구분되었다가 21년 제재에 참여한 행위자로 구분할 수 있을 것이다. 해당 국가행위자들은 로힝야 사태 이후에도 공적개발원조를 전면 중단하거나, 완전히 삭감하지 않고, 평화 및 분쟁관련 어젠다와 중장기 경제 및 사회개발협력을 분리하고자 하는 경향을 보였으나 모두 21년 이후 국제제재에 동참하였다(홍문숙 외, 2022).

저자는 선행연구에서 영국, 미국 등이 미얀마와 관계를 맺어온 방식과 특수한 맥락을 국가개발정책의 형성과 평화 거버넌스 구축의 관점에서 재해석하면 아래와 같이 몇 가지 시사점을 도출하였고, 주요 내용은 아래와 같다. 첫째, 미얀마의 과도기 군부정부(떼인쎄인정부)[9] 및 문민정부(아웅산 수찌 정부)[10]는 모두 미국, 영국, EU 등이 대미얀마에 대해 개발협력을 축소하면 할수록 중국, 태국 등과 군사, 경제, 개발협력을 확대하는 정치적 선택을 하는 일정의 관계구도가 존재한다(홍문숙 2021; 홍문숙 외 2022).[11] 둘째, 아웅산 수

---

9 저자의 선행연구(홍문숙 외, 2022)에서 2011년 통합단결발전당(USDP: Union Solidarity and Development Party)과 군부 내 온건파로 분류되는 떼인쎄인이 대통령 표면적으로는 적극적인 정치적, 경제적 개방을 시도하였다. 떼인쎄인 대통령의 집권은 글로벌 개발협력 주무부처 및 기관들에게 청신호를 제공하였음을 강조하였다. 떼인쎄인은 군부 출신의 지도자이지만 국제협력에 적극적이었고, 특히 에너지, 교통, 농촌개발, 보건 및 교육 분야에 집중하여 단계적으로 개방하겠다는 의지를 명확히 하였다. 떼인쎄인이 2016년 연방 총선 결과에 근거하여 스스로 평화로운 정권이양을 약속한 점은 외국인직접투자 및 공적개발원조에도 긍정적 시그널을 제공하였다. 공적개발원조를 국가발전의 견인차로 활용하겠다는 떼인쎄인의 단계적 경제개방 우선추진 기조는, △개발협력 파트너에 대한 친화적 접근, △국제금융기구와의 적극적 협력, △분야별 수원국-공여국 워킹그룹 구축을 추진하면서 적극성을 보였다.

10 선행연구(홍문숙 외, 2022)에서는 2016년-2019년: 아웅산 수찌 NLD 집권 초기: 2015년 11월 총선에서 아웅산 수찌 의원이 이끄는 야당인 NLD가 압승하면서 2016년 일본, 호주, 한국 등의 대미얀마 공적개발원조가 한층 더 확대될 가능성이 높아졌고, 아웅산 수찌 정부는 긍정적이고 희망적인 분위기에서 출범한 맥락을 설명하였다. 2016년 미얀마의 반세기에 이르는 장기 군부독재체제를 벗어나 문민정부의 시대로 진입하였으며, 해 World Bank, 아시아 개발 은행(ADB: Asian Development Bank), UN 및 주요 개발파트너 국가들도 획기적인 변화를 기대하였고 사회개발 분야를 지원하기 위한 다자 및 양자 프로그램 지원에 박차를 가했다. 하지만 2016년 아웅산 수찌 문민정부 정책의 최우선 순위는 아직도 현실적으로 큰 영향력을 발휘하고 있는 군부와의 공존을 통해 체제를 안정시키는 수준에 놓여있었다(NLD의 경제개혁 프레임워크 2016-2020 참고).

11 대미얀마 경제 및 인프라 협력에 집중하는 전략으로 ODA 통계를 공개하지 않는 중국이 실질적인 미얀마 개방에 영향을 미칠 수 있다는 기대가 수년 동안 제기되어 왔다. 미얀마에서의 개발협력의 정치사회적 역동은 서구의 '전통적인' 공여국과 공여기관보다 중국, 인도, 태국 등과의 관계를 포괄적으로 맺어온 역사를 고려할 필요가 있다는 것이다. 그러나 2021년 쿠데타의 배후로 지목된 중국은 국내적으로 시위가 잦아들 때까지 방관하거나 고위급 인사의 방문 자체를 자제하는 등 최근 미얀마와 어느 정도 거리두기 행보를 보였다. 중국은 서구의 제재와 관계없이 2011년 이후 착수된 투자 프로젝트를 유지하며 경제적 이익을 보호하는 방식으로 협력을 유지하고 있고 있는데, 미얀마의 입장에서는 중국에 대한 경제적 의존이 심화되고 있다. 더욱이 중국의 대규모 인프라 프로젝트가 일대일로 정책과 연계된 점을 고려할 때 중국이 자국의 경제적 이익과 국경지역의 안정을 민감하게 고려하고 있다. 이런 측면에서 제재를 강조하는 서방 국가들보다 중국이 일정 수

찌 정부의 로힝야 인권 탄압 및 국가고문의 이중적 태도와 미온적 대응은 규범 기반 협력을 강조해온 중견국이 대미얀마 국제개발협력 예산을 축소하고 협력에 주저하는 의도하지 않은 결과를 낳았다. 서구 주요국이 2018년 전후로 미얀마 정부와의 협력을 급속하게 축소한 반면, 중국, 일본, 세계은행, 아시아개발은행은 일정 수준의 협력을 유지하며, 비교적 예측 가능한 대미얀마 개발협력을 진행한 것으로 확인되었다. 아시아개발은행과 일본의 인프라 협력은 오히려 2019년 이후에 눈에 띄게 확대되었다. 2022년부터는 그 정확한 규모를 파악하기 어렵지만, 신규 차관이 전면 중단되었음에도 불구하고 일정 수준의 인프라 협력은 일정 수준 유지 중인 것으로 예상된다. 셋째, 위와 같은 수십년간 지속한 미국, 영국, EU 등의 대 미얀마 제재 전략은 '민주주의라는 이름으로 포장된 강대국들의 일방주의'라는 비판과 '실질적 협력과 지원을 함께 제공하지 않아 개방과 개혁을 견인 할 역할이 부족하다'라는 무용론에 부딪혀왔다.

III. 인도적지원-개발-평화 정책연계의 부재와 평화체계 구축의 실패

1. 평화 어젠다와 국가개발정책 연계의 부재

2011년부터 2020년 '전환기'를 거치고 있던 미얀마를 둘러싼 국내-국제 국가개발정책 형성 및 협상과정에서 미리 평화구축을 적극적으로 정책화하고 평화거버넌스 구축을 위한 노력이 이행되지 이유는 무엇인가? 아웅산 수찌 정부 초기에는 미얀마 평화 구축 논의가 뜨거운 듯 보였지만, 정치적 수사로 그쳤고, 아웅산 수찌 정부의 실질적인 평화 정책은—비교적 명확한 정책목표, 지표 및 기초적인 예산 계획을 포함한 경제사회분야 대비하여—상당히 모호하였다. 무엇보다 경제, 산업, 보건, 교육, 농업 분야의 국가개발정책에 평화 구축 어젠다

준의 정전협정에서의 역할이 더욱 중요해 질 것으로 보인다.

가 어떻게 연계되는지 드러나지 않았다. NLD 정부가 출범한 후 몇 년이 지나도록 포괄적 국가발전정책은 몇 년이 지나도록 공표되지 못하는 사이, 2017년과 2018년에 국제협력 재원을 준비하고 있는 주요국 파트너들도 떼인쎄인 정부에서 이미 수립되어있는 전통적인 경제 및 사회 분야에 재원을 집중하여 정책을 수립하였다. 이 시기에 미얀마 정부의 개발협력 주요 부서들은 무장분쟁, 정전협상과 평화구축 및 젠더, 인권과 같은 중요한 범분야 이슈를 어떻게 다뤄야 할지 명확하지 않다는 판단하여 대부분의 논의를 모두 평화관련 워킹그룹으로 논의를 넘기는 현상이 지속되었다.

주요 국가들이 아웅산 수찌 정부와의 협력과정에서 평화 구축을 좀 더 강하게 주장하여 정책화하는 데 기여했을 것이라는 기대와 달리 주요국 들은 다른 국가에서 원래 하던 대로(business as usual)' 개발협력 사업을 전개하였다. 이와 같은 대부분의 공적개발원조 프로젝트들과 쏟아지는 사업들은 '개발협력'이 가질 수 있는 평화를 위한 지렛대로서의 역할에 대한 고민 없이 기획되고 수행되었으며, 현존하는 미얀마 사회의 분쟁과 폭력에 대한 구조적 요인들에 대해 '한 눈을 감아버리는'의 결과를 나왔다는 비판이 가능하다. 무상 개발협력을 강조하는 대부분의 중견국들은 미얀마 정부의 수요 요청을 기반으로 개발협력 프로젝트가 형성되는 시스템에 의존하고 있어 특수한 요청이 있지 않는 갈등 예방(Conflict Prevention)에 핵심적인 종족 및 계층 간 대화, 군부와 무장 세력의 비무장화는 개발협력 정책과 프로그램 기획과 협의 체계 안에 쉽게 녹아들지 못한 것도 현실적인 문제였다. 이와 같은 정부 간 국제개발협력 사업형성과 기획 체계 내에서, 연방 정부의 행정력 개선, 경제개선과 주민의 삶의 질 개선에 주안점이 좁혀진 것은 자연스러운 결과일 수 있지만, 이러한 초점 속에 미얀마 국가와 사회가 최빈국으로 전락하게 된 근본원인인 분쟁과 폭력에 대한 논의가 포함되고 기존 사업들에 주류화 되지 못한 것은 10년 동안 국제사회가 함께 놓친 핵심 이슈였다.

2011년부터 2015년 중 떼인쎄인 정부 기간에는 국가발전의 정책과 협의가 분야별로 비교적 체계적으로 수립되고 프로그램이 착수되기 시작했다.

반면 평화과정 및 안보상황 개선은 국제사회에서 항상 미얀마 국가발전에 가장 중요한 문제로 지적해왔던 과제이지만, 헌법 개정, 민주주의 거버넌스 구축, 평화 체계 구축 과정의 논의는 국가수준의 예산 협의 위원회에서도 잘 부각되지 못했다. 개발협력의 예산이 매해 확대되던 2012-15년의 장밋빛 전망 속에서 재건 및 평화구축에 대한 논의는 정책어젠다에서 우선순위로 드러나지 못한 것이다. 군부 정권인 떼인쎄인 정부는 평화안보 관련 공적개발원조 예산 배정에 대해 모호한 입장을 보인 점은 예상 가능했다. 2015년에 관련 예산은 116백만 달러 수준이었고 2016년에는 272백만 달러 수준의 약정이 공표되었지만, 100백만 달러 규모의 예산만이 집행되었다.[12] 평화 및 안보

표 1 OECD DAC Major Donors' Humanitarian Aid to Myanmar 2008–2020[13]

Countries	2008	2009	2010	2011	2012	2013	2014	2015	2016	2017	2018	2019	Total
DAC Total	303.31	99.06	55.14	72.38	98.85	207.85	151.16	125.85	151.46	145.93	147.01	192.10	1,750.1
Australia	45.47	5.86	3.13	3.99	9.71	11.82	11.09	5.33	9.34	14.18	11.04	15.03	145.99
Belgium	2.20	0.06	0	-	-	-	-	-	0.13	-	-	-	2.39
Finland	3.61	0.84	-	0.28	-	1.33	1.33	1.94	0.77	0.56	0.63	2.24	13.53
France	3.31	0.05	0.07	1.04	1.26	0.36	0.36	-	-	0.39	0.39	1.01	8.24
Japan	12.53	5.78	2.27	1.75	21.58	93.88	13.65	39.53	28.86	31.49	20.26	54.47	326.05
Netherlands	13.70	4.65	0	2.5	1.16	0.93	0	0	-	1.13	-	-	24.07
New Zealand	2.63	-	-	0.39	-	0.81	-	-	0.35	3.55	4.49	6.59	18.81
Norway	15.61	12.59	7.89	6.92	7.76	8.29	11.20	4.40	5.06	5.48	5.79	1.36	92.35
ROK	2.76	-	0.14	0.22	0.50	0.04	0.07	0.71	0.58	1.43	2.0	2.99	11.44
Sweden	10.06	5.92	5.41	3.43	3.67	7.41	5.86	0.75	-	2.75	7.13	-	52.39
Switzerland	8.39	4.12	6.33	4.69	3.62	10.06	6.64	8.19	8.89	6.82	8.60	9.55	85.9
UK	55.39	31.69	3.71	4.81	5.51	23.32	12.37	10.93	25.21	4.02	0.27	1.13	178.36
USA	68.12	17.61	19.44	33.94	28.96	35.10	69.90	35.74	47.37	39.08	50.88	66.48	512.12

출처: OECD Stats (http://stats.oecd.org). (accessed on August 28, 2022).
주: 홍문숙 외(2022: 236)의 데이터에 근거하여 최신 자료로 업데이트함.

---

12 Joint Peace Fund, "Principles." Joint Peace Fund Website. (Accessed December 29, 2021).

13 Note 1: Aid type - Humanitarian Aid
Note 2: Unit-US Dollar, Millions, Amount type - Constant Prices.
Note 3: Total amount is calculated based on data between 2008 and 2019.

관련 공적개발원조 지원 예산이 일부 배정된 것은 사실이나 2011-16년 사이에 예산의 확대 규모를 고려할 때, 해당 예산은 전체 공적개발원조의 1.3%에서 3.0%의 수준에 머물렀다. 평화와 재건에 대한 개발협력 행위자들의 실질적인 지원은 턱없이 부족하였다(홍문숙 외, 2022). 2011년 이후, 공적개발원조의 85%는 국별 프로젝트에 집중되었고, 프로젝트의 수를 중심으로 분석해도 50%는 프로젝트 유형의 국별 사업으로 나타났다. 평화에 관련된 예산 내의 세부 유형의 측면에서도 재건 및 평화구축 분야의 협력은 평화거버넌스 구축, 지역사회 혹은 수혜자를 지정하여 수행되는 중장기사업이 아닌 신탁기금, 연구, 분석, 자문을 수행하는 활동에 한정되었다.

2. 2021년 이후, 인도주의적 지원의 정체: 양자 행위자

중장기 개발협력 사업에서의 분쟁지역 지원 사업 및 신설된 인도주의적 지원과 평화워킹그룹의 한계가 명확했다. 2010년대 중반 미얀마에서는 국제개발협력 사업이 분쟁지역이나 국경지역에서 수행되는 경우에도, 민간의 활동의 영역으로 간주하여 개입하지 않거나, 국가 프로젝트로 진행되는 경우에도, 형성, 기획 혹은 심사단계에서 적극적으로 평화관련 활동을 반영하는 것보다는, 분쟁을 '사업 수행 시 유의할 사항 수준'의 리스크로 간주하는 사업체계를 가지고 있었다(Burnley and Pereira, 2014). 2018년 이후 새로 구축된 CPG(The Cooperation Partners Group)의 인도주의적 지원과 평화워킹그룹의 경우, 그 역할이 제대로 작동되지 못한 채 아웅산 수찌 정부와 함께 막을 내리게 되었다. 그러나 본 워킹그룹이 작동되었어도 기본적으로 본 워킹그룹에서 개발협력과 연계되고 논의될 수 있는 구조는 아닌 것으로 나타났다. 초기에 예산 투자를 확대하여 본 워킹그룹의 활동이 강화될 수 있도록 지원이 부재하였고, NLD 정부 주도로 관련 정치과정과 국제개발의 과정을 적극적으로 연계하는 것을 선호하지 않는 것으로 나타났다. NLD 정부와 국제사회가 놓치고 있었던 중요한 부분은 군부, 시민사회, 소수민족그룹 및 무장 세력들과의 대화를 착수하고자 하였지만 이는 연방정부에서의 회의장에 한정되었다.

궁극적으로 아웅산 수찌 민선정부와 땃마도의 긴장관계가 구조적으로 해결되지 못하고 있는 궁극적인 문제가 개발협력이나 인도주의적 지원 사업으로 확대되지 못하기도 했고, 실제 개발협력 사업이 진행되는 사업의 현장에서도 국가발전 어젠다와 적극적인 평화구축을 연계할 수 있는 통로와 관심이 부족한 것으로 나타났다. 지난 2020년을 기점으로 볼 때는, 전체 DAC 공여국 인도적 지원액의 약 66.5%를 차지하던 호주, 일본, 영국, 미국 4개국의 최근 인도주의적 지원이 주춤한 상황이다. 미얀마의 평화-개발 어젠다에 대해 적극적인 역할을 해온 영국의 경우, 대미얀마 ODA 금액 감소와 더불어 인도주의적 지원 금액도 축소하는 경향이 명확히 확인할 수 있다. 반면, 일본의 경우 다른 유럽 국가들이 대미얀마 인도주의적 지원을 중단 혹은 감소할 때도 대미얀마 인도적지원, 국제기구를 통한 다자지원 및 인도적지원을 유지하거나 다소 확대하였다. 미얀마 국경지역의 인도적 위기가 확대되고 정치적으로 복합내전으로 장기화되는 상황에서 주요 서구의 국제개발협력 및 UN의 행위자들도 제재 담론에만 천착하며 중장기적인 관점에서 인도주의적 지원, 시민사회, 학계의 협력의 공간을 유지하지 못하고 있다는 반증이기도 하다.

3. 2021년 이후, 인도주의적 지원을 둘러싼 역동: 다자행위자

다자협력의 경우, 지난 2월 2일 쿠데타 이후, 유엔의 힘 빠진 대응에 대해 세계의 시민사회 및 미얀마 여론주도 세력의 실망감 폭증하면서 무게의 중심성은 아세안으로 이동하였다. 현실적으로 지난 수년간 미얀마의 로힝야 사태와 인권탄압에 대한 아세안의 대응과 역할은 지극히 제한적이었으며 이에 따른 아세안의 비효율성, 나아가 아세안의 정당성에 대한 비판까지 확대되고 있음에 주목할 필요가 있다. 아세안은 21년에 개최된 10월 29일 아세안 정상회의 및 관련 정상회의, 11월 아세안-중국 정상회의, 12월 아시아-유럽정상회의에 미얀마 군부 참석을 모두 배제하면서 '문제 피하기 전략'을 구사하고 있으며, 22년 8월까지 뚜렷한 정치적, 외교적 협상력을 발휘하지 못하고 있다. 대부분의 다자, 양자, 시민사회 모두 아세안으로 중심을 이동 중 미얀마 이슈에 대한 아세안 특사 임명 이후 아세안의 대미얀마 대응이 인도주의적 지원에 집중하고 있는 현재 아세안의 인도주의적 지원 활동이 지속가능하게 진행되고 있는 것인지, 유엔과의 공조가 효율적인지에 대한 면밀한 분석이 필요하다. 양곤에 아세안조정그룹을 설치하기로 합의한 후, 21년 9월 15일 아세안의 1백만 달러 상당의 구호품이 미얀마 적십자를 통해 전달되었고, 인도적 지원과 재해 관리를 위한 조정센터가 조정하고 미얀마 적십자가 이를 배분을 담당하였다. 긴급구호 형태의 지원을 넘어서는 미얀마 내의 갈등 평화구축 및 인권 향상에 대해서 아세안 신흥국들이 개별국가 차원에서 적극적 역할을 할 것이라는 기대가 크지 않다. 현실적으로 2022년 하반기부터 좀 더 본격적으로 아세안을 통한 '인도주의적 지원의 통로(humanitarian corridor)'가 확장될 것으로 예상되며, '미얀마 문제'를 둘러싼 새로운 세력망의 역할이 어떻게 전개될지 향후 몇 년간 관찰하고 분석이 필요할 것이다.

  본 절에서는 미얀마가 전환기시기에 국가발전과 평화 어젠다를 연계하지 못하고, 분쟁예방 및 평화조성을 위한 실질적 노력이 연방차원에서 실현되지 못했는지 살펴보았다. 특히, 미얀마 제재를 둘러싼 '서구 주요국'의 제재 강조론이 확대되며, 영미권 및 국내외 시민사회에서 많은 지지를 받고 있다. 최근 '가치외교' 및 '가치 연대'에 대한 중요성이 확대되면서, 최근에는 신냉전 맥락에서 '사회주의 vs 자유주의'라는 형태로 '가치의 충돌' 또는 '가치의 진영화' 현상이라고 주장하는 언론과 전문가 다수 등장하고 있다. 저자는 이와 같은 현상과 분석에 우려를 표하며, 현재 동남아시아에서 진행되는 국제정세의 변화는 과거 냉전기와 같은 공고화된 두 진영 간 대립이라기보다, 상이한 정체성에 따라서 대립과 갈등이 여러 전선에서 복합적으로 표출되고 있는 '분산된 대립(scattered confrontations)'(김태환, 2019)으로 볼 필요가 있다고 주장한다. 2020년 이후 동남아시아에서 전개되고 있는 '국제적 관계 맺음'의 방식의 전면적 변화되는 시기에, 미국, 영국 및 유럽의 대미얀마 강경제재론을 강조하는 국가들은 미얀마 문제에 있어서도 '가치의 충돌' 또는 '가치의 진영화'를 내세우는 경향이 강하다고 주장한다.

두 번째 시사점은 2021년부터 주요 UN 기구들이 ASEAN의 역할을 강조하며, 대미얀마 대응에 비교적 미온적이라는 비판에 직면하고 있으며, UN 의사결정 체계 내에서 중국 및 러시아와의 협상력 부족 및 ASEAN 활용에 대한 협상력을 보여주지 못하고 있다는 점이다. 안타까운 점은 유엔의 R2P(Responsibility to Protect)와 같은 원칙을 통해 미얀마 민주화를 열망하는 미얀마 시민 및 청년의 기대 뿐 아니라(홍문숙, 2022), 연방의회대표단(CRPH: Committee Representing Pyidaungsu Hluttaw), 민족통합정부(NUG: National Unity Government) 주요 대표들의 기대와는 달리, 유엔안전보장이사회에서 미얀마 관련 의제가 향후에도 전향적으로 협의될 가능성이 높지 않은 것으로 보인다.

반면, 2021년 2-5월 초기의 對군부 제재가 강조되고 이행이 된 이후에는 강경 제재론을 강조하고 있는 미국이나 영국 보다 중국과 러시아의 영향력 UN 안전보장이사회에서도 찾아볼 수 있다. 2021년 2월 4일 UN의 언론성명 초안에 중국이 반대하였고, 2021년 4월 1일 언론 성명의 초안도 추가조치에 대한 문구에 중국이 유일하게 반대표를 행사하였다. 2022년 5월 27일 UN에서 군부에 평화적 해결을 촉구하는 의장성명 발표 시도가 있었으나, 중국과 러시아가 아세안 5대 합의와 관련 문구의 수정을 요구하며 성명 채택이 무산되었으며, 2022년 8월에는 21년 12월 결의안이행에 대해 충분한 진전이 없었다는 내용과 민간인 살해 중단 요구에 대한 초안 내용에 대해 중국과 러시아가 거부권을 행사하여 관련 내용이 제외되었다. 2022년 12월 결의안 2022S/RES/2669의 경우, 중국, 러시아, 인도가 기권을 행사했다. 중국은 미얀마 분쟁 해결 당사자는 미얀마이며, 본 문제의 조속한 해결법이 없다는 입장이었던 것으로 나타난다. 러시아의 경우 미얀마 문제가 국제 안보에 위협이 되는 이슈가 아니라는 입장을 피력하며 본 결의안 채택에 대해 기권을 하였다.

결과적으로 2021년 2-5월 초기의 對군부 제재가 강조되고 이행이 된 이후에는 강경 제재론을 강조하고 있는 미국이나 영국의 네트워크보다 중국, 러시아 및 '남반구 국가' 간의 군사동맹, 경제협력, 인적교류 네트워크가 미얀마 국내에서는 큰 영향력을 발휘하고 있을 것으로 나타난다. 특히 2023년에는 '미얀마 이슈' 대응에 대한 ASEAN의 영향력의 한계가 드러나면서, 미얀마의 입장에서는 중국, 러시아 및 여타 '남반구' 동맹국가와의 경제협력, 군사협력, 차관 및 무상원조가 '상대적으로 지속가능'하고 '예측 가능하다'는 의견이 팽배해지고 있다.[14]

IV. ASEAN EAS 협력국의 역할과 관계

본 절에서는 제재유보 세력으로 논의된 한국, 호주, 뉴질랜드와 같은 ASEAN EAS 협력국을 중심으로 미얀마 개방을 지지해온 행위자들의 최근 역할과 특징에 살펴본다. 일본은 다자 및 양자 개발협력 및 경제협력 부분에서 일본은 명확한 미얀마의 개방지지 행위자로 EAS 국가 중 대미얀마 관계에서 가장 실질적인 영향력을 유지하고 있다. 일본은 국제관계 측면에서는 동아시아 지역협력과 ASEAN의 중심성(Centrality)을 조화시키는 중요한 축(Koga, 2021; Yoshimatsu, 2023)으로 강조되어 왔다.[15] 본 장에서 집중하고 있는 개발협력과

---

14 본 연구에서 다루지는 않았지만 미얀마와 러시아와의 협력 관계에 대한 재조명이 필요하다. 2021년 6월 민아웅 흘라잉 군사령관은 국제안보회의에 참석하여 러시아 정부로부터 국방 및 과학기술 분야 협력을 확정하였다. 같은 해 8월에는 마웅마웅에(Maung Maung Aye) 참모가 국제군사기술포럼 "Army21" 참석하여 미얀마에 20달러 상당의 무기 판매 실적을 올리는 등 의 구체적인 협력이 있었다. 외교적인 측면에서도 미얀마와 러시아의 협력은 활발하다. 라브로프(Lavrov) 외교장관이 2022년 8월에 러시아-우크라이나 전쟁에서 러시아를 지지한 미얀마에 사의 표명하였는데, 외부 간섭 없이 미얀마가 내정을 관리 할 수 있도록 서로 돕는 영구적인 우호국이자 영구적인 동맹을 표명하는 등 의 핵심 성과가 있었다. 2023년에도 미얀마와 러시아의 국방 협력은 강화되며, 미얀마 국방장관이 모스코바회의에 참여하는 등 적극적인 협력을 꾸준히 진행하고 있다. 2021년 이후 러시아와 미얀마 협력이 더욱 활발해지고 있어 향후 러시아의 역할에 대한 후속 연구가 필요하다.

15 ASEAN이 EAS와 같이 다양한 기제와 대화통로(Summit and dialogue)를 활용하는 것이 연성균형(soft balancing)의 전략 차원이나 규범적인 측면에서도 중요하다고 주장한 Yuzawa(2022)의 논문과 EAS를 통해 ASEAN 내에서 중국과의 절묘한 균형을 찾고자 하는 일본의 역

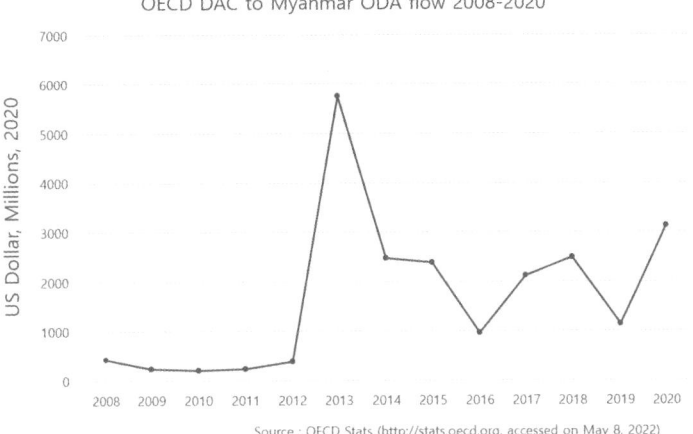

그림 1 OEDC DAC to Myanmar ODA flow 2008-2020 (홍문숙 외, 2022의 데이터 업데이트)

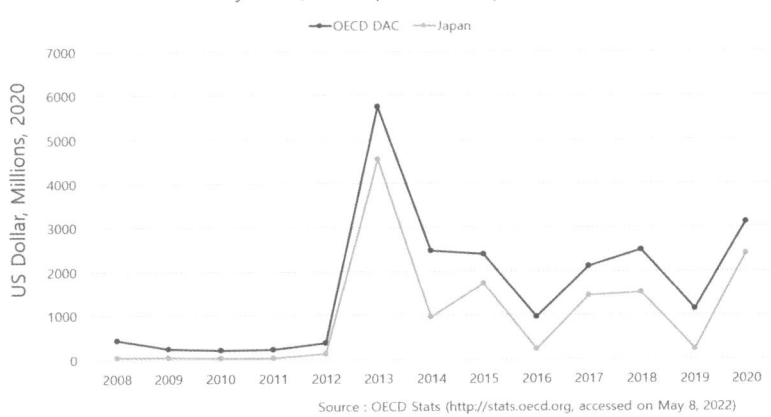

그림 2 DAC to Myanmar, in comparison to Japan's ODA 2008-2020 (홍문숙 외, 2022의 데이터 업데이트)

인도적지원에 관련해서도 일본은 인도적지원, 양자, 다자, 차관 및 무상의 중장기 개발협력 전 분야에서 대(對)미얀마 협력의 규모가 가장 큰 국가로서 실

할에 대한 Yoshimatsu(2023)의 최근 논문을 참고하기 바란다.

제적으로 독보적인 역할을 해왔다.

2012년 5월 아베 수상은 미얀마에 방문하여 세계은행과 아시아개발은행에 있었던 900백만 달러 규모의 미얀마 정부의 부채를 탕감하는데 참여하였다. 이와 같은 일본의 부채탕감에 이어 노르웨이도 534백만 달러 수준의 부채탕감을 진행하였고, 향후 15년간 상환해야 하는 부채의 50%도 파리클럽(Paris Club)이 탕감하였다. 2013년도에 일본은 다른 OECD 국가와는 달리 유·무상 원조 규모를 큰 폭으로 확대하였다(홍문숙 외, 2022). 미얀마 국제관계 논의에서 일본의 역할이 종종 지 않지만, 미얀마 국가 정책 및 예산 배분, 서구 국가들의 제재 전/후 일본의 역할의 중요성이 더욱 부각되어 논의될 필요가 있다.

2008년부터 2020년 사이 대미얀마 공적개발원조에서의 일본은 비중이 더욱 부각되었다. 대(對)미얀마 원조 총액 중 일본 원조액은 약 79%를 차지하고 있으며, 특히 유상원조의 경우 약 93%, 무상원조는 약 68%를 차지하고 있는 것을 확인할 수 있다. 2012년 아베 수상의 방문과 대규모 부채탕감 결정은 일본정부가 신속하게 차관업무를 착수하는 환경을 제공하였으며, 2013년에 2,200백만 달러 규모의 차관을 제공하고, 세계은행과의 신규프로그램에 520백만 달러, 아시아개발은행의 신규 프로그램으로 572백만 달러 수준의 차관과 기술협력 재원을 제공하였다(Seekins 2015). 2020년에는 유상원조가 눈에 띄게 증가했는데, 이는 무상의 3배에 달하는 수준이었으며, 대부분이 일본의 기여로 나타났다. 아시아개발은행과 세계은행을 통한 유상원조는 전체 대미얀마 ODA의 82%에 달하는 규모이며, 다자금융은행을 통해서도 일본의 기여가 상당할 것으로 나타나, 대다수의 서양의 주요국이 대미얀마 지원을 축소하는 시기에 일본의 기여가 더욱 부각되는 양상이 미얀마 국제관계의 중요한 한 맥락으로 동남아 국제관계에서의 일본의 영향력을 현실적으로 반증하는 증거임을 알 수 있다.

일본이 전방위적으로 미얀마 개발협력의 양자, 다자, 유상, 무상의 전 유형에서 미얀마 정부를 직접 지원해왔다면, 가치·규범 국제관계를 주요하게 고려해온 호주, 뉴질랜드와 같은 ASEAN EAS 협력국은 스웨덴 및 캐나다와 협력하여 NLD 집권 기간 중 거의 유일한 국가수준 평화이니셔티브 지원 프로그램을 적극적으로 운영하였다. ODA 규모적인 측면에서는 적은 규모이지만 미얀마에서 진행된 평화관련 가장 실질적인 프로그램으로 공동평화기금(Joint Peace Fund)을 발족하였다. 본 프로그램은 11개의 파트너들이 2018년 기준으로 약 100백만 달러 수준의 공동기금을 조성하는데 성공하였다. JPF는 첫째, 평화 거버넌스 구축(peace architecture), 둘째, 평화협상활동 직접지원(direct support for peace negotiations), 셋째, 평화 연구 및 혁신을 위한 평화이니셔티브 활동에 지원하되, 기존의 국별 프로젝트와 달리 활동 기간을 6년으로 선정하고 가급적 단기성 활동보다는 중기성과에 집중하도록 하도록 하여 평화 거버넌스 구축을 위한 다양한 행위자간의 의사소통이 지속적으로 진행하는 방향으로 기금을 운영하고자 하였다. JPF는 평화과정의 지속가능성을 위해 여성, 청년, 분쟁 영향지역의 커뮤니티를 특별히 고려한 포용 전략을 강조하였다. 호주, 캐나다, 스웨덴, 뉴질랜드 등의 중견국들은 공동펀드를 조성을 앞장섰고, PSF(Paung Sie Facility)와 같은 미얀마의 평화그룹(the UN Platform for the Joint Monitoring Committee) 활동을 지원하기 시작했다. PSF는 2014년에 영국, 호주, 스웨덴 주도로 연간 6백만 달러 수준의 재원으로 설립되어 2021년 2월까지 적극적으로 활동을 확대해왔다.[16] [17]

　2011년대 이후의 미얀마 제재를 둘러싼 상황은 다층적으로 전개되어 왔다. 2021년 쿠데타 이후, 나타나는 미얀마의 인도주의 상황을 종합적으로 이해하고, 2025년까지 미얀마의 평화안착에 논의를 열기위해서는 좀 더 다

16　공동평화기금(JPF: the Joint Peace Fund)가 평화대화과정을 지원하는 역할을 시작하면서 PSF는 시민사회지원, 여성참여 및 지역 내/그룹 내 폭력을 해결하는데 집중하는 방향으로 변경하였다(Carr, 2018). 2020년부터는 PSF의 활동은 분쟁의 영향을 받은 지역주민들의 삶에 직접적인 영향을 미치는 활동으로 확대하였으나, 21년 이후 전면 중단되었다.

17　"OECD DAC Major Donors'Humanitarian Aid to Myanmar 2008-2020"의 통계를 살펴보기 바란다.

층적인 측면에서 민주주의, 인권, 평화와 같은 인류보편적인 관점의 연계 선상에서 논의를 심화하고, 동시에 미얀마가 처한 상황의 특수성에 대해 논의를 할 필요가 있다. 이는 그동안 국제사회가 모색해온 국제적 분쟁 해결을 위한 외교적 접근법—외교적 협상, 공적개발원조, 경제제재—중 고강도 정치, 경제 제재의 가능성과 위험성의 과제가 맞물려 있다는 시사점이 명확하기 때문이다. 북한, 이란 등에 도입된 고강도 제재는 식량생산에 필요한 투입요소의 실질적인 감소를 야기 하였으며, 이는 결과적으로 제재대상국의 식량생산량의 감소를 초래하였다는 연구가 다수 발표되고 있다. 북한 제재의 경우, 인도적 차원의 지원을 제재 대상에서 제외하는 제재 면제조항에도 불구하고, 유엔의 대북제재는 주로 식량분야 긴급구호 활동에 초점을 맞춘 국제기구 및 NGO, 공여국 원조 기관의 대북지원 활동을 행정적, 재정적, 심리적으로 제약하는 체제로 작동하였다는 연구도 참고할 만한 가치가 있다.

중국 및 러시아 등 북한의 전통적 우방국이 대북제재에 동참하면서 북한의 식량생산 감소가 불가피 하였고, 국제사회가 북한에 대해 고강도 제재를 채택 한 2013년 이후, 코로나19가 발발한 2020년 이전 시점까지 북한의 인도주의 상황이 지속적으로 악화되었다는 연구도 발표되고 있다. 이와같은 의도적 제재가 적용되는 상황에서 인도주의 상황의 지속적인 악화에 고강도 제재가 한 요인이라는 종합적인 평가도 가능하며, 이와 같은 상황에서 제재 대상국의 우방국인 중국, 러시아 등의 지원이 오히려 제재대상국의 빈곤 확대, 식량위기, 취약계층에게 가혹한 인도주의 참상 악화를 완화하는데 기여한다는 주장도 가능하다. 이러한 맥락에서 제재대상국이 제재를 받을 때 타 국가와 정치, 경제, 군사, 공적개발원조 차원에서 협력하지 않는 '힘없고 고립된 실패국가'로 정의하는 것은 자칫 제재지지 행위자들의 일방적이고 한시적인 관점은 아닌지 검토는 필요하다. 근본적으로 제재 강경파들의 정책 대안이 미얀마 군부, 종교, 민간 엘리트들이 긴 고립의 역사 속에서 내재화해 온 중국, 러시아, 인도, 태국 등과의 네트워크에 대한 과소평가에 기반을 둔 것은 아닌가 하는 현실적 의문을 제기할 필요 있다는 것이다.

'군부에 전면적 국제 제재인가, 아니면 군부와의 협력인가'라는 이분법적 논의를 넘어 인도적지원-개발-평화 연계의 가능성을 고려하는 방식으로 인식과 협력의 범위를 확대해보면, 어떠한 협력이, 어떠한 방식으로, 어떠한 분야에서 진행될 때 미얀마 평화조성 및 국가-사회개발을 위한 전제조건으로 작동이 가능한지에 대한 단초를 제공한다. 최근 발표된 관련 실증 연구에서는 갈등 예방 및 평화 조성(peace-building) 과정에서 중장기 개발협력과 인도주의적 지원의 역할이, 경제제재 및 외교적 협상만큼 활용될 수 있을지에 대한 논의가 있다. 핀들리(Findley, 2018)는 국제개발 및 인도주의적 지원이 실제 제재 카드와 함께, 분쟁의 해결을 위한 도구로 자주 활용되는 접근법이자, 경우에 따라서 유용한 방법일 수 있다고 정의, 모든 국제개발협력이나 모든 인도주의적 지원이 효과적이라는 뜻이 아니라, 평화 정착에 기여할 수 있는 맥락에 존재하고 이에 적절한 유형과 분야에 대한 고려가 필요함을 주장하였다.[18] 박지현, 최현진(Park & Choi, 2022)의 연구는 반군과 정부군 간의 갈등에서 정부군이 우위를 점할 수 있도록 하는 원조로서 예산지원이 분쟁완화에 효과적일 수 있으며, 여기서 예산지원은 집단 단위의 가처분 재화로서 인지될 때 효과가 있다고 주장하였고,[19] 박지현, 최현진(Park & Choi, 2022)의 연구는 분야별 원조의 효과가 다르게 나타나는데, 효과를 살펴본 결과, 교육이나 보건과 같이 직접적으로 수혜자들에게 공여가 이루어지는 분야에 대한 원조는 분쟁을 완화시키는 데 효과가 있다는 결론을 도출하였다. 아트란(Atran, 2004)의 "Mishandling Suicide Terrorism"이라는 연구에서 교육 분야에 대한 지원은 협력국 주민들의 분쟁을 완화하기 위한 참여 기회비용을 높인다는 측면에서 장기적인 측면에서 분쟁 완화에 긍정적인 영향을 미칠 수 있는 가능성을

---

18 Findley. 2018. "Does Foreign aid build peace?" *Annual Review of Political Science* 2018 21: 1, 359-384.

19 Park and Choi. 2022. "What type of aid would contribute to civil war termination: A study on conflict related countries in Africa" *The Journal of International Relations* 24(2).

제기하였다.

전환기 미얀마에서의 평화를 위한 국제개발협력과 인도주의적 지원을 유기적으로 연계되기 위해서는 어떠한 협력이, 어떠한 방식으로, 어떠한 분야에서 진행될 때 평화조성 및 국가-사회개발을 위한 전제조건으로 작동이 가능한지에 대한 정책적, 전략적 판단과 실행이 필요하다. 적절한 파트너에 대한 예산 지원 및 개인 직접 연계된 보건 및 교육, 장학금 혹은 기술 등 인간에게 영향이 있는 방법, 사회/경제분야 중 개인에게 직접 수혜가 명확한 항목 등 주민의 직접 영향이 드러나는 분야에서 효과가 있다는 점에 주목할 필요가 있다. 이러한 의미에서 2021년 이후 對미얀마 제재가 강화될수록, '정치-경제 제재가 강화되는 상황 속에 인도주의적 수준에서의 원조만 제공이 가능하며, 평화조성을 위한 중장기 협력이 단절되는 평화와 개발의 이중적 딜레마'(김태균, 2019)는 지속될 것이다.

V. 맺음말

이번 글에서는 기존의 서구 제재론과 아세안 역할의 강조를 넘어 HDP 넥서스 개념틀을 적용하여 인도적지원-개발-평화의 연계를 모색하고자 하였다. HDP 넥서스와 같은 개념틀의 적용은 OECD가 제시하는 어떠한 화려한 프레임워크를 서둘러 도입하려고 하는 것이 아니라, 이와같은 개념틀을 통해 흩어져 있고 분절되어 있는 다자 및 양자 행위자들이 구체적으로 미얀마 문제 해결에 기여해야 할 접근법, 분야, 프로그램의 우선순위를 논의하고 조화와 일치(harmonization and alignment)의 정책대화의 장을 여는데 그 목적이 있다. 이러한 맥락에서 본 장의 문제의식은 대미얀마 협력에 있어 지나치게 짧은 기간 내에 제재와 협력의 결정을 번복하고, 미얀마의 정치적 위기 상황에서는 '폭탄 돌리기'와 같은 대응으로 일관해온 주요 서구 양자 행위자의 전략 및 실천 부재에 대한 비판적 입장을 견지하였다.

미얀마에서 평화 및 민주주의를 다시 논의할 수 있는 기회가 주어질 수 있는 계기가 있거나, 최소한 군부와 단계적으로 민주주의 전환을 다시 논의할 수 있는 환경이 마련되는 경우, 좀 더 지속가능한 평화조성 및 인간안보의 논의의 장을 미얀마에서 구축하기 위해서 다자 및 양자 행위자들의 관계-담론-제도 구축에 대한 시사점을 제시하고자 한다.

담론적 측면에서 국제사회가 실질적으로 협력하여 미얀마를 중심으로 인도주의적 지원, 개발과 평화를 논의하기 위해서는 먼저 미얀마 정치 및 사회 갈등 예방과 평화조성을 위한 전제조건을 만들어가는 것이 첫 단추를 만드는 작업 필요하다. 갈등 예방 측면에서는 핵심적인 종족이나 지역 간, 혹은 국가 내 긴장 관계나 분쟁 관계가 무력 조치가 아닌 정치 수단이나 법적 구조를 새롭게 적용하여 해결될 수 있는 상황에서 적용되는 개발협력과 인도주의적 지원의 활동인 분쟁에 대한 조기 경보 시스템을 구축하거나, 무력 분쟁이나 충돌을 야기할 수 있는 요인들에 대한 정보 수집 및 분석 등이 먼저 이루어질 수 있도록 지원하는 데 관심을 가질 필요가 있다. 평화 조성(Peacemaking) 측면에서는 필수적인 유엔 관련 인사들이나 특별 사절, 국가 기관 및 지역 기구 혹은 비정부 기구나 단체, 독립성이 보장된 개인과 협력이 수행될 필요가 있는 활동을 연계할 필요가 있다. 필요한 경우, 유엔 안전보장이사회의 제재나 무력 집행 등이 포함하는 평화 강제(Peace Enforcement)는 강제적 수단을 통해 분쟁을 중지할 수 있도록 하는 정책 및 법적 제도 기반을 마련하는데 국제사회 파트너들의 구체적인 협력 필요할 것이다.

제도적인 관점에서는 '미얀마 문제'를 다루는 데 ASEAN을 중심으로 진행될 필요가 있지만, EAS 국가들이 ASEAN EAS로 구조를 확대시킬 필요가 있다. 불간섭주의와 포용을 통한 변화라는 명분을 내걸고 있는 ASEAN 회원국만으로는 NATO 외교(No Action, Talk Only Diplomacy)가 반복될 수 있는 우려가 있다. ASEAN의 프레임워크를 존중하되, EAS 협력 국가인 호주, 일본, 한국, 뉴질랜드 등의 중국과 함께 새로운 협력과 협상을 해나가는 과정 자체가 중요하다. 미얀마의 경제적 이슈가 한국, 중국, 일본, 호주, 뉴질랜드, 인도 등이 참여하는 역내포괄적경제동반자협정(RCEP: Regional Comprehensive Economic Partnership)과 연계될 가능성은 낮지만, 경제협력의 조건으로서 평화 혹은 글로벌보건 및 팬데믹 대응, 자연재해 및 식량 안보와 같은 주제로 ASEAN EAS의 어젠다로서는 충분히 논의할 가치가 있다. 우선적으로 고려할 수 있는 내용은 비전통안보 이슈인 인간 및 사회 안보 측면의 국경의 경제 이슈, 국제개발, 이슈를 ASEAN EAS 어젠다로 상정하고 시민사회를 초청하여 미국, 일본, 중국, 한국 등과 같이 참여하는 국제적 공간을 확대하는 상상력이 필요하다. 이와 같은 저자의 주장은 미중 경쟁이 치열해지는 상황 속에서 ASEAN의 중심성을 고민하고 미얀마 이슈와 같은 난제에 대해서도 대처해야하는 ASEAN이 EAS와 같이 다양한 기제와 대화통로(Summit and dialogue)를 활용하는 것이 규범적으로나 전략적으로 연성균형(soft balancing) 측면에서 더욱 강조되어야 한다는 유자와(Yuzawa, 2023)의 최근 논의와도 같다. 좀 더 구체적으로 현 제도 내에서 아세안이 가지는 한계를 극복하기 위해서는 아세안 밖(ASEAN Plus) 파트너가 2023년 ASEAN Concord Ⅳ에 포함된 'AOIP 집행(Implementation of the ASEAN Outlook on the Indo-Pacific)' 항목의 이행을 강조할 것을 제안한다. 아세안 정상회의와 EAS가 진행되었던 9월 5일에 "아세안-인도퍼시픽 포럼(AIPF: ASEAN-Indo Pacific Forum)의 EAS 합의문을 통해서 AOIP 전략의 구체화를 이미 어젠다로 확장한 점을 주목할 필요가 있다.

관계적인 측면에서는 미얀마의 변화를 유도해 낼 수 있는 지렛대를 갖게 된 중국, 러시아, 일본, 그리고 ASEAN 회원국 들 간의 진지한 대화가 더욱 강화될 필요가 있다. 본 글에서는 집중적으로 다루지 않았지만 미얀마에 대한 향후 러시아의 역할이 더욱 강화될 가능성이 있어 이에 대한 추가적인 검토가 필요할 것으로 보인다. 특히 2022년 5월, 8월, 12월 UN 결의안에서 의장 성명 및 공동성명이 준비되는 과정에서 중국, 러시아의 거부권 및 기권 행사가 표출되며 중국과 함께 러시아의 역할도 더욱 중요하게 탐색할 필요가 있다는 중요성이 대두되고 있다. 지난 10년간 지속가능발전을 강조하며, 미얀마의 다자간 협력과 분야별 사업을 적극적으로 이끌어온 호주, 캐나다, 한국과 같은 중견국 국가들이 '아세안에게만 위임하는 방식'만 집중하는 것이 아닌, 양자 인도주의적 지원을 강화하여, 이들의 중견국 리더십을 좀 더 드러낼 필요가 있다는 것이다. 다자 및 양자 인도주의적 지원에 대한 중견국의 협력은 ASEAN AHA 센터의 역할의 재구성과도 관계가 있다. 현 아세안 체계 내에서 AHA 센터는 복합적 인도적 위기가 아닌 재난구호와 관리를 주 영역으로 하여 미얀마와 같은 복합적 인도적위기 대응에는 구조적 한계가 있다. 이와같은 국제협력의 한 예로 한국과 몇 몇 EAS 국가들이 협력하여 ASEAN EAS 센터의 활동 범위를 재난 구호 및 관리에서 복합적 인도적 위기로 확대하는 정책 지원을 하거나, 역내외 지속가능발전목표(SDGs) 달성을 위한 난민, 이주, 국제협력의 이슈를 다루는 새로운 센터 설립을 위한 재정 및 프로그램 지원에 기여하는 방법을 고려할 것을 제안한다.

마지막으로 한국도 체제전환국 및 분쟁국 협력의 기준선(red line for engagement)을 조속히 수립하여, 국가 간 협력이나 차관협력은 일시 중단하되, ASEAN EAS 정책협의, 다자기구, 시민사회, 학계를 통한 인도주의적 지원 활동을 유지하는 방향으로 리더십을 변화할 필요가 있다. 우선적으로 한국도 아세안과 중국, 인도, 일본, 유럽연합, 유엔, 태국 등이 참여할 것으로 보는 국제 및 지역 특사들이 함께 하는 논의 테이블에 참여 함과 동시에 우크라이나와 시리아에 집중하고 있는 국내 인도적지원 정책 및 개발협력분야 정책에 미얀마 관련 어젠다를 포함해야 한다. 이는 우리나라 중점협력국가에 대한 외교 및 국제개발협력 정책일관성 측면에서도 중요하다. 나아가 미얀마 국경지역에서의 인도적위기가 더욱 위급해지고, 정치적으로도 복합내전이 장기화되는 상황에서, 우리나라의 정책 및 학계 행위자들도 제재 담론에만 천착하는 수준을 넘어 중장기적인 관점에서 시민사회, 학계의 협력의 공간을 확장하여, 우리나라 동남아 국제관계와 개발협력을 한 단계 성숙시키는 계기가 되기를 바란다. 중견국 리더십, 공공외교, 인도적지원에 기여하고자 하는 국내외 국제기구 리더십, 학계, 시민사회, 기업이 참여하는 '미얀마 넥서스 워킹그룹'과 같은 협의체를 구성하여, 미얀마 개발협력과 인도적지원 이슈를 다루는 체계, 프로그램 및 협력의 지속가능성을 높이고 '공동의 차별화된 역할과 책임(Common but Differentiated Responsibilities)'을 실천해 갈 것을 제안한다.

참고문헌

국문 자료

김태균. 2019. "국제개발 조건으로서의 '평화': 대북원조의 이중적 딜레마와 북한개발협력의 평화-개발 연계."『국제개발협력연구』11(3), 39-58.

김태환. 2019. "가치외교의 부상과 가치의 '진영화': 강대국 사례와 한국 공공외교의 방향성."『문화와 정치』6(1), 5-32.

김효정 외. 2021. "분쟁과 자연재해 상황에서 HDP Nexus 이행 방안 연구."『국제개발협력연구』13(1), 99-114.

박은홍. 2022. "미얀마 2021: 예견된 군부 쿠데타, 예견치 못한 내전과 이중정부 시대."『동남아시아연구』32(3), 1-41.

문경연. 2022. "평화를 위한 통합적 접근: 인도주의-발전-평화 넥서스."『JPI PeaceNet』. 제주평화연구원.

박태정. 2021. "미얀마 쿠데타 관련 UN 및 미국의 경제 제재 적용."『법학연구』29(2), 161-179.

신범식. 2023. "부상하는 메가아시아의 이해." 신범식, 최경희 편.『메가아시아의 형성과 동학』. 서울대학교 아시아연구소.

장준영. 2009. "미얀마-미국 관계의 반목과 갈등: 경제제재를 중심으로."『국제지역연구』13(2), 371-396.

정재완 외. 2021. "미얀마 쿠데타 이후 국제사회의 제재 동향과 시사점."『KIEP 세계경제 포커스』4(9), 1-22.

홍문숙. 2021. "미얀마 2020: NLD 총선 승리의 시사점과 평화-민주주의-발전의 위기."『동남아시아연구』31(1), 113-153.

홍문숙. 2022. "정의와 다양성, 두 마리 코끼리 사이에서: 미얀마 MZ 세대 청년 운동의 도전과 과제."『아시아브리프』2(31), https://asiabrief.snu.ac.kr/?p=745

홍문숙 외. 2022. "전환기 미얀마개혁개방 10년의 도전과 위기: 국가발전정책-지식-권력의 국내외 역동을 중심으로."『동남아시아연구』32(1), 201-242.

영문 자료

Atran, S. 2004. "Mishandling suicide terrorism." *The Washington Quarterly* 27(3), 65-90.

Bjarnegård, E. 2020. "Introduction: Development challenges in Myanmar: Political development and politics of development intertwined." *The European Journal of Development Research* 32, 255-273.

Burnley, J. and Pereira, J. 2014. *Riding the Wave of Reform: Fast-tracking Myanmar's future with good-quality aid.* Oxford: Oxfam.

Carr, T. 2018. "Supporting the transition: understanding aid to Myanmar since 2011." The Asia Foundation.

Choi, H. J., & Park, J. 2022. "Cash-based aid and civil war violence: New evidence from Myanmar (2012-2020)." *Research & Politics* 9(1), 20531680221076246.

Décobert, A., and Wells, T. 2020. "Interpretive complexity and crisis: the history of international aid to Myanmar." *The European Journal of Development Research* 32, 294-315.

Findley, M.G. 2018. "Does Foreign aid build peace?" *Annual Review of Political Science 2018* 21(1), 359-384.

Koga, K. 2021. "Wedge strategies, Japan-ASEAN cooperation, and the making of EAS: implications for Indo-Pacific institutionalization (Chapter 4)." J. D. Ciorciari & K. Tsutsui (Eds.), *The Courteous Power: Japan and Southeast Asia in the Indo-Pacific Era.* University of Michigan Press, 73-96

OECD(Organization for Economic Co-operation Development). 2020. "DAC Recommendation on the Humanitarian-Development-Peace Nexus." OECD.

Seekins, D.M. 2015. "Japan's Development Ambitions for Myanmar: The Problem of 'Economics before Politics." *Journal of Current Southeast Asian Affairs* 34(2), 122.

UNDP. 2021. "COVID-19, Coup d'Etat and Poverty: Compounding Negative

Shocks and Their Impact on Human Development in Myanmar: Compounding Negative Shocks and Their Impact on Human Development in Myanmar." (검색일: 2023.09.01.).

Yoshimatsu H. 2023. "Meanings, norms, and social constitution: revisiting ASEAN centrality in East Asian regionalism." *Japanese Journal of Political Science* 24(4), 409-423.

Yuzawa, T. 2022. "How Great Power Rivalry Shapes ASEAN-centric Multilateralism: Evolution and Prospects." *East Asian Policy* 14(4), 21-41.

인터넷 자료

UN. "Security Council Fails to Adopt Draft Resolution on Myanmar: Owing to Negative Votes By China, Russian Federation." 01/12/2007. https://press.un.org/en/2007/sc8939.doc.htm(검색일: 2023.10.01.).

UN. "The Situation in Myanmar: Resolution." https://digitallibrary.un.org/record/3930690(검색일: 2023.10.02.).

제6장

미얀마의 정치적 위기와 아세안 대응 그리고 민주주의[1]

최경희 (서울대 아시아연구소 HK연구교수)

I. 머리말

2021년 2월 1일 미얀마 군부 쿠데타가 발생한 후 거의 3년이 지나가고 있다. 미얀마 이슈에 대한 최근 아세안 입장은 2023년 9월 초 아세안 정상회의와 관련 회의 진행 동안에 발표되었다. 올해 아세안 의장국인 인도네시아의 외교부 장관 레트노(Retno Marsudi)는 "미얀마 분쟁은 아세안에게 가장 어려운 도전 과제이며, 마얀마 문제해결을 위한 공동합의 이행은 큰 진전이 없다"고 현실적 어려움을 발표하였다. 그러면서도 아세안은 미얀마 사태 해결을 위한 지속적인 관심과 노력을 추구하겠다고 다시 한번 아세안 정상들의 의지를 표현하였다.[2]

---

[1] 이 저서는 2020년 대한민국 교육부와 한국연구재단의 지원을 받아 수행된 연구임(NRF-2020 S1A6A3A02065553). 또한 본 글은 최경희(2021, 2022a, 2022b)의 글을 바탕으로 2023년 변화된 내용을 반영하여 작성한 것이다.

[2] "ASEAN Leader's Review and Decision on the Implementation of the Five-Point Consensus" 01.FINAL-ASEAN-LEADERS-REVIEW-AND-DECISION-ON-THE-IMPLEMEN-

미얀마 군부는 2021년 2월 1일 군사쿠데타의 명분으로 2020년 11월에 치룬 총선에서 민족민주동맹(NLD: National League for Democracy)이 승리를 위해 선거부정을 저질렀다고 주장했다. 그러나 선거에서 당선된 의원들이 의회를 개원하기 전 군부 총사령관 민아웅 흘라잉이 새 정부조직의 대통령직을 요구했고, 이를 총선에서 압승한 NLD 정당의 대표이자 민주정권의 국가고문인 아웅산 수찌(Aung San Suu Kyi) 여사가 거절하면서 쿠데타가 일어난 것이다. 쿠데타 발생에는 그 외에도 많은 요인이 있으나 가장 큰 이유는 단연 군부 총사령관 민아웅 흘라잉(Min Aung Hlaing)의 권력욕이 그 원인이다. 쿠데타 강행 후 채 며칠이 지니지 않아 미얀마 국민은 전국적인 시민불복종 시위에 나섰고, 민주화 시위는 들불처럼 확산되었다. 오랜 기간 당해온 정치적 탄압과 수탈, 독재의 근절을 요구하는 국민이 거리로 나섰으며, 이른바 '봄의 혁명(spring revolution)'으로 불리운 민주화 투쟁은 다시 시작됐다(원민, 2022).

미얀마 군부가 미얀마 국민의 뜻을 어기고 무력으로 정권을 찬탈한 일은 1958년, 1962년, 1988년 그리고 2021년의 쿠데타까지 네 번 발생하였다. 미얀마 민주화 세력은 반복적인 군부 쿠데타와 장기적인 군부지배로 구조화된 폭력적인 정치시스템을 대면하고 있다. 이에 2021년에 출현한 시민불복종운동(CDM: Civil Disobedience Movement)을 중심으로 한 미얀마 민주화 세력은 '시스템 체인지(System Change)'라는 표현을 사용하고 있다. 즉, 반복적인 미얀마 군부 쿠데타를 종결시킬 구조적 전환으로서 민주화 운동을 목표로 정하고 있다(Zin, 2022). 2023년 9월 25일 기준으로 '정치사범지원협회(AAPP: Assistance Association for Political Prisoners, Burma)' 정보에 따르면, 민주화 운동 세력이 정치사범으로 체포된 사람이 총 24,836명이고, 감금된 사람이 19,264명, 석방된 사람이 5,572명이고, 군부에 의해 죽임을 당한 사람이 총 4,108명이다. 목숨을 건 미얀마 민주화 운동 역시 군부의 물리적인 힘만큼은 아니겠지만, 그 의지적인 힘은 매우 강력하게 존재하고 있는 것을 알

TATION-OF-THE-5PC-1.pdf (검색일: 2023년 9월 26일)

수 있다.

이러한 미얀마 사태 전개 과정에서 "아세안은 무엇을 하고 있는가?", "아세안은 어디에 있는가?"를 계속적으로 질문하고 있다. 아세안과 미얀마 관계는 아세안 회원 가입 이전과 이후, 그리고 2021년 쿠데타 이후 크게 세 번째 시기를 지나고 오고 있다. 1967년 아세안이 시작될 무렵 인도네시아와 필리핀 등 여러 경로를 통해 미얀마에게 아세안 가입을 권유했으나, 그 당시 미얀마는 아세안 회원이 되는 것에 전혀 관심이 없었다.[3] 그리고 1997년에서야 미얀마는 아세안 회원이 되었다. 오랜 숙고의 결과이기보다는 1994년 이후 전개되는 국제정세의 변화가 작용하면서, 또한 미얀마 입장에서 아세안의 가입은 경제적 이익을 취할 수 있을 것이라는 실리 외교 측면에서 아세안 가입을 선택했다. 그리고 아세안 회원국은 미얀마 가입에 대해서 입장이 모두 상이하였지만, 미얀마가 갖고 있는 지정학적 지경학적 우위 요소가 아세안에게 도움이 된다는 최종적인 판단이 상호작용한 것이다(장준영, 2006).

그리고 미얀마와 아세안 관계가 '건설적 개입'의 성공적인 사례로 회자되는 시기는 바로 미얀마가 아세안 회원으로 가입한 이후 아웅산 수찌와 아세안, 그리고 당시 아세안 사무총장이었던 수린 피츠완(Surin Pitsuwan)이 미얀마 민주화 이행을 위한 적극적인 관여정책을 추진했던 때이다. 2002년 아웅산 수찌 여사가 가택연금이 해제되고, 미얀마의 민주화 로드맵이 작동하였다. 2011년 민정 이양 이후 자유화와 민주화 조치의 시작부터 2020년 11월 선거까지 약 10여 년 동안 진행된 '질서 있는 이행(orderly transition)'(박은홍, 2016)은 미얀마 군부의 4번째 쿠데타로 완전히 일시에 멈추어 섰다. 이로서 2021년 갑작스런 미얀마의 정치적 위기는 아세안에게 매우 큰 충격이었다.

---

[3] 그 당시 "미얀마가 아세안에 관심조차 두지 않았던 이유는 국내적으로 풍부한 천연 자원을 바탕으로 자력갱생의 민족주의 경제를 건설함에 있어서 제국주의의 유산으로 조직된 아세안과의 지역적 협력이 국가 의제를 수행하는 일차적 동기를 희석시킨다고 판단했기 때문이다"(장준영, 2006: 452).

2020년부터 3월부터 시작된 코로나19 팬데믹으로 아세안 역내뿐만 아니라 전 세계가 혼란스러운 상황에서, 미얀마 사태는 아세안의 어려움을 한 층 더 고조시켰다. 특히 미국과 중국의 전략경쟁이 코로나19 팬데믹을 지나면서 한층 갈등이 고조되면서, 아세안에게 닥친 어려움은 중층적으로 작용하고 있다.

본 장에서는 2021년 미얀마 군부쿠데타의 발발과 전개과정에서 아세안의 인식과 대응 그리고 의미 등을 분석하고자 한다. 미국과 중국의 패권경쟁이 인도태평양지역에서 격화되고 있는 상황에서 미얀마 사태에 대한 해결을 획득하지 못함으로써 아세안 내부의 균열 또는 아세안의 무능력을 제기할 수 있기 때문에, 미얀마 문제해결은 아세안의 위상과 역할의 측면에서 매우 중요한 과제임은 분명하다.

본 장에서는 지난 브루나이, 캄보디아 아세안 의장국 경험 그리고 현 인도네시아 의장국 시기에서 이 문제를 어떻게 다루고 있는지를 중심으로 다루고자 한다. 특히 최근 인도네시아 의장국 체제에서 기존과 어떻게 문제해결 양상이 달라졌는지 또는 전혀 변화가 없는 것인지, 한계는 무엇인지를 중심으로 분석하고자 한다. 그리고 미얀마 사태의 가장 중심적인 쟁점인 아세안 민주주의의 취약성과 아세안의 민주주의 발전을 위해서 어떤 제도적인 변화의 노력이 필요한지를 설명하고자 한다.

II. 브루나이와 캄보디아 의장국 시기 아세안의 대응

1. 미얀마 사태에 대한 아세안의 초기인식과 5가지 합의안 도출과정

2021년은 브루나이가 아세안 의장국을 수임했던 시기이다. 2020년 강타한 코로나19 팬데믹으로 아세안공동체 구축과정에 상당한 영향을 주었기에, 브루나이 의장국은 "We care, We prepare, We prosper"라는 모토로 코로나19 팬데믹에 대한 공동대응을 강조하면서, 공동번영을 위한 미래를 함께 준비하자는 비전을 제시하면서 그 임기를 시작했지만, 미얀마 쿠데타로 한층 더 어려운 시기로 돌입하게 되었다.

2월 1일 미얀마 군부 쿠데타가 발생한 후, 아세안의 초기대응은 매우 실망스러웠다. 우선 아세안 회원국의 입장이 다 달랐다. 라오스, 캄보디아, 태국 정부 입장은 "내부 문제"라고 일축했다. 이러한 입장은 아세안방식의 하나인 '내정불간섭'을 정당화하기 위한 논리와 연관된다. 그러나 이러한 입장에 반대하고 우려의 입장을 표출한 말레이시아, 싱가포르, 인도네시아 정부가 있었다. 이 과정에서 인도네시아는 2월 말 태국 외교부 장관과 함께 미얀마 군부 외교부 장관을 만나 외교회담을 가지면서 아세안 헌장의 법치주의 원칙과 인도주의적 접근, 억류자에 대한 방문을 존중할 것을 밝히고, '재선'이라는 협상카드를 제시했다. 하지만 이러한 협상카드는 미얀마 시위대로서는 절대 받을 수 없는 카드였다. 미얀마 시위대들은 '군정과 협상을 그만하라', '독재자를 지지하지 말라'라는 피켓을 들며 항의했다. 이로써 첫 번째 움직임은 성공하지 못하였다.

그리고 아세안의 첫 입장이 나온 것은 첫 번째 미얀마 사태의 변곡점인 '2월 28일 피의 일요일' 이후 3월 2일 아세안 외교부 장관 화상회의가 진행된 다음에 발표되었다. "미얀마 사태에 대한 우려(Our Concern on the Situation in Myanmar)"의 입장이 공식적으로 처음 표명되었고, 폭력을 시급히 종결하고 대화를 통한 평화적인 문제해결을 촉구하는 내용이 담겨있다. 하지만, 현실적으로 이러한 입장문이 미얀마 군부에게 어떤 강제력도 발휘되지 않는다는 한계가 분명했다. 3월 5일에는 말레이시아 현직 의원 59명이 미얀마 군부의 민간인 학살이 중단될 때까지 미얀마의 아세안 회원 자격을 박탈할 것을 아세안 회원국에 요구했다. 아세안 인권의원 연합(APHR: ASEAN Parliamentarians for Human Rights)은 미얀마 사태에 관한 국제의원 연합(IPAM: International Parliamentarians Alliance for Myanmar)을 결성하고 지속적으로 아세안과 유엔 등 국제사회에 적극적 대응을 요구하고 있다. 3월 19일 인도네시아 조코위 대통령은 성명을 발표하고 폭력 사태를 규탄하며 아세안 의장에게 특별정상회담 개최 할 것을 요청하였고 싱가포르, 말레이시아, 필리핀이 지지를 표명했다(김형종, 2022: 416).

　3월 중순 이후, 아세안의 입장은 분명해졌다. 이것은 더이상 미얀마 내부의 문제가 아니라는 점을 분명히 인식한다는 뜻을 밝혔다. '내부 문제'라고 했을 때는 '주권존중을 위한 내정불간섭'이라는 원칙이 유지되지만, '내부 문제가 아니라 심각한 지역 차원의 문제'라고 인식되었을 때는 아세안은 문제해결을 위해서 '건설적인 개입'을 할 수 있다는 인식을 갖기 시작하였다. 아세안 헌장에는 '정부 간(inter-government) 협력체'인 아세안공동체는 '법인격체(legal personality)' 성격을 갖기에 법의 지배에 기초한다는 원칙을 밝히고 있다. 하지만, 결정적 문제는 '법의 지배(rule of law)'가 훼손되었을 때 어떤 조치를 해야 하는지, 어떤 절차로 법의 지배로 복귀시키는지에 대한 구체적인 언급이 현재 아세안 헌장에는 전혀 기술되어 있지 않다. 그렇기 때문에, 아세안은 2월 1일 쿠데타 발발이후 즉각적인 조치를 취할 수가 없었고, 초기 대응에 대한 공백이 남아 있는 것이다.

　그래서 이 문제해결을 위해 '아세안 고위급 회의'를 가동시키면서 논의를 진행시켰지만, 어떤 권고도 어떤 성명서도 미얀마 군부에게 실효적인 카드로 작용하지 않았다. 이러한 상황에서 아세안 정상회의의 필요성이 제기되었다. 무엇보다 아세안 정상회의 개최 자체보다는 '실질적인 해법'이 무엇이어야 하는지 그 내용을 만들어야 했다. 적어도 미얀마 군부에 의해 자행되는 폭력이 종식될 수 있는 해법은 있어야 한다. 이러한 논의의 결과로 미얀마 문제해결을 위한 아세안 대응의 기본원칙이라고 볼 수 있는 합의안이 만들어졌다. 2021년 4월 24일 아세안 정상들은 회의를 가졌고(leader's meeting), 미얀마 사태 해결을 위한 5가지 합의 사항(5PC: Five Point Consensus)을 도출하였다. 일단 이 과정에서 미얀마 쿠데타 주역인 민아웅 흘라잉이 참석하였지만, 미얀마를 대표해서 그를 참석시킨 것은 아니라는 것이 아세안의 분명한 입장이다. 어쨌든 '타협을 통합 합의'를 이끌고자 하는 아세안방식(ASEAN Way)이 작동한 것이다. "아세안 리더 회의에 관한 의장 성명서(Chairman's Statement on the ASEAN Leader's Meeting)"의 핵심적인 내용인 5PC는 다음과 같다. 1) 미안마에서의 폭력 근절과 모든 당사자의 자제, (2) 민중의 이익에 기초하고 평화적인 문제해결을 위해서 모든 이해당사자 사이의 건설적 대화(constructive dialogue) 시도, 3) 아세안 사무국의 지원과 함께 아세안 의장이 지명하는 특사(special envoy)가 대화 과정을 중재, 4) 아세안 재난관리(AHA) 센터를 통한 인도적 지원, 5) 특사와 대표단은 모든 이해당사자와 접촉한다.

2. 브루나이와 캄보디아 의장국 시기의 5PC 집행

2021년 4월 24일 5PC가 합의된 이후, 아세안 리더 회의에 참석한 민아웅 흘라잉이 미얀마로 돌아가서 안타깝게도 '즉각적인 폭력 중단'을 실시하지 않았다. 이로써 합의가 이루어지자마자, 5PC의 첫 번째 사항은 무력화되었다. 그러나 군부쿠데타를 일으킨 주역들이 회의 한 번 참석한다고 해서 합의된 약속을 이행할 것이라고 기대한다는 것도 어불성설이긴 하다. '즉각적인 폭력 중단'이 실패한 이후, 아세안 차원에서는 그 다음 단계로 실천해야 하는 것이 '미얀마 사태에 대한 아세안 특사(SEAC: Special Envoy of the ASEAN Chair on Myanmar)'를 긴급 파견했어야 하는데, 그러지도 못했다. 4월로부터 4달이 지난 후인 8월 초에서야 SEAC로 브루나이 외교부장관 에리완(Dato Erywan Pehin Yusof)이 인선되었다. 에리완 특사가 최종적으로 결정되는 데까지도 해프닝이 있었다. 예를 들면, 미얀마 군부는 특사로 군부 출신인 태국 정부 인사가 되길 바라는 뜻을 피력하기도 하였다. 결과적으로 에리완 특사가 해야 할 일은 시급한 과제들이었다. 코로나19 확산으로 심각해진 미얀마 보건 위기를 극복하기 위한 노력, 비인도적 상황에 놓인 사람들을 위한 지원 그리고 미얀마 군부세력과 민족통합정부(NUG: National Unity Government) 사이에 대화를 재개하여 타협과 합의를 이끌어 내는 것이다. 그러나 브루나이의 역할을 매우 소극적이었다. 그 배경에는 브루나이 국영 석유기업과 미얀마 군부의 석유가스 개발 이해관계와 무관하지 않다. 브루나이 정부가 소유한 미얀마에 있는 에너지 회사는 2014년부터 미얀마 내 3개의 석유 및 가스전의 개발권을 보유하고 있다(김형종, 2022: 419).

브루나이와는 좀 다르게 미얀마 이슈를 다룬 것은 2022년 캄보디아 의장국 시기이다. "*ASEAN A.C.T: Addressing Challenges Together*" 비전에도 의장국으로서 캄보디아가 어떤 역할을 해야 할지 잘 드러나 있었다. 의장국으로서 캄보디아는 2020년, 2021년 아세안에게 던져진 도전적 과제들은 다루어야 했다. 2022년 2월 2일 캄보디아는 미얀마 문제해결을 해서 "*ASEAN Chairman's Statement on the Situation in Myanmar*"을 발표하면서 공식적인 활동을 시작하였다. 이 의장성명서에는 작년 4월에 합의했던 5PC에 대한 기본적인 정신을 확인하고 있다. 첫 번째 언급은 '즉각적인 폭력 중단'과 인간성 존중, 중립성, 공평성 그리고 독립성에 기초하여 모든 이들의 필요를 지원할 수 있는 인도주의적 지원을 강조하고 있다. 그리고 모든 이해당사자들 사이의 건설적 대화를 통한 문제의 평화적 해결을 밝히고 있다. 그리고 SEAC로 캄보디아 프락 소콘(Prak Sokhonn)을 임명하였다.

SEAC로서 프락 소콘은 3월 21일과 6월 9일 등 미얀마를 직접 방문하면서, 5PC를 실천하였다. 첫째, '즉각적인 폭력 중단'을 호소하였다. 국가행정평의회(SAC: State Administration Council)에게 즉각적인 폭력 중단과 지체없이 대화에 참여할 것을 촉구했다. 그리고 동시에 NUG와 PDF, 모든 무장단체에게도 폭력을 중단하고 대화에 참여할 것을 촉구했다. 무엇보다 SAC가 다른 모든 단체보다 더 많은 물리력을 갖고 있기에, SAC가 먼저 폭력을 근절할 것을 촉구했다. SEAC는 이러한 과정에서 SAC, 소수민족무장단체(EAOs: Ethnic Armed Organizations) 또는 제 정치세력 모두는 폭력과 내전으로 미얀마가 매우 큰 손실에 처해 있다는 공감하고 있다는 것을 확인했다. 둘째, 그러나 미얀마 이해당사자들은 각각 서로 다른 견해를 갖고 있는 것을 확인하였다. 우선, SAC의 야르 파애(Yar Pyae) 중장은 "SAC를 파괴하거나 다른 기관으로 대체하려 하지 않는다. 그리고 2008년 헌법을 회담의 기초로 사용한다"는 대화의 전제 조건을 제시했다. 다음으로, NUG의 외교부 장관 진 마르 아웅(Zin Mar Aung)은 "탓마도(Tatmadaw)를 민간인 통제하에 두고 민아웅 흘라잉을 감옥에 보내는 것"을 대화의 전제 조건으로 제시했다. 이러한 진술의 내용을 보았을 때, SAC과 NUG 사이의 입장은 전혀 타협의 여지가 없어 보인다. 어쨌든 SEAC은 양측의 입장을 서로 확인시키면서, 그럼에도 불구하고 계속적인 대화를 할 것을 주문하였다(ASEAN Combodia, 2022).

셋째, SEAC는 전국 휴전협정(Nationwide Ceasefire Agreement)에 서명한 7개 EAO 기관의 대표[4]를 만나 모든 관련 당사자가 평화 회담에 참여할 필요성을 강조했고, 그들은 SEAC의 견해를 강력히 지지한다고 의사를 표현했다. 넷째, SEAC는 8개 정당[5]과 회의를 가졌으며 그 중 7개 정당은 2020년 총선에서 투표권을 행사했으며, 요청이 있을 경우 관련 당사자 간의 대화에 참여할 의사가 있음을 확인했다. 이 정당들은 SEAC에 대한 전폭적인 지원을 약속하고 미얀마의 현재 상황을 타개하기 위한 노력을 함께 할 것을 동의했다. 다섯째, SEAC는 외부 파트너, 특히 미얀마의 인접국 역할이 중요함을 강조하였다. 캄보디아 의장국은 태국, 라오스 등 미얀마 인접국의 역할을 강조하였다. 캄보디아 SEAC는 이와 같이 제 미얀마 세력 간의 의견과 견해를 확인하고, 동시에 그 의견들을 서로 확인시킨 과정을 중시 여기고 있다. 하지만, NUG와 SAC 사이에 완전한 견해 차이를 어떻게 소통가능하게 할지 가장 큰 숙제로 남는 것이다. 여섯째, 5PC 중에서 '인도적 지원'이 가장 적극적으로 집행된 사항이다. 코로나19 극복을 위한 백신 300만 도스와 다른 많은 의료용품을 지원하였고, 아세안 재난관리 인도적 지원 조정센터(AHA 센터: ASEAN Coordinating Centre for Humanitarian Assistance on disaster management)를 통해

---

[4] EAOs에 속해 있으면서도 전국휴전협정에 서명한 7개 단체는 1) Karen National Union/Karen National Liberation Army-Peace Council 2) Lahu Democratic Union 3) Arakan Liberation Party 4) Democratic Karen Benevolent Army 5) New Mon State Party 6) Pa-O National Liberation Organization 7) Restoration Council of Shan State이다(ASEAN Combodia 2022).

[5] SEAC와 만남을 가진 정당들은 1) Pa-O National Organization 2) Ta-ang National Party 3) Union Solidarity and Development Party 4) Zomi Congress for Democracy 5) Arakan National Party 6) Mon Unity Party 7) Arakan Front Party 8) People's Party 등이다(ASEAN Combodia 2022).

인도적 지원을 가능하게 했고, AHA 센터 외에도 다른 국제기구, UN 인도적 지원조정실(OCHA: Office for the Coordination of Humanitarian Affairs) and 세계 식량 계획(WFP: World Food Program) 등이 참관할 수 있도록 하였다(ASEAN Combodia, 2022).

2022년 아세안 의장국으로서 캄보디아는 "*Report of the Special Envoy of the ASEAN Chair on Myanmar to the 40·41th ASEAN Summit*" 에서 SEAC의 활동을 보고하면서, 위와 같이 진전된 지점들을 기술하면서 최종적인 합의를 이끌어내지못하였지만, 2022년 SEAC의 활동은 긍정적이었다고 평가하였다. 그러면서 7가지 제안을 하였다. 1) 5PC는 구체적인 실행 계획에 의해 수행되어야 한다. 2) SAC에 적용된 조건은 다른 모든 관련 당사자에게도 적용되어야 한다. 3) 아세안 NUG와 다른 정치세력의 타협을 위한 전제조건들 SAC가 수용할 수 있도록 압박할 필요가 있다. 4) 관련 당사자들이 명확하게 구별될 필요가 있다. 5) 5PC를 통해 문제를 해결할 것을 확인할 필요가 있다 6) SEAC 역할에 인도적 지원까지 추가할 필요가 있다. 7) ASEAN 사무총장과 AHA 센터는 특정 기간 적절한 수준의 자율권을 부여받아야 한다(ASEAN Combodia, 2022).

미얀마 문제해결에 대한 아세안의 원칙이 기본적으로 내정불간섭에 기반하고 있기 때문에, 아세안의 입장에서 현재 미얀마 사태에 대한 문제해결은 미얀마 국내 정치세력 간 대화를 가능하게 하는 '조건'을 만드는 데 주력한다. 그러나 SAC의 독단적인 태도 또는 다른 세력과의 대화 거부만의 문제가 아니라 소수 종족별로 입장의 차이도 미얀마 문제의 해법을 찾아가는데 구조적인 어려움으로 작용한다. 위에서 캄보디아 의장국 경험을 통한 제언 중에서도 "미얀마 제 정치세력의 식별 및 구별"의 필요성을 제안하였다. 인도네시아 국제전략문제연구소(CSIS: Center for Strategic and International Studies) 한 연구자는 미얀마 이슈는 민주주의의 문제가 아니라 민족 통합(National Unity)의 문제라고 보는 견해처럼, 군부 권위주의를 극복하는 민주화의 문제 이전에 하나의 국가로 만들어지는 과정의 국가형성(Nation Building)의 문제가 훨씬 근본적인 쟁점이라고 설명한다.

그리고 브루나이 의장국 아세안 시기와 달리 캄보디아 의장국 아세안 시기는 상대적으로 미얀마 문제를 해결하기 위한 캄보디아 의장국의 노력이 더 있었다고 평가할 수 있다. 인도적 지원 외에 NUG와의 대화를 시도했다는 점과 이 문제를 해결하는데 결정적인 차이는 바로 '공개성'에 기초하여 시민사회의 역량을 요구했던 변화라고 볼 수 있다. ISEAS-Yusuf Isak의 초대로 2022년 초 캄보디아 의장국 수임에 관한 웨비나에서 미얀마 이슈에 대한 SEAC로서 프락의 의견이 소통되었다. 그리고 미얀마 방문 이후 계속적으로 동남아 언론에 노출하여 상황을 공유하였고, 아세안의 노력을 계속적으로 알렸다. 그는 말레이시아 정부가 시도하고 있는 미얀마 소수 종족과의 대화시도와 함께 NUG를 포함하여 건설적인 대화를 시도해왔고, 아웅산 수찌 외 감금된 NUG 지도자의 면담을 신청하기도 하였다.

이러한 노력은 2023년 아세안 의장국이 될 인도네시아에게 전이되기 위해 미얀마 문제해결을 위한 아세안 의장국으로서 역할에 대한 논의를 2022년 하반기부터 전개하였다. 인도네시아 CSIS는 "*Identifying Priority Issues for ASEAN in 2023*"와 "*Indonesia's Chairmanship of ASEAN and the Myanmar Crisis: Expectations and Aspirations*" 주제를 각각 다루면서, 미얀마 이슈를 포괄적으로 그리고 집중적으로 다루고 있다. 아세안 역사에 있어서 특별한 역할과 지위를 갖고 있는 인도네시아 정부가 2023년 아세안 의장국을 수임하는 동안 미얀마 문제해결을 위한 어떤 역할을 해야 하는지를 논의했다. 또한 2022년 10월 13일 인도네시아 국가연구혁신처(BRIN: Badan Riset dan Inovasi Nasional) 정치연구센터(PRP: Pusat Riset Politik)는 "2023년 인도네시아 아세안 의장국 역할(Keketuaan Indonesia Tahun 2023: Penguatan Sentralitas, Relevansi dan Soliditas ASEAN di Kawasan)"라는 주제로 세미나를 진행하였다. 2023년 인니가 아세안 의장국 수임하는 해로서, 인도네시아 아세안 의장국 역할의 최적화를 위해서 첫째, 아세안중심성을 강화할 것 둘째, 아세안 안보협력 틀을 제시할 것 셋째, 연대를 강화할 것 등을 주문했다. 아세안 중심성의 관점에서는 미국과 중국의 갈등으로 지역의 안보와 발전을 저해하고, 아세안중심성을 약화시킬 수 있는 가장 강력한 원인이기 때문에, 이 갈등을 관리하는 것이 필요하다. 그리고 아세안 지역 안보를 강화해야하고, 이를 위해서 인도-태평양 전략에 대한 아세안의 입장(AOIP: ASEAN Outlook on Indo-Pacific)을 실질화 그리고 제도화하는 작업을 제안하고 있다. 마지막으로 아세안 역내 균열을 막고 연대를 강화해야 하는 과제이다. 미얀마 사태와 같은 것은 내부 균열을 발생하기 때문에 균열을 막고 연대를 강화하기 위해서 5PC의 적극적인 실행을 제안한다. 그리고 아세안 연대를 위해서 아세안 시민의 역할을 아세안공동체 건설과정에서 강화하고, 그 개입력을 높이는 노력이 필요하다고 밝히고 있다.

이러한 맥락에서 2022년 마지막으로 아세안이 미얀마 사태에 대해서 2022년 11월 11일 제40·41차 아세안 정상회의에서는 "*ASEAN Leader's Review and Decision on the Implementation of the Five-Point Consensus*" 문서를 채택함으로서 2023년 아세안 의장국인 인도네시아 정부도 5PC 기반하에 미얀마 사태를 해결하는 기반을 만들었다. 본 문서에서는 첫째, 미얀마는 여전히 아세안의 일부라는 것을 확인했다. 이것은 아세안 헌장 7항과 20항에 기초한 것이고, 제38차와 제39차 정상회의에서 재확인하였다. 즉, 군사쿠데타로 미얀마 정치적 상황이 비정상적인 상황이긴 하지만, 아세안 회원국으로서의 지위는 유지된다는 점이다. 둘째, 그럼에도 불구하고 미얀마의 상황은 매우 엄중하고, 증가하고 있는 미얀마 내에서의 폭력은 미얀마뿐만 아니라 아세안 공동체 노력에 치명적인 영향을 미치고 있다. 아세안은 미얀마가 현재의 위기를 평화적으로 그리고 지속가능한 해법을 찾는데 지원할 것이다. 셋째, 5PC가 거의 진전이 이루어지지 않은 상태이지만 미얀마 군부와 아세안 정상들과의 약속인 이 합의안을 준수해야 한다. 그리고 5PC 실행을 위해 구체적인 시간표(specific timeline)에 따라서 측정가능한, 실행 프로그램으로 구현해 낼 것을 밝히고 있다.

향후 5PC안을 실행하는데 필요한 인식 또는 조건 등은 다음과 같다. 첫째, 5PC를 준수해야 하는 모든 이해당사자가 누구인지 확인하는 절차와 모든 이해당사자들이 개입할 수 있도록 아세안은 틀을 만드는 것이다. 개입은 유연하며 비공식적인 방식이고, 특히 SEAC는 중립적인 방식으로 평화와 안전을 목적으로 그 직무를 수행한다. 둘째, 아세안은 군부쿠데타 이후 아세안 정상회의나 외교장관회의에서 미얀마의 비정치적 대표성을 유지하면서 아세안의 책무를 부여한다. 아세안 조종위원회(ASEAN Coordinating Council)에서 각 미션에 대해서 미얀마의 대표성을 계속 검토해 왔고, 앞으로도 이러한 입장은 계속 견지된다. 셋째, 5PC 이행에 있어서 아세안 정상회의가 최고 의사결정 기구임을 재확인하고, 아세안 헌장에 따라 합의를 달성할 수 없는 경우도 아세안 정상회의가 최고 의사결정 기구임을 확인한다. 넷째, 모든 당사자들은 긴장을 완화하고 최대한 자제할 것을 촉구한다. 미얀마에서 미얀마 군대(Myanmar Armed Force)만이 유일하게 가장 큰 군사력임을 인정하면서, 무기를 소지한 모든 관련 당사자는 공정하게 책임을 지며 폭력을 자제해야 하다. 다섯째, 미얀마에 대한 인도적 지원을 강화하기 위해 아세안 사무총장과 AHA 센터에 어느 정도의 자율성을 부여한다. 여섯째, 5개 합의안을 집행하기 위해 아세안과 UN, 역외 파트너들과 협력을 도모한다. 일곱째, 아세안은 5PC 집행을 지원할 수 있는 다양한 접근을 고려할 것이라고 밝히고 있다. 즉, 40·41차 아세안 정상회의에서 지난 2년 동안 5PC가 집행되지 않은 한계를 지적하면서, 구체적인 시간계획에 따라 집행될 수 있도록 하겠다는 의지의 표명인 것으로 해석된다.

그러나 좀 더 그 내용을 분석해 보면, 여전히 모호한 측면들이 존재한다. '미얀마 국내 모든 당사자'들이 '평화적으로 해결할 수 있는 해법'을 만들고, 그들 모두가 합의해 낼 수 있는 합의안을 도출해 내는 것이 의미하는 바가 무엇인지는 매우 불분명하다. 이러한 진술과 미얀마 민주화 세력이 추구하는 '연방 민주주의' 모델의 내용이 얼마나 유사한지 또는 다른지가 점검되어야 한다. 그리고 매우 예민한 문제인 미얀마 시민사회에 종족별로 존재하는 무장세력을 어떻게 규합할 것인가하는 문제이다. "*ASEAN Leader's Review and Decision on the Implementation of the Five-Point Consensus*" 문서에 있는 "Myanmar Armed Force"가 미얀마 군부를 의미하는지 새롭게 정당성을 획득하면서 만들어지고 있는 세력의 물리력을 말하는지 등 아직 모호하다. 좀 더 구체적으로 현 미얀마 SAC의 물리력과 NUG와 민족통합협상위원회(NUCC: National Unity Consultative Council)로 모여져 있는 PDF와 PDF로 결합되지 않은 다른 소수종족의 무장세력 사이에 어떤 합의를 이끌어 낼 수 있는지가 관건적이다. 그렇기 때문에, 이러한 추상화된 문서를 구체적인 행위의 결과로 만들어낼 역내 리더십이 필요한 시점이다.

앞에서도 계속적으로 언급했던 것처럼, 미얀마의 현재 정치적 위기는 식민지 유산의 결과와 근대 독립국가 건설의 오랜 과정에서 배태된 구조적인 문제이기 때문에, 국내 이해관계자들마다 다른 이해와 요구, 물리적 기반조차 다르기 때문이다. 그렇기 때문에 아세안이 내정을 불간섭하면서, 미얀마 내부의 이해관계자들 모두가 동의할 수 있는 '정치적 방향'을 도출해 내기 위해서는 다각적이며, 기민한 그리고 영리한 리더십을 필요로 하고 있다. 이에 브루나이, 캄보디아 의장국 시절의 경험과 논의를 바탕으로 인도네시아 의장국 시절에는 미얀마 사태에 대한 특정한 결실을 맺을 수 있기를 기대해 보는 이유였다.

III. 인도네시아 의장국 시기 아세안의 대응

1. 인도-태평양 전략경쟁 시대와 아세안 의장국으로서의 인도네시아

아세안은 정부 간(inter-governmental) 협력체이다. 이에 전통적으로 '정부 간' 흐름을 움직여 내는 아세안 의장국의 리더십은 아세안 안과 밖에 영향력을 행사하는데 가장 기본적이면서도 중요한 권력 제도이다. 역사적으로 인도네시아의 수카르노, 말레이시아의 마하티르, 싱가포르의 리콴유 등 역내 리더들이 중요한 국면마다 해법을 제시하면서 위기를 돌파해 왔다고 평가한다.

최근 미얀마 사태가 불거지고, 아세안 내부에 가중된 여러 문제를 해결하기 위해 5번째 의장국을 맡게 되는 인도네시아에게 큰 기대를 거는 것은 역사적인 경험 때문일 것이다. 인도네시아가 아세안 의장국이었던 해는 아세안이 출범했던 첫해인 1967년, 베트남의 캄보디아 침공으로 역내가 혼란스러웠던 시기인 1976년에 두 번째 의장국을 맡았고, IMF 외환 위기 이후 아세안의 중요한 전환의 시점인 2003년에 세 번째 의장국이었고, 아세안의 국제적인 역할에 대한 원칙과 방향성을 제시했던 2011년에 네 번째 의장국을 경험했다. 그리고 1976년, 2003년, 20011년 각각 발리 선언(Bali Concord)을 세 차례(Ⅰ, Ⅱ, Ⅲ) 채택하면서, 당면의 문제를 돌파했던 탁월한 리더십을 발휘해왔다고 평가한다. 그리고 올해 2023년에는 5번째 의장국을 수임하는 것이다.

　　2021년 미얀마 쿠데타가 발발한 이후 미얀마에 대한 경제적 영향력이 큰 싱가포르와 태국이 적극적인 입장을 취하지 않는 것에 비하면, 인도네시아는 미얀마 위기를 아세안의 가장 시급한 문제라고 인식했고, 적극적인 노력을 모색했다. 미얀마 사태에 대한 아세안의 해결을 위해서도 인도네시아 정부는 누구보다도 큰 노력을 했었다. 그러나 만족스러운 결론에는 도달하지 못하였다. 현 조코위 정부의 외교력의 한계도 지적되었다. 다시 말하자면, 인도네시아 국내 이슈에서 현 인도네시아 대통령이 받는 지지도에 비해, 조코위 정부는 외교적 능력과 영향력에서는 상대적으로 취약하다고 평가받았다. 지난 2년간 이렇게 시급하고 중대한 문제에 있어서 구체적인 진전된 결과를 이끌어 낼 만한 리더십이 있는 국가가 현재로서는 부재하다는 점이 아세안이 역사적으로 성과를 내었던 '건설적 개입'의 결과를 지금의 국면에서 만들어 내지 못하는 원인이라고 지적되었다. 민주주의 수준이 비슷비슷한 말레이시아, 필리핀, 인도네시아 중 어느 국가도 민주주의 위기를 극복할 탁월한 리더십을 발휘하고 있지 못하다. '내정 불간섭'과 '건설적 개입' 그 사이에서 문제 해결을 위해서는 역내 정치를 이끌어 갈 만한 탁월한 리더십이 필요한 국면이다. 이에 역대 아세안 사무총장에서 탁월한 리더십을 보였던 필리핀의 세베리노(Rodolfo C. Severino), 태국의 피츠완(Surin Pitsuwan) 등이 언급되곤 한다. 지금 미얀마 사태를 해결하기 위한 역내 탁월한 리더십이 부재한 상황에서 2023년 인도네시아에게 거는 기대감이 증폭되는 이유이다.

2022년 하반기부터 인도네시아 조코위 정부의 외교는 기존과는 조금 다르게 보였다. G20 의장국으로서 인도네시아는 코로나19 팬데믹으로 경색된 국제질서를 변화시키는 노력을 아끼지 않았다. 국제 외교무대로의 귀환을 알리는 현 인니 대통령 조코위의 신호탄은 2022년 6월 우크라이나를 방문하여 젤렌스키 대통령을 만났고, 이어서 러시아로 가서 푸틴 대통령도 면담한 사실이다. G20 회원국인 러시아를 방문하여 국제사회의 뜻을 전달하고, G20의 참석을 제안했다. 결국 G20에 두 정상은 참석하지 않았지만 코로나19 팬데믹 그리고 러시아와 우크라이나 전쟁으로 경색된 국제사회에서 주요 정상들이 한곳에 모여 얼굴을 맞대고 대화를 시작했다는 것만으로도 매우 큰 진전이라고 볼 수 있고, 많은 사람들이 우려했던 것과는 달리 G20의 최종 합의문인 "*G20 Bali's Leader's Declaration*"가 발표되었다. 이렇듯 인도네시아가 2022년 G20 정상회의를 성공적으로 개최했다는 점 역시 아세안 의장국으로서 역할에 대한 기대감을 높이는 근거이다. 이 지역에서 변혁적 리더십을 제공한 탁월한 실적을 감안할 때, 2023년 아세안 의장국인 인도네시아가 지역문제를 해결하는데 적실성을 보여줄 것이라고 기대할 수 있다(Melinda, 2023).

다음으로는 국제적 상황에서 인도네시아 의장국의 역할이 중요해졌다. 2022년에는 우크라이나 전쟁이 발발했고, 이 전쟁으로 코로나19 팬데믹 시기부터 불거진 공급망의 위기에 대한 대응이 필요해졌고, '인도-태평양' 지역에서 미국과 중국의 경쟁이 격화되는 시점에서 역내 안정과 평화, 번영을 위한 아세안의 역할은 더욱더 중요하게 되었다. 특히 2019년 인도네시아의 주도로 아세안 정상회의에서 채택한 'AOIP'을 어떻게 고도화할 것인지, 구체화할 것인지 그리하여 여전히 이 지역에서 아세안이 주요한 행위자임을 확인해야 하는 중요한 시점이었다. 이로써 남중국해를 둘러싼 미국과 중국의 긴장을 완화하면서, 아세안 중심의 인도-태평양 지역 거버넌스를 유지 및 관리하면서 주도권을 강대국이 아닌 아세안 스스로 가지면서, 그 힘과 능력을 바탕으로 역내 이슈인 미얀마도 아세안 스스로 해결하는 구상을 갖는 것이다.

현재 아세안 의장국으로서 인도네시아 역할은 진행 중이기 때문에 최종적인 평가는 뒤로 미루어야 하지만, 상반기 5월 10-11일 사이에 진행된 42차 아세안 정상회의, 하반기 9월 5-6일에 진행된 43차 아세안 정상회의가 이미 진행되었다. 지금까지 2023년 아세안 의장국으로서 인도네시아의 노력이라고 한다면, AOIP를 고도화하는 측면에서 인도-태평양 지역에 주요 국가들과 합의문을 도출한 것과 Bali Concord Ⅰ, Ⅱ, Ⅲ에 이어서 *ASEAN Concord Ⅳ*가 채택한 것이다. "*Jakarta Declaration on ASEAN Matters: Epicentrum of Growth*(*ASEAN Concord Ⅳ*)"에 가장 눈에 띄는 대목은 2045년을 향한 아세안공동체의 비전(ASEAN Community Vision 2045)을 적시한 것이다. 그 이전에 있었던 Bali Concord Ⅰ, Ⅱ, Ⅲ에도 아세안의 미래 비전을 제시했던 것처럼, ASEAN Concord Ⅳ 역시 미래 비전의 의미를 담고 있다. 2045년을 향한 아세안 공동체 비전의 키워드는 '지속가능한 발전', '인구학적 변화', '돌봄 경제', '디지털 전환', '환경 및 기후변화'이다.[6] *ASEAN Concord Ⅳ*에서는 이러한 내용이 구체적으로 언급된 것이 아니라 이것을 구현하는 방식에 대해서 언급되었다. 다시 말하자면, 아세안 문서에서 익숙하게 등장하는 국제법 준수, 아세안 중심성, 아세안-중심적인 지역협력체 구축 등 기존에 아세안이 주요하게 다루어 왔던 원칙들과 비전, 전략들이 언급되어 있다. 그러나 가장 중요하게 주목되는 것은 'AOIP 집행(Implementation of the ASEAN Outlook on the Indo-Pacific)' 항목의 존재이다. 이러한 항목의 존재는 2023년 9월 초 아세안 정상회의를 계기로 AOIP 이행 고도화를 위한 다양한 합의문이 도출된 결과와 매우 정합성을 갖는 부분이다(ASEAN Indonesia 2023b; ASEAN Indonesia 2023c).

아세안은 2023년 9월 6일에 중국과 미국 각각 AOIP에 대한 합의문

---

[6] Achieving the ASEAN Community Vision 2045 | The ASEAN(검색일: 2023년 10월 2일)

을 도출했다. "*ASEAN-China Joint Statement on Mutually Beneficial Cooperation on the ASEAN Outlook on the Indo-Pacific*"과 "*ASEAN-U. S. Leader's Statement on Cooperation on the ASEAN Outlook on the Indo-Pacific*"이다. 두 문서에는 2019년 AOIP 문서에서도 밝혔던 핵심 내용인 아세안 중심 메카니즘(ASEAN-led mechanisms)을 통해 상호신뢰와 존중, 공동의 이익을 추구한다는 내용과 1) 해양협력 2) 연계성 3) 2030 지속가능한 개발 목표(SDGs, Sustainable Development Goals) 구현 4) 경제협력 등 4가지 어젠다에 대해서 아세안-중국과 아세안-미국, 각각 협력의 역사적 경험에 따라 기술되어 있다. 아세안-중국의 경우는 일대일로(BRI: Belt and Road Initiative) 협력을 추가하고 있다.

이 두 문서를 통해, 아세안이 확인하고 싶은 것은 현재 세계적으로 최대 강대국이라고 볼 수 있는 두 국가에 인도-태평양 지역에서 아세안-주도의 메카니즘에 맞게 협력을 강화할 것을 확인하고자 하는 것이다. 특징적인 것은 AOIP의 4가지 어젠다 중에서 아세안-중국은 연계성에, 아세안-미국은 해양협력에 강조점이 맞춰져 있다. 또한 아세안-미국의 해양협력 내용에는 '항행의 자유(freedom of navigation)'라는 표현이 명시되어 있지만, 좀 더 구체적인 기술을 보면 "항행과 상공비행의 자유를 지킴으로써 아세안이 주도하는 메커니즘을 통한 해상 협력(Enhance maritime cooperation through ASEAN-led mechanisms by upholding freedom of navigation and overflight)"으로 기술되어 있다. 즉, 남중국해를 둘러싼 항행의 자유 역시 아세안-주도의 메카니즘을 통해 관철되어야 하는 것이 명문화되었다.

이렇듯 2023년 아세안 의장국으로서 인도네시아는 현재의 국제정치적 상황에서 아세안의 위상과 역할을 분명히 하고자 하는 전략을 갖고 움직였다. 이에 43차 아세안 정상회의와 동아시아 정상회의(EAS: East Asia Summit)가 진행되었던 9월 5일에 "아세안-인도- 퍼시픽 포럼(AIPF: ASEAN-Indo Pacific Forum)"을 개최했다. 포럼을 발족하면서, 조코위 대통령은 "아세안-인도-태평양 포럼이 인도-태평양 지역을 경쟁의 지역이 아니라 서로에게 이익이 돌아가는 협력의 지역으로 만들 것"이라고 말했다. 다시 말하자면, 인도-태평양 또는 아시아-태평양 지역에서 미국과 중국의 경쟁이 격화되고 있는 일련의 상황에서 아세안은 이 지역에서는 아세안-주도의 지역 거버넌스를 중심으로 교류와 협력을 지속적으로 강화할 것을 확정지었다. 아세안 내부의 층위에서도 아세안+N 협력체제인 아세안-중국, 아세안-미국뿐만 아니라 EAS 합의문을 통해서도 AOIP의 핵심내용을 재확인하고, AOIP 전략을 구체화하기 위한 어젠다로 확장하였다.

그리고 위에서 언급한 문서들을 1967년 방콕선언, 1971년 ZOPFAN(-Declaration on Zone of Peace, Freedom, and Neutrality), 1976년 TAC(Treaty of Amity and Cooperation in Southeast Asia) 만큼 아세안 역사에서 유의미한 역사적 결과물이다. 왜냐하면, 이러한 선언과 조약들은 불확실한 국제적 상황에서 아세안의 위상과 역할을 분명히 함으로써, 외부의 힘에 좌우되는 아세안이 아니라 아세안 스스로 또는 아세안 주도로 역내 안정과 질서를 만들어낼 수 있는 제도를 계속적으로 이끌 수 있는 기반이 되었기 때문이다. 그러나 이러한 합의문 도출만으로 아세안의 영향력이 높아졌다고 볼 수 있는가? 미국의 바이든 대통령과 중국의 시진핑의 불참은 실망스럽고, 이는 곧 아세안의 중요성이 갈수록 약화된다는 점을 방증한 결과라고 지적된다. 아세안의 소집력(convening power)을 통한 국제적 영향력이 과거와 달리 취약해졌다. 결국 문서에 나타난 아세안의 비전과 전략이 구체적인 현실에서도 발현될 수 있도록 실질적인 능력을 아세안이 겸비하였는가는 여전히 중요한 숙제이다.

2. 5PC의 이행점검 및 후속 조치

아세안 의장국으로서 인도네시아는 작년 연말부터 이전 의장국인 캄보디아와 함께 미얀마 사태를 해결하기 위한 노력을 시작하였다. 그리고 최근 아세안 의장국인 인도네시아의 외교부 장관 레트노(Retno Marsudi)는 "미얀마 분쟁은 아세안에게 가장 어려운 도전 과제이며, 미얀마 문제해결을 위한 공동합의 이행은 큰 진전이 없다. 하지만 아세안은 계속적으로 미얀마 문제해결을 위해 노력하겠다"고 말했다. 이러한 평가는 2022년 미얀마 NUG의 외교부 장관 진 마르 아웅의 견해를 떠올리게 한다. "아세안의 신뢰성을 훼손시킨 미얀마의 위기에 대해서 '사람-중심적인' 해결을 보이는 데는 아세안의 능력이 역부족임을 드러내고 있다. 그럼에도 불구하고, 미얀마 쿠데타가 미얀마 내부의 정치적 불안정성을 넘어서 국경을 가로지는 이슈가 됨에 따라 아세안의 정치적 성숙, 가치 그리고 원칙에 대한 도전으로 작용하기 때문에 아세안에게 있어 미얀마 이슈 해결은 여전히 중요하고, 미얀마에서 연방민주주의를 구현하기 위해서는 NUG 단독의 힘으로는 어렵고, 미얀마의 제 정치세력, 아세안, 국제적인 지원의 적극적인 협력이 필요하다"고 말하였다(Zin, 2022).

2023년 9월 5일 아세안 정상회의에서 "*ASEAN Leaders' Review and Decision on the Implementation of the Five-Point Consensus*" 채택하였다. 인도네시아가 의장국으로서 미얀마 사태를 해결하기 위한 경과에 대한 보고, 조치 그리고 이후 계획을 밝히고 있다. 미얀마는 여전히 아세안에서 매우 중요한 구성원이기 때문에, 미얀마가 현재의 위기를 평화롭고 지속가능한 해결책을 찾도록 계속적인 지원을 하겠다고 밝히고 있다. 10가지 결정사항은 다음과 같다. 1) 미얀마 위기를 해결하기 위해서 5PC는 여전히 유효하다. 2) 미얀마 군부와 미얀마의 모든 이해당사자들에게 폭력을 근절할 것을 촉구하고, 학교, 병원, 시장, 교회 및 수도원, 민간 주택 및 공공시설 등 표적 공격을 중단하기를 촉구한다. 3) 미얀마 문제의 평화적인 해결을 위해서 SEAC 체제를 유지한다. 4) 아세안 의장이 주도하는 해결 노력은 계속되겠지만, 문제 해결의 효율성을 높이기 위해 현재, 이전 및 차기 아세안 의장으로 구성된 비공식 협의 메커니즘(Troika)을 만든다. 5) 아세안 정상회의와 외무장관 회의에서 미얀마는 비정치적 대표성이 유지된다는 제40차 및 제41차 아세안 정상회의의 결정을 이어가고, 5PC 이행에 구체적인 진전이 있을 때 아세안 조정위원회에서 논의할 수 있도록 한다. 6) 2026년 아세안 의장직은 예정된 미얀마를 건너뛰고 필리핀이 맡는다. 7) 미얀마에 대한 인도적 지원이 효과적으로 진행될 수 있도록 한다. 8) 5PC에 따라 인도적 지원을 외부 단체나 국제조직이 함께 할 수 있도록 한다. 9) 마약과 인신매매와 같은 초국적 범죄의 증가를 포함하여 미얀마의 위기가 고조되지 않기 위해 아세안은 노력한다. 10) 아세안 외무장관 회의는 진행 상황을 모니터링하고, 아세안 정상회의에 보고한다.

이상의 10가지 중에서 두 가지 측면이 주목된다. 하나는 5PC의 지속적 실천을 강조한 부분이다. 많은 한계와 비판을 받는 5PC이지만, 5PC는 미얀마 위기의 원인 제공자인 민아웅 흘라잉이 참석해서 이끌어낸 합의이기 때문에, 미얀마 문제해결을 위한 중요한 도구로 계속 강조되고 있다. 다른 하나는 비공식 협의체로 이전, 현재 그리고 내년 아세안 의장국 회의 체제인 트로이카 회의를 운영한다는 결정이다. 앞에서도 언급하였듯이 미얀마 문제해결은 매우 복잡하다. 오래된 문제 그리고 다수의 정치집단이 관여된 문제이기 때문에, '미얀마의 모든 이해당사자'를 중심으로 합의를 이끌어 낸다는 것은 복잡한 이슈이다. 캄보디아 의장국 시절의 경험과 정보가 인도네시아 의장국으로 이어지는 것은 매우 중요하다.

인도네시아 CSIS의 리나 알렉산드라(Lina Alexandra), 태국 수린핏추완 전아세안사무총장 재단 연구국장 앤드류 옹(Andrew Ong), 미얀마 전략정책연구소 소장인 민 진(Min Zin)은 9월 11일자 *Jakarta Post*에 공동기고한 글에서 현 미얀마 사태에 대한 의장국 인도네시아의 노력에 대한 평가와 제언을 하였다. 우선, 미얀마 문제를 해결하는 인도네시아가 선택한 '조용한 외교(quiet diplomacy)'에 대한 평가이다. SEAC인 응우라 스와자야(I Gede Ngurah Swajaya)를 중심으로 미얀마의 다양한 민족 지도자들과 접촉하여 대화를 이끌어 갔다. 이것은 SAC의 승인없이도, 다른 미얀마 이해당사자를 만날 수 있는 경험을 축적한 좋은 사례로 평가된다. 그리고 미얀마 이해관계자들을 인도네시아로 데려옴으로써 미얀마 밖 안전한 공간에서 서로 모여 대화할 수 있는 기회를 제공함으로써, 다양한 이해당사자들의 견해를 서로 경청할 수 있는 시간을 가졌다. 이로써 인도네시아는 아세안이 위기를 변화시키는 역할을 할 수 있다는 자신감도 높였다. 그러나 '조용한 외교'의 이러한 긍정적인 결과에도 불구하고, 여타 미얀마 국내 이해관계자들 및 국제사회는 비공식 접촉에서 이루어진 협의 내용에 관한 접근이 불가능하기에, 투명성이 결여되어 있다. 그리고 이러한 비공식 접촉의 목표와 결과가 불분명하고, 진전사항을 파악하는데도 한계가 존재한다. 일각에서는 인도네시아의 중앙집권적이고 불투명한 미얀마 위기 접근방식에 대한 비판적인 견해가 분명히 존재한다. 가장 분명한 한계는 5PC에 대한 구체적인 이행계획이 없다는 점이다(Lina et al., 2023).

그리고 세 연구자들은 향후 미얀마 문제해결을 위한 정책적 제언을 아래와 같이 하였다. 첫째, 아세안 특사사무소(Office of the ASEAN Special Envoy to Myanmar)를 제도화해야 한다. 그런데 중요한 것은 몇몇 특별 외교관이 임의적인 시간에 미얀마 문제를 다루는 것이 아니라 전임 직원이 상주하여 계속적으로 접근할 수 있도록 사무소를 운영해야 한다. 특사사무소는 국가대표체제가 아닌 지역대표체제이고, 특사가 대표인 이 사무소의 전담 직원이 인도주의적 지원을 조정하고, 폭력과 인권상황을 모니터링하고, 이해당사자들의 포괄적 대화 기반을 마련하는 등 구체적인 업무할 수 있도록 특사사무소 운영을 제도화해야 한다. 둘째, 아세안은 측정가능한 지표로 5PC를 구현하기 위해 3~5년의 중기 로드맵을 개발해야 합니다. 이 로드맵은 미얀마를 아세안으로 '재통합'하기 위한 최소한의 조건으로, 미얀마가 아세안으로 재통합되는 시점에서 특사의 역할은 종결된다. 이 아세안 로드맵은 미얀마의 평화 로드맵과는 다르지만 서로 보완적일 것이다. 셋째, 두 가지 차원으로 협력체제 구상해야 한다. 하나는 역내 아세안(ASEAN-minus) 차원이다. 인도네시아와 태국 사이의 더 강력한 유대, 공동의 노력, 소통이 필요하다. 인도네시아와 태국의 공동노력은 미얀마 위기를 해결하는데 결정적인 중요한 역할을 한다. 인도네시아는 다양한 미얀마 이해관계자들 사이에 신뢰가 구축되어 있고, 태국은 SAC에 대한 영향력을 갖고 있다. 아세안의 두 회원국이 협력해야만 미얀마의 위기를 극복할 수 있는 기회를 잡을 수 있을 것이다. 다른 하나는 아세안 밖(ASEAN-plus)의 차원이다. 아세안과 중국, 인도, 일본, 유럽연합, 유엔, 태국의 국제 및 지역 특사들이 함께 하는 논의 테이블(forum for joint coordination)을 통해 공동노력해야 한다(Lina et al., 2023).

앞에서도 계속적으로 강조하지만, 현재의 미얀마 사태가 70여 년간 누적된 문제로서 미얀마 이해관계자들의 타협과 합의가 쉽게 만들어지지 않는 상황이다. 이에 아세안은 미얀마 내부의 세력들의 동학을 살피면서, 미얀마인들이 생각하는 평화의 로드맵을 달성하는 과정에서 적극적인 아세안의 역할을 앞으로도 계속적으로 모색해야 하는 것이다.

IV. 아세안의 민주주의 위기와 아세안

1. 민주주의 위기의 글로벌 현상과 아세안 MZ의 민주주의 요구

2021년 2월에 발생한 미얀마 군부쿠데타는 아세안 내의 민주주의 위기와 후퇴라는 지역적 맥락을 넘어서 전 세계 민주주의 위기 흐름 속에서 이러한 후퇴를 가속화한 사례의 하나로 추가된다. 특히 '가치중심적 외교'가 국제정치 차원에서 다시 회자되면서, '민주주의'와 '권위주의'는 다시 문제의 중심에 서 있게 되었다. 그러나 '민주주의'와 '권위주의'를 현재의 국면에서 이분법적으로 대립해서 본다면, '민주주의 위기'라는 문제를 해결하는데 매우 제한적인 접근이라고 생각한다. 왜냐하면, 현재 어떤 민주주의 국가도 '권위주의적 요소'를 갖지 않은 나라가 없고, 그 수많은 '권위주의 국가'는 권위주의 국가의 탄생 연원이 오랜 구조적인 문제 즉, 식민지 유산에 기초한 정치적 균열, 경제적 저발전 상태, 민주주의를 지지하고 유지할만한 시민층의 저발전, 그리고 민주주의 위기의 핵심적인 원인인 경제적 불평등의 고도화, 선거 전과 후 사이에 존재하는 '대표자'와 '위임자' 사이의 질적인 간극과 같은 선거제도 자체가 갖는 문제 등 민주주의 위기를 가속화하는 요인들은 다양하기 때문에, 오히려 단순한 이분적인 구조가 민주주의 위기를 해결하는데 합리적인 접근으로 나아가는데 한계로 작용할 수 있다고 생각한다.

미국 바이든(Joe Biden) 정부는 2021년 '민주주의 정상회의(The Summit for Democracy)'를 개최했다(White House, 2022). 지난 미국의 대통령 선거에서 트럼프와 선거 캠페인을 진행하는 동안 바이든은 심각한 위기에 놓여 있는 미국 민주주의를 위해서 '선거'를 통한 행동을 보여주기를 촉구했고, 전 세계 민주주의 위기 극복을 위한 약속도 취했다. 이번 '민주주의 정상회의'가 전 세계 민주주의가 위협받고 있는 현실에 대해 '경종'을 울렸으며, 권위주의에 맞선 민주주의 수호, 부패극복, 인권존중 증진 등 세 가지가 핵심 의제를 다루었다. 그러나 과연 이러한 방식이 민주주의 위기를 극복하는 좋은 선택이었는가는 별개의 문제라고 생각된다. 본 화상 정상회의에 초청받은 110개국 중 아시아에서는 한국, 대만, 인도, 인도네시아, 말레이시아, 필리핀, 몽골, 동티모르 등이 참여하였다. 이 중에서 아세안 회원국에서 초청받은 국가는 인도네시아, 말레이시아, 필리핀이다. 누가 초대되고 누가 초대받지 못하는가? 이것이 '민주주의 위기' 문제를 해결하려고 하는 것인가 아니면 '잃어버린' 또는 상대적으로 취약해진 '미국의 글로벌 영향력'을 회복하려고 하는 것인가? 민주주의 위기를 해결하기 위해서 글로벌 차원이든 지역차원이든 여러 차원에서 쟁점을 갖고 숙고와 논의의 시간이 필요하다.

'제3의 민주화 물결'의 여파로 전 세계적인 민주주의 이행과 확산의 과정에서 탄생한 '민주주의 저널(Journal of Democracy)'은 2020년 창간 30주년 맞는 기념호에서 '세계 민주주의 위기'를 대주제로 다루었다. 2006년부터 민주주의 확산의 역전현상이 나타나기 시작했고, 2015년부터 뚜렷하게 민주주의를 흔드는 역전 현상이 나타났고, 2016년 브라질과 한국 민주주의의 위기, 2016·17 한국의 촛불시위에 나타난 민주주의 요구, 2019년 홍콩 민주화 시위, 태국 민주화 시위, 이란 민주화 시위와 2020년 미국 대선에서 보여준 각종 위기적 증후들과 올해 2021년 2월에 있었던 미얀마 군부 쿠데타 등으로 발현되는 민주주의 위협 사례들이다. '민주주의 저널'에서 주목하는 세계 민주주의 위기 중 하나의 요소는 미국과 유럽으로 대표되는 '자유민주주의 위기' 자체이며, 또 다른 요소는 '권위주의의 반격'으로 표현되는 전 지구적 차원에서 권위주의의 영향력 확대이다.

우리가 주목해야 하는 것은 바로 이 두 요소의 상호작용이다. 대개의 경우, 오늘날 전 세계 민주주의 위기를 후자로만 설명하는 경향이 있다. 즉, 러시아와 중국, 이란 등의 영향력 증대이고, 그중에서도 중국의 영향력을 가장 부정적으로 언급하고 있다. 그러나 중국의 영향력이 증대되고 있는 것이 중국만의 문제인가를 반문해 볼 필요가 있다. 중국의 영향력이 증대되는 다양한 이유가 있겠지만, 그 요소 중의 하나는 '권위주의를 통한 경제발전'이라는 점이다. 중국 공산당 100년의 성과에 대한 다양한 논쟁이 있을 수 있지만 가장 강력한 무기는 '가난에 허덕인' 중국 인민대중을 100년이 지난 현재의 시점에서 '먹고 살만한' 수준으로 만들었다는 점이다. 아이러니하게도 중국을 전적으로 좋아하지는 않지만, 중국의 경제발전모델은 길게는 제2차 세계대전 이후 짧게는 탈냉전 이후 여전히 가난하고 불안정한 많은 나라들에게 유혹적인 하나의 길로 비치고 있다. 그러나 과연 자유민주주의 모델로서 영향력을 보여주는 유럽과 미국이 중동과 아프리카, 중남미 그리고 라틴아메리카 등 이웃 국가들과 시민들에게 기댈만한 언덕이 되고 있는지 반문해 볼 필요가 있다.

지금의 민주주의 위기는 코로나19 팬데믹의 원인과 해법처럼 매우 '글로벌 구조' 안에서 작동되고 있다. 즉, 코로나19 팬데믹을 경험하면서 세계 모두가 매우 긴밀하게 연결되어있다는 것을 다시 한번 더 자각하게 되었다. 따라서 민주주의를 유지, 발전, 심화시키기 위해서 '민주주의를 위협하는 원인'을 해결해야 한다는 주장에는 개별국가뿐만 아니라 글로벌 환경과 조건이 매우 중요하게 작용된다는 것을 인지할 필요가 있다. 그래서 민주주의 위기를 극복하기 위해서는 '미국이냐 중국이냐'라는 이분법적인 선택의 선명성보다 더 복잡한 문제에 기반하고 있다는 인식이 필요하다.

이러한 맥락에서 홍콩 민주화 시위, 태국 민주화 시위, 대만 민주화 시위, 이란 민주화 시위, 미얀마 민주화 시위를 주도했던 글로벌 MZ세대의 민주주의 요구투쟁과 그 너머에 펼쳐져야 할 민주주의를 지지하는 글로벌 환경과 민주주의 이론적 담론을 풍부하게 전개시켜야 할 시대적 과제가 놓여있다고 생각한다. 미얀마 봄의 혁명 역시 21세기 민주주의 위기에 대한 경종 또는 새로운 함의를 갖는다. 미얀마 군부쿠데타가 발생하자 즉각적으로 CDM을 이끌었던 세력은 미얀마 MZ세대인 새로운 세대(new generation)이다. 그들은 지난 70여 년 동안 미얀마 쿠데타에 의해 침투된 폭력을 종결하는 '시스템 변화(systemic change)'를 요구하고 있다(Zin, 2022). 미얀마 MZ 세대의 민주화 운동은 방법론적 측면에서도 다양한 역시 현대적인 퍼포먼스를 통해서 의사를 전달하는 능력이 탁월했으며, Facebook, Whatsapp, 트위터, 인스타그램, 브리지파이를 활용하여 미얀마 상황을 전 세계적으로 공유하는 큰 역할을 했다. 또한 국제기구, 국제지역기구, 주요 국가의 대사관 및 기업에게 요구하는 어젠다를 명확히 제시했다. 땃마도 집권에만 반대하는 것이 아니라, 시위 초기부터 양곤의 유엔사무소, 주미얀마 미국, 중국, 일본, 한국 대사관 등에서 MZ 세대들의 시위를 전개했다. 그리고 또한 정치적으로도 이전 세대와는 다르게 소수 종족으로 아우르는 진전된 모습을 보여주었다(홍문숙, 2022). 그리고 2020년 태국의 MZ 민주화 세대 역시 태국의 군주제를 비판하면서 태국은 왕의 나라가 아니라 국민의 나라임을 주장하면서, 태국의 근본적인 권위주의 구조인 군주제에 대한 저항을 보여주고 있다.

필자는 이러한 모든 MZ의 민주화 운동이 '권위주의'에 대한 저항이라는 것은 동의한다. 그러나 홍콩 민주화, 태국 민주화, 미얀마 민주화의 요구 투쟁의 결과가 각각 전혀 다른 모습으로 귀결될 것이기 때문에, 이들의 운동구조를 쉽게 동일시하는 것은 이론적으로 아쉬운 상황이라고 보는 것이다. 예를 들면, 미얀마의 민주화 운동의 바람직한 결과는 미얀마 민주화 운동 세력들이 제시하고 있는 '주의 동등한 주권'에 기초한 '연방 민주주의'로 나아가기를 바라고, 태국의 민주화 역시 군주제를 극복한 이후 바람직한 모습으로 상정하는 것 자체 역시 독자적인 민주주의 색깔의 모습을 상정하고 있다. 무엇보다 이들의 민주화의 지향은 외부의 모델에 의해서 되는 것이 아니라 각 국가의 민주화 세력들의 실천을 통해서 과정적으로 획득되는 것이기 때문이다.

이에 최근 2-3년간 진행된 아세안 MZ 세대들의 민주화 운동은 활발하게 전개되었지만, 그 결과가 그들이 원하는 만큼 얻어지지 않고 있는 그 이유를 주목해 볼 이유가 있는 것이다. 대륙부 동남아 국가 중에서 태국 군부의 주기적인 쿠데타와 권력유지는 2021년 미얀마 군부에게 큰 선례가 되었고, 반대로 현 태국 군부는 미얀마 군부 쿠데타를 엄호하는 결과를 배태시키고 있다. 결국, 미얀마 사태 해결을 둘러싼 아세안의 성공 사례는 국제적 차원에서 중요한 신호탄이 될 수 있다. 미얀마와 태국의 군부, 미얀마와 태국의 민주화 세력 그리고 아세안의 건설적 개입 등 아세안 역내에서 진행되는 이러한 상호작용이 아세안의 민주주의 진전을 위해서 중요한 경험이 되고, 글로벌 민주주의 위기를 극복하는 하나의 사례로서 중요한 의미를 갖는다고 본다.

2. 아세안 민주주의 취약성과 민주주의를 다루는 아세안의 한계

아세안 회원국의 민주주의 수준이 취약하다는 것은 어제오늘의 얘기는 아니었다. 그리고 가장 심각한 문제의 핵심은 '민주주의'에 대한 지역적 차원의 숙고가 취약하다는 것이다. 아세안공동체를 움직이는 다양한 제도적 틀 안에서 '민주주의'를 전담하는 기구나 논의 테이블 등은 전혀 존재하지 않는다. 아세안 헌장에는 '법의 지배(rule of law)'와 '민주주의 원칙(the principles of democracy)', '헌법적 정부(constitutional government)' 등이 아세안의 운영 원칙으로 명시되어 있다. 그럼에도 불구하고 민주주의를 지역적 차원에서 내면화하고 진전시키려고 하는 노력은 전혀 보이지 않는다. 반면 '인권'이라는 어젠다는 좀 다르다. 아세안이 인권을 보호하고, 증진하기 위해서 2009년 '아세안 정부간 인권위원회(AICHR: ASEAN Intergovernmental Commission on Human Rights)'를 만들어서 제도적으로 다루고 있는 것에 비하면, '민주주의'에 대한 노력은 매우 취약하다.

'민주주의'와 '인권'은 상호친화적인 개념이지만, 또 구별된 개념이기 때문에, 민주주의에 관한 별도의 노력이 필요하다. 또한 전통적으로 아세안의 문서를 보면, '정치적 안정', '평화'라는 단어는 매우 자주 나타나고 있지만,

'민주주의'는 매우 적게 발견된다. 경제적 안정과 발전을 위해서 정치적 안정은 중요하지만, 정치적 안정을 강조하다 보면, 자칫 민주주의가 취약해 질 수 있는 가능성이 있다. 따라서 정치적 안정이나 평화의 강조로 민주주의 발전과 심화 어젠다를 대체할 수는 없다. 특히 가장 최근 아세안의 미래 비전을 담은 *ASEAN Concord* Ⅳ에서도 주로 경제영역과 지정학적 전략들을 다루고 있지, 민주주의 발전에 대해서는 전혀 언급되어 있지 않은 것도 매우 아쉬운 부분이다.

아세안이 민주주의 담론 그리고 민주주의 이론화에 있어서 좀 더 적극적인 자세가 절실히 필요한 시기이다. 예를 들어, 아세안은 2003년에 던졌던 질문 "아세안의 정체성은 무엇인가?"에 답하기 위해서 17년의 시간을 소요했다. 즉, 2020년에서야 *The Narrative of ASEAN Identity*라는 문서를 공동으로 채택했다. 이 문서에는 아세안의 역사와 문화, 철학과 가치를 '아세안의 정체성'이란 개념에 잘 담겨져 있다. 아세안이 생각하는 '민주주의'에 대한 고민 또는 구상 역시 마찬가지일 수 있다. '자유민주의이냐 아니냐'라는 단순한 이분법적인 민주주의 이론을 넘어서, 아세안의 역사와 문화, 철학과 가치에 기초한 민주주의 담론을 증진시킬 필요가 시대적으로 요구된다. 예를 들어, 인도네시아 헌법 이념에 따른 인도네시아의 독특한 정치체제이며, 그 정치체제가 민주주의로 충실할 수 있도록 어떤 강점과 약점이 있는지 다룰 수 있어야 하는 것이다. 또한 이론적으로 사회주의 공화국은 민주주의의 유형의 하나로서 설정 가능한데, 현실의 사회주의는 어떤 문제로 민주주의가 취약한지를 다루어야 하는 것이다. 서로의 체제를 존중하고 신뢰하는 아세안의 역사를 바탕으로 아세안은 역내 민주주의 발전을 위해서 더 적극적인 제도적 이론적 실천 노력을 해야 하는 것이다.

이러한 아세안 내 민주주의 담론을 진전시키기 위해서, 지금 현재 아세안 차원에서 다루어야 할 민주주의 어젠다 그리고 이것은 미얀마의 정치적 위기를 극복하는 아세안 내부의 노력과도 맞물려 있다. 첫째, 미얀마 군부 쿠데타를 계기로 아세안 사회에서 발휘되고 있는 군부의 역할과 영향력을 뒤돌아보아야 한다. 대륙부 동남아국가 중에서 정치·경제적으로 중요한 영향력을 미치고 있는 태국에서 여전히 '군부'가 정치·경제적 중심세력이다. 미얀마 군사쿠데타 초기, 회원국의 강력한 규탄과 합의를 이끌어내지 못한 것도 태국의 영향이 크다. 선거 결과에 대한 불만족 표시, 쿠데타를 통한 권력 찬탈은 태국이 먼저 취했다. 미얀마 군부 역시 미얀마 사회에서 정치경제적 권력을 독점하고 있다. 이러한 구조에서는 반복적으로 군부쿠데타가 발생하는 것이다. 이에 대한 숙고된 논의와 방향제시가 필요하다. 아세안 역내에서 군부의 정치경제적 지배를 완화, 이행, 변화시킬 수 있는 방법론적 논의를 진행시켜야 한다.

둘째, 아세안 헌장의 법제도적 한계를 극복해야 한다. 2014년 태국의 쿠데타, 2021년 미얀마의 쿠데타를 다룰 아세안 헌장 내에 적합한 법조항이 없다. 아세안 헌장에는 정부 간(inter-governmental) 조직인 아세안공동체가 '법인격체'의 성격을 갖고, '법의 지배'에 기초한다고 원칙을 밝히고 있다. 하지만 결정적인 문제는 '법의 지배'가 훼손되었을 때 어떤 조치를 취해야 하는지, 어떤 절차로 법의 지배로 복귀시켜야 하는지에 대해서는 구체적인 언급이 현재 아세안 헌장에는 전혀 기술되어 있지 않다. 즉, 미주동맹(OAS: Organization of American States), 아프리카연합(AU: Africa Union), 아랍연맹(AL: Arab League), 유럽연합(EU: European Union)과 달리 아세안 헌장에는 아세안 헌장의 내용을 준수하지 않고 이를 심각하게 위반할 시 회원국 지위를 중단한다는 점을 명시하고 있지 않다. 미얀마 군부 쿠데타 발발 이후 아세안 고위급 회의를 작동시키면서 논의를 진행시켰지만, 어떤 권고도 어떤 성명서에 대해서도 말을 듣지 않는 미얀마 군부에게 어떤 실효적인 제제 카드를 준비할 수 없는 것이 현재의 아세안 헌장의 영향력이다.

셋째, 건설적 개입이라는 개념에 대한 제도적 정합성을 구축해야 한다. 전통적으로 아세안은 아세안 역외 국가들이 역내 문제에 개입하는 것을 매우 예민하게 반응해 왔다. 필자는 아세안의 이러한 태도와 입장은 존중받아야 한다고 본다. 그러나 한 발 더 발전해야 할 부분은 역내 불법적인 상황, 비합법적인 폭력 상태에 대해서 실효적인 역내 방법들이 존재해야 한다고 생각한다. 이러한 실효적인 방법은 '내정불간섭(Non-interference)'이란 기초 위에서 세워져야 한다. 주지하는 바와 같이 1997년 아세안의 미얀마 가입 때부터 미얀마는 아세안에게 골칫거리였다. 미얀마 군사정부의 비민주성과 억압성은 아세안에게 큰 정치적 부담일 수밖에 없었다. 그렇지만 미얀마의 아세안 가입 이후 아세안이 미얀마 군부 정부를 변화시키는데 중요한 역할을 하였고, 이 방식은 미얀마에 대한 아세안의 '건설적 개입(Constructive Engagement)'의 성공사례로 설명되곤 한다. 지금의 미얀마 사태 해결도 아세안 의장, 사무총장 그리고 특사를 통해 미얀마의 두 세력 간의 대화를 시도해서 문제를 해결하는 것이 '건설적 개입' 방식을 통한 전개라고 볼 수 있다. 그러나 문제는 실질적인 효과를 만들어 내기에는 너무 느리고, 임의적이며, 상황적이다. 이에 '건설적 개입'이라는 역내 조정능력 개념을 단순히 수사적 개념에 머물게 하지 말고, 제도적 정합성이 있는 개념으로 발전시켜야 한다.

넷째, 아세안 내 존재하는 다양한 민주화 세력에 대한 연대와 지원이다. 특히 아세안 MZ세대의 민주주의 요구를 반영할 만한 플랫폼이 필요하다. 태국 민주화 세력, 미얀마 민주화 세력 등 이들은 역사적으로 오랜 경험을 갖고 단련된 정치세력이고, 아세안의 민주주의 진전을 위해서 매우 중요한 요소이다. 왜냐하면, '민주주의'는 '민주주의를 열망하는 자'들에 의해서, 쟁취되는 것이기 때문이다. 그래서 민주주의를 열망하는 자들을 소외시킨다면, 아세안의 민주주의는 취약해지는 것이다. 그리고 이들을 통해서 각각 지향하는 민주화에 대한 기대의 상을 소통시킬 수 있어야 한다. 예를 들면, 미얀마 민주화 세력의 기대치인 '연방 민주주의' 모델이다. 연방 민주주의가 무엇이며, 연방 민주주의의 강점과 약점은 무엇이며, 연방 민주주의의 성공요건은 무엇인지 충분히 아세안 내부에서 다루어져야 하는 것이다. 그리고 인도네시아의 민주주의, 베트남의 민주주의 등 서로의 강점과 약점 등이 자유롭게 소통되어야 하는 것이다. 이러한 소통을 기반으로 아세안 내 민주주의에 대한 이론적 논의, 실천적 가능성을 활성화시켜야 한다.

정리하자면, 아세안은 미얀마 사태로 불거진 아세안 민주주의의 취약성 그리고 현 단계 드러나는 글로벌 민주주의 위기의 심화 차원에서 '민주주의'가 회피의 대상이 아니라 적극적인 지역 어젠다로 설정해야 한다. 지금까지 아세안에서도 '민주주의 담론'을 적극적으로 펼치지 못했던 한계는 글로벌 민주주의 담론에 나타난 이론적 편협성의 한계에 머물러 있었기 때문이라고 생각한다. 이를테면, 민주주의 어젠다를 꺼내는 순간 상대 국가의 정치체제 존립을 비판하는 담론으로 왜곡되기가 쉽기 때문이다. 이러한 인식의 한계를 극복하기 위해서라도, 아세안은 앞으로 더 적극적으로 '민주주의 담론'을 지역적 차원에서 중요한 어젠다로 삼고, 다양한 체제 안에서 다양한 민주주의가 가능할 수 있다는 것을 보여주는 역사적 경험을 실천해야 한다.

V. 맺음말

2021년 미얀마 군부 쿠데타는 미얀마 내에서 4번째 쿠데타이고, 미얀마의 아세안 회원 가입 이후 첫 번째 쿠데타 발발이다. 이에 대한 아세안의 대응은 여러 가지 측면에서 아세안의 약점을 보여주었다. 아세안의 첫 번째 취약점은 미얀마 쿠데타 발발 직후 아세안이 신속하게 대응하지 못했다는 점이다. 현재 아세안의 법제도적 수준에서는 회원국 내에서 발생한 탈법적이면 불법적인 상황에 대해서 지역적 차원에서 접근할 수 있는 근거가 마련되어 있지 않다. 사실 이러한 문제는 미얀마 이전 2014년 태국의 쿠데타 사례에서도 드러났는데, 그 이후로도 개선되지는 못하였다. 두 번째 취약점은 아세안 역내 민주주의의 수준이 전반적으로 높지 않은 점이다. 미얀마 군부는 이웃 국가인 태국에게 의지하고 있으며, 태국, 라오스, 베트남은 본 사태 해결에 대해서 소극적인 입장을 보여 준다거나 인도네시아, 싱가포르, 말레이시아는 상대적으로 적극적인 입장을 취하고 있다. 특히 말레이시아 안와르 총리는 미얀마 군부의 폭력과 비인권적 상황에 대해 비판적인 견해를 드러내고 있으며, 작년 아세안 회원국 옵저버 지위를 획득한 동티모르 역시 미얀마의 정치적 상황을 강력하게 규탄하는데 합류했다. 이렇듯 아세안 내 회원국 사이에 미얀마 사태를 바라보는 견해의 차이는 역내 단결력과 집행력을 끌어올리는 데 한계로 작용하고 있다.

그럼에도 불구하고, 미얀마 군부 쿠데타가 발발할 당시의 역내외적 위기 속에서 아세안이 주도적으로 이 문제를 이끌어가고 있다는 강점도 동시에 보여주고 있다. 코로나19 팬데믹 이후 어려운 경제적 여건, 미국과 중국의 전략경쟁이 고조화되어 있는 상황에서 미얀마 상황과 중첩되어 아세안 전체에서 드러날 수 있는 극단적인 위기 상황은 나타나고 있지 않다. 미얀마 사태 이후 브루나이 의장국 체제, 캄보디아 의장국 체제 그리고 인도네시아 의장국 체제로 3년간 지속되고 있는 상황에서 미얀마 문제해결을 위한 5PC를 도출한다거나 5PC 집행과 평가 그리고 진전된 후속조치들을 만들고 있다는 측면에서 제도적 안정성도 보여주고 있다.

이러한 맥락에서 아세안은 미얀마 사태로 불거져 있는 아세안 내 법제도적 취약성과 민주주의 취약성을 어떻게 극복할 수 있을지 질적인 전환의 계기로 삼아야 할 것이다. 다시 말하자면, 5PC를 통해서 그리고 Post-5PC 이후를 고려하면서, 이러한 두 가지 한계를 극복하는 계기로 삼아야 할 것이다. 첫째, 5PC의 효과적인 집행을 위한 제도화를 위한 노력이다. 하나는 '특사단 사무소' 운영을 상설화와 전문화해야 한다. 상설적으로 이 사안에만 집중하고 지속할 수 있는 사무소 운영을 통해 인도적 지원, 모니터링, 소통채널 구축과 유지 등의 업무를 전담해야 하는 것이다. 다른 하나는 가장 최근 아세안 정상회의에서 결정된 것처럼, 3중 아세안 의장단 체제-전임, 현재 그리고 후임-인 트로이카 체제 구성을 통해, 고위급 차원도 상설적으로 진행하는 것이다. 둘째, 5PC의 중기플랜 수립이다. 이것은 Post-5PC 이후의 의미로서, 결국 미얀마 사태의 문제해결은 미얀마 안에 있는 모든 이해당사자들이 합의하는 미얀마 평화의 로드맵과 관련이 있는데, 3~5년 5PC의 중기 로드맵은 이 평화의 로드맵과 연동되어 수립되어야 할 것이다. 셋째, 결국 앞에 첫 번째와 두 번째를 실행하고, 평가하고, 진일보시키는 모든 경험을 추상화하여 아세안 헌장 안으로 최종적으로 수렴시켜야 한다. 다시 말하자면, 비합법적이며 탈법적인 상황이 아세안 역내에서 발생했을 때, 취해야 할 아세안의 대응을 아세안 헌장 안에 명문화시켜서 재발 방지 효과를 높이고, 아세안 헌장이 갖고 있는 취약성을 극복하는 계기로 삼아야 한다. 넷째, 그리고 이 모든 흐름을 가능하게 하는 것은 바로 미얀마 민주화 세력들을 보호하고, 연대하고, 힘을 실어주는 것으로 모아져야 한다. 아세안 민주주의 취약성을 극복하기 위해서는 반드시 민주주의를 주창하는 세력을 엄호받는 지역적 환경이 마련되어야 한다. 아세안 내에는 정치적 안정, 평화, 인권, 번영, 디지털 전환, 보건 등 필요한 어젠다를 집중적으로 다룰 수 있는 제도적 도구들과 플랫폼들이 많은데, 유독 '민주주의 발전과 심화'를 위해서는 거의 아무런 제도적 플랫폼이 존재하지 않는다. 아세안도 이 기회에 민주주의 발전을 위한 제도적 기반을 마련할 필요가 있다.

2023년 아세안 의장국인 인도네시아는 인도-태평양 또는 아시아-태평양 지역에서 아세안-주도의 메카니즘을 구현하겠다고 미국과 중국을 포함해서 관련 당사국들에게 문서를 통해서 확약을 받아내었다. 이러한 문서들이 실제적인 상황에서도 실효적인 영향력을 발휘하기 위해서는 아세안이 경제적으로도 중요할 뿐만 아니라 정치적 리더십으로서도 글로벌 차원에서 영향력을 확보해야 한다. 그리고 글로벌 리더로서 아세안의 영향력을 증진하기 위해서 아세안의 민주주의 수준을 고취시켜야 한다. 이에 미얀마 군부에 의한 미얀마 민주주의 붕괴를 정상적으로 회복시키는 그 여정에서 아세안은 미얀마뿐만 아니라 아세안 민주주의가 발전하는 계기로 삼을 때, 글로벌 리더로서의 그 가능성이 확보된다. 미얀마가 아세안에게 발전이냐 쇠퇴냐 이중의 트리거로 작용하는 이유이다. 미얀마 사태가 아세안의 민주주의 발전의 트리거로 작용하기 위해서 미래지향적인 아세안 민주주의 발전 프로젝트가 실질적으로 가동되길 기대해 본다.

참고문헌

김형종. 2022. "미얀마 사태와 아세안 규범의 지속과 변화." 『동남아시아연구』 32(1), 407-438.
박은홍. 2016. "미얀마, '질서있는 이행' 모델: '체제내 변화'에서 '체제 변화'로의 진화." 『동남아시아연구』 26(1), 183-223.
윈 민(Winn Minn). 2022. "NUG/NUCC 정치 로드맵 연방민주헌장과 과도기 헌법." 미얀마 혁명 포럼. (2022년 7월 28일, 국회의원회관) 서울: NUG 한국대표부.
장준영. 2006. "미얀마-아세안 관계 발전: 아세안의 정책변동과 미얀마 군사정부의 대응." 『동아연구』 26(51), 447-478.
최경희. 2021. "미얀마 사태, 아세안은 무엇을 하고 있는가?" ([최경희 칼럼] 미얀마사태, 아세안은 무엇을 하고 있는가? (aseanexpress.co.kr))
최경희. 2022a. "미얀마 사태로 나타난 아세안 민주주의 취약성과 점진적 발전 방향." 『아시아브리프』 2(12). https://asiabrief.snu.ac.kr/?p=595.
최경희. 2022b. "미얀마에서 평화를 어떻게 만들 수 있을까? 연방민주주의와 아세안의 5PC." 『다양성+아시아』 2022년 12월호. https://diverseasia.snu.ac.kr/?p=6100
홍문숙. 2022. "정의와 다양성, 두 마리 코끼리 사이에서: 미얀마 MZ 세대 청년운동의 도전과 과제" 『아시아브리프』 2(31). https://asiabrief.snu.ac.kr/?p=745

Zin Mar Aung. 2022. "Opening Remarks: Korea-International Conference on Myanmar." *International Conference on Myanmar* 10/21/2022. Spring Revolution and Myanmar's Long Road Toward National Unity: Beyond the Lasting Conflicts.
Melinda Martinus. 2023. "What to Expect from Indonesia's ASEAN Chairmanship 2023" *ISEAS Perspective* 17.
Lina, Alexandra., Andrew Ong and Min Zin. 2023. "Seeking a sustainable

ASEAN engagement with Myanmar." *Jakarta Post* 09/11/2023. Seeking a sustainable ASEAN engagement with Myanmar-Asia News NetworkAsia News Network (검색일: 2023.10.03.)

Tim Kajian ASEAN Pusant Riset Politik-BRIN. 2022. "Keketuaan Indonesia Tahun 2023: Penguatan Sentralitas, Relevansi dan Soliditas ASEAN di Kawasan." Jakarta: BRIN.

Achieving the ASEAN Community Vision 2045. Achieving the ASEAN Community Vision 2045 | The ASEAN (검색일: 2023.10.02.)

ASEAN. 2022a. "ASEAN Chairman's Statement on the Situation in Myanmar." 02/02/22, https://asean.org/asean-chairmans-statement-on-the-situation-in-myanmar/(검색일: 2022.12.04.)

ASEAN. 2022b. "ASEAN Leader's Review and Decision on the Implementation of the Five-Point Consensus." 11/11/2022. https://asean.org/asean-leaders-review-and-decision-on-the-implementation-of-the-five-point-consensus/ (검색일: 2022.12.04.)

ASEAN Combodia. 2022. "Report of the Special Envoy of the ASEAN Chair on Myanmar to the 40·41th ASEAN Summit." Report of the Special Envoy of the ASEAN Chair on Myanmar to the 40th and 41st ASEAN SummitsASEAN Cambodia 2022 (mfaic.gov.kh)(검색일: 2023.10.02.)

ASEAN Indonesia. 2023a. "Jakarta Declaration on ASEAN Matters: Epicentrum of Growth(ASEAN Concord IV)" DECLARATION-OF-ASEAN-CONCORD-IV.pdf (검색일: (검색일: 2023.10.02.)

ASEAN Indonesia. 2023b. "ASEAN-China Joint Statement on Mutually Beneficial Cooperation on the ASEAN Outlook on the Indo-Pacific." Final-ASEAN-China-Joint-Statement-on-Mutually-Beneficial-Cooperation-on-the-ASEAN-Outlook-on-the-Indo-Pacific.pdf (검색일: 2023.10.02.)

ASEAN Indonesia. 2023c. "ASEAN-U.S. Leader's Statement on Cooperation on the ASEAN Outlook on the Indo-Pacific." ASEAN-US-Leaders-Statement-on-AOIP-FINAL-formatting.pdf (검색일: 2023.10.02.)

ASEAN Indonesia. 2023d. "ASEAN Leaders' Review and Decision on the Implementation of the Five-Point Consensus." 01.FINAL-ASEAN-LEADERS-REVIEW-AND-DECISION-ON-THE-IMPLEMENTATION-OF-THE-5PC-1.pdf (검색일: 2023.10.02.)

White house. 2022. "G20 Bali's Leader's Declaration." 11/16/2022. https://www.whitehouse.gov/briefing-room/statements-releases/2022/11/16/g20-bali-leaders-declaration/ (검색일: 2022.12.04.)

제3부
미얀마 개발전략과 한국과 미얀마 관계

제7장 　한국과 미얀마의 농업개발 협력전략: 스마트 농업 협력 가능성을 중심으로

배도찬(경희대학교 스마트팜과학과 강사)

제8장 　미얀마 민주화를 위한 한국의 시민사회연대: 소셜미디어 분석을 중심으로

허정원(서울대아시아연구소)

제9장 　한국에서의 '봄의 혁명'과 미얀마를 향한 초국적 연대:
2021년 미얀마 쿠데타 이후 미얀마 출신 이주민-한국 시민사회의 정치 운동

이은정(서울대 인류학과)

제7장

한국과 미얀마의 농업개발 협력전략:
스마트농업 협력 가능성을 중심으로

배도찬(경희대학교 스마트팜과학과 강사)

I. 머리말

미얀마의 노벨평화상 수상자이자 서울대에서 명예박사학위를 받은 아웅산 수찌 국가고문은 2015년 11월 60여 년 만의 민주선거를 통해 평화적으로 민주정권을 창출한 바 있다. 외교부장관 및 국가고문인 아웅산 수찌 여사가 실질적으로 이끌었던 미얀마는 코로나19의 확산, 로힝야족 이슈 같은 어려움을 뚫고 선거에서 승리하였으나 민주정부 2기를 출범을 앞두고 좌초하고 말았다. 결국 2021년 2월 1일 발생한 쿠데타로 인해 다시 한번 시간이 멈춘 땅이라는 기나긴 동면으로 되돌아 간 것이다. 그럼에도 지난 20년간 왕래하며 목도한 미얀마의 일련의 변화, 특히 2015년 이후 민주화 정부기간인 약 5년간의 성취는 물리학의 퀀텀점프에 가까운 발전을 보여왔다. 지난 몇 년간 동남아시아의 마지막 미개척지를 차지하기 위한 전 세계 각국의 노력과 그 중 한중일 3국의 유-무상원조는 이러한 발전을 이끄는 마중물이자, 미래 시장 선점을 위한 물밑 경쟁을 보여왔다.

대륙부 동남아시아에서 가장 넓은 국토면적(67만km²)을 갖고 있으며 남북으로 길게 이어진 국토에는 열대-아열대 기후를 통해 풍부한 농림수산 자원이 존재하고 있다. GDP의 37.8%를 차지하는 농업은 미얀마의 경제를 관통함으로써 결론적으로는 민주주의의 안정적인 정착 여부와도 연관되어 있으며 결국 미얀마 농업발전은 경제발전과 정치적 발전의 기초자산이라고 할 수 있다. 2011년 떼인쎄인 前 대통령의 개혁개방 로드맵에 2016년 아웅산수찌 여사 정부의 개방정책이 더해져 보여준 농업부문의 폭발적인 성장의 과실이 쿠데타로 인해 열매도 맺지 못하고 미얀마의 농업발전을 위한 협력도 매우 어려운 상태에 있다.

그럼에도 다시 시간이 멈춘 땅 미얀마에도 언젠가 정치적 안정이 다시 찾아올 것이며, 이에 대비하여 본 연구를 통해 향후 한국과 동남아시아의 마지막 미개척지인 미얀마의 농업분야의 협력을 위한 기틀을 다져보고자 한다. 그중에서도 1) 미얀마가 이미 전세계적으로 경쟁력을 갖춘 쌀 산업 경쟁력 강화를 위한 사업의 발굴과 2) 한국이 경쟁력을 갖고 추진중인 K-농업 수출 성공을 위해 미얀마의 스마트팜 진출 기반 마련을 위한 여건을 분석해보고자 한다.

II. 한국의 국제개발협력 및 농림수산 분야 지원 현황

2022년 국제개발협력 종합시행계획(22.01.27)에 따르면 '22년 공적개발원조(ODA: Official development assistance) 확정액 규모는 약 4조 425억 원으로 총 44개 기관 1,765개 사업이 추진 중[1]이다. ODA 규모는 전년도 대비 약 7.7%(약 3천억 원) 증가하였고, 참여기관 및 사업수도 각각 4.8%(2개 기관) 및 3.9%(66개) 증가하였다.

---

1 단, 미얀마 ODA 사업은 '연내 집행곤란 사업의 전용 필요성(미얀마 쿠데타)'으로 구분되어 대부분 사업계획을 변경 및 축소하였다.

특히, 2021년의 경우 국정기조 연계 및 사업효과성 제고를 위해 우리나라의 강점(비교우위) 분야 지원 확대를 위해, 보건(코로나19), 공공행정(디지털정부), 교육(개도국 맞춤형 원격교육)등 중점 지원을 하였으며, 농림수산 분야의 경우 한국의 스마트팜 수요증가 추세를 감안하여 개도국의 기후변화 대응, 농업 생산성 향상 및 소득증대 지원하고 해외진출 가능성 높은 신남방 대상국 중 메콩유역 국가를 중심으로 시작하여 신북방으로 확대를 추진하였다.

> 〈스마트팜 ODA 추진방향〉
>
> ▶ 지역별 기후 및 정책 특성 등을 고려, **적정기술을 활용**한 **기후적응형 스마트팜** 구축
>   * 기후변화 대응, 하이테크 농업 도입 등 국가별 정책을 고려하고, 스마트 생산기반 구축, 인적역량개발 등을 통해 수원국 생산성 및 농가소득 향상
>   ▶ 온실, 기자재, 데이터, 인력 등이 결합된 **고부가가치** 스마트팜 **ODA 보급·확산**
>   * 패키지 형태의 스마트팜 해외진출 기반을 마련, 상생의 번영 추구
>   ▶ 신남방·신북방 국가에 스마트농업 노하우 전파 및 협력 네트워크 구성을 통해 **스마트 농업 생태계 구축 및 해외진출** 기반 마련

2022년 ODA 지원을 지역별로 살펴보면 미얀마가 포함된 아시아가 약 37%(1.2조 원)을 차지하고 있으며, 유무상 통합의 경우 농림수산 분야(7.4%)가 보건(13.2%), 교통(13.1%), 인도적지원(9.8%)에는 미치지 못하였다. 하지만, 무상원조 분야만을 구분하였을때 약 9.5%로 인도적지원(16.8%) 및 교육(12.5%)에 이어 세번째 큰 규모를 나타내었다. 이로써 미얀마의 농업분야 무상원조의 프로젝트 사업의 진행경과를 확인함과 동시에, 머지않아 쿠데타 이

표 1 '22년 국제개발협력 사업 분야별 지원규모 및 비중(%)

구 분	구분	보건	교통	인도적 지원	교육	수자원 및위생	공공 행정	농림 수산	에너지	환경 보호	산업	통신	기타
규모 (억원)	유상	2,470	3,776	-	571	2,242	891	610	1,470	394	-	200	710
	무상	1,780	448	3,163	2,362	244	1,581	1,788	425	441	820	34	5,779
	총계	4,250	4,224	3,163	2,933	2,486	2,472	2,398	1,894	836	820	234	6,489
비중 (%)	유상	18.5	28.3	-	4.3	16.8	6.7	4.6	11.0	3.0	-	1.5	5.3
	무상	9.4	2.4	16.8	12.5	1.3	8.4	9.5	2.3	2.3	4.3	0.2	30.6
	총계	13.2	13.1	9.8	9.1	7.7	7.7	7.4	5.9	2.6	2.5	0.7	20.2

출처: 제40차 국제개발협력위원회 '22년 국제개발협력 종합시행계획 (2022.1.27) 발췌

후 정치적 안정이 찾아올 시기에 대비하여 농업분야 협력방안을 선제적으로 준비할 필요성이 있다고 하겠다.

III. 한국의 대 미얀마 국제개발협력 현황

한국은 현재 ODA 유무상 자금 중 특히 무상원조를 통해 미얀마의 농업발전과 관련하여 지역개발(새마을운동), 농기계, 농촌지도, 수확후관리 및 지역개발 마스터플랜 등 다양한 프로젝트를 수행한 바 있다.

1) 유무상 통합 총 지원실적

1987-2017년간 지원 실적은 총 31,250만 불이다.[2] 전체 수원국 중 12위(무상원조는 10위, 유상원조는 16위)이며 미얀마 유상원조의 경우 2005년부터 2012년까지 미얀마의 정치적인 상황으로 인해 거의 사업발굴이 되지 않아서 지원액이 낮은 편이다.

　미얀마 무상원조의 경우 KOICA 사무소가 개설된 2001년 이후 미국이나 유럽연합(EU: European Union) 국가들과 달리 서방의 경제제재, 사무소 철수 등에 동참하지 않고, 그 당시 ODA 규모가 크지않은 이점을 살려 지속적

2　코이카 내부 참고자료 '對 미얀마 ODA 현황자료'(2018년 12월 기준) 발췌

표 2 한국의 對 미얀마 유무상 원조실적 (1987-2017) (단위 : 백만불)

연도	'87-'07	'08	'09	'10	'11	'12	'13	'14	'15	'16	'17	계
지원액	90.40	6.68	3.96	5.46	7.86	9.04	14.80	25.48	23.91	47.31	77.61	312.50
무상	20.52	6.68	3.96	5.46	7.86	9.04	14.80	25.48	22.82	33.68	35.58	185.87
유상	69.87	-	-	-	-	-	-	-	1.10	13.63	42.03	126.63

<KOICA 2017년도 지원규모 순위>

순위	전체사업		
	국가명	지원액(백만원)	비율
1	베트남	37,350	6.9
2	미얀마	25,858	4.8
3	캄보디아	24,197	4.5
4	에티오피아	24,187	4.5
5	라오스	19,340	3.6

<KOICA 2019년도 지원규모 순위>

순위	전체사업		
	국가명	지원액(백만원)	비율
1	베트남	23,659	6.5
2	미얀마	23,198	6.3
3	필리핀	15,039	4.1
4	르완다	14,127	3.8
5	에티오피아	13,162	3.6

그림 1 KOICA의 무상원조 국별지원액 상위 5개국 (2017, 2019)

인 봉사단 파견 등 규모와는 별개로 꾸준한 지원을 통해 미얀마의 신뢰를 얻은바 있다.

 기존 아시아개발은행(ADB: Asian Development Bank), 세계은행(WB: World Bank), 일본국제협력단(JICA: Japan International Cooperation Agency), 호주 등 타 공여기구와 비교할 때 분야별로 크게 결여된 부분은 나타나지 않으나, 총 지원실적이 전체 수원국 중 12위로 최근까지 낮은 편이며, 다만 한국국제협력단(KOICA: Korea International Cooperation Agency)의 무상원조 국별지원액(2017년, 2019년 기준)이 베트남에 이어 전체 2위인 규모로 볼 때 미얀마의 성장가능성에 대한 충분한 규모의 무상원조가 이루어진 반면 향후 유상원조의 다양한 사업 발굴이 필요한 것으로 사료된다.

 미얀마의 대표 유상원조 프로그램으로는 한-미얀마 우정의 다리 건립 사업(대외경제협력기금, EDCF: Economic Development Cooperation Fund)이 있다. 양곤주의 미얀마 최대도시 양곤의 다운타운과 강 건너 달라지역을 연결하는 한-미얀마 우정의 다리는 EDCF를 통해 이자율 0.01%로 지원받아 2018년 12월에 착공하였으며, 당초 2022년 10월경 완공예정이었으나 코로나19 및

- 사업위치 : 미얀마 양곤주 양곤-달라 연결부
- 사업규모 : 2.9km, 4차로
- 사 업 비 : 1.88억$
  * 한국 EDCF차관 1.38억$
  * 미얀마정부 재정 0.5억$
- 사업기간 : 51개월 ('18.12월 착공)
- 발 주 처 : 미얀마 건설부
- 시 공 사 : GS건설

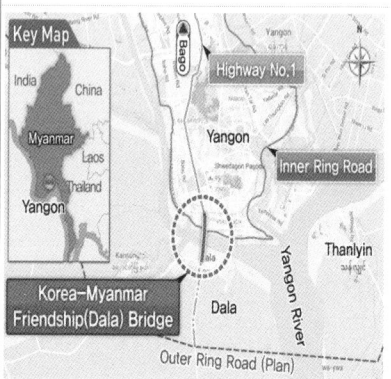

그림 2   한-미얀마 우정의 다리 사업개요
출처 : 국토교통부 보도자료(신남방정책, 미얀마와 경제협력 본격화, 2018.12.24.)

미얀마 국내의 정치적 이유로 인해 20224년 초 완공될 예정이다. 다리가 완공될 경우 양곤 남서부의 미개발지역인 Dala, Twante, Kawhmu 타운십의 교통이 원활하게 되어 양곤주의 전체적인 균형발전에 이바지를 할 예정이다.

국토균형발전과 관련된 9개의 사업중에서 특히 한-미얀마 우정의 다리 건설사업의 경우 양곤주의 가장 대표적인 미개발지역인 달라지역의 개발을 앞당기는 촉매가 될 예정이다. 경제산업 중심지인 양곤의 중심 업무 지구(CBD: Central Business District)에서 달라지역을 잇는 교량건설사업이며 현재 논밭이 대부분인 달라지역은 과거 서울의 강남지역과 비견된다.

또한 달라지역 주민의 양곤 시내이동이 기존 2시간 이상에서 30분 이내로 줄어들며, 기존 페리 이동시 발생했던 해양 안전사고 감소가 예상되는 등(국토부 보도자료, 우정의 다리 착공식 참석, 2018/12/24) 도시내 지역간 발전을 위한 중추적인 역할로써 미얀마 내에서도 숙원사업 중 하나이며 달라지역 개발의 촉매로써 기대하는 바가 크다(안예현 외, 2021).

한-미얀마 우정의 다리 건설사업은 1990년대 이후 한국이 지원한 총 13개의 유상원조 사업 중 가장 큰 규모임과 동시에 미얀마 주민들에게 크나큰 영향을 미치는 사업이다. 특히, 양곤의 기존 동북서 이동 축을 일순간에 남북 이동이 가능하게 만드는 요지로써 향후 양곤남부(달라지역)의 개발에 촉매와 같은 역할을 수행할 수 있다.

미얀마의 경우 현재 농업분야의 유상원조 사업은 본격적으로 실시되지 않고 있으나, 농업분야의 성장가능성으로 인해 향후 대규모 유상원조 사업의 발굴 필요성 대두되고 있다. 일본의 JICA의 경우 농업 및 지역개발을 위한 단계별 유상원조 사업을 충실히 수행 중이다.

2) KOICA의 대 미얀마 지원실적

KOICA의 미얀마 지원규모는 2011년 떼인쎄인 정부의 개혁개방 정책 이후 큰 폭으로 증가하였으며, 2017년 이후 전세계 44개 해외 사무소 중에서 예산 규모 기준 베트남에 이어 2위권에 진입하였다. 단, 현재 2021년 쿠데타 이후 대부분의 프로젝트는 잠정보류 상태이다.

2023년 현재 쿠데타 이후 대부분의 무상원조 프로젝트의 활동이 어려

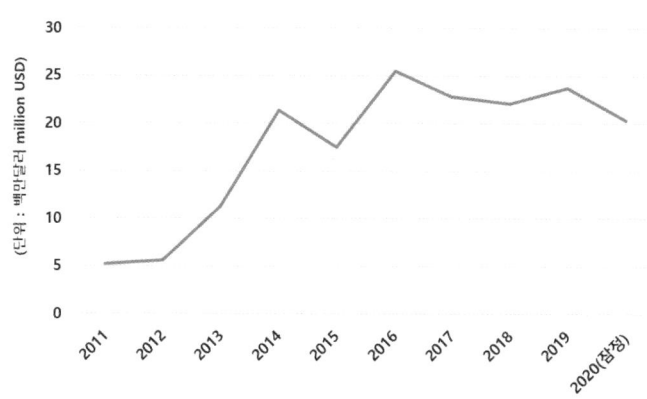

그림 3 KOICA 대 미얀마 지원현황 (2011-2020)
출처: 코이카 내부 참고자료 '對 미얀마 ODA 현황자료'(2020년 12월 기준) 정리

움을 겪고 있으며, 대부분의 신규사업 발굴은 중단 및 기존 운영 사업들도 비공식적으로 잠정 중단된 상태로 보여진다.

KOICA의 대미얀마 누적 무상원조 규모는 지난 10년간 9개 사업으로 전체 4개 프로그램으로 구분하였을 때 농업농촌개발(지역개발/농업) 관련은 약 40% 수준을 차지한다. KOICA 무상원조의 경우 프로젝트, 개발컨설팅(DEEP: Development Experience Exchange Program), WFK(World Friends Korea) 봉사단 파견, 글로벌연수사업(CIAT: Capacity Improvement & Advancement for Tomorrow), 민관협력, 질병퇴치기금, 인도적지원 및 긴급구호 등 특정 시기 및 사업발굴 현황에 따라 편차가 생길 수 있다. 특히, KOICA 무상원조사업의 개발협력컨설팅은 현재 강조되는 유무상 연계의 기초가 됨으로써 앞으로 미얀마의 농업분야 대규모 유상원조 프로그램 발굴을 위해서는 보다 적극적이며 선행적으로 무상원조 농업 프로젝트의 발굴 노력이 필요하다.

향후 재개될 한국-미얀마 간 농업분야 협력을 확대하기 위한 전략적인 접근이 필요하다. 쿠데타 이후 민간기업의 활동 제약 및 불명확성 증대되었고, 미얀마를 포함한 개도국은 정부 예산의 상당부분 유무상 ODA를 통한 경제발전 추진 중이다. 현재 미얀마와 관련하여 정체된 원조사업의 발굴에 있어서 우선적으로 가능한 프로젝트 파이프라인의 발굴(예비조사 수준)은 지속적으로 발굴하고 협의할 필요가 있다.

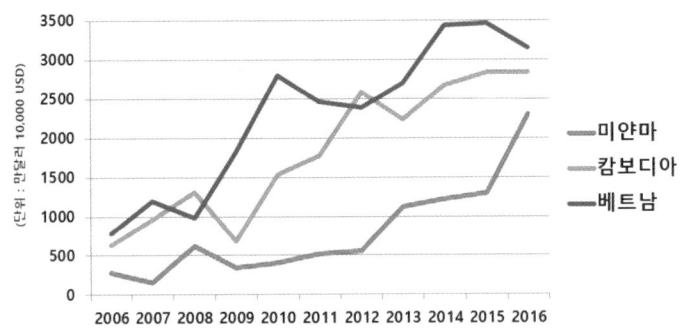

그림 4   KOICA대 CMV 3개국 지원현황 (2006-2016)
출처: 코이카 내부 참고자료 '對 미얀마 ODA 현황자료'(2018년 12월 기준) 정리

표 3 KOICA 무상원조 사업의 프로그램별 구분

프로그램	사 업 명	기간/금액
지속가능한 농업·농촌개발	미얀마 새마을운동 농촌공동체 개발사업	2014-2019/2,200만불
	농업기계화를 위한 경지정리 및 농업기계훈련사업	2013-2016/600만불
	내수면 수산양식산업 기반조성사업	2014-2018/441만불
	수확후관리기술 연구소(PHRI: Post-Harvest Research Institute)	2014-2018/450만불
	수확후관리기술훈련센터(PHTTC: Post-Harvest Technology Training Center)	2011-2014/350만불
	농산물 유통 및 도매시장 설립 역량강화 사업	2016-2020/753만불
	에야와디델타지역 농업개발 마스터플랜 지원사업	2017-2020/300만불
	미얀마 농촌지도 역량강화사업	2019-2023/950만불
	기후변화대응을 위한 산림관리 역량강화사업	2013-2016/230만불
거버넌스	미얀마 개발연구원(Myanmar Development Institute)설립사업	2014-2019/2,000만불
	법령정보시스템 구축사업	2015-2018/365만불
	무역투자진흥기구 설립을 위한 마스터플랜 수립 및 무역투자분야 인적역량강화사업	2014-2016/300만불
직업기술교육훈련(TVET: Technical and Vocational Education and Training)	직업기술교사 교육원(TVET Teacher Training Institute) 설립사업(양곤)	2015-2019/1,245만불
	따가야 지역 직업훈련원 건립사업	2007-2009/195만불
	마그웨이자동차 기술훈련원 설립사업	2010-2012/256만불
도시계획/인프라	태양광발전을 통한 전력소외지 생활여건개선사업	2014-2018/335만불
	한따와디신공항인근 및 양곤 남서부 지역개발 마스터플랜	2015-2017/500만불
	미얀마 간선도로망 마스터플랜 수립사업	2013-2015/300만불
	미얀마 중앙 중추고속도로 타당성조사 사업(만-양-아욱까웅)	2018-2019/750만불

* KOICA의 사업유형은 프로젝트, 연수생 초청, 해외봉사단 등 매우 다양하나, 자료는 프로젝트 사업 중심으로 내용 편집 (저자 작성)

표 출처: 코이카 내부 참고자료 '對 미얀마 ODA 현황자료'(2018년 12월 기준) 발췌

미얀마 Myanmar

까친/까야/까인/친/라킨/마그웨이/샨 북부
* 원형 표시 지역
- ICT 활용한 개발소외지역 참여적 농촌개발사업 (2020-2025/2,000만불)

네피도
- 한-매중 생활용합다양성센터 건립 및 역량강화 사업 (2021-2026/1,000만불)
- 개발연구원 설립사업 (2014-2021/2,000만불)
- 자동차 통합 정보관리 시스템 및 구축사업 (2019-2023/1,000만불)
- 스쿨버스 지원을 통한 교육환경 개선 사업 (2019-2021/300만불)

에야와디주
- 에야와디 델타 지역 농업개발 마스터플랜 지원사업 (2017-2020/300만불)

마나웅
- 라카인 마나웅성 2.5MW 태양광전력시스템 구축 사업 (2020-2022/1,000만불)

만들레이/네피도/양곤
- A 미얀마 농식품 안전 및 식물검역 역량강화 사업 (2021-2026/1,350만불)

야타웅/네피도/에얄다
- E 미얀마 철도 역량강화 사업 (2021-2026/1,460만불)

네피도/샨주
- A 농산물 유통센터 설립사업 (2016-2023/837만불)

양곤
- E 직업기술교육훈련 설립사업 (2015-2021/1,245만불)

미얀마 전역
- A 농촌공동체 개발사업 (2014-2020/2,200만불)
- B 중앙 중추 고속도로 타당성조사 사업 (2018-2020/580만불)
- A 기후변화 적응을 위한 농촌지도 역량강화 사업 (2019-2022/950만불)

네피도/양곤/까친
- E 미얀마 교원 지부수 역량강화 사업 (2020-2023/480만불)

그림 5 KOICA 무상원조 프로젝트 Map(2020년 기준)

276 봄의 혁명: '새로운 미얀마'를 향한 담대한 행보

IV. 향후 미얀마의 농업개발전략 분석

최근 한국의 농업기술을 통해 개발도상국을 지원하는 프로그램의 우수한 성과들이 속속 전해지고 있다. 아프리카의 세네갈에서 통일벼를 활용한 신품종이 성공적으로 안착하는 등 농업 프로젝트가 전 세계 다양한 곳에서 한국의 K-농업기술이 많은 성과를 보이고 있다.

　유상원조의 경우 일반적으로 국가단위의 전력-통신망, 운하개설, 항만, 철도 등 대체로 규모가 큰 편이며 농업분야의 경우라면 어느정도(수십만 ha의 경지정리 및 관개배수 시설 구축 등)의 규모가 되어야 지원이 가능한 편이다. 반면, 무상원조의 경우 전담시행기구인 한국국제협력단(KOICA)을 비롯하여 농업분야의 경우 농림축산식품부 및 산하 여러 기관(농촌진흥청/해외농업기술개발사업(KOPIA: Korea Partnership for Innovation of Agriculture)센터, 산림청, 농어촌공사, 농림수산식품교육문화정보원, 한국농업기술진흥원) 및 일부 지자체가 각각의 전문성을 바탕으로 실시하고 있으며, 제40차 국제개발협력위원회의 자료에 따르면 2022년 기준 농림수산 분야 무상원조 금액은 약 1,788억으로 알려져 있다.

　현재 정부는 K-농업 수출 성공사례와 함께 우리 농기업의 해외진출을 위한 전략으로 '스마트팜 ODA 추진방향'을 통해 개도국의 기후변화 대응 및 농업생산성 향상을 지원하는 스마트팜의 해외진출 기반마련을 위해 노력하고 있다. 2021년도 한국무역협회(KITA: Korea International Trade Association)의 발표('세계에 K-농업을 재배한다')에서도 글로벌 농기업의 시장지배력이 높은 농약, 종자, 비료분야에서도 차별화된 기술력을 통해 틈새시장을 공략할 수 있다고 분석한 바 있으며, 이러한 농기자재 업계(농기계, 종자, 비료, 농약)의 ODA 연계 해외진출 사례는 앞으로 한-미얀마 농업개발전략과도 충분히 벤치마킹해 볼 필요가 있을 것이다.

1) 미얀마 농업 개황

미얀마는 대륙부 동남아시아에서 가장 넓은 국토면적(67만km^2)을 갖고 있으

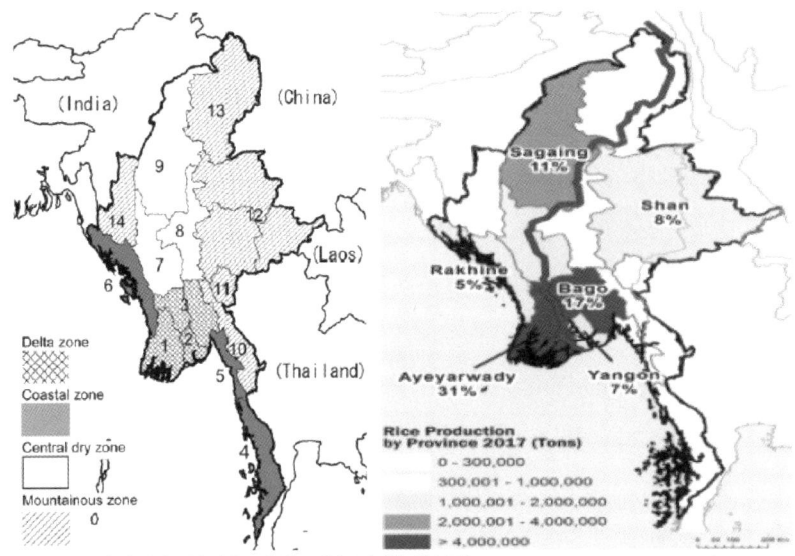

그림 6 미얀마 농업기후 지대 구분 및 쌀 생산량(Matsuda, 2009; USDA, 2021)

며 남북으로 길게 이어진 국토에는 열대-아열대 기후를 통해 풍부한 농림수산 자원이 존재하고 있다. 미얀마를 남북으로 가로지르는 에야와디강은 미얀마의 최상단에서 발원하여 양곤주 남서쪽 에야와디 델타(삼각주)지역에서 바다와 만나며, 이때 생성된 삼각주는 총 넓이가 180만 ha에 이르며, 주로 이기작의 벼농사를 비롯하여 콩, 녹두, 유지작물 등이 후작물로 재배가 된다. 농업기후는 크게 중부지역의 건조지대, 서쪽지역의 해안지대, 남서쪽의 삼각주(델타)지대, 북동쪽의 산악지대로 나누어진다.

미얀마는 전체 작물 농산물 생산의 절반 이상이 쌀이며, 그 밖에 사탕수수, 두류, 옥수수, 유

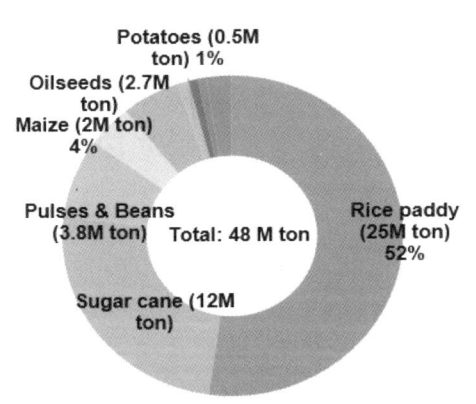

그림 7   2020년 기준 미얀마 주요 작물생산량
(FAO, 2022)

지작물, 감자 등을 재배하고 있다. 원예작물(채소, 과수, 화훼) 및 임업(고무나무, 티크 등)을 통한 농가수입도 다양한 편이며, 주로 원예작물은 중국 국경무역을 통해 수출된다(수박, 망고, 바나나, 양배추 등).

2) 미얀마 쌀 산업 경쟁력 강화를 위한 스마트농업

미얀마는 1940년대를 전후로 전세계 쌀 수출량 1위를 기록하는 주요 쌀 재배국가였으며, 쌀이 미얀마 농업에 차지하는 비중은 매우 크다. 최근 정치·경제적인 이슈로 인해 생산량이 감소하는 한편, 2008년 사이클론 나르기스로 인해 주요 벼 재배지역(에야와디 델타)의 수리관개시설이 큰 타격을 받았다. 그밖의 농업기반산업(종자, 농약, 비료, 농기계 등) 역시 발달하지 못해 지금은 전세계 7위권의 쌀 생산 및 수출국으로 남았지만, 주변국(태국, 베트남) 대비 동일 생산면적에서 낮은 생산성을 나타내는 수량차이(rice yield gap)가 크게 나타나고 있다.

한국은 아시아지역에서 평균 가장 높은 쌀 수량(약 7 ton/ha)을 갖고 있

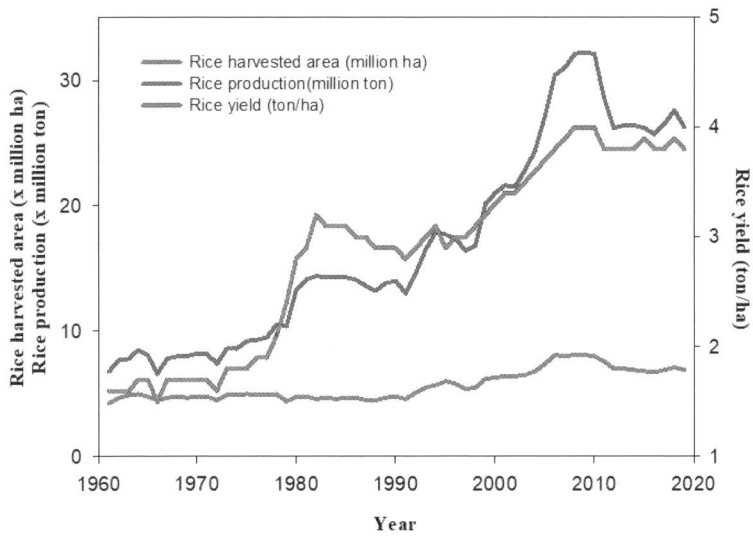

그림 8 　미얀마의 쌀 생산면적, 생산량 및 수량 데이터(1961-2020)

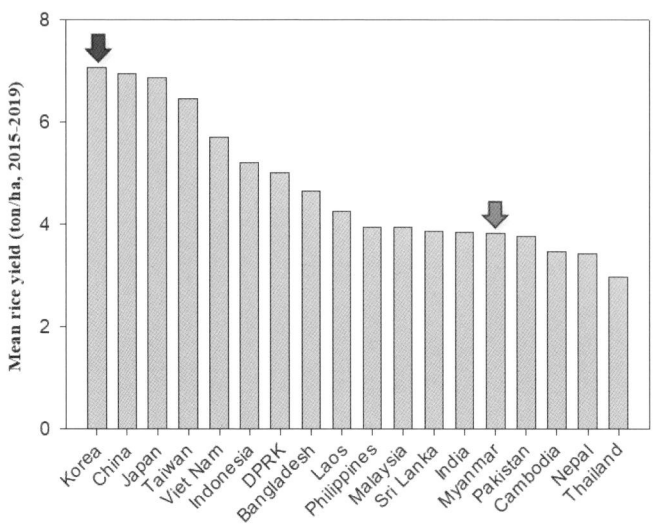

그림 9　아시아 국가(한국 및 미얀마)의 벼 수량 분석(2015-2019)

으며, 미얀마는 아시아 국가들 중에서 낮은 수준(4 ton/ha)의 수량을 갖고 있기에, 향후 수량차이(yield gap)를 줄일 수 있는 농업분야 협력 가능성이 크다고 하겠다.

　　미얀마 쌀 생산량이 낮은 근본적인 원인을 찾는 연구과제는 전세계의 대학 및 연구소에서 논문 등으로 발간되는 편이나, 이를 지원하고 실행해 줄 국가간 농업협력사업은 매우 적은 편이다.

　　우수한 종자, 적정량의 비료공급, 병해충 방제를 위한 최소한의 농약(종자처리제, 작물보호제) 사용교육, 인력 및 축력에 의존하는 현재 상황을 트렉터, 컴바인 등을 활용하는 농업기계화 전략 및 인프라 지원 등 전반적인 농기자재 산업의 역량을 강화시킬 수 있는 프로그램의 개발이 필요하다.

　　그밖에 경지정리, 관개배수 시설 등에 대한 투자를 통해 작물의 수량(yield) 증대와 작부체계(cropping system)의 개선을 도모하여, 기존 비관개지역의 우기벼 단일재배 또는 후작물(녹두, 콩과) 연계의 2모작, 또는 관개지역의 우기벼-건기벼와 같은 2기작에서 다모작 작부체계(건기벼+우기벼+후작물)를 추진함으로써 단위면적 당 농가소득은 물론 수량증대를 가져올 수 있을 것이다.

3) 미얀마 농산업 경쟁력 강화를 위한 스마트농업

일반적으로 스마트팜은 노지·유리온실·축사 등에 ICT를 접목하여 원격·자동으로 생육환경을 유지함으로써, 기후변화에 대응하는 하이테크 농업을 통해 향후 미얀마 농업의 생산성 및 농가소득 향상을 목표로 한다고 볼 수 있다.

이미 농림축산식품부는 2022년 연초 보도자료를 통해 한국형 스마트팜의 신시장 진출 추진을 공표한 바 있다. 스마트팜과 더불어 K-라이스벨트 등 무상원조 및 농업기술협력 확대가 논의된 후, 스마트팜ODA 추진방향은 2023년 1월 10일 정부의 발표를 통해 3대 과제를 통해 본격화한다. 정부는 현재 전부처 농업 ODA 규모인 약 2,500억 원의 농업분야 ODA를 향후 2027년까지 약 2배가량 증대한 5,000억 원으로 증대시킬 계획이다.

미얀마는 향후 농업개발협력을 위해 기존의 강점을 갖고있는 노지재배(Open field culture) 중심의 농작물 작부체계에 플랜테이션과 같은 상업농업을 바탕으로 온실, 데이터, 고등인력 등을 활용한 고부가가치 스마트팜 관련 ODA를 패키지로 지원할 필요가 있다.

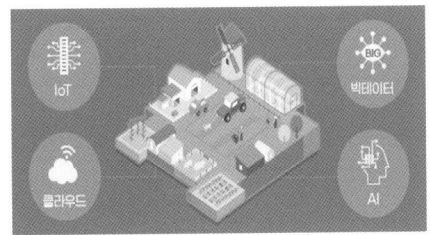

그림 10 **전통적 농업**(인력, 축력)과 스마트팜의 비교

미얀마 스마트팜 진출을 위한 현지 농업분야 여건을 분석하면 아래와 같다.

▷ (연구개발) 스마트팜 관련 연구기관 부재와 농업기술 환류체계의 미흡
  - 농업기술 연구개발을 위한 전문기관(전국단위 농업대학으로 예진농업대학교가 유일)이 없고, 농업연구청(DAR: Department of Agricultural Research)에서 관련연구를 진행하고 있지만 인력 및 예산이 절대적

으로 부족
▷ (연구분야) 농업연구기관의 연구분야가 노지작물(벼, 콩, 녹두 등)에 편중
  - 기술집약적 스마트팜의 해결하기 위한 기술 환류체계도 마련되어 있지 않으며, 산·학·연·관의 연구개발 연계가 어려움
▷ (교육시설) 열대-아열대 지역에 적합한 시설원예설비의 제작, 관리 및 스마트팜 자동제어 SW 등 전반에 대한 교육체계 전무
  - 시설원예의 지속가능한 생산성 향상과 스마트팜으로의 전환을 위한 전문인력 육성체계가 마련되어 있지 않으며, R&D, 교육지도, 생산유통, 사후관리 등 전반에 걸친 전문인력 양성 및 배출을 위한 체계가 미비
▷ (생산시설) 시설원예 관련 설비 생산기업 육성을 위한 제도 미흡
  - 시설원예 제조 설비 기업 육성을 위한 제도가 마련되어 있지 않으며, 개발 기술과 경험이 전무하여 기업의 농업 기자재 생산 시장 진입을 제한함

 미얀마에서 스마트팜의 실제 운영가능성을 타진하기 위해 대학 및 연구소 차원의 파일럿 스마트팜 설비는 물론, 실제 농가에서 경쟁력있는 상품을 재배할 수 있도록 농업기업의 투자를 이끌 수 있는 농업 기후지대별 품목의 발굴 (딸기, 토마토, 파프리카 등)이 함께 진행되어야 한다.
 우수한 종자, 적정량의 우수한 효과의 비료공급, 병해충 방제를 위한 최소한의 농약(종자처리제, 작물보호제) 사용을 지원하기 위한 농기자재 산업의 역량을 강화시킬 수 있는 프로그램의 개발이 필요하다.

4) 미얀마 농업기후 지대별 스마트팜 연계분야 분석

미얀마의 농업기후는 크게 4개 지대로 구분(Matsuda, 2009)되며, 지리적 특징 및 기존 농업활동의 연계를 통한 각 지대별 유망 스마트농업 협력분야는 아래와 같이 전망할 수 있다.
 남서 델타지대(Delta zone)는 흔히 에야와디 델타지역이라고 불리우며, 삼각주의 특성 상 해안 저지대로 인해 기후변화의 영향을 가장 크게 받는 지

역이다. 해수면 상승은 물론 일반적으로 건기의 경우 강의 상류에서 내려오는 수량이 줄어들며 염수침입(Saltwater intrusion)이 가중되어 농경지가 염해 피해를 받거나, 해발고도가 높지않아 홍수에는 침수피해가 크다. 현재 베트남 메콩델타 벼농사의 약 45%를 이루는 벼 3기작의 경우 미얀마의 델타지역은 관개배수시설, 농기자재(비료 및 농약) 및 농기계와 같은 인프라의 미비는 물론 4월 고온으로 인해 어려울 것으로 보인다. 반면, 기상정보를 활용한 스마트 노지농업, 드론을 통한 공동방제(농기계 진입로가 미비한 지역), 무인스테이션을 활용한 관수관개(물관리) 등을 통해 기존 일부 환경적인 제약요인으로 불가능했던 작부체계(건기벼+우기벼+ 후작물 등)를 새롭게 개발한다면 농가의 소득은 물론 국가적인 작물 생산량 증대에도 큰 도움이 될 것이다.

중부 건조지대(Central dry zone)는 내륙에 위치한 마그웨이주, 사가잉주를 포함하여 주로 유료작물(땅콩, 깨, 해바라기), 두류 및 목화 등이 재배되고 있다. 일부 관개가 가능한 지역의 경우 벼농사도 가능한 반면, 대체로 건조한 기후에 알맞은 작목이 재배되고 있다. 중부 내륙지역에 위치한 다수의 댐에서 제공되는 제한된 관개수를 벼농사와 같이 요수량이 높은 작물이 아닌, 고온건조한 기후에 알맞은 작목선정(포도 등 과수 포함)과 함께 점적관수(drip irrigation)와 같은 기술을 접목한 스마트관개 시스템을 통해 물사용량을 조절한다면 대규모 중부 건조지대에서 높은 생산성 향상을 보일 수 있을 것이다. 현재 일부 개도국(남태평양 피지)에서 시범적으로 연구중인 영농형태양광(Agro-photovoltaic)의 경우 미얀마의 매우 제한적인 전력상황을 감안한다면, 관수펌프를 비롯한 기본적인 통합자동제어 또는 농장모니터링용 전력제공에 도움을 줄 수 있을 것이다.

북동서 산악지대(Mauntainous zone)는 주로 고산지역의 구릉지와 같은 경사지형을 보이고 있다. 현재는 밭작물, 과수(아보카도), 옥수수와 밀과같은 작물을 재배하고 있다. 특이한 점은, 미얀마내에서 유일하게 저온성 작물(딸기, 무, 배추 등)이 잘 자랄 수 있는 기후특성을 갖고 있다. 산주를 중심으로 중국, 인도 및 태국과 접경하고 있는 산악지역의 경우 국내외 종자기업의 채종

포가 다수 위치하는 등 열대지역에서도 아열대 및 온대기후를 나타내는 곳으로, 과거부터 미얀마 내 딸기, 감자, 양파 등의 주요 생산거점이었다. 이미 기존의 농업 ODA 프로젝트(KOICA, KOPIA, 가나안 농군학교 등)를 통해 딸기, 씨감자, 무, 배추 등 저온성 작물을 재배한 바 향후 온실 및 시설채소등을 통한 스마트팜의 진출이 가장 유망한 지역이다.

해안지대(Coastal zone)는 미얀마의 서쪽 해안을 따라 남북으로 길게 형성되어 있으며, 산악지대 또는 경사지대로써 강우가 많은 편이다. 현재는 남부 해안지대(따닌따리주 등)의 경우 고무나무, 오일팜 등이 재배되고 있다. 현재 인도네시아 및 말레이시아가 전체생산의 약 85%를 차지하는 팜오일의 경우 미얀마의 따닌따리주, 몬주 등에서도 생산이 이루어지고 있으나 매우 소규모 생산에 그치고 있다. 다만, 오일팜의 경우 대규모 플랜테이션 운영을 위해서는 열대우림의 파괴 등에 주의하여야 하며, 미얀마의 경우 기존에 비효율적으로 운영되고 있는 현지 열대과수농장(두리안, 망고스틴)과 오일팜, 고무나무 농장을 스마트영상기술(위성영상, 항공영상)을 활용하여 숲과 동식물의 서식지는 관리하면서 노지 플랜테이션 농장을 관리할 수 있을 것이다.

표 4 미얀마 농업기후 지대별 스마트팜 연계분야

지대 명칭	지리적 특징	기존 농업	유망 스마트 농업
남서 델타지대 (Delta zone)	델타, 저지대, 해안지대 삼각주, 강우 많음 (2,500mm 이상)	쌀, 두류, 유료작물	쌀, 두류 기반 작부체계 개발을 통한 노지스마트팜
중부 건조지대 (Central dry zone)	중부 건조지대, 강우량 1,000mm 이하, 여름철 최고온, 평야지, 일부 지역 굴곡 있는 지형	밭작물, 유료작물 두류, 쌀, 목화, 관개농업	점적관수 (drip irrigation), 스마트 관개시스템, 영농형태양광
북동서 산악지대 (Mauntainous zone)	구릉지, 불균일한 지형, 중간부터 강우 많음, 경사지형	밭작물, 화전, 과수, 유료작물, 두류, 채소, 밀	저온작물, 온실, 시설채소 등
해안지대 (Coastal Zone)	산악지대, 경사지, 강우 많음 (2,500mm 이상)	열대과수, 오일팜, 고무나무, 플랜테이션	플랜테이션 기반 노지 스마트팜

참고문헌

FAO. 2022. Crops and livestock products. Available online: https://www.fao.org/faostat/en/#data/QCL (접속일: 2022.06.28.)

Matsuda, M. 2009. "Dynamics of rice production development in Myanmar growth centers, technological changes, and driving forces." *Tropical Agriculture and Development* 53(1), 14-27.

USDA. 2021. "Country summary- Burma rice area, yield and production data." https://ipad.fas.usda.gov/countrysummary/images/BM/cropprod/Burma_Rice.png (접속일: 2022.10.28.)

안예현, 이성수, 하수정, 이현주, 김민지, 배도찬, Doan Van Minh, Yovi Dzulhijjiah Rahmawati. 2021. 『아세안국가의 국토균형발전을 위한 개발협력 전략 연구』. 국토연구원.

코이카 내부 참고자료 '對 미얀마 ODA 현황자료'(2018년 12월 기준) 발췌.

제8장

미얀마 민주화를 위한 한국인들의 연대 노력:
소셜미디어 분석을 중심으로[1]

허정원 (서울대 아시아연구소 HK연구교수)

I. 머리말

아랍의 봄(Arab Spring) 시위이래, 소셜미디어는 정보전달 기능을 넘어 시민운동을 조직하고 확산하며 재구성하는 저항의 주된 도구로 진화하였다(Bennet & Segerberg, 2012; Wang et al., 2021). 국내 주류언론이 보도하지 않는 폭력적인 상황을 개인용 컴퓨터와 인터넷을 사용하여 해외로 전송함으로써 로컬 이슈를 세계로 전달 개인으로 하여금 1인 미디어로서 기능하게 하였다. 스마트폰으로 촬영한 사진과 영상은 사건 발생과 동시에 전세계로 송출이 가능하며, 그에 대한 반응 역시, 즉각적으로 알 수 있다. 소셜미디어 플랫폼을 통해, 개인이 관찰한 생생한 현장의 상황을 검열되지 않은 상태로 주고 받을 수 있게 된 것이다. 특히 저개발국에서는 아날로그 사회에서 개인용 컴퓨터와 인터넷

---

[1] 이 연구는 2020년 대한민국 교육부와 한국연구재단의 지원을 받아 수행되었으며(NRF-2020S1A6A3A02065553) 분석결과는 『다문화와 평화』17(3)에 게재되었습니다.

이라는 중간단계를 건너뛰고 스마트폰으로 곧장 일인 미디어 시대로 접어들었다. 태어나면서부터 디지털 기술과 함께 자라난 젊은 세대는 확산력이 강한 밈과 영상을 제작하여 자국의 민주화 시위 현장을 서구 세계에 중계하였다(홍명교, 2021).

전통적인 미디어 환경에서는 정보의 생산 주체와 소비자가 구분되어 중심으로부터 주변부로 전달되는 수레바퀴형태로 정보가 확산되었다면 소셜미디어 환경에서는 정보의 생산 주체가 다원적이며 생산자와 소비자의 역할 또한 유연하게 변화한다. 한 지역에서 일어난 사건은 다른 지역으로 실시간으로 전달될 뿐 아니라 그에 대한 반응 역시 다시 전달됨으로써, 상호 공감과 연대가 상시적으로 가능하다. 20세기, 인터넷이 소개된 직후에는 뉴스나 게시물에 대한 댓글 등 주로 텍스트의 형태로 이러한 확산이 일어났다면 비디오와 오디오 기능이 비약적으로 발전한 21세기의 스마트폰은 개인의 기록한 사진, 음성, 동영상 등이 전통적인 뉴스 미디어처럼 유통시킬 수 있게 한다. 이러한 현상은 시민사회 연대의 도구와 결속의 방식도 변화시켰다(Dedman & Lai, 2021).

본 연구는 구글검색과 소셜미디어 데이터에 나타난 한국인들의 미얀마 민주화운동에 대한 연대의 양상을 살펴본다. 2020년 코로나19 팬데믹이 시작되고 전세계가 '사회적 멈춤'을 경험하는 와중에도, 홍콩, 태국, 미얀마 등 여러 아시아 국가에서 민주화를 요구하는 시위가 이어졌다. 아시아의 시민들은 자국의 민주화 시위 과정을 소셜 미디어를 통하여 알리며 국제 시민사회에 연대를 호소하였다. 해외에서도 많은 시민들이 소셜미디어를 통해 이들의 호소에 화답하였다. 소셜미디어 플랫폼에서 세계 시민이 자발적이고 즉각적인 상호 교섭이 가능하게 됨으로써 시공간적으로 분리된 시민사회운동의 상호참조의 가능성을 살펴본다. 또 연결된 활동(Connective Actions)의 관점에서 미얀마 민주화 운동에 대한 한국인의 소셜미디어 활동을 분석함으로써 소셜미디어를 활용한 시민참여에 영향을 미치는 요소를 분석하고자 한다.

II. 이론적 배경

'아랍의 봄'이나 '월가를 점령하라(Occupy Wall Street)' 시위와 같이 지역의 사안에 대한 국제적인 관심을 끌기 위해 소셜미디어 플랫폼을 사용하는 경향이 크게 증가함에 따라, 소셜 미디어 상에서의 활동이 사회운동에 미치는 영향을 밝히기 위한 많은 연구들이 이루어졌다(Bennet & Segerberg, 2012; Castells, 2012; Chiluwa & Ifukor, 2015; Dedman & Lai, 2021; Dessewffy & Nagy, 2016; Lee & Hsieh, 2013; Morozov, 2009; Wang & Zhou, 2021; Zulli, 2020). 소셜미디어의 역할을 긍정적으로 평가하는 연구들은 소셜미디어는 일반 대중이 사회문제에 대해 각성케 하는 역할을 하고(Wang & Zhou, 2021), 진행되는 사건을 전달할 때 통일된 해쉬테그를 사용함으로써 대중이 관심을 가져야 할 핵심적 어젠다를 제시하고 해결되어야 할 의제에 대한 일관된 의견을 형성한다(Dessewffy & Nagy, 2016)는 점에 방점을 둔다.

반면 시민저항운동에서 소셜미디어의 역할에 회의적인 연구들은 소셜미디어 활동은 최소한의 노력만을 투자하여 참여하는 정치활동으로 실질적인 영향은 미미하다고 본다(Morozov, 2009). 슬랙티비즘(Slacktivism)으로 표현된 이러한 비판은 언론 보도를 공유하거나 좋아요를 누르는 행동은 사회구성원으로서의 책무를 다했다는 심리적 만족을 줌으로써(Chiluwa & Ifkor, 2015), 온라인 활동에 참여하였으니 현실의 활동에 적극적으로 참여하지 않아도 부채감에서 벗어날 수 있는 윤리적 균형(Lee & Hsieh, 2013)으로 작동하여 시민의 실질적 참여를 저해한다고 보았다.

그러나 소셜미디어 참여는 현실에서의 시민저항활동 양상처럼 참여의 스펙트럼이 다양하다(Bennet & Segerberg, 2012; Wang & Zhou, 2021). 소셜미디어 활동을 연결된 활동의 관점에서 분석하면 지리적으로 원거리에 거주하는 개인들이 활동의 종류와 참여의 정도에 따라 각기 다른 역할을 온라인 상에서 수행함으로써(Bennet & Segerberg, 2012) 권력이 장악한 주류미디어에서 생산하는 담론에 대항하는 대안적 서사를 제시하고 국제사회의 지지를 얻어 정당성을 획득하는 수단이 된다(Dessewffy & Nagy, 2016). 소셜미디어에서 해쉬테그를 사용하여 의견을 표현하고 언론보도를 공유하는 행위는 참여자들의 네트워크를 형성하게 되며, 이 네트워크를 통한 반복된 활동은 대중의 관심을 환기하고 더 많은 대중이 주류 언론이 말하지 않는 주변적 담론에 참여하도록 독려한다(Majchrzak et al., 2013).

시민들은 자신의 신념과 가치를 지키거나 불의를 용인하지 않으려는 의지를 표현하기 위해(van Zomeren & Louis, 2017) 국경을 넘어 벌어지는 국가폭력에 대항하는 시민사회운동에 연대하고 참여한다. 시민사회의 초국적 연대가 실천적으로 이어지는 데는 저항세력에 대해 초국적 연대의식 형성이 주요한 매개요소로 작용하는데, 저항세력과 스스로를 '우리'라고 하는 초국적 집단 의식을 형성하는데 소셜미디어를 통한 노출이 중요하다(Thomas et. al., 2019). 이렇듯 시민사회의 저항과 그를 위한 국제적인 연대에서 소셜미디어의 역할과 한계에 대한 연구가 이어지고 있지만, 이들의 역할과 개별 사안에서 집단의식이 형성되는 과정에 있어 차이를 설명하는 연구는 부족한 실정이다.

본 연구는 연결된 활동의 관점에서 미얀마 민주화 운동에 대한 한국인의 소셜미디어 활동을 분석함으로써 소셜미디어를 활용한 시민운동의 초국적 연대의 가능성을 탐색하고 이 활동에 영향을 미치는 요소를 분석하고자 한다.

III. 데이터로 살펴본 한국시민사회의 연대노력

1. 구글 트렌드에 나타난 미얀마 민주화 운동에 대한 관심 추이

2021년 2월 미얀마 군부가 대통령과 아웅산 수찌를 감금하고 국가 비상사태를 선포하면서 전 세계 시민들의 이목은 미얀마에 집중되었다. 미얀마에 대한 세계인의 관심의 추이를 살펴보기 위해 구글트렌드를 통해 세계인의 검색량 추이를 살펴보았다. 검색을 요청한 기간, 즉 2021년 1월 1일부터 7월 31

일까지, 가장 높은 검색량을 보인 날은 쿠데타가 발발한 2월 1일이다. 구글 트렌드는 가장 많은 검색이 일어난 날의 검색량을 100으로 할 때 나머지 날의 검색량을 비율로 나타낸 것이다. 즉, Y축의 숫자 50을 보인 날은 가장 많은 관심을 보였던 2월 1일 검색량의 절반의 검색이 일어났음을 가리킨다. 아래의 차트에 나타난 바와 같이 세계인들은 쿠데타 발발 당일 미얀마에 대한 뉴스를 가장 많이 검색하다가 급격하게 감소하였다. 이후 3월 5일과 6일, 그리고 3월 28일, 5월 17일 검색량이 증가하였다.

 3월 5일과 6일의 검색지수는 23인데 3월 5일은 군부에 의해 시민 시위대가 대규모로 희생된 날로서 최소 38명의 시민들이 희생된 것으로 알려졌다. 3월 28일의 검색지수는 31인데 이날은 태국에서 열린 "미스 그랜드 인터네셔널 2020"행사에서 미스 그랜드 미얀마 한레이가 약 2분간 미얀마 군부의 만행을 비판하는 발언을 하여 전 세계인들의 지지를 호소하였다. 미스 그랜드 미얀마 한레이는 한달 전 양곤에서 군부에 항의하는 시위에 직접 참여하기도 하였다. 5월 17일은 미국, 캐나다, 영국이 미얀마 군부에 대하여 새로운 제제조치를 발표한 날로 많은 사람들이 관련 뉴스를 검색하여 미얀마에 대한 관심을 표한 것으로 보인다.

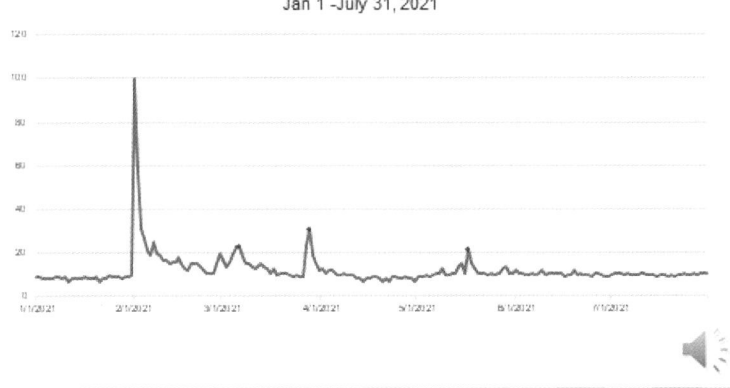

그림 1 전세계 "Myanmar" 구글 검색량." 2021.1.1.–2021.7.30

Google Search Analysis: Myanmar
Jan 1 -July 31, 2021

Interest by Region	Related Topics(Rising)	
Myanmar		
Singapore	Coup d'etat	Breakout
St. Helena	Protest	3,450%
Malaysia	Min Aung Hlaing	2,100%
Thailand	Miss Universe	1,600%
Cambodia	Beauty Pageant	1,150%
Philippines	Miss Universe Myanmar	950%
Indonesia	Military	900%
Bangladesh	Military dictatorship	850%
Nepal	UN	800%
Australia	Aung San Suu Kyi	700%
Vietnam		

그림 2 "Myanmar"를 검색한 지역 순위와 주요 연관검색어, 2021.1.1.–2021.7.30

    지역적으로 살펴보면 가장 많은 검색이 일어난 곳은 미얀마 본토였다. 소셜 미디어가 미얀마 민주화운동에 대한 국제 시민사회의 연대에 주요한 역할을 담당하게 되면서 미얀마 군부는 비정부 언론인과 언론을 탄압하고 트위터, 인스타그램 등 소셜미디어 플랫폼에 대한 접근을 금지하였다. 무엇보다 쿠데타 이전부터 미얀마 내의 전력 보급률은 60% 이하에 머물러 아시아 국가들 가운데 가장 낮아 컴퓨터와 인터넷 이용이 자유롭지 못했으며 쿠데타 이후 군부는 반군부 세력 탄압을 위해 전화 및 인터넷 등의 통신을 차단하였다. 그럼에도 미얀마 내 언론인과 시민들은 전세계를 향해 군부의 폭력을 담은 메시지를 송출하였으며 국내에서도 급박한 쿠데타진행상황과 시민저항활동을 확인하기 위해 검색엔진을 이용하였을 것이다. 언론인 케이프 다이아몬드는, 6월 14일 군부의 폭력을 담은 인권보고서를 트위터를 통해 송부하였는데 한시간도 지나지 않아 2,000번 넘게 리트윗되며 전세계에 전해졌다.

    싱가포르, 말레이시아, 태국, 캄보디아, 필리핀, 인도네시아 등 주변 아세안 국가들이 뒤를 이었다. 다음으로 방글라데시, 네팔, 호주, 베트남 등이 미얀마를 검색한 것으로 나타났다. 관련 검색어를 살펴보면 쿠데타, 시위, 쿠데타의 주역인 민 엉 하이앙, 미스 유니버스, 미인대회 출전사, 미스 유니버스 미얀마, 군부, 군부독재, 유엔, 아웅산 수키 등이 함께 검색되었다. 앞서 언급한 미스 그랜드 인터네셔널에서 미스 미얀마의 발언은 국제적으로 큰 울림을 발휘했던 것으로 보인다.

그림 3은 같은 기간 구글 트렌드의 검색 지역을 한국으로 설정한 결과이다. 한국 역시 쿠데타 발발 당일인 2월 1일 검색지수 100으로 가장 높은 관심을 보이는 것으로 나타났다. 앞서 살펴본 전세계 구글 트렌드 차트에서 쿠데타 발생일의 검색지수 100을 기준으로 볼 때 이후 검색지수가 40을 넘는 날이 없었던 것과 달리 한국에서는 3월 4일, 3월 29일, 4월 10일, 4월 18일, 5월 18일, 5월 31일 등 여러 번 검색지수가 40을 넘어섰다. 군부에 의한 최초 학살이 자행된 3월 4일, 그리고 미얀마 군부가 100여 명이 넘는 반군부 시위대를 살해한 후 파티를 벌인 일이 보도되던 날 한국의 검색양은 크게 증가하였다. 4월 10일 미얀마 군부는 80명의 민간인을 총으로 학살한 날, 역시 많은 한국인들은 미얀마 상황을 확인하기 위해 구글을 검색하였던 것으로 보인다.

한국 내 광역시·도 중 광주가 가장 많은 검색기록으로 가장 높은 관심을 보인 것으로 나타났다. 광주는 한국 민주화 운동의 상징과도 같은 도시로 1988년 8888항쟁부터 미얀마 시민들과 연대를 시작하였다. 2021년에도 광

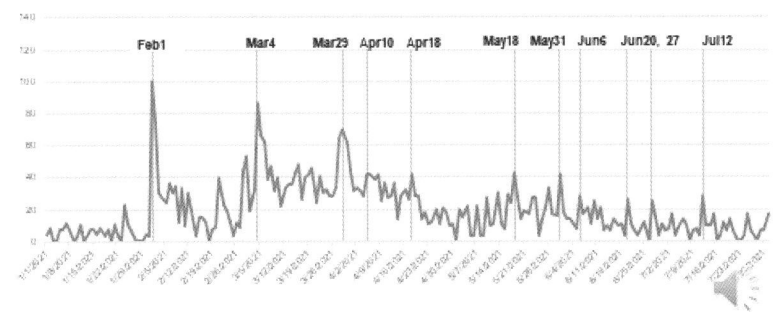

그림 3   한국 "Myanmar" 구글 검색량." 2021.1.1.–2021.7.30

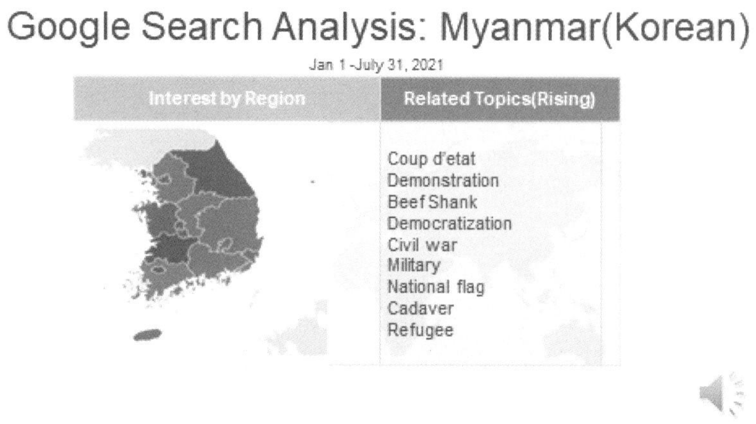

그림 4 "Myanmar"를 검색한 한국 지역 순위와 주요 연관검색어, 2021.1.1.–2021.7.30

주의 시민들은 미얀마 불복종 운동을 지지하기 위해 다양한 연대의 활동을 벌였다. 이외에도 전라북도, 강원도 지역에서 미얀마에 대한 관심이 높았던 것으로 나타났다.

2. 소셜미디어에 나타난 한국인의 미얀마 시민사회 연대

한국인들이 소셜 미디어로 언급한 미얀마 민주화 운동에 대한 지지와 연대를 알아보기 위하여 2021년 1월부터 7월까지 인스타그램, 트위터, 유튜브 댓글, 블로그 원글, 뉴스기사를 수집하여 미얀마(혹은 Myanmar)를 언급한 텍스트를 분석하였다. 맛집이나 관광지 등을 언급한 텍스트는 제외하고 약 90만 건의 데이터가 수집되었다. 2020년 같은 기간 동안 언급량보다 1,800퍼센트가 증가하였으며 96%가 트위터에서 언급되었다.

그림 5의 소셜미디어에 나타난 미얀마 언급 추이는 그림 3에서 확인한 구글검색량 추이와 상당한 차이를 보인다. 먼저 가장 높은 언급량을 기록한 날은 쿠데타 발발한 2월 1일이 아니라 3월 7일인데 이 날은 문재인 대통령이 "미얀마 군과 경찰의 폭력적인 진압을 규탄하고, 미얀마 국민들에 대한 폭력이 즉각 중단되어야 하며 아웅산 수찌 국가고문을 비롯한 구금된 인사에 대

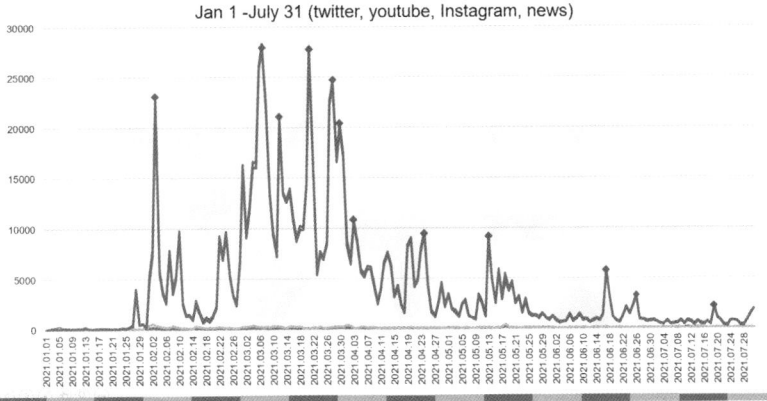

그림 5 소셜미디어에 나타난 미얀마 언급량 추이, 2021.1.1.–2021.7.30

한 즉각 석방을 강력히 촉구"한 공식 메시지를 발표한 다음 날이다. 구글 트렌드에서 두 번째로 높은 검색량을 보였던 3월 4일, 군부에 의한 첫 대량 시민학살이 있었던 날보다도 더 높은 언급량을 보인 것이다. 이날을 기점으로 한 높은 언급량은 며칠동안 지속되었는데 이것은 광주를 비롯한 한국 내 여러 지역에서 100여 개 이상의 시민사회 단체가 미얀마연대를 위한 행사를 열린 것과 관련이 있었던 것으로 보인다. 3월 22일에 또 한번 높은 수준의 언급량이 관찰되는데 미얀마 군부의 학살에 항의하는 조계종 승려들의 오체투지 행진과 법무부 장관과 국회의원 등의 미얀마 시민들의 불복종 운동 지지선언 등이 영향을 미친 것으로 보인다.

소셜미디어 데이터분석에 포함된 원자료는 인스타그램, 뉴스, 유튜브의 댓글, 트위터, 블로그 등이 포함되어 있는데 본 분석에 수집된 자료의 96%가 트위터이며 인스타그램이나 유튜브 댓글, 뉴스 등은 매우 소수이다. 그러나, 트위터는 개인이 무한히 생산할 수 있는 짧은 단문이며 개인이 생산한 데이터가 공유되어 타인에게 노출될 확률이 낮아 한 개의 데이터가 가지는 영향력의 정도가 데이터 마다 큰 차이가 있다. 반면 뉴스는 하나의 데이터가 완성된 스토리를 가지고 있어 정보의 양이 크며 공유되는 경우가 많아 하나의 뉴스 데이터가 가지는 영향력의 정도는 트윗의 영향력보다 큰 경우가 대부분이다. 실제로 미얀마에 대한 언급량의 추이를 뉴스와 트위터를 나누어 살펴보면 그 추이에 차이가 있다.

그림 6에 나타난 바와 같이 뉴스에서 가장 많은 언급을 보인 날은 쿠데타가 발발한 2월 2일이다. 다음으로 높은 언급을 보인 날은 4월 1일, 그리고 5월 18일 순이다. 쿠데타 발발 후 2월 중순까지는 뉴스 언급량이 높은데, 2월 4일은 미얀마 쿠데타 이후 긴급 회의를 소집한 유엔 안전보장이사회가 미얀마 군 당국이 구금한 이들을 즉각 석방하고 시민들의 인권에 대한 온전한 보장, 법치와 기본 자유를 보장하라고 촉구하는 성명을 발표하였고, 2월 5일은 국제엠네스티와 12개의 인권단체가 함께 유엔인권이사회에 공동 성명을 보냈다. 이 공동 성명에서 13개 단체는 표현의 자유, 집회 시위의자유를 탄압하는 미얀마 군 당국에 대한 유엔인권이사회가 즉각 조치를 취해야 한다고 촉구하였다. 국제엠네스티 한국지부 역시 해당 공동성명을 한국 외교부에도 전달하여 한국도 미얀마 사태에 적극대응해 주기를 촉구하였다. 2월 11일 유엔인권이사회는 미얀마와 관련된 특별 회기를 열었다. 3월 24일 유엔인권이사회는 미얀마 인권 침해를 규탄하는 결의안을 채택하였다. 이 결의안에서 미

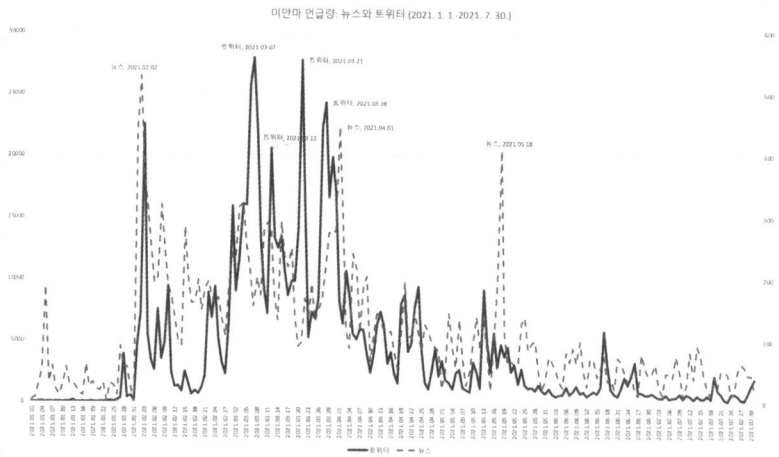

그림 6   트위터와 뉴스의 언급량과 언급시점 비교, 2021.1.1.–2021.7.30

안마군의 인권침해 중단을 촉구하고 미얀마 군 소유 기업과 연결되어 있는 회사들(포스코, 기린 등)의 군과의 협력관계를 중단해야 한다는 메시지를 발표하였다. 6월 18일의 유엔 총회에서 찬성 119표, 반대 1표, 기권 36표로 미얀마 군부 폭력을 규탄하는 결의안이 통과되었다. 이 결의안에서는 회원국에 미얀마 무기 금수조치를 촉구하고 미얀마 내 평화 시위대 및 시민사회 탄압을 강력히 규탄하고 자의적으로 구금된 사람들을 즉각적 무조건 석방할 것, 표현의 자유에 대한 제한을 중단할 것을 촉구하였다. 그러나 이 결의안은 도의적 효력만을 가지고 있기 때문에 유엔안전보장이사회 차원의 포괄적 차원의 무기 금수조치를 의무화하여야 한다는 의견이 대두되었다.

미얀마 사태에 대한 한국정부 차원의 대응도 사건 발생 직후부터 지속적으로 이어졌다. 쿠데타가 발생한 2월 2일 당일, 대한민국 국회 아시아인권의원연맹은 미얀마 군부 쿠데타를 규탄하는 성명을 발표하였다. 같은 날 외교부 또한 쿠데타에 우려를 표하고 아웅산 수찌 국가고문 등 구금된 인사들의 석방을 촉구하는 대변인 성명을 발표하였다. 정부는 미얀마 상황에 대한 깊은 우려를 표한 것이다. 또한 외교부는 미얀마 쿠데타로 인한 국가 비상사태 관련하여서 재외국인 상황을 점검하였고 항공편 운항 가능성을 타진하여 재외국민 보호를 위해 긴밀히 대응하고 있다고 발표하였다. 이에 대하여 주 미얀마 한국대사관은 "미얀마 국제항공의 경우 5일과 6일 운항 승인을 받아 화요일부터 운항할 계획"이라고 밝힘과 동시에 "대한항공도 5일 이후 월, 수, 금요일 3편의 구호용 특별기 운항을 미얀마 항공청과 협의 중이라고 밝혔다. 2월 3일 이원욱 더불어민주당 의원이 군부 쿠데타 규탄 결의안을 발의하였고, 2월 19일 국민의힘 정진석 의원이 같은 당 의원 25명의 "미얀마 인권과 민주주의 회복, 소수민족 탄압 중단 촉구 결의안"을 대표 발의했다. 더불어민주당 이낙연 대표 역시 "미얀마 군부의 쿠데타는 용납할 수도, 용납해서도 안 된다"는 심경을 소셜미디어에 밝히고 23일 더불어민주당의 6명의 국회의원이 기자회견을 가지고 미얀마 군부 쿠데타 규탄 및 민주화 회복 촉구 성명서를 발표하였다.

3월 6일 문재인 대통령은 자신의 공식 트위터 계정을 통해 미얀마 군과 경찰의 민간인 진압 및 쿠데타를 규탄하며 구금된 인사를 석방하기를 촉구하였다. 3월 12일 법무부는 한국에 있는 미얀마인을 보호하기 위해 현지 정세가 안정될 까지 한국에 머물 수 있도록 인도적 특별체류 조치를 허가하였다 이 조치에 해당되는 미얀마 인은 약 25,000명으로 체류 시한이 만료될 경우 현지 정세가 안정화될 때까지 특별 인도적 체류자격을 부여하고, 상황이 안정되면 자진 출국을 유도할 것이라고 밝혔다. 같은 날 외교부 또한 미얀마와의 군사, 치안 협력을 중단할 것이라 밝혔는데, 한국 정부가 타국의 인권, 민주화 문제로 인해 독자 제재를 가한 것은 사실상 처음이었다. 최루탄 등의 군용물자 수출도 아예 허용하지 않기로 하였으며 개발협력사업도 재검토하기로 하였다. 다만 방역 및 민생과 직결된 인도주의적 지원 사업은 계속 지속할 것이라고 밝혔다.

시민사회의 미얀마에 대한 연대의 움직임도 쿠데타 발발 직후부터 끊임없이 이어졌다. 2월부터 쿠데타에 맞선 미얀마 시민들에 대한 지지 선언이 광주를 비롯하여 각지에서 이어졌다. 3월 12일 주한 미얀마대사관 앞에서 재한 미얀마인들과 조계종 사회노동위원회 소속 스님들이 미얀마 민주화를 기원하며 유엔인권위 사무실까지 오체투지 행진을 하였다. 광주에서는 미얀마 규탄 집회와 미얀마 민주화 운동 지원을 위한 바자회가 다수 열렸으며 시민사회 단체부터 일반 초중고등학생들까지 다양한 연령과 배경의 시민들이 주최하는 다양한 행사가 진행되었다. 민주노총도 3월 15일 쿠데타를 반대하여 무기한 총파업에 돌입한 미얀마 노조에 대한 연대 기자회견을 하였다. 3월 17일에는 군산시의회가, 3월 18일 최영애 인권위원장이 미얀마 군부의 시민 탄압에 대한 규탄과 미얀마 사태에 대한 국제사회의 공동대응을 호소하였다. 불교 뿐 아니라 기독교, 천주교 등 다양한 종교단체에서도 미얀마 민주화 운동에 대한 지지와 연대의 선언을 이어갔다. 3월 18일 계명대는 미얀마출신 학생들에게 학자금 및 생활비를 지원하겠다고 밝혔으며 한국성공회대 동문들도 지지선언을 하였으며 한국외대 교수 184명이 29개 언어로 미얀마 미주화운동 지지성명을 발표하였다. 전북시민사회단체, 시도지사협의회 등도 잇달아 지지성명을 밝혔으며, 전주시와 경기도 의회 등에서 미얀마 유학생들에게 장학금과 생활비를 지원하였다. 4월 14일 박종철인권상에 미얀마 시민들을 선정하였다.

반면 트위터에서 미얀마가 가장 많이 언급된 날은 3월 7일이며 3월 21일, 3월 28일, 2월 3일, 3월 12일, 3월 30일로 주로 3월에 집중되어 있다. 앞서 언급한대로 3월 7일은 문재인 대통령이 "미얀마 군과 경찰의 폭력적인 진압을 규탄하고, 미얀마 국민들에 대한 폭력이 즉각 중단되어야 하며 아웅산 수찌 국가고문을 비롯한 구금된 인사에 대한 즉각 석방을 강력히 촉구"한 공식적인 메시지를 발표한 다음 날이다. 3월 한 달 간 높은 언급량은 이어졌는데 이것은 광주를 비롯한 한국 내 여러 지역에서 100여 개 이상의 시민사회단체가 미얀마연대를 위한 행사를 열린 것과 관련이 있었던 것으로 보인다. 조계종 스님들이 미얀마 군부의 학살에 항의하여 서울시내에서 진행한 오체투지 행진과 한국 법무부 장관과 국회의원 등의 연이은 미얀마 시민들의 불복종 운동 지지선언 등이 그것이다.

그림 7은 뉴스에 언급된 미얀마의 연관어 중 많이 언급된 순서로 제시된 50개 단어이다. 가장 많이 언급된 연관어는 쿠데타이며 다음으로 시민, 시위, 민주주의, 정부, 시위대, 국제사회, 국민, 군경, 고문, 인권, 폭력, 도시, 군사 등이 뒤를 이었다. 쿠데타, 시위, 정부, 군경, 고문, 폭력, 경찰, 정권, 대통령, 정치범 등 현지 상황에 대한 묘사나 정치적 배경 등에 대한 설명에 사용된 단어들이 상위권에 있었다. 또, 국제사회, 인권, 유엔, 외교부 등 미얀마 폭력 사태를 막기 위한 국제사회의 연대와 한국정부의 역할을 언급하는 단어들도 상위 연관어로 등장하였다.

다음은 트위터에 언급된 미얀마의 연관어 중 상위 50개이다. 역시 쿠데타가 가장 많이 언급되었으며 다음으로 시민, 시위, 뉴스, 광주, 민주주의, 국민, 총, 사진, 여성, 청년, 경찰, 군경 등이 뒤를 이었다. 뉴스의 상위 연관어인 쿠데타, 시민, 민주주의 등이 언급되어 트위터에서도 미얀마 현지 상황에

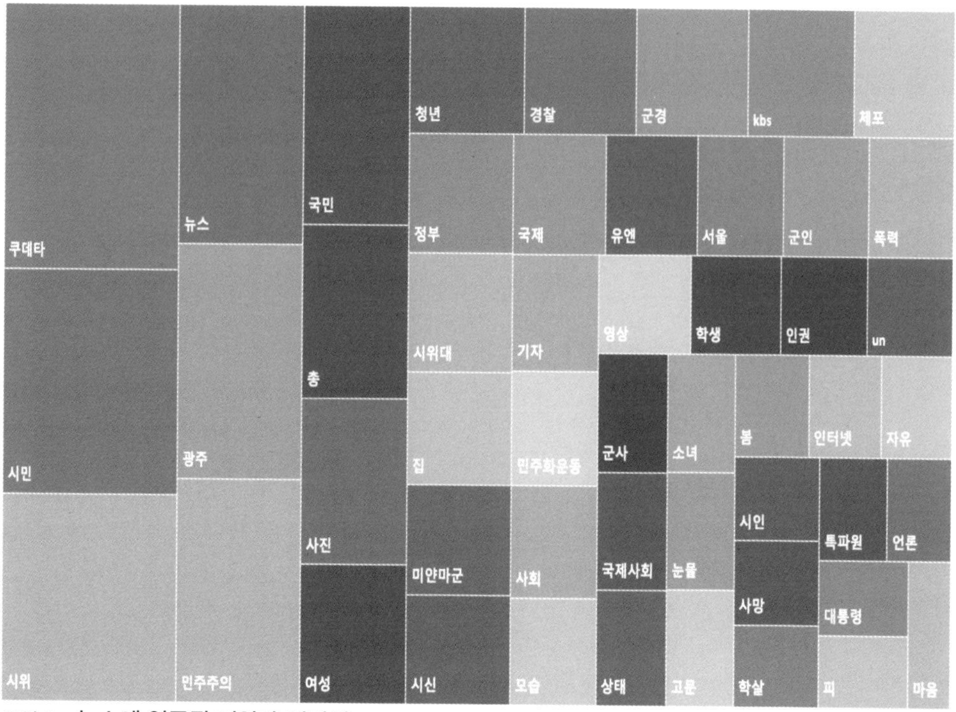

그림 7   뉴스에 언급된 미얀마 연관어, 2021.1.1.–2021.7.30

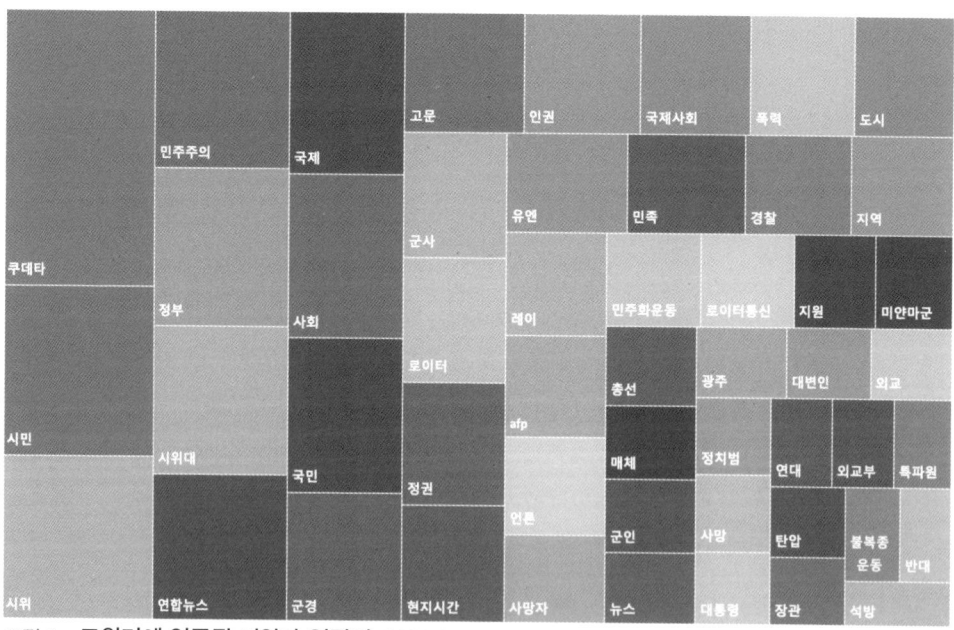

그림 8   트위터에 언급된 미얀마 연관어, 2021.1.1.–2021.7.30.

대한 묘사를 담은 텍스트가 자주 언급되었음을 알 수 있다. 한편으로는 여성, 청년, 총, 사진, 시신, 모습, 상태 등 현지의 처참한 상황을 언급하며 감정적인 몰입을 드러내는 트윗이 많았음을 의미한다. 뉴스 연관어와의 차이점은 "광주"가 트위터 연관어 상위 5위에 올랐다는 점이다. 그림 7에 나왔듯이 뉴스 연관어에서도 광주가 등장하였는데 37번째로 언급되어 트위터에서 광주에 대한 소환이 더 많았음을 알 수 있다.

뉴스에서 광주가 연관어로 처음 50위권 안에 등장한 것은 3월 둘째주(8~14일)로 이 날 32위에 올랐고 다음 주엔 30위로 상승하였다. 3월 마지막 주 이후엔 50위권 밖에 있다가 4월 마지막 주에 38위로 다시 재등장하였고 광주 민주화 운동 기념일이 있는 5월 내 20권 안에 머물렀다. 광주 민주화 운동 기념일이 있는 주에는 광주가 뉴스 연관어 1위로 언급되었고 2위는 민주화운동이 올랐고 다음으로 시민, 민주주의 등이 뒤를 이어 미얀마 쿠데타의 폭력적 정권탈취와 미얀마 시민들의 불복종 운동을 바라보는 한국인들의 연대의식의 근원이 광주 민주화 운동에 대한 기억임을 알 수 있었다. 이후 뉴스에 미얀마와 더불어 광주가 언급된 연관어로 종종 등장하였으나 상위에 지속적으로 언급되지는 않았다.

반면, 트위터에서 광주가 연관어로 처음 50위권에 등장한 것은 2월 셋째 주(15~21일)에 32위에 등장하였고 바로 다음 주 3위에, 그 다음주에 4위에 오르는 등 3월 내내 상위권에 존재하였다. 이후에도 대상이 되는 기간 내내 광주는 자주 소환되는 단어였다. 광주와 주변 지역에서는 특히 쿠데타 발발 직후부터 시민들의 자발적인 연대 움직임이 다양한 형태로 지속된 것도 관련이 있는 것으로 보인다.

IV. 맺음말

코로나 팬데믹이라는 전대미문의 세계적 재난 중에도 아시아 시민들의 민주화에 대한 열망은 이어졌다. 2019년 홍콩 범죄인 인도법안 반대로 시작된 홍콩 민주화 운동은 전세계인의 이목을 집중시키며 2020년까지 이어졌고 2020년 태국 시민들은 봉건군주제 개혁과 표현의 자유를 요구하며 민주주의를 위해 저항하였다. 국내에서도 홍콩민주화운동을 지지하는 유명인들의 지지발언이 이어졌으며 태국 민주화 운동 역시 한국에서 활동하고 있는 태국인 연예인들을 중심으로 문화예술인들이 태국 민주화 운동을 지지하는 움직임이 있었다. 그러나 태국이나 홍콩, 대만 등 다른 아시아 국가의 민주화 시위에 비해 미얀마 민주화 운동에 대한 한국사회의 관심과 연대의 움직임은 두드러졌다.

한국 정부의 대응 역시 유례를 찾기 어려울 만큼 즉각적이었는데 쿠데타 발발 직후 외교부 등 여러 행정부처에서 성명을 발표하였고 국무총리와 국회의원 뿐 아니라 문재인대통령까지 쿠데타 규탄과 인권 보호를 위한 성명을 발표하였다. 이러한 성명은 여야를 가리지 않았고 중앙정부의 주요 정치인과 지방정부 의회 등에서도 많은 지지선언을 발표하고 미얀마 출신 유학생과 노동자들을 대상으로 생활비 등을 지원하였다. 법무부 역시 사건발생 직후 미얀마 내부 상황이 안정될 때까지 재한 미얀마 인들의 체류기간을 인도적으로 연장하는 지원방안을 제시하였다. 시민사회 역시 뜨거운 지지와 연대를 보냈다. 광주, 군산, 전주, 포항 등 다양한 지자체와 초등학생부터 노령층까지 다양한 연령의 시민들이 미얀마 연대를 위한 모금운동, 지지선언, 바자회 등 다양한 행사를 주최하고 참여하였다. 미얀마 민주화 운동에 대한 한국사회의 폭발적인 지지는 세계인의 그것과 어떠한 공통점과 차이점이 있으며 열렬한 연대의 노력은 어디서 비롯되었을까?

본 연구는 미얀마 민주화 시위를 언급한 구글 트렌드와 소셜 미디어 데이터를 통하여 다음과 같은 사항을 발견하였다. 첫째, 구글 트렌드에 나타난 미얀마 민주화운동에 대한 관심의 추세는 세계인과 한국인 간에 차이가 있었다. 세계인들의 관심이 쿠데타 발발 직후에 집중되었던 것에 비해 한국인들은 2021 상반기 동안 꾸준히 지속되었다. 연관검색어 목록에서 글로벌트랜드와 한국 내 트랜드 간에 차이는 크지 않았다.

둘째, 한국 내에서의 추이를 살펴보기 위해 쇼셜 미디어에 나타난 미얀마 발화량을 조사한 결과, 전년도 대비 약 1,800% 이상 증가하였다. 전년도 같은 기간에 비해 미얀마가 언급된 소셜미디어 발화는 맛집이나 관광지 등을 제외하고 약 90만 건에 가까운 데이터가 수집되었다. 2020년 같은 기간 동안 언급량보다 1,800% 증가하여 미얀마 쿠데타에 대한 관심이 지대하였음을 확인할 수 있었다.

셋째, 미얀마 쿠데타 사태 초기부터 한국 시민들은 자발적으로 광주 민주화 운동의 소환하였다. 뉴스 데이터 분석 결과, 광주는 미얀마 연관어 순위에서 50위 권에 포함되었으나 이것은 미얀마 쿠데타 발발 후 일정 시간이 지난 후였다. 반면 일반시민들의 수용과 발화를 의미하는 트위터에서는 비교적 사태초기인 3월부터 광주, 민주화운동 등이 상위연관어 명단에 올랐다. 구글 트랜드 분석에서 한국 내 미얀마 검색량이 집중된 지역도 광주가 가장 많았으며 시민단체의 다양한 미얀마지지 활동도 광주지역에서 많이 나타났다.

한국 시민들이 미얀마 군부의 쿠데타에 저항하여 민주화를 요구하는 미얀마 시민들의 불굴의 의지와 자국 시민들의 생명마저 짓밟는 폭력적인 진압에 이입하여 깊은 공감과 연대를 표현하는 기저에는 광주 민주화 운동과의 중첩이 있는 것으로 생각된다(정일영, 2020). 1980년 군부 쿠데타로 정권을 탈취한 권위주의 정부 시절을 기억하는 많은 한국인들에게 미얀마 시위 모습은 과거를 회상하여 깊은 공감과 연민을 불러일으키는 것으로 보인다. 또 한국이 군사정권의 폭력적인 억압을 이겨내고 민주주의를 쟁취한 것처럼 미얀마도 민주주의를 쟁취하기를 염원하게 되었다는 것이다. 이러한 상호 기억의 연결과 참조는 한국에서만 나타나는 현상은 아니다. 대만에서는 천안문 광장과 홍콩의 사례에서 중국정부의 과거 억압을 연상한다. 그런데 이러한 연상 작용은 수평적 연대나 존중, 상호 참조가 되기보다는 자국 민주화 운동의 영향력을 강조하는 태도로 이어지기도 한다. 이로 인해 한국의 과거가 미얀마의 현재로 묘사되며 미얀마 고유의 맥락과 문제의식을 흐리게 하고 자국 중심의 우월주의가 발현된다는 점에서 부정적으로 평가하기도 한다(배주연, 2021).

그러나 한편으로는 미얀마 등 본국 정부의 폭력으로부터 민주화를 요구하는 시민단체가 연대를 호소하기 위하여 사용하는 방식이기도 하다. 실제로 미얀마 시민들은 트위터나 유튜브 등에서 연대를 호소하며 "한국인들의 민주화 쟁취의 경험처럼 미얀마 시민들도 민주화를 이룰 수 있게 연대해 달라"는 메시지를 보냈다. 따라서 광주의 소환은 연대를 호소하는 측에 정서적으로 거리감을 줄이기 위해 사용한 전략으로 보인다. 국내 언론에서도 미얀마 상황을 보도하면서 사진이나 영상의 표현 방식에서 광주를 소환하는 모습을 보이기도 하였다(조현영 외, 2021).

마지막으로 소셜미디어에서 미얀마에 대한 발화는 미얀마 군부의 폭력적 대응으로 인한 시민들의 희생과 참혹한 현실을 전하는 현지 소식이나 국제사회의 대응, 한국 내 시민사회의 강력한 연대움직임보다는 한국의 유력 정치인, 대통령, 국무 총리, 유명 국회의원의 연대 선언이 있을 때 폭발적으로 증가하였다. 군부의 폭력이나 미얀마 현지상황에 대한 급박한 뉴스보다 국내 정치인이나 정부의 성명 발표 후 해당 선언이 공유되며 언급량이 급증하는 패턴을 보였다.

본 연구에서는 다루지 못하였으나 미얀마 민주화 운동을 포함하여 태국 민주화 운동, 홍콩 민주화 운동 등 최근 일련의 아시아 내 민주화 운동에서 MZ 세대가 주축으로 부상하는 모습이 관찰되며(김주영, 2021) 디지털 네이티브로서 각종 소셜 미디어를 민주화 운동의 도구로 적절히 사용하며 이를 통해 연대와 상호참조에 대한 폭넓은 연구가 필요하다. 이들은 밀크티 동맹(Milk Tea Alliance)로 스스로를 칭하며 트위터에서 특징적인 해쉬태그를 사용하며 상호 참조를 이어나간다. 이들은 유튜브나 줌을 소셜미디어 플랫폼에서 서로 대화를 나누고 서로 지지와 연대의 의견을 교환하며 참조한다. 밀크티 동맹은 현재 다양한 분야에서 주목하는 연구주제이며 이후에도 이어질 아시아의 민주화 운동에서 이들의 운동방식은 계속 사용될 것으로 보인다. 밀크티 동맹은 주로 트위터에서 활발한 활동을 보였는데 트위터는 여론 형성에는 굉장히 효과적인 플랫폼이지만, 모든 트윗이 타임라인을 통해 흘러가는 방식이기 때문에 사건의 묘사과 의견의 내용을 효과적으로 아카이빙 하기에는 어려운 플랫폼이다(Dedman & Lai, 2021). 후속 연구는 미얀마 민주화을 포함하여 아시아 민주화 운동을 향한 역내 시민들의 상호 지지와 연대를 분석하여 시간과 공간을 넘어서 상호참조와 연대를 위한 새로운 시민사회의 장으로서 가능성을 탐색하여야 할 것이다.

참고문헌

김주영. 2021. "#MilkTeaAlliance: 온라인 반권위주의 동맹의 함의와 국제연대의 가능성."『아세아연구』64(3), 161-195.

배주연. 2021. 민주화의 기억과 아시아 연대."『민족문학사연구』76, 71-102.

정일영. 2020. "1988년 "버마"로 1980년 광주를 기억하기: 한국 신문의 미얀마 민중항쟁 보도를 중심으로."『서강인문논총』57, 37-73.

조현영·김병진·양종훈. 2021.『5·18 광주 민주화운동과 미얀마의 다큐멘터리 사진 연구. 한국콘텐츠학회 종합학술대회 논문집』, 155-156.

홍명교. 2021. 미얀마 쿠데타에 맞선 항쟁은 과거와 무엇이 다르며, 어떤 국제연대가 필요한가?"『문화과학』106, 192-209.

Bennet, W. L. & Segerberg, A. 2012. "The logic of connecitve action: Digital media and the personalization of contentious politics." *Information, Communication & Society* 15(5), 739-768.

Dedman, A. K, & Lai, A. 2021. "Digitally dismantling Asian authoritarianism: Activst Reflections from the #MilkTeaAlliance." *Contention* 9(1), 97-132.

Wang, R. & Zhou, A. 2021. "Hashtag activism and connective action: A case study of #HongKongPoliceBrutality." *Telematics and Informatics* 61, 1-15.

Castells, M. 2012. *Networks of Outrage and Hope*. Polity, Cambridge.

Chiluwa, I., & Ifukor, P. 2015. "War against our Children: Stance and evaluation in #BringBackOurGirls campaign discourse on Twitter and Facebook." *Discourse & Society* 26(3), 267-296.

Dessewffy, & T., Nagy, Z. 2016. "Born in Facebook: The refugee crisis and grassroots connective action in Hungary." *International Journal of Communication* 10, 2872-2894.

Lee, Yu-Hao & Hsieh, Gary. 2013. "Does slacktivism hurt activism?: The effects of moral balancing and consistency in online activism." *Conference on Human Factors in Computing Systems-Proceedings. 811-820. 10.1145/2470654. 2470770.

Majchrzak, Ann, Faraj, Samer, Kane, Gerald C., Azad, Bijan. 2013. "The contradictory influence of social media affordances on online communal knowledge sharing." *Journal of Computer-Mediated Communication* 19(1), 38-55.

Morozov, E. 2009. "From slacktivism to activism." *Foreign Policy* 5 (September).

Thomas, E. F., Smith, L.G.E., McGarty, C., Reese, G., Kende, A., Bliuc, A., Curtin, N. & Spears, R. 2019. "When and how social movements mobilize action within and across nations to promote solidarity with refugees." *European Journal of Social Psychology* 49, 213-229

van Zomeren, M., & Louis, W. R. 2017. "Culture meetscollective action: Exciting synergies and some lessons to learn for the future." *Group Processes and Intergroup Relations* 20, 277 – 284.

Zulli, D. 2020. "Evaluating hashtag activism: Examining the theoretical challenges and opportunities of #BlackLivesMatter." *Journal of Audience & Reception Studies* 17(1), 197-216.

신문기사

강현석. 2021. ""미얀마 국민들 힘내세요" 항쟁의 도시 광주의 연대." 경향신문 https://www.khan.co.kr/local/Gwangju/article/202102242127005#csidx98c2695179f8cb7b610daf117e738d2 (검색일: 2021.08.10.)

김유진. 2021. "정부, 미얀마 유혈사태 확산에 "폭력사용 중단하라"." 경향신문, https://www.khan.co.kr/politics/defense-diplomacy/article/202103011502001#csidxe034d1a7f0d6b539aee6e8a1683f1ee (검색일: 2021.08.10.)

이혜리. 2021. "문대통령 "미얀마 국민들에 대한 폭력 즉각 중단돼야"." 경향신문

https://www.khan.co.kr/national/national-general/article/202103061148001#csidx54ca72db1c065c99a32e439ea488145 (검색일: 2021.08.10.)

이혜리. 2021. "문 대통령에 이어 정 총리도 "미얀마 당국, 자국민 향한 총부리 거둬달라"." 경향신문, https://www.khan.co.kr/national/national-general/article/202103061644001#csidxeb3d4d3428fbd4789d10044a-90747ba (검색일: 2021.08.10.)

이보라. 2021. "법무부, 국내 체류 미얀마인 인도적 특별체류조치… 민간인 피해 최소화." 경향신문, https://www.khan.co.kr/national/court-law/article/202103121456011 (검색일: 2021.08.10.)

조문희. 2021. "최영애 인권위원장 국제인권기구에 미얀마 사태 공동 대응 호소" 경향신문, https://www.khan.co.kr/national/national-general/article/202103181411001#csidxe70273050f4dcc0838acc9292405af8 (검색일: 2021.08.10.)

임소정. 2021. "한국외대 교수 184명, 29개 언어로 미얀마 민주화운동지지 성명." 경향신문, https://www.khan.co.kr/national/national-general/article/202103311809001#csidx6392799bc91a80e94ab7dd57bd26546 (검색일: 2021.08.10.)

박용근. 2021. "전북 시민사회단체, 미얀마 민주화운동 지지하고 연대." 경향신문, https://www.khan.co.kr/national/national-general/article/202104010745001#csidx6e7c2476eab97339784cad8ca72d7c0 (검색일: 2021.08.10.)

박용근. 2021. "대한민국 시도지사협의회도 미얀마 민주화운동 지지와 연대." 경향신문, https://www.khan.co.kr/national/national-general/article/202104010938021#csidxccf36a1991128f18bd6950f85971505 (검색일: 2021.08.10.)

김서영. 2021. "서울시교육청, 민주화 운동 계기교육 자료 제작 및 보급." 경향신문, https://www.khan.co.kr/national/education/article/202104061401001#csidx414f7aefa650624a279a9981056f191 (검색일: 2021.08.10.)

김지원. 2021. "미얀마 군부 최고사령관 아세안 참석…회원국 미얀마 사태 해결필요." 경향신문, https://www.khan.co.kr/national/education/article/202104061401001#csidx414f7aefa650624a279a9981056f191 (검색일: 2021.08.10.)

YTN. 2021. "피의 토요일에 군부는 호화파티…미스 미얀마는 눈물의 호소." https://www.ytn.co.kr/_ln/0104_202103291628330130 검색일: 2021.08.10.)

BBC. 2021. "미얀마서 다시 군부 쿠데타… 아웅산 수찌 구금." https://www.bbc.com/korean/international-55883501?xtor=AL-73-%5Bpartner%5D-%5Bnaver%5D-%5Bheadline%5D-%5Bkorean%5D-%5Bbizdev%5D-%5Bisapi%5D (검색일: 2021.08.10.)

제9장

한국에서의 '봄의 혁명'과 미얀마를 향한 초국적 연대: 2021년 미얀마 쿠데타 이후 미얀마 출신 이주민-한국 시민사회의 정치 운동[1][2]

이은정(서울대학교 인류학과 박사과정)

I. 머리말

1. 문제 제기

2021년 2월 1일 발생한 미얀마 군사정부(이하 '군부')의 쿠데타[3] 이후 한국에서도 재한 미얀마인 공동체와 한국 시민사회를 중심으로 미얀마 민주화를 위

---

[1] 2022년 대한민국 교육부와 한국연구재단의 지원을 받아 수행된 연구임(NRF-과제번호) (NRF-2022S1A5B5A17038871).

[2] 이 챕터의 2.-2)은 이은정(2022)에 근거해 수정한 내용을 반영하였다.

[3] 1962년, 1988년에 이어 세 번째로 미얀마 군사정부가 선언한 쿠데타이다(정재완 외, 2021: 10). 대다수의 난민인정자가 두 번째로 발생한 1988년의 쿠데타를 미얀마에서 경험한 이후 한국으로 이주하였고, 미얀마 출신의 이주노동자, 유학생이 1988년 이후 출생자가 많다는 점에서, 난민인정자에게는 2021년 쿠데타가 두 번째 쿠데타로, 후자에게는 첫 번째 쿠데타로 각인되는 경향이 있다.

한 정치운동(이하 '미얀마 민주화 운동')이 진행되고 있다. 쿠데타가 일어난 배경으로는, 2020년에 11월에 미얀마 국내에서 진행된 총선에서 아웅산 수찌(Aung San Suu Kyi)가 이끄는 민족민주동맹(NLD: National League for Democracy)당이 압승한 결과를 군부가 쿠데타를 통해 무효화하고자 한 것으로부터 기인한다. 군부는 쿠데타 선언 이후 아웅산 수찌 및 관련 정치 인사들이 차례로 체포하였고, 대다수가 현재까지 구금되어 있다. 군부의 쿠데타 직후부터 '봄의 혁명'은 공무원 및 의료인, 학생 주도의 대규모 파업인 시민불복종운동(CDM: Civil Disobedience Movement)[4]과 시민 주도의 반군부 시위가 진행되었고, 시민방위군(PDF: People's Defence Force)[5]이 결성되는 등의 방식으로 진행되었다.

한국에서도 쿠데타 직후부터 미얀마 출신 난민인정자, 이주노동자, 유학생, 결혼이주자 등과 한국의 종교계, 시민단체, 정치계를 포함하는 시민사회가 미얀마를 향한 '봄의 혁명'에 참여하고 있다. 이들은 미얀마의 쿠데타 상황에 반대하고 미얀마 내부에서 쿠데타에 저항하는 시민들을 돕는 정치 운동을 지속하고 있다. 더불어 미얀마 출신 이주민과 한국 시민사회는 한국 사회에 미얀마의 상황을 알리고, 기금을 미얀마로 보내거나, 한국 정부와 국제 사회가 미얀마를 지원할 수 있도록 촉구하는 등의 방식으로 '봄의 혁명'을 초국적으로 수행하고 있다.

한국에서 '봄의 혁명'이 진행될 수 있는 배경에는, 이번 쿠데타 이전부터 1988년의 88항쟁을 경험하고 한국으로 건너 온 미얀마 출신 난민인정자

---

4 시민불복종운동은 쿠데타 발생 이틀 후 110개 병원의 의료 종사자와 50개 타운십의 보건 부서 공무원의 파업으로 시작되었으며, 소방관, 은행 직원, 의류 노동자, 교사 등의 광범위한 시민들이 파업하고, 정부 관련 회사를 보이콧하는 등의 방식으로 진행되었다(문기홍, 2021; Jordt et al., 2021: 7).

5 시민방위군은 청년층 중심의 무장투쟁으로 진행된다(박은홍, 2022: 4). 항쟁 초기 시민 저항의 일환으로 진행되었던 거리 집회에서 주도적으로 활동했던 Z세대 청년들의 PDF 가입은 군대의 진압 및 구금 등에 대응하기 위해 전략적으로 무장투쟁을 시작하게 된 시점과 연결된다.

와 이들의 군부독재반대운동을 지원하던 한국 시민사회 활동가들이 있다. 더불어, 2011년 미얀마 신군부와 2015년 아웅산 수찌 정부의 집권으로 정치·경제적으로 개방된 미얀마와 한국의 시민사회가 밀접하게 교류하면서, 국내의 미얀마 이주민뿐만 아니라 미얀마를 경험한 한국 시민사회의 구성원이 증가한 것도 '봄의 혁명'이 대규모의 정치 운동으로 확장되는 데 역할을 하였다. 이를 바탕으로, 이 연구에서는 원거리 민족주의의 일환으로 미얀마 출신 이주민이 국경을 넘나들며 본국의 정치, 경제적 상황을 지원하거나 연결하는 초국적 정치 운동을 조명하고자 한다. 더불어, 미얀마에서의 국제개발 및 시민사회운동 경험을 기반으로 미얀마를 향한 초국적 정치 운동에 협업하는 한국 시민사회의 상호작용에 초점을 맞추고자 한다.

이 연구에서는 미얀마의 민주화를 위해 한국에서 진행 중인 초국적 정치 운동의 지형이 2021년 쿠데타 전후로 어떻게 변화하였는지에 대해 주목하고자 한다. 더불어, 미얀마 이주민 공동체와 한국 시민사회의 상호작용 속에서 초국적 정치 운동이 어떻게 구성되는지 살필 것이다. 특히 쿠데타 전후로 각 운동 주체가 미얀마와 한국에서의 경험을 바탕으로 국경을 넘어 개별적 또는 집단적으로 구성하는 초국적 정치 운동의 모습을 살피기 위해 아래와 같은 연구질문을 제기할 것이다.

첫째, 미얀마 출신 이주민과 한국 시민사회는 어떻게 미얀마를 향한 초국적 정치 운동을 구성하는가? 둘째, 미얀마 출신 이주민과 한국 시민사회 각각의 초국적 정치 운동 사례는 어떠한 특징을 갖고 있는가? 셋째, 초국적 정치 운동을 실천하는 활동가의 참여 계기와 개별 운동 방식은 어떠한가? 이와 같은 질문을 통해 한국의 미얀마 출신 이주민과 시민사회가 미얀마 민주화를 위한 초국적 정치 운동을 어떻게 구성하는지를 살피고, 초국적 정치 운동의 구체적 사례에 대해 서술하고자 한다.

2. 선행연구

초국가주의(Trans-nationalism)는 두 국가 이상의 국경을 넘나드는 일련의 행위와 현상을 의미한다(Vertovec, 1999). 통신과 기술의 발달로 이와 같은 초국가주의는 강화되는 측면이 있다(Vertovec, 1999: 455). 시민권자인 2-3세 이주민이 고국과 체류국을 연결하는 초국적 경제활동을 통해 원거리 민족주의(Long-distance Nationalism)가 주요하게 생성된다(Schiller & Fouron, 2001; Schiller et al., 1995). 이와 같은 경제활동뿐만 아니라 국제비정부기구(INGOs: International Non-Governmental Organizations)가 개발도상국의 인권 및 환경 문제에 개입하는 캠페인 등에서도 초국가주의는 작동한다(Cohen, 1995: 13; Vertovec, 1999: 454에서 재인용). 더불어, 종족에 기반을 둔 디아스포라(Ethnic Diasporas) 집단이 직접적으로 자신이 처한 어려움을 법제적으로 해결하거나 시민사회에 문제를 알리는 방식도 초국가주의의 예시로 언급할 수 있다(Schiller & Fouron, 2001).

초국적 정치운동의 주요 행위자인 이주민에 주목한 뮐러-펑크(Müller-Funk, 2018)는, 이주민이 출신국 정치적 상황에 영향을 미치는 일련의 자본, 아이디어, 행위 등을 '정치적 송금(political remittance)'이라고 정의한다. '정치적 송금'을 통해 이주민은 체류국으로 이주하기 이전의 경험과 기억을 기반으로 체류국에 거주하는 동시에 고국을 위한 정치 운동에 참여하게 된다(Müller-Funk, 2018). 동시에, 이주민이 현재 거주 중인 체류국의 사회문화적 배경 또한 초국적 정치 운동에 영향을 미친다는 점을 뮐러-펑크는 동시에 강조하고 있다(Müller-Funk, 2018). 이와 같은 상호작용을 통해 초국적 정치 운동은 고국과 체류국에서 이주민을 매개로 상호 연결된 방식의 복합적인 정치 운동으로 발현될 수 있다는 특징이 있다(Müller-Funk, 2018).

이전의 초국가주의 및 원거리 민족주의에 대한 연구가 이중국적자, 이주민 2~3세 등 정착국의 시민 신분을 유지하는 안정적인 이주민에 주로 초점이 맞추어져 있었던 것(c.f. Schiller & Fouron, 2001; Schiller et al., 1995)과 달리, 최근의 이주 경향은 다소 변모하고 있다. 로버트슨(Robertson, 2022)은 일시성(temporality)을 띠는 좀 더 다양한 임시 이주민(temporary migrants)에 주목한다. 저자는 아시아 출신의 중산층 청년세대가 영어권 국가를 중심으로 유학, 이주노동 등 단기 이주를 하는 경향에 대해 서술하고 있다(Robertson, 2022). 이와 같은 청년층의 단기 이주의 동기에 대해, 드 하스(De Haas, 2021: 15, 26) 청년층이 이주 가능한 자원을 소지한 동시에 기존 거주지의 암담한 미래를 예측하거나 거주 의지를 상실할 경우에도 본질적 욕구(aspiration)로써 이주를 실천한다고 보았다.

이 연구에서는 뮐러-펑크(Müller-Funk, 2018)의 주장과 같이, 초국적 정치 행위가 일어나기 이전의 이주민의 경험이 어떻게 쿠데타 이후 각 정치 운동 주체의 '초국적 송금'을 포함하는 방식의 미얀마 민주화 운동에 영향을 미치는 지 논의하고자 한다. 로버트슨(Robertson, 2022)이 언급한 '임시 이주민' 개념은 영어권 국가로 이주하는 아시아인 청년의 사례를 넘어 한국의 미얀마 출신 유학생 및 이주노동자 및 한국인 시민사회 활동가의 사례에도 적용할 수 있을 것이다. 더불어, 미얀마에서의 국제개발협력사업 및 국제자원활동 등을 경험한 한국 출신 '임시 이주민'의 초국적 정치 참여 또한 이 개념을 중심으로 분석하고자 한다. 이를 통해 버토벡(Vertovec, 1999)이 언급하였던 국경을 넘나드는 경험과 기억이 어떻게 미얀마 및 한국 출신의 활동가의 정체성에 영향을 미치고 초국적 정치 운동을 구성하는지 살펴볼 것이다.

한편, 쿠데타 이전 시기에 한국에서 이루어진 미얀마 민주화 운동에 대한 귀중한 연구가 상당수 있다(류수경, 2017; 손민정, 2009; Suh, 2015; Kim, 2012). 이 가운데 대다수 연구는 NLD 한국지부를 중심으로 한 제3국의 해외지부와의 연대, 미얀마로의 송금 등을 주목하였다. 특히 NLD 한국지부가 미얀마의 민주화를 달성하기 위해 한국 시민사회뿐만 아니라 '동남아시아국가연합(ASEAN: The Association of Southeast Asian Nations)', 비정부기구 등과 적극적으로 소통하는 등(Kim, 2012: 230)의 초국적 연대의 특징을 조명하였다. 예를 들어, 손민정(2009)은 한국인-미얀마인 활동가의 미얀마 민주화 운동을 목표로 한 연대를, 류수경(2017)은 미얀마로 귀환한 미얀마인 활동가의 지속적인 한국과의 연결(류수경, 2017)을 드러낸 바 있다. 이와 같은 이전의 미얀마 민주화 운동의 사례는, 쿠데타 이후의 초국적 정치 운동의 양상을 이해하기 위해 살펴보아야 하는 전사(前史)이다.

쿠데타 이후의 미얀마 민주화 운동과 관련해서는, 대부분의 연구가 미얀마 내부의 정치 동학과 미얀마 시민들의 저항에 초점을 맞추고 있다(박은홍, 2022; 장준영, 2022; 홍문숙, 2022; 문기홍, 2021; 박은홍, 2021; 이유경, 2021; 홍명교, 2021; Jordt et al., 2021). 박은홍(2021: 2022)과 장준영(2022), 문기홍(2021)은 민족통합정부(NUG: National Unity Government)와 함께 새롭게 구성된 PDF과 민중의 저항의 전반에 대해 서술하고 있다. 홍문숙(2022)과 이유경(2021), 조르드 외(Jordt el al., 2021)의 경우, Z세대가 새로운 정치 운동 주체로 등장하고 있는 양상에 주목하는 동시에 Z세대의 소수자와의 연대를 강조하였다. 쿠데타 이후 한국에서의 민주화 운동 양상은 한국 시민사회의 '봄의 혁명'을 지원하는 다양한 양상에 주목하거나(KOCO, 2022), 미얀마 출신 유학생의 공연, 헌혈 행사 등의 유연한 방식의 정치 운동을 언급하기도 했다(이은정, 2022).

이 연구에서는 미얀마에서 진행되고 있는 '봄의 혁명'이 어떻게 한국의 미얀마 출신 이주민과 한국 시민사회와 연결되는지 살펴보고자 한다. 더불어, 2011년 이후 정치경제적으로 개방한 미얀마와 한국 간의 밀접한 교류를 바탕으로 어떻게 2021년 쿠데타 이후의 초국적 정치 운동의 주체가 등장하는지에 주목할 것이다. 손민정(2009)이 언급했던 것과 같이, 기존의 한국에서의 미얀마 민주화 운동에서 핵심적인 역할을 했던 미얀마인 및 한국인 활동가 그룹의 쿠데타 이후의 운동의 변화에 집중하는 동시에, 새롭게 미얀마와 한국에서의 경험과 기억을 기반으로 한 '임시 이주민' 지위에 해당하는 활동가의 운동 양상과 소수민족과의 연대에 대해서도 언급할 것이다.

3. 연구 대상 및 연구 방법

연구의 주요 참여자는 2021년 쿠데타 이후 한국과 미얀마 간의 초국적 정치 운동에 참여하고 있는 미얀마 출신 이주민과 한국 시민사회의 활동가이다. 그 중 쿠데타 이후 미얀마 군부에 대항해 기존의 NLD 국회의원 등을 중심으로 구성된 'NUG 한국 대표부와 106개 단체로 구성된 연대체인 '미얀마 민주주의를 지지하는 한국시민사회단체모임(Korean Civil Society in Support of Democracy in Myanmar: 이하 '미얀마지지모임')'에 직간접적으로 참여하고 있는 미얀마 및 한국 출신 활동가 중 일부를 연구 참여자로 섭외하였다. 연구의 주요 방법은 문헌 분석, 참여 관찰, 심층면접이다. 먼저, 문헌 분석의 경우, 언론이나 각 시민단체의 홈페이지, 자료집 등을 살펴보았다. 이를 통해 미얀마 출신 이주민과 한국 시민사회 활동가의 주요한 정치 운동 양상을 파악할 수 있었다.

참여 관찰은 미얀마 민주화 운동에 관여하고 있는 한국의 NGO에서 2022년 3월부터 12월까지 비정기적으로 자원활동을 하면서 미얀마 민주화 관련 활동이 어떻게 진행되고 있는지 관찰하는 방식으로 진행하였다. 이 봉사활동을 통해 미얀마 민주화 운동과 관련된 집회, 시위, 기자회견, 토론회

표 34 미얀마 민주화 운동과 관련하여 참여관찰한 주요 행사 내용(시간 순서)

	구분	행사명	참여 일시	장소
1	집회 및 시위	NUG 출범 1주년 기념식	2022.04.17.	인천 부평역 교통광장
2	헌혈행사	재한 미얀마인들의 단체 헌혈 행사	2022.08.06.	수원아트센터
3	집회 및 시위	8888 민중항쟁 34주년 기념행사	2022.08.07.	인천 부평역 교통광장
4	사진전	'피어나라 미얀마': 미얀마 연대 사진전시회	2022.08.08.	서울 NPO 지원센터
5	축구대회	미얀마 민주주의 회복 염원 및 투쟁기금 마련 재한 (시흥 안산) 미얀마인 축구대회	2022.09.04.	시흥 정왕동 축구장
6	집회 및 시위	미얀마 군부 어린이 학살 규탄 공동 행동	2022.09.25.	서울 옥수동 미얀마 무관부 앞 ~ 한남동 미얀마 대사관 앞

등에 참여하며 다양한 정보를 얻을 수 있었다. 미얀마인 및 타 NGO의 한국인 활동가들과 교류하고 라포를 형성하는데도, 봉사활동을 하고 있었던 단체 활동가의 미얀마 민주화 운동에 대한 오랜 경험과 연륜의 도움을 받았다.

심층 면접의 경우, 2022년 8월부터 2023년 2월까지 총 6명의 미얀마 출신 이주민 및 한국 시민사회 활동가를 대상으로 실시하였다. 4명의 미얀마 출신 활동가의 경우, 한국에서 유학 중이거나 유학한 경험이 있었고, 한국에 체류하던 당시 쿠데타를 경험하였다. 쿠데타 이후 NUG, 미얀마 청년 단체 등에 소속되어 다양한 방식으로 '봄의 혁명'에 참여하고 있었다. 2명의 한국 출신 활동가의 경우, 한국의 시민단체 소속으로 이번 쿠데타 이전부터 미얀마에 국제개발협력사업 및 시민사회활동의 일환으로 미얀마에 체류하거나 방문한 경험이 있었다.

심층면접은 모두 한국어로 인터뷰를 진행하였으며, 미얀마인 활동가의 경우 한국어를 전공하거나 한국에서 학위 과정을 한국어로 이수하여 한국어를 유창하게 구사하는 편이었으나, 소통을 최대한 원활하게 하기 위해 면접 이전에 한국어로 된 질문지를 제공하였다. 일부 미얀마인 활동가와 인터뷰할 당시, 내용을 정확하게 파악하기 위해 일부의 질문과 답변을 영어로 바꿔 확인하는 절차를 거치기도 했다. 한 미얀마 출신 활동가의 경우 본인의 요청으로 이름을 실명으로 기재하였으나, 나머지 한국 및 미얀마 출신 연구 참여자의 이름은 가명으로 표기하였다. 미얀마 군부가 해외의 미얀마 민주화 운동과 관련된 미얀마인을 체포하고, 외국인의 경우 입국을 거부하고 있기에 연구 참여자를 특정할 수 있는 신상정보를 최소한으로 언급할 예정이다. 더불어 NUG 한국대표부와 미얀마민주주의시민모임 연대체 이외의 민주주의와 관련되어 활동하고 있는 개별 단체명을 '가명'으로 표기하였다.

II. 새로운 초국적 정치 운동 주체의 구성

1. 미얀마 출신 임시이주민의 증가와 청년 세대 활동가의 등장

한국의 미얀마 민주화를 위한 초국적 운동은 주요하게 NUG 한국대표부와 국내의 미얀마 이주민 공동체, 한국 시민사회를 중심으로 전개되고 있다. 쿠데타 이후의 미얀마를 향한 초국적 운동의 특징은 쿠데타 이전의 운동과 비교하였을 때 미얀마인 및 한국인의 초국적 연대의 주체가 더 분화되고 다층적이고 조밀하게 구성되고 있다는 것이다. 이와 같은 현상의 배경에는 고용허가제를 통해 비전문취업(E-9)으로 국내에 입국한 미얀마 출신 이주노동자 및 유학생(D-2, D-4)의 수가 증가하면서 국내에 거주 중인 미얀마 출신 이주민의 수가 확장된 점이 있다.

표 35 미얀마 출신 국내 이주민 인구(2009-2021)

연도별/인원	총계(명)	특정 비자별 인구(명)		
		비전문취업자	유학생 및 어학연수생	난민인정자
2009	4,555	90	202	79
2010	4,565	2,753	235	92
2011	6,479	4,431	268	112
2012	9,218	7,122	275	130
2013	12,678	10,581	298	149
2014	15,921	13,653	354	154
2015	19,209	16,899	430	185
2016	22,455	19,894	509	226
2017	24,902	22,158	624	261
2018	28,074	24,934	803	297
2019	29,294	26,412	1,032	335
2020	26,412	22,149	1,049	353
2021	26,096	20,328	1,509	355

총계 및 비전문취업자, 유학생 및 어학연수생 인구
출처: 법무부, 출입국자및체류외국인통계 2009~2021, www.kosis.kr/ 난민인정자 인구 출처: 법무부 출입국외국인정책통계연보 2009-2021

쿠데타 이전의 미얀마 관련 정치 운동의 주요 행위자는 난민인정자로, 1990년대 중후반부터 한국에 산업연수생 제도 등으로 입국하여 이후 미얀마 및 한국에서의 정치 운동으로 난민신청절차에 따라 영구적인 체류지위를 얻게 된 경우가 대부분이다(류수경, 2017; Suh, 2015; Kim, 2012). 더불어 고용허가제 및 국비장학생(GKS: Global Korean Scholarship) 프로그램 등을 통해 이주노동자, 유학생 등의 청년층 '임시 이주민(c.f. Robertson, 2022)'이 급증한 것 또한 2021년 쿠데타 이후 새로운 운동 주체의 등장 배경과 맞물린다. 청년 세대의 경우, 2011년 집권한 신군부 출신의 '떼인쎄인(Thein Sein)' 대통령과 2015년 집권한 NLD 정부의 경제 개방 및 민주화 정책을 유년, 청소년 및 청년기에 경험하였다는 점에서, 최근의 쿠데타는 충격으로 다가오게 된다(이은정, 2022: 94). 이와 같은 충격은 새롭게 유입된 청년 세대 미얀마 이주민이 기존의 난민인정자가 주도하는 정치 운동에 대거 합류하는 계기가 되었다.

한국 시민사회의 경우에도, 기존에 1990년대부터 미얀마 출신 이주민과 결합해 미얀마 군부 독재 반대 운동을 지원했던 시민단체 출신 활동가가 쿠데타 이후에도 미얀마를 향한 정치 운동을 기획, 실행하는 주요한 주체이다. 위에서 언급하였던 것과 같이, 여기에 2011년 신군부 집권 이후 미얀마의 정치경제적 개방으로 인해 미얀마와의 교류를 경험했던 한국의 시민사회 또한 미얀마의 쿠데타 상황에 분노하고 적극적으로 지원 활동에 참여하게 된다. 미얀마 출신 청년 세대의 정치 운동 유입과 유사하게, 한국의 청년 세대 또한 미얀마에서의 국제개발협력 활동 경험 등을 바탕으로 미얀마를 향한 정치 운동에 새롭게 참여하게 된 것이다. 쿠데타 이전부터 이들은 미얀마에서 귀환한 후, 국내 미얀마 출신 이주민의 한국어 학습을 돕거나, 미얀마를 지원하는 시민단체에서 활동하는 등 지속적으로 미얀마와 관련된 일을 지속적으로 수행하였다.

2. NUG 특사 임명과 한국대표부

NUG 한국대표부 사무실은 인천 부평역 인근에 위치해 있다. 인천 부평동은 인근 공단 및 근교에서 일하는 미얀마 출신 노동자들이 주말이면 미얀마 식당, 식료품 가게 등에 방문하는 생활 거점이다. 미얀마 출신 이주노동자는 인천 남동공단에서 인접한 인천 부평역을 중심으로 미얀마 식당, 식료품점 등의 소비공간과 거주공간으로 구성된 종족밀집지역(enclave)을 형성하고 있다. 부평역의 북부에 일부 식료품점과 휴대폰가게, 식당, 이주민센터 등과 함께 NUG 한국대표부가 위치해있고, 부평역 남부의 교통광장과 우체국을 중심으로 여러 식당이 산발적으로 흩어져있다.

기존 난민인정자와 가족을 중심으로 형성되었던 식당, 식료품점, 휴대폰가게 등의 소규모 자영업은, 최근 난민인정자의 자녀 및 이주노동자 주도로 태국식당, 미얀마식 바비큐 식당 등으로 범위가 확대되고 있다. 부평역 앞에 위치한 교통광장에서는 미얀마 출신 이주민 주도의 정치 집회가 주요하게 열리는데, 서울 한남동의 미얀마 대사관, 옥수동의 미얀마 무관부 인근과 더불어 전형적인 정치 운동의 현장으로 자리매김했다.

미얀마 이주민의 정치 운동의 중심에는 NUG 한국대표부가 있다. 대표부 사무실 안에는 전 외교부장관이자 현 NUG 국가고문인 아웅산 수찌와 전 대통령이자 현 NUG 대통령인 '윈 민(U Win Myint)'의 사진이 걸려있다. NUG 한국대표부는 2021년 8월에 한국에 설립되었다.[6] NUG는 쿠데타 발생 직후 2020년 11월 총선 당시 당선자를 중심으로 구성되었던 연방의회대표단(CRPH: Committee Representing Pyidaungsu Hilutaw)(박은홍, 2022: 4)에 의해 2021년 4월 16일에 "NUG를 구성했다(Jordt et al., 2021: 33).

한국의 경우 NUG로부터 임명받은 얀나잉툰(Yan Naing Htun) 특사를 중심으로 하여 대표부를 구성하고 있다. 한국대표부는 8개 대표부 중 2번째로

---

6 NUG 한국대표부-한국시민사회 간담회(2022.04.13.) 내용 중 일부.

설립되었으며, 아시아에서 처음으로 운영된 대표부이다.[7] NUG는 한국 이외에도 노르웨이, 독일, 미국, 영국, 일본, 체코, 프랑스, 호주에 총 8명의 특사를 파견했으며, 각 대표부는 특사를 중심으로 NUG의 각 부처와 긴밀하게 협업한다.[8]

한국대표부는 특사를 중심으로 교육, 경제, 정치, 노무 부문을 담당하는 공보관, 회계, 통역 등의 업무를 맡는 전문가 등으로 구성되어 있고, 주요 업무는 한국정부가 NUG를 공식 정부로 인정할 수 있도록 하는 등 직접적인 관계를 구축 하는 것과 한국 내에 거주 중인 미얀마 출신 이주민과의 협력을 통해 혁명을 지원하는 것, 한국의 미얀마지지모임과 지속적으로 협력하는 업무로 구성되어 있다.[9] 먼저 한국정부와의 관계 구축을 위해서 포럼을 개최하거나, 미얀마 내 정치적 사건 발생 시 한국 국회의원과 기자회견을 진행하는 등의 정치 활동을 지속하고 있다.[10] 한국 내 거주 중인 미얀마 국민과의 협력은 이주노동자를 주요 대상으로 하여 채권을 판매한 금액을 NUG로 보내 혁명을 지원하는 방식, 88항쟁 등의 정치적 의미를 지닌 날을 기념하기 위해 NUG 지지 단체와 함께 집회하는 방식 등으로 이루어진다. 한국의 정당, 시민사회와의 협력도 함께 공동 집회를 기획하고 구성하거나 매월 뉴스레터를 한국어로 발행해 미얀마에서 일어나고 있는 소식을 공유하는 등 한국의 정당 및 시민사회와의 협력도 실행하고 있다.

이외에도 'NUG를 지지하는 미얀마 단체(NUG Support Team Korea)' 연대체가 구성되어 NUG의 활동을 지원하고 있다. 연대체 내 각 단체는 포천

---

7 NUG 한국대표부-한국시민사회 간담회(2022.04.13.) 내용 중 일부를 참조함.

8 묘혜인(Myo Hein) 전 NUG 한국대표부 공보관 인터뷰 내용 중 일부를 참조함. 말레이시아, 태국 등의 특사가 없는 국가의 경우에도, 해당 국가에 거주하는 미얀마 출신 이주민들이 모금활동을 조직해 NUG에 모금액을 보내는 등 광범위한 협력이 이루어지고 있다고 한다.

9 NUG 한국대표부-한국시민사회 간담회(2022.04.13.) 내용 및 묘혜인 전 NUG 한국대표부 인터뷰 내용 중 일부를 참조함.

10 묘혜인 전 NUG 한국대표부 공보관 인터뷰 내용 중 일부를 참조함.

및 평택, 대구 등 미얀마 출신 이주민이 밀집한 지역을 중심으로 하거나, 각 소수민족 중심의 공동체, 청년 및 정치 단체 등의 20여 개 단체로 구성되어 있다. 이와 같은 모임을 중심으로 주요 미얀마 관련 집회나 시위에 부스를 만들어 참여하거나 기금을 모금해 조달하고, 정기적으로 연대체 회의를 구성해 NUG에 보고하기도 한다.

3. 미얀마지지모임의 구성과 활동

미얀마의 민주화를 위한 한국 시민사회의 연대는 이번이 처음은 아니다. 1999년 국내에서 '버마(미얀마)의 민주화를 위한 국제연대 운동'이 시작되었을 때부터 '버마민주화를 위한 국제연대 운동을 하는 활동가들'이라는 그룹이 구성되어 한국의 활동가들이 미얀마의 민주화를 위하여 연대하였다(손민정, 2009: 116). 이와 같은 연대는 2021년 쿠데타 이후 확대되었다. 이 과정에서 버마 민주화를 위해 협력했던 기존의 핵심 활동가의 일부가 현재의 미얀마지지모임 연대 내에서도 기존의 미얀마 출신 활동가와 연대하며 주요한 의사결정 및 정치 운동 기획을 주도하고 있다.

현재 활동 중인 미얀마지지모임은 2021년 2월 1일 발생한 쿠데타 이후 2월 26일에 결성되었다.[11] 모임의 구성은 106개의 종교계, 시민단체 등으로 구성되어 있으며, 크게 세 기조 하에 행동하고 있다. 먼저 미얀마에서 진행 중인 시민항쟁에 연대하고, 미얀마 군부에 협조하는 한국 기업의 활동을 모니터링하고 군부에 한국 기업의 자금이 유입되지 않도록 활동하며[12], 국회와 함께 입법 관련 활동을 진행한다. 또한 시민항쟁에 연대하는 활동으로는 미얀마 시민을 위한 기부금을 모금하고 물품을 지원하거나 NUG 한국대표부

---

11 NUG 한국대표부-한국시민사회 간담회(2022.04.13.) 내용 중 일부.

12 미얀마 군부의 지속적인 인권침해가 문제 제기되면서, 한국기업이 군부와 관련된 기업활동을 지속할 경우 한국 기업이 군부의 미얀마 시민을 대상으로 한 인권침해에 협조하는 것으로 해석될 수 있다는 점에서 미얀마 군부와의 협력 종료, 미얀마 군부로의 자금 중단 등을 요청하고 있다.

및 재한 미얀마인 공동체와 함께 주요한 사건에 대응하는 기자회견, 성명 발표, 집회 및 시위를 하고 있다. 2022년 7월 미얀마 내에서의 쿠데타 관련 정치 활동가에 대한 사형 집행(c.f. BBC코리아 22/07/25) 및 2022년 9월의 군부의 어린이 학살(한국일보 22/09/28), 2023년 4월의 사가잉 지역 한 마을에 대한 군부의 폭격 및 학살(뉴스1 23/04/11)에 대해서도 관련 기자회견과 대규모의 집회 및 거리행진을 진행하였다.

둘째, 미얀마 군부와 한국기업의 협력관계를 종료시키고 인권침해를 벌이는 군부에 자금이 흘러들어가지 않도록 기자회견 및 집회, 성명, 학술행사 등을 진행하고 있다.[13] 예를 들어 미얀마 석유가스공사(MOGE: Ministry Of Electricity And Energy)와 연관된 포스코인터네셔널의 가스전 사업(경향신문 22/03/28), 미얀마 국방부와 사업 관계를 맺고 있는 양곤의 롯데호텔(프레시안 21/11/26), 미얀마 군부에 대한 포스코인터네셔널의 군함 판매(MBC, 2022), 미얀마 군부가 운영하는 대기업인 '미얀마경제홀딩스(MEHL: Myanmar Economic Holdings Limited)'와 협력하고 있다고 알려진 포스코와 이노그룹 등에 대해 한국 정부와 기업을 대상으로 관련 활동을 진행하고 있다.[14]

셋째, 한국 국회의원이 소속된 '미얀마의 평화와 민주주의 회복을 위한 국회의원 모임'과 함께 미얀마 쿠데타를 계기로 이웃 국가에 대한 인권책

---

[13] 상세하게는 최근 '미얀마 군부의 인권침해에 협력한 한국기업 대응모색 토론회'(2022년 7월 8일)를 기업과 인권 네트워크와 함께 주최하거나, 미얀마 가스전 사업 관련 한국가스공사 인권경영위원회의 적극적 개입을 촉구하는 공문을 발송(2022년 5월 13일)하였다(출처: 미얀마 민주주의를 지지하는 한국시민사회단체모임 아카이빙 홈페이지(https://www.withmyanmar.net/))(검색일: 2022.10.17.).

[14] 미얀마지지모임이 2021년 10월부터 해외 단체(유럽, 미국, 호주, 미얀마 등 아시아 단체)에 '글로벌 MOGE 제재 캠페인'을 제안하여 전 세계적으로 총 20만 명 이상의 서명을 받았고, 프랑스 및 미국 대통령에게 미얀마에 대한 경제제재를 촉구하는 행동을 진행하였고, 결국 2022년 2월에 유럽연합이 MOGE에 대한 제재를 진행하였다. 제재 이후로 슈에가스전 사업의 수익금과 부대비용이 MOGE에 공식적으로 전달되지 않고 있어 일련의 성과라고 볼 수 있다(출처: 미얀마지지모임 관계자 추가 서면 면담 자료/ 2022.11.24.).(참조: European Council, 2022).

무성을 증대하고자 하는 입법활동을 실시하였다.[15] 상세하게는 중대한 인권침해가 발생하고 있는 국가에 대한 외국환거래 및 무기를 포함한 수출허가 심사를 강화하고, 인도적지원의 지원범위를 난민과 소수민족 보호 등으로 확대하고, 해외자원개발사업에 참여한 기업들이 인권실사 보고서를 의무적으로 제출할 수 있도록 개정안을 발의했다(참여연대 22/12/08).[16] 이와 같은 법안이 발의되는 것을 넘어 국회를 통과해 시행될 수 있도록 국회의원들과 기자회견을 열기도 하였다(참여연대 22/12/08).

미얀마지지모임 내 각 단체도 미얀마의 민주주의와 인권 등을 위한 다양한 활동을 진행하고 있다. 미얀마지지모임의 개별 단체는 미얀마 이주민 중심의 집회나 시위에 적극적으로 결합해 협업하고, 미얀마로의 송금이나 물품 지원에 초점을 맞추거나, 입법 및 국내의 미얀마 군부 지원 기업 제재 등

표 36 **미얀마지지모임 주요 입법활동 상세 내용**(참여연대 22/12/08)

일시	발의 내용	대표발의자	상세내용
2022년 7월	외국환 거래법과 대외무역법 개정안	기본소득당 용혜인 의원	심각한 인권침해가 발생하고 있는 국가에 외환 거래를 하거나 무기를 포함한 물자 수출을 할 때, 이를 심의하고 규제할 수 있도록 함.
	국제개발협력기본법 일부개정안	민주당 이용선 의원	국제개발협력의 기본 정신 중 난민과 소수민족 보호를 포함하도록 함.
2022년 12월	해외자원개발사업법 일부 개정안	민주당 이용빈 의원	미얀마와 같이 심각한 인권침해가 발생하거나 내전 등의 분쟁이 발생하는 지역에서 정부의 지원을 받는 해외자원개발사업에 참여한 기업들이 인권실사(Human Rights Due Diligence) 보고서를 의무적으로 제출하도록 함.

---

15 미얀마지지모임 관계자를 통해 해당 내용을 확인함.

16 미얀마지지모임 관계자를 통해 해당 내용을 확인함.

에 더 활동을 집중하는 등 각 주체의 성격에 따라 중점 활동이 다소 상이하게 구성되기도 한다. 더불어 소수민족과의 연방제 수립, 한국에 거주하는 청년들을 조직화하는 활동이 주요하게 여겨지는 단체도 있다. 그럼에도 공동행동의 경우 각 단체의 활동가를 파견해 성명서를 읽거나 행진에 참여하는 등 협업이 이루어지고 있다. 이는 쿠데타 이전에도 시민사회의 각 단체들이 가장 우선적으로는 미얀마의 민주화와 인권을 위해 힘을 합치지만, 각자 운동에 협력하게 된 이유와 목적이 '난민촌 아동 교육, 소수민족 문제, 환경, 인권' 등 주요 활동의 지점이 상이했던 것(손민정, 2009: 123-124)과 마찬가지이다. 결론적으로, 상이한 관심사와 공동 목표는 미얀마지지모임이 미얀마의 쿠데타 이후의 상황에 미얀마와 연대하는 과정에서 역동과 구심점을 동시에 마련하는 역할을 하고 있다.

III. 초국적 정치 운동의 전개

한국에서의 미얀마 민주화 운동은 미얀마에서 진행되고 있는 미얀마 시민 주도의 항쟁인 '봄의 혁명(Spring revolution)'의 시공간과 밀접하게 관련이 있다. 쿠데타 발발 직후 한국의 미얀마 출신 이주민과 한국 시민사회는 즉각적으로 미얀마의 쿠데타를 반대하는 성명을 발표하고, 미얀마를 지원하기 위한 연대체를 조직하기 시작했다. 이와 같은 즉각적인 행동이 가능하였던 배경에는 소셜 미디어와 뉴스, 활동가의 개별적 소통 등을 통해 실시간으로 전달되는 미얀마의 정치적 상황이 있다. 미얀마에서 실시간으로 벌어지는 집회 및 시위에서의 시민 사망, 군부의 저항 시민 및 PDF 체포와 사형, 마을 방화 및 주민 학살 등이 사진과 영상 등으로 전해지면서 한국의 미얀마 출신 이주민과 한국 시민사회도 즉각적으로 대응하기 시작했다.

  미얀마 이주민 사회와 한국 시민사회는 각 연대체를 통해 미얀마 내부의 시민저항을 즉각적이고 전략적으로 국경을 넘어 지원한다. 한국의 초국적 정치 운동은 미얀마에서의 반군부 시위[17], CDM[18]과 PDF[19]을 지원하기 위해 초국적 송금에 참여하고 있다. 초국적 송금은 다양한 플랫폼 개발과 미얀마-한국에 거주 중인 임시 이주민의 연결망을 활용하여 은행을 거치는 공식적 송금이 아니더라도 어플리케이션을 사용하거나 브로커를 거치는 등 다양한 방식으로 가능해졌다. 식량과 옷 등의 생필품을 전달하기도 하고, 다큐멘터리와 유튜브 영상을 제작해 한국 사회에 미얀마의 상황을 알리는 동시에 미얀마에 지지의 메시지를 보내기도 한다. 이와 함께 정치 운동에 참여한 미얀마 내부의 미얀마인이 한국으로 피신하는 것을 지원하기도 한다(이은정, 2022: 108-109). 이와 같은 초국적 운동은 미얀마인 난민인정자, 이주노동자, 한국 시민사회 구성원에 의해 쿠데타 이전부터 실천해오던 초국적 운동 방식의 연장선에서 양적으로 확장되고 질적으로 다양해졌다. 이들은 초국적 운동을 활성화하기 위하여 다중적인 '정치적 송금(Müller-Funk, 2018: 256)'을 실행하고 있는 것이다.

이 장에서는 집회와 시위, 기자회견과 같은 전통적인 방식과 함께 사진전, 공연, 헌혈행사와 같은 상대적으로 우회적인 방식의 초국적 운동의 양상을 서술하려 한다. 물론, 각 운동의 형식은 서로 밀접하게 연결되어 명확하게

---

17 반군부 시위는 미얀마 시민을 중심으로 전개되는 과정에서, 2021년 2월 22일 총파업을 시점으로 전국적으로 시위가 확대되었다(정재완 외, 2021: 3). 거리행진은 시민들이 구호를 외치고 노래를 부르며 전국의 주요 도로 등에서 행진을 하는 방식으로 진행되었다. Z세대의 경우, 거리 행진에서 거리 공연, 퍼레이드 등을 진행하는 등 새로운 방식의 시위를 주도하였다(Jordt et al., 2021: 12). 시민 주도의 대규모 집회에서 쿠데타에 반대하기 위한 자유롭고 다양한 메시지가 나오던 평화로운 분위기는 3월 중순이 지나면서 사라졌다(Jordt et al., 2021: 32).

18 CDM은 쿠데타 발생 이틀 후 110개 병원의 의료 종사자와 50개 타운십의 보건 부서 공무원의 파업으로 시작되었으며, 소방관, 은행 직원, 의류 노동자, 교사 등의 광범위한 시민들이 파업하고, 정부 관련 회사를 보이콧하는 등의 방식으로 진행되었다(문기홍, 2021; Jordt et al., 2021: 7).

19 PDF은 청년층을 중심의 무장투쟁으로 진행된다(박은홍, 2022: 4). 항쟁 초기 시민 저항의 일환으로 진행되었던 거리 집회에서 주도적으로 활동했던 Z세대 청년들의 PDF 가입은 군대의 진압 및 구금 등에 대응하기 위해 전략적으로 무장투쟁을 시작하게 된 시점과 연결된다.

구분할 수 없는 경우도 있다. 그렇지만 모든 운동은 궁극적으로는 미얀마를 향한 초국적 정치 운동에 기여한다는 특징이 있으며, 운동 내부의 주체 간의 갈등 요소 또한 운동의 흐름에 영향을 미치기도 한다.

1. 집회, 시위, 기자회견을 통한 초국적 정치 운동

쿠데타 직후부터 시작된 집회와 시위, 기자회견, 모금 등은 미얀마의 상황을 한국과 국제사회에 알리고 미얀마 민주화 운동에 참여하는 미얀마 국민을 국경 너머까지 지원하기 위한 방식으로 진행되었다. 이 과정에서 미얀마 내에서 발생한 대량 학살과 같은 상징적 사건은 실시간으로 한국으로 전달되어 개별적인 운동에 영향을 준다. 예를 들어, 2022년 7월 미얀마 내 정치범 사형[20]이나 9월의 어린이 학살[21]과 같은 사건이 일어날 때마다 한국에서도 미얀마 군사정부 및 국제사회에 항의하는 대규모 시위가 개최되었다.

쿠데타 이전과 비교할 때, 최근 쿠데타 이후의 초국적 운동은 소수민족과의 연방제가 강조된다는 특징이 있다. 기존의 재한 미얀마인 초국적 정치 운동에서 주종족인 버마족(Burman)과 다른 민족 간의 차별과 갈등은 가급적 언급되지 않는 경향이 있다. 특히 미얀마 라카인주(Rakhine State)를 중심으로 거주하던 무슬림계 로힝야족(Rohingya)에 대한 학살과 차별, 추방에 대하여 문제제기하는 것에 재한 미얀마 단체가 반대하거나 '타민족'의 문제로 다루어 줄 것을 요청하는 것을 목격할 수 있었다. 그러나 쿠데타 이후 군사정부의 폭력을 경험한 버마족을 포함한 다수의 미얀마 국민이 로힝야족뿐만 아니라 다른 소수민족이 이전에 경험했던 차별과 폭력에 공감하기 시작하였고, NUG 정부 또한 소수민족과의 연방제 국가를 구성하는 것을 주요한 가치로 삼게

---

20 2022년 7월에 미얀마에서 군부가 쿠데타를 반대하는 정치 운동 진행했다는 이유로 수감한 운동가 4명을 사형한 사건이다(참조: BBC 코리아 22/07/25).

21 2022년 9월에 군부가 학교를 향해 헬기로 공격해 어린이를 포함한 마을 주민이 사망한 사건이다(참조: 한국일보 22/09/28).

그림 1 (왼쪽) 미얀마 민족통합정부(NUG) 출범 1주년 기념식
그림 2 (오른쪽) 8888 민중항쟁 34주년 기념행사

되었다. 2023년 8월 NUG의 인도주의 재난관리부(Ministry of of Humanitarian Affairs and Disasters Management) 윈맛에(Win Myat Aye) 장관이 2017년 로힝야족 학살에 대해 공식적으로 사과한 것(VOA 23/08/17) 또한 NUG의 소수민족과의 화해를 통해 연방제로 나아가는 실천의 일환이라고도 볼 수 있다.

이와 같은 NUG를 중심으로 한 소수민족 문제에 대한 관심은 각 집회 및 시위에서도 드러난다. 예를 들어, 행사 내에서 한국에 거주 중인 소수민족 단체의 각 대표가 등장해 발언하는 모습을 종종 목격할 수 있다. 그럼에도 소수민족 출신 활동가나 미얀마지지모임에 소속된 한국 시민사회단체 중에서는 소수민족을 앞세우는 NUG의 행보에 대한 진정성을 묻기도 한다. 실질적이거나 구체적인 실천 없는 껍데기뿐인 말과 약속이라고 생각하기 때문이다. 실제로 한국 시민사회에서는 방글라데시 난민캠프의 로힝야족을 지원하거나, 한국 거주 미얀마 소수민족 청년과의 대화의 장을 여는 등 최근 쿠데타 이전부터 미얀마 내 소수민족과의 활동을 지속적으로 실천해 온 단체들이 있다. 소수민족 출신 활동가 중 일부도 버마족 중심의 미얀마 내 정치공동체가 지속적으로 소수민족 공동체를 배반해 온 역사를 언급하기도 했다.

그럼에도 한국에 거주 중인 소수민족 공동체가 NUG와 연대를 유지하는 핵심적인 이유는 이들도 민주화 투쟁의 정치 상황에서 NUG와의 협상 지점을 확보할 필요가 있기 때문이다. 이와 같이 운동 주체는 연대체와 한국/미얀마 커뮤니티와의 연결을 통해 미얀마 내의 학살, 테러 등의 구체적인 긴급한 사항에는 공동의 목소리를 내기도 하지만, 소수민족 문제나 기업 대응 등의 개별적인 사안에 대해서는 각 주체별로 주안점을 각기 두고 개별적으로 구체적 행동을 만들어내는 경향이 있다.

대부분의 한국 시민사회 활동가가 특정 단체를 기반으로 '전업 활동가'로 일하는 것과 달리, 미얀마 출신 활동가는 생업을 별도로 두고 주로 생업에서 자유로운 일요일을 중심으로 활동을 구상하거나 특정사안에 대해 개별적으로 협력한다. 반면, 미얀마 출신 활동가는 인터넷 상의 소셜미디어를 매개로 하여 일상적으로 정치적 의견을 표출하거나 재한 미얀마인 공동체와 소통하기도 한다. 예를 들어, 미얀마 출신 활동가가 인천 부평에서 열리는 집회를 페이스북에 공지하거나, 이주노동자의 인권을 위한 고용노동정보를 일상적으로 제공하는 방식이다. 이와 같은 온라인과 오프라인 세계를 망라하는 협력적 정치 운동은 장기간 지속되는 미얀마 내에서의 정치적 사건에 밀접하게 반응하고, 미얀마와 한국에서의 거주 경험과 기억을 바탕으로 초국적 연대를 구성하며, 소수민족과 연대하는 새로운 목표를 포괄한다.

쿠데타 이후 미얀마를 향한 정치운동에 참여하게 된 재한 미얀마인과 한국인 활동가는 집회 및 시위에 참여함으로써 본격적으로 "새롭게 성취한 위상으로 진입해 들어"(터너, 2020: 209-210)가게 된다. 물론 모금이나 다른 방식을 통해서도 정치 운동에 참여할 수 있지만, 집회 및 시위의 경우 자신의 신체가 정치 운동의 현장으로 물리적으로 진입하고, 이를 통해 자신의 참여가 가시화된다는 차별점이 있다. 특히 미얀마 군부가 국민의 반-쿠데타 운동을 처벌하고 금지한다는 점에서 활동가는 집회 및 시위 참여로 본격적인 정치 운동의 국면에 접어든다.

반게넵의 통과의례에서 '분리, 전이, 재통합'의 절차를 통해 한 개인이 새로운 정체성을 획득하는 것과 같이(터너, 2020: 208), 집회 및 시위에 참여함으로써 활동가는 먼저 분리를 겪게 된다. 집회 및 시위에서 얼굴을 드러내고 구호를 외치는 활동을 결심하는 것은 미얀마와의 '분리'를 예고한다. 미얀마 군부에 의해 정치 운동 여부가 발각될 경우, 다시 미얀마에 방문할 수 없거나 가족과의 연결이 끊어지기도 하기 때문이다. 미얀마인 활동가 중 한국에서 활발하게 정치 운동에 참여하여 미얀마 군부에서 지정한 블랙리스트에 포함되거나, 미얀마의 가족에게 군경이 찾아가 활동가의 신상을 묻는 사례가 있었다. 이로 인해 미얀마에 거주 중인 가족이 재산을 몰수당하거나 구금, 처벌될 위험이 있어 활동가가 자신과의 의절 사실을 신문에 광고로 낼 것을 권유하기도 한다. 한국인 활동가의 경우에도 미얀마 쿠데타를 반대하는 정치 운동에 참여한 사실이 공공연하게 알려질 경우, 미얀마에 입국하는 것이 어려워지거나 미얀마에 방문 시 체포 및 구금 등의 처벌을 겪을 위험이 있다. 이와 같은 위험에 대비하기 위해 활동가는 마스크를 쓰고 시위에 참여하고 이름을 공개하지 않는 등의 전략을 마련하기도 하지만, 집회 및 시위를 통한 '분리'의 가능성은 여전히 내포되어 있다.

본격적으로 집회가 시작되면 '전이'의 단계가 강화된다. 집회 내 '전이'의 특징은 세 가지로 나누어 서술할 수 있다. 먼저, 전이 의례에서 발견되는 평등성이다. 잠비아 은뎀부 사회에서 입문자가 같은 음식을 나눠먹는 것(터너, 2020: 224)과 같이, 부평역 교통광장에서 진행된 '88항쟁 34주년 기념행사'에 참여한 사람들은 미얀마 볶음국수, 튀김 등의 음식과 붉은 색의 음료를 함께 나눠먹었다. 또한 같은 의상을 입고, 같은 팻말을 들고 구호를 외치기도 한다. 또한 이번 '봄의 혁명' 이후 미얀마의 주 종족인 버마족과 소수민족 간의 평등이 강조된다. '88항쟁 34주년 기념행사'에서 한 연사가 "88항쟁 당시에는 민주화가 목적이었다면, 이제 소수민족과 함께하는 연방 민주주의가 목표"라고 언급하거나, 한국에 거주 중인 각 소수민족 그룹의 대표가 집회에서 매번 주요하게 발언하는 것이 그 예이다.

두 번째로는 재산을 청산하거나 공동 기금을 조성(터너, 2018: 315)하는 방식으로, 집회 내에서 이와 같은 시도를 관찰할 수 있다. 부평역 교통광장에서 진행된 '미얀마 민족통합정부 출범 1주년 기념식'에서 광장 주변으로

NUG 측의 채권을 발행하여 정치자금을 모금하는 부스와, 미얀마군부독재타도위원회가 노동자 하루 임금에 해당하는 액수를 미얀마로 기부할 것을 요청하는 '원 데이 챌린지(One Day Challenge)' 부스가 나란히 설치되어 있었고, 많은 사람이 미얀마어로 되어 있는 신청서를 작성하고 있었다. 실제로 이주 노동자의 모금액은 미얀마로 송금되는 양의 상당 부분을 차지하고 있다. 한 활동가의 경우에도, 쿠데타 이전에는 대부분의 월급을 가족에게 송금했으나 쿠데타 이후에는 가족에게 송금하지 않고 월급 대부분을 미얀마에서 정치 자금으로 쓰일 수 있도록 기부한다고 언급했다. 부평역뿐만 아니라 각 지방 도시의 역, 터미널 부근이나 도심 중심가에서 재한 미얀마인이 주도하는 모금 행사를 목격할 수 있는데, 이 또한 송금에 최대한 많은 사람이 참여할 수 있도록 하는 기제로 작동한다.

세 번째로는 집회 및 시위에서 상징적 도구와 물건들이 발견된다는 점이다. 은뎀부 의례에서 특정한 자연 및 문화적 특성이 크거나 작게 불균형한 방식으로 재현되는 것(터너, 2020: 229)과 같이 집회 및 시위 현장에서 쿠데타의 주동자에 대한 축소된 모형과 아웅산 수찌의 사진, 정치 운동으로 희생된 시민의 초상이 재현된다. 예를 들어 '미얀마 NUG 출범 1주년 기념식'에서 기부금 부스 앞에는 쿠데타를 일으킨 민아웅 흘라잉(Min Aung Hlaing)의 사진이 붙어있는 홍보용 대형 풍선이 설치되어 있었는데, 사람들은 미얀마의 전통 공놀이인 칫롱(Chitlone)의 발동작과 유사한 방식으로 얼굴을 공략해 풍선을 차고 있었다. 반대편 부스에서는 미얀마의 풍경, 부처의 사진 등을 전시하고 판매 수익금을 기부하는 캠페인이 진행되고 있었고, 집회 시작 전에는 쿠데타로 희생된 시민들의 초상 앞에서 추모 의례가 진행되고 있었다. 이와 같은 재현된 상징들은 한 공간 내에서 다양한 방식으로 재현된다.

재통합의 단계는 집회 및 시위 내에서도 여러 방식으로 발견될 수 있다. 먼저, 미얀마 사회와의 분리를 통해 전이 단계에서 조우한 미얀마 및 한국 출신의 활동가와의 연대가 형성된다는 점이다. '미얀마 군부 어린이 학살 규탄 공동 행동'의 경우, 2022년 9월에 미얀마 군부가 학교를 헬기로 공격해 초등

그림 3 (왼쪽) 미얀마 군부 어린이 학살 규탄 공동 행동 행진 모습
그림 4 (오른쪽) 주한 미얀마 대사관 앞 추모식 모습

학생 및 마을 주민이 사망한 사건(한국일보 22/09/28)에 대해 미얀마군부독재 타도위원회가 주관하고 재한미얀마인커뮤니티, 미얀마민주주의네트워크, 미얀마지지모임이 대대적으로 행동에 참여하였다. 참석자들은 '검은 옷과 붉은색 머리띠 또는 완장'을 착용할 것을, 그리고 희생당한 어린이를 위해 장미꽃을 헌화하고, 미얀마 군부를 규탄하는 내용이 담긴 피켓이나 사인보드를 지참할 것을 요청받았다. 행동 참여 이전에도 1인 캠페인 사진을 소셜 미디어에 게재하는 캠페인을 진행하기도 했다. 행동 당일 한국과 미얀마 출신 활동가는 함께 서울 도심을 행진하고 같은 구호를 외쳤다.

집회 및 시위에 참석한 활동가 간의 재통합 이외에도 재한 미얀마인과 한국 사회와의 재통합이 시도되는데, 거리 행진을 통하여 한국 사회에 미얀마의 상황을 알리는 동시에 기자회견과 미얀마 대사관 및 무관부 앞 발언을 통해 한국의 미얀마 지원과 관심에 대한 고마움과 미얀마 정부 및 군부에 대한 강한 반대 의견을 동시에 표출한다. 이와 같은 집회 및 시위 내의 분리, 전이, 재통합의 단계는 이외의 정치적 운동 방식에서도 직간접적으로 면모를 드러낸다.

2. 유연한 방식의 초국적 운동

기존의 집회 및 시위 등의 고전적인 방식의 정치 운동과 달리, 사진전, 공연, 헌혈 행사, 축구대회 등의 좀 더 유연한 방식의 정치 운동에는 '상징'이 더 빈번하고 다양한 방식으로 등장한다. '성물'이 잦은 불균형, 신비함의 형식으로 등장(터너, 2018: 229)하는 것은 특징적이다. 이와 같은 유연한 운동 방식은 상징은 미얀마 내의 정치 운동을 소규모로 재현하거나, 다의적 상징 요소를 띈다.

1) 생생하게 전달되는 미얀마의 상황: 사진전

'피어나라 미얀마': 미얀마 연대 사진전시회'의 경우, 미얀마 군부 저항에 맞선 시민저항 554일, 미얀마 군부의 로힝야 학살 5주기를 기리기 위해 진행되었는데, PDF, 거리 시위, 촛불 저항과 냄비 시위[22], 피난민 등을 주제로 사진들을 전시하였다. 각 사진은 시간의 흐름을 대표하는데, 예를 들어 사진전 초입의 쿠데타 발생 초기 군대의 총격에 사망한 여성 활동가 '치알 신(Kyal Sin)'의 시위 참여 사진은 미얀마 내의 시민저항 뿐만 아니라 한국사회에서도 미얀마를 향한 정치 운동을 본격적으로 촉발했다는 점에서 그러하다. 사망 당시 치알 신이 입고 있었던 '모든 것이 괜찮을 것이다(Everything will be okay).'라는 티셔츠의 문구는 이 사망 사건과 함께 '봄의 혁명'의 중요한 시위 문구로 한국에 알려졌다.

이 사진전 이전에도 미얀마 시민저항을 지속적으로 지원하는 한 단체가 2021년 11월 미얀마에서 진행되는 쿠데타 상황을 전하는 사진 전시회를 별도로 열었는데, 당시 미얀마에서 쿠데타 반대 시위에 참여한 시민들이 입었

---

22 냄비 시위의 경우 쿠데타 초기부터 시민들이 매일 저녁 8시마다 집에서 냄비를 두드리며 군부를 반대하고 쿠데타의 종식을 기원하는 방식이었다. 냄비를 두드리는 행위 자체에 악귀를 쫓는다는 의미로부터 유래한 것이다.

그림 5 '피어나라 미얀마' 사진전 모습('봄의 혁명' 관련)
그림 6 '피어나라 미얀마' 사진전 모습('로힝야족' 관련)

던 옷과 신발, 그리고 방독면 등을 사진과 함께 전시하였다. 이는 '미얀마의 봄'의 주축이 된 시민 저항의 상징물을 생생하게 한국사회에 전달하려는 시도로도 해석할 수 있다.

　　미얀마 시민 저항과 관련된 사진전과 함께 미얀마의 소수민족인 로힝야족에 대한 사진전이 함께 진행되고 있었던 점도 소수민족과의 연대의 의미를 한층 강화한다. 미얀마 내 폭력과 학살 사태로 방글라데시로 피신한 로힝야족은, 쿠데타 이후 미얀마 내에서도 본격적으로 주목받기 시작했다. 이는 쿠데타 이후 미얀마 내 주종족인 버마족이 쿠데타 이전에도 지속적으로 군부의 폭력에 노출되었던 소수민족과의 연대를 결심한 것과도 연관된다. 이번 로힝야 사진전 또한 쿠데타 이전부터 지속되었던 로힝야족에 대한 관심을 요청하는 동시에, 쿠데타 이후로 로힝야족이 오히려 한국 사회에서 쿠데타를 반대하는 시민을 향한 지원으로 관심이 줄어들 것을 우려한 것이 배경이라고 볼 수 있다.

2) 공연과 헌혈을 통한 정치 운동

유학생 일부는 개별적인 정치적 실천과 별도로 집단을 결성하여 조직적으로 초국적 운동에 참여하고 있다. 이들은 시위와 공연을 함께 조직하고 다른 단체와도 소통을 강화하려고 노력한다. 이들의 운동 방식도 청년세대답게 유연하다. 기존 미얀마 이주민 정치 운동과 비교하자면, 이들은 공연, 헌혈 행사 등 다양한 방식을 취하고 있다. 또한 한국 시민사회 및 정부와 이전에 목격되지 않았던 창의적 방식으로 긴밀하게 협업하며 새로운 정치 운동의 장을 만들어내기도 한다.

미얀마 유학생 단체 '봄의 혁명'의 경우 2021년 쿠데타가 발생한 한 해 동안 5번의 공연을 준비하고 개최하면서 한국 사회에 미얀마의 상황을 알리고 기부금을 모금해 본국으로 보내는 활동을 지속했다. '봄의 혁명' 공연을 시작할 수 있었던 것은 웨이얀이 서울 인근 도시의 한 문화재단으로부터 미얀마의 상황을 알리는 공연을 제안 받은 것이 계기가 되었다. 이 공연을 위해 웨이얀이 친분이 있던 동년배 유학생들과 함께 본격적으로 공연을 기획하고 준비하면서 경험이 축적되기 시작했다.

연구자 '봄의 혁명'팀이 만들어진 배경이 어떻게 되나요?

웨이얀 아. 그거는 저한테 연락이 온 거에요. (처음 공연이 열렸던) A센터 쪽에 사장님이 저한테 한번 만나자고 해서. 그때 제 친구 한 명한테 같이 가자고 했어요. 그때 '한 번 공연하자. 다 도와주겠다.' 그래서 한 달 안에 그 공연을 다 준비했어요. 제가 원래 알았던 사람들한테 '다 도와달라.' 해서. 그때 H(같이 공연을 준비한 친구)도 있고, I(같이 공연을 준비한 친구)도 있고. 그래서 시작했는데, 많이 유명해졌더라구요. 그래서 끝나고 바로 J(한국 언론사)에 제가 처음 인터뷰 나갔고, 두 번째로는 제가 I(같이 공연을 준비한 친구)한테 부탁을 했고. 그리고 나서 K도 의회에서도 한 번 (공연을) 하자고 해서 의회에서 한 번, 다음에 L도에서 공연을 많이 했었고, M시, N시, 그리고 한 군데 더 있었어요. L도 쪽에 있는 M 국악단이라고 그쪽에서 도와주셔서 기부금 같은 거 많이 모아서 미얀마에 보냈어요 (2022.08.05.).

웨이얀의 경우 학부과정부터 한국에서 수학하며 다른 팀의 구성원들보다 상대적으로 오랜 기간 한국에 체류하였고, 미얀마 출신의 이주노동자 공동체에도 지인이 있는 등 인적 네트워크가 갖추어져 있었다. 이런 사회적 연결망 덕택에 다른 지인을 통해 재단과 연결될 수 있었다. 팀이 구성된 후에는 각자의 인적 네트워크와 한국어 능력을 기반으로 공연 구성원을 섭외하고 행사를 준비해 나갔다. 이 과정에서 유학생답게 전공에 맞게 홍보와 행사 준비를 분담하는 기지를 발휘하기도 했다.

연구자 '봄의 혁명'에 어떤 방식으로 참여하셨나요?

미미나잉 팀 구성한 후에 저희가 각자, 저는 전공도 홍보 쪽이랑 관련 있다 보니까 인터뷰도 많이 나갔고 기자들이랑도 많이 만났고, 그리고 저희가 1년 정도는 계속 공연을 많이 했어요. 민주화 공연 같이, M(시)에서도 했고 N(시)에서도 했고 6번 정도 하고 모금 일을 했습니다. 모금을 지금까지 미얀마에 피난민이나 PDF군들에게 보냈어요. 그리고 국회의원들이랑 만나서 미얀마에 대해서 요청할 수 있는 거를 요청했고요. 그 후에 한국을 감사하는 표현으로 헌혈 캠페인을 두 번 정도 했습니다(2022.02.27.).

미미나잉은 학부 전공인 한국어와 현재 수학하고 있는 석사 과정에서 배운 지식을 활용해 홍보를 기획하고, 공연과 관련된 외부와의 인터뷰를 담당하기도 했다. '봄의 혁명' 팀은 이런 역할 분담을 통해 이주노동자 중에 노래에 소질이 있는 사람을 찾아 공연에 참여하게 하고 한국어를 잘 하는 유학생이 공연을 요청하는 지방 정부나 관련 단체와 협의를 진행할 수 있었다. '봄의 혁명' 팀은 이런 각고의 노력으로 2021년 한 해 동안 6회의 공연을 성공적으로 마쳤다. 공연과 팀원의 인터뷰로 벌어들인 수익은 전액 미얀마로 송금되었다.

공연 내 시와 연극, 춤 등의 각 요소는 미얀마에서 진행되고 있는 '봄의 혁명'을 함축적으로 표현하는 상징 장치로 볼 수 있다. 사진전이 미얀마 내에서 벌어지는 정치 운동 상황을 시각적으로 표현한다면, 공연 내 각 요소는 미얀마에서 지어진 시, 미얀마 내의 집회 및 시위, 체포와 학살 등의 상황을 생동감 있게 표현하여 관객들에게 전달한다. 미얀마의 상황을 추모하는 춤 또한 유투브를 통해 생중계되면서 미얀마 내외부에서 정치 운동에 참여하는 사람들을 위로하고 격려하는 형식을 띈다.

'봄의 혁명'을 통해 한국 사회의 미얀마에 대한 기부와 지속적인 관심을 확인하게 된 팀원들은 공연 개최 장소 인근에서 '헌혈 캠페인'을 개최하기도 하였다. 이 캠페인이 집단적으로 이루어진 이유는 헌혈 활동에 중요한 의미가 함축되어 있었기 때문이다. 미미나잉에 따르면 헌혈 활동은 "피로 싸우는 혁명"인 미얀마에서의 민주화 운동을 기억하는 동시에, 미얀마의 정치적 상황에 공감하고 도운 한국과 피를 나누는 방식의 '보답'이라는 상징적 의미를 지니고 있다.

연구자 헌혈이 '봄의 혁명' 팀에게 어떤 의미일까요?

웨이얀 한국 분들 많이 도와주셔서 좀 고맙죠. 다시 도와줄 수 있는 게, 돌려줄 수 있는 게 많이 없다 보니까 헌혈하게 된 거죠. 원래 미얀마 사람들이 그런 기부하는 거 되게 좋아해요. 기부를 하고 싶은데, 헌혈도 하고 싶은 사람들이 많은데 어떻게 해야되는 지 모르는 거에요. 외국인인 경우 어려워요. 영어나 한국어를 하는 사람들은 상관없는데, 다른 언어들은 어려워요. 저희도 처음에 연결하는 게 어려웠어요. 근데 K(지방 정부) 쪽에서 연결해주셔서 처음에 하다가 이제는 저희가 알아서 하는 거죠 (2022.08.05.).

'봄의 혁명'팀의 헌혈행사에는 미얀마 출신 이주노동자가 주요하게 참여하고 있다. 이들은 '봄의 혁명' 팀에서 페이스북을 통해 미얀마어로 헌혈 참여 안내를 보고 찾아온다. 이들이 헌혈 현장에 오면 한국어에 능통한 유학생과 팀원이 헌혈 전 검진 내용을 통역해준다. 2022년 8월에 진행된 4회차 헌혈 행사에서 연구자는 대기 중이던 이주노동자의 다수가 충청도나 경기도 북부 등 편도 2~3시간의 거리를 감수하고 찾아왔다는 사실을 알게 되었다. 마찬가지로 더운 날씨에도 헌혈차 밖에 헌혈을 위해 대기하고, 헌혈자에게 간식을 나눠주고 통역을 돕는 유학생의 활동 또한 인상적이었다.

3) 스포츠를 통한 기부 및 소수민족과의 연대: 축구대회

직접적인 정치 운동의 형식이 아니더라도 축구와 같은 스포츠를 매개로 소수민족 간의 연대를 추구하거나 기금을 마련하는 방식으로 정치 운동이 진행되기도 한다. 미얀마 민주주의 회복 염원 및 투쟁기금 마련 재한 (시흥 안산) 미얀마인 축구대회는 2022년 9월 4일 경기 시흥의 한 축구장에서 진행되었다. 이전에도 미얀마 출신 이주노동자를 중심으로 매년 축구대회가 열렸지만, 코로나 사태로 중단되었다가 올해 다시 시작되었다. 총 17팀이 출전하였고, 전국의 각 지역이나 소수민족 출신의 팀들이 경기 토너먼트에 참여했다. 코로나 이전에는 규모가 더 커서 하루로 행사가 끝나지 않고 3주간 진행하기도 했다. 이 대회는 NUG 기금마련을 위해 시작되었으며, 팀당 참가비가 기금으로 NUG 한국대표부를 통해 NUG로 전해지는 방식이다.

축구장에는 200명 정도의 인원이 모여 있었고, 부스에서는 채권을 판매하고, 미얀마에서 자주 먹는 미얀마 식 비리야니인 '단바욱(Danpauk)'과 후식인 '팔루다(Falooda)를 파는 부스도 보였다. 참여자의 대부분은 미얀마 출신 남성 이주노동자였지만, NUG 한국대표부와 한국 시민사회의 미얀마지지모임 관계자도 소수 함께했다. 대회의 특징적인 점은, 기존에도 열렸던 행사를 코로나 이후 쿠데타의 국면에 맞게 참가비를 NUG에 기부하는 방식으로 전환한 점이다. 이를 통해 '한국 내에 거주 중인 미얀마 국민들과의 협력을 통해 혁명을 지원하는 것'으로 위의 두 행사와 더불어 목적을 달성하고 있는 것으로 보여진다.

또한 이주노동자의 경우 약 3~10년을 합법적으로 한국에서 체류한다는 점에서 각 축구팀의 구성은 다소 일시적인 것에 비해, 난민인정자 등의 장기 체류 이주민을 중심으로 하여 축구대회의 심판 및 운영 등을 맡아 대회가 지속적으로 이어지고 있다는 점 또한 특징적이다. 이는 축구대회를 통해 NUG에 기금을 모으고 전달하는 일련의 과정을 가능케 한다. 더불어 축구대회를 통해 미얀마 출신 이주민간의 연결을 촉진하고, NUG가 추구하는 소수민족과의 연대를 통한 연방제를 한국에서도 실현하고 시도하고자 하는 움직임과도 맥락을 같이 한다고 볼 수 있다.

위와 같은 NUG 주도의 각 민주화 운동의 사례는, 88항쟁 기념식과 같이 상직적인 기념일을 발생한 쿠데타와 연결지어 역사적인 의미를 부여하거나, 축구대회와 같이 기존에 진행되었던 행사에 혁명을 위한 기부금을 마련하는 방식으로 쿠데타 국면에 맞게 변화한 것으로 보여진다. 각 행사 및 집회는 미얀마 출신 이주민의 기억, 일상에 스며들어 있는 방식으로 원거리 민족주의를 일환으로 하는 초국적 정치운동을 가능케 하는 창구가 된다. 쿠데타 이전에도 NLD, 버마행동 등에서 지속적으로 미얀마 군부의 독재상황을 반대하는 활동을 했던 난민인정자 등의 베테랑 운동가들은 일시적 이주민인 이주노동자, 학생들과 결합하여 정치 운동을 실행한다. 이는 미얀마에서의 Z세대 운동이 88항쟁 당시의 학생운동 세력과 이번 쿠데타 이후 결합해 함께 전술을 공유하고 전략을 만들어내는 것과 유사한 지점이 있다(Jordt et al., 2021: 18). 혁명을 위한 연대는 미얀마 이주민 간의 연대에만 머무르지 않고, 이전부터 지속되어 왔던 한국 시민사회와의 연결에서도 찾을 수 있다.

IV. 초국적 정치 운동 내 활동가의 실천

1. 두 번째 경험한 쿠데타와 한국에서의 '봄의 혁명'

활동가의 쿠데타 이후 미얀마 민주화를 위한 정치 운동에 대한 참여의 주요 계기에는 미얀마 내에서 발생하는 군부의 폭력과 민주주의 후퇴에 대한 저항

의지가 개입된다. 이전에 국내 미얀마 유학생의 운동 참여 계기 중, 미얀마에서 실시간으로 전달되는 정치적 상황을 목격하고, '인본주의적 감정'에서 비롯된 자연스러운 과정으로 정치 운동에 참여하는 것(이은정, 2022: 101-102)과도 연결해 생각해볼 수 있다. 유학생과 비교할 때, 활동가의 경우 쿠데타 이전에 미얀마 관련 정치 운동에 개입하거나 정치적 지식을 축적하고, 한국과 미얀마를 오가며 형성된 다양한 네트워크에 포함되어 있는 경우가 많았다.

난민인정자의 경우, 1988년에 미얀마에서 일어났던 88항쟁에서 정치 운동에 참여한 이후 한국으로 피신한 경우가 대다수이며, 한국에 도착한 이후 지속적으로 미얀마 군부의 독재에 반대하는 고국을 향한 정치 운동을 실행한 바 있다(류수경, 2017; 손민정, 2009). 미얀마 대사관과 서울 전역의 주요 거리에서 미얀마의 상황을 알리고, NLD 해외 한국지부를 설립해 다른 해외 지부 및 고국의 활동가들과 소통해왔다. 88혁명 당시 운동에 참여한 활동가들이 많이 거주하고 있는 일본이나 태국의 매솟 등에서 정기적으로 모여 오프라인 모임을 진행하거나, 온라인상에서도 주기적으로 논의를 이어왔었다(Kim, 2012).

이번 쿠데타는 이들에게 1988년에 이어 '두 번째 경험한 쿠데타'로 인식된다. 쿠데타 직후에는 국내 미얀마 이주민 공동체의 중심이 되어 이주노동자, 유학생과 함께 쿠데타를 반대하는 운동을 기획하고 전개하였다. 난민인정자가 쿠데타 직후부터 이주민 공동체의 리더격이 되어 정치 운동을 주도할 수 있었던 이유 중 하나는, 이들이 난민인정자이기 이전에 이주노동자로서 한국에서 오랜 기간 체류한 경험이 있었기 때문이다. 동시에 고용허가제로 한국에 단기로 체류하는 미얀마 출신 20~30대의 이주노동자가 언어 문제로 인해 겪는 노동, 비자 등의 문제에 대해 미얀마어를 매개로 도움을 주거나 지속적으로 상호작용한 배경이 있다. 한 활동가의 페이스북 페이지에는 미얀마 민주화를 위한 집회 및 시위 참여를 독려하는 게시글 뿐만 아니라 한국의 비자 제도 변경이나, 불법체류자 단속 소식 등을 일상적으로 다양하게 제공한다. 이를 통해 이주노동자와 실시간으로 소셜 미디어 상에서 소통하고 도움을 주고 받는 호혜관계를 형성하며, 정치 운동 이와 같은 이주노동자의 일상적 상호작용과 연결되어 있다.

국내 미얀마 정치 운동을 주도하고 있는 난민인정자의 경우, 이전부터 형성된 한국 시민사회와의 기존의 연결을 바탕으로 정치 운동을 함께 기획하고 수행하는 주체로서도 활약한다. 1990년대 후반부터 군부 독재 반대 및 난민인정 신청 과정에서부터 연결된 한국시민사회와의 연대(손민정, 2009)는 쿠데타 직후부터 다시 강화되었는데, 주요 현안에 따라 기자회견, 시위 및 집회 등을 공동으로 구성하는 의사결정의 단계에서 이와 같은 협업은 드러났다. 한국 시민사회가 한국어로 시민 및 활동가의 정치 운동 참여를 독려하고 활동을 수행한다면, 미얀마 출신 난민인정자는 각 이주노동자 단체 및 공동체를 연결하고 시위 및 집회 참여를 독려하였다.

2. '정치적 송금'의 매개자로서의 청년 운동가

기존부터 정치 운동 참여 경험이 풍부한 난민인정자와 달리, 쿠데타 이후 본격적으로 정치 운동에 참여한 유학생 및 이주노동자 등의 활동가는 집회 및 시위, 기자회견 등의 직접적 정치 참여 경험이 상대적으로 다소 적은 편이다. 청년세대의 미얀마인 활동가의 경우 미얀마 사회 변혁에 관심을 갖고, 기존의 국내의 미얀마 이주민 공동체에 연결되어 지속적으로 교류해왔던 점이 특징적이다. 더불어 소수민족 정체성을 갖고 연방제 수립 등의 특정 정치 목표를 바탕으로 국내의 정치 운동을 본격적으로 참여한다. 한국인 활동가의 경우, 미얀마에서의 국제개발협력사업 수행을 바탕으로 한 미얀마 내 지인과 연결된 초국적 커뮤니티를 형성하고 이를 기반으로 초국적 정치 운동을 일상적으로 수행하기도 한다.

묘혜인의 경우, 한국에서의 이주노동과 유학 경험을 바탕으로 한 미얀마 커뮤니티와의 밀접한 교류를 바탕으로 미얀마 민주화 운동에 참여한 경우이다. 고용허가제를 통한 한국에서의 노동 경험 이전에도 태국에서 잠시 일을 한 적이 있다. 이주노동 이후 정치학을 공부해보고 싶은 마음이 생겨 편입학 제도를 통해 어학연수과정을 거쳐 국내 한 수도권 대학의 정치학 학사과정에 입학했다.

연구자   한국에서 일하고 싶은 특별한 이유가 있었나요?

묘헤인   그때 미얀마 상황은 군부독재이고, 2007~2010년까지죠. 제가 청년으로서 솔직하게 말하면, 태국에서 일을 했고 (다시 미얀마로) 나오고 (미얀마에서) 대학 다니고, 그때 좀 의미가 없었어요. 내가 무엇을 하고 싶은지 진로가 없고, 희망도 없고, 그냥 돌아다니고 그냥 너무 그때는 좀 스트레스도 받았어요. 내가 뭐하고 싶은지도 모르고 제 친구가 한국에 가서 일할 수 있는 기회가 있다고. 미얀마에서 한국에(가)서 일하는 게 쉽지 않아요. 시험 합격해야 가서 일할 수 있다. 임금도 미얀마 대신 몇 배를 받을 수 있잖아요. 제가 그것을 들었으니까 인생에서 기회라 생각했거든요, 벗어날 수 있는 기회. 한국어 진짜 열심히 공부했고.. 그때는 합격할 수 있었어요. …. 그래서 한국에 와서 일하게 되었고, 처음에는 적응하기도 어려웠어요. 날씨, 언어, 음식. … **에서 1년 정도 일했고, 친구들이 많이 없었어요. 너무 외롭고 심심해서 제가 인천으로 이동했어요. … 살만하다고 볼 수 있는 게 서울과도 가깝고 근처에 너무 편한 거에요. 제가 남동공단에 와서, 집에 갈 때까지 일했어요(2022.08.03.).

묘헤인이 경제적 목적으로 한국에 왔지만 정치적으로 어려움이 많은 국가에서 기회가 쉽게 찾아오지 않고 정치에 관심이 많았기 때문에 국가의 미래나 현 상황이 더 절망적으로 느껴졌다. 이와 같은 상황에서 한국은 '기회의 땅'으로 간주되었다. 태국에서 일해 본 경험도 있었기 때문에 한국에서도 잘 적응할 수 있을 것이라 기대한 것도 있었다. 이와 같은 상황에서 묘헤인은 고용허가제 프로그램을 통해 한국에 오게 되었다. 처음에는 수도권과 멀리 떨어진 한 지역에서 일했으나, 나중에는 좀 더 생활이 편리하고 미얀마 이주민

커뮤니티가 가깝게 위치한 인천으로 올라왔다. 이를 통해 묘헤인은 '외롭지 않은' 든든한 커뮤니티를 새롭게 만나고, 지인과 어울리며 행복하게 노동할 수 있었다. 그의 선택이 다른 이주노동자와 다른 것은, 일정 정도의 경제적 만족이 뒤따르고 나서 본인이 하고 싶은 '공부'를 선택했다는 것이다. 공부를 한다는 것은 그에게 다시 미얀마에 돌아가 미얀마의 경제를 발전시키고 정치적으로 영향력을 미치고 싶다는 이후의 꿈과도 연결되었다.

연구자 원래 한국 오기 전에 미얀마에서도 정치에 관심이 있으셨나요?

묘헤인 네. 제가 어렸을 때부터, 미얀마에는 언론이 많이 없구요. 군부독재라 언론이 뉴스도 채널도 없고 신문도 정부가 관리하는 두 가지만 있어요. 채널도 미야와디(Myawaddy), MMTV 두 가지만 (있고요). 저희 아버지는 라디오를 매일 두 번 씩 들어요. 저도 어렸을 때 그 라디오를 들어서, 미얀마 정치상황, 군부 인권탄압을, 라디오 통해 많이 들어서 정치에 대해 많이 알고 있었고 .., 아버지의 영향을 많이 받은 거 같아요. 아버지는 '정치에도 많이 관심 가져야 한다,'고 어렸을 때부터 (저도) 정치에 많은 관심이 있었고, 한국에 와서도 정치를 배우고 싶은 생각이 있었어요.
연구자: 쿠데타 전에도 한국에서 정치운동에 참여한 적이 있나요?
묘헤인: 그때는 뭐 정치운동 하는 것 보다, 노동 관련해서 이주노동자 관련해서 했어요. 그때 정치는 별로 혼란스러운 시절이 아니니까. ...
(2022.08.03.)

한국에 와서 어학연수 과정을 마친 후 한 수도권 대학의 정치학과 학부생으로 편입학하게 된 묘헤인은, 학업뿐만 아니라 기존에 알고 있었던 이주노동자 네트워크를 활용하여 미얀마 이주민 관련 단체에서 한국어 능력을 활용해 통역 등의 자원봉사활동을 하거나 기존의 지인들과 교류하였다. 즉, 유학생으로 체류하는 상황에서도 미얀마 이주노동자 네트워크와 지속적으로 상호작용하였다. 본인의 한국어 실력을 바탕으로 이주노동자에게 도움을 주고, 익숙한 공동체와 협력하는 모습은, 쿠데타 이후의 본격적인 정치 운동에 참여하는 과정에서도 일상적으로 발현된다. 묘헤인의 한국에서의 노동과 학업 경험은 상호 연결되어 기존의 국내의 미얀마 유학생과는 다소 상이한 면모를 만들어낸다. 미얀마 출신 유학생의 공연이나 헌혈, 개별적 기부 등의 '유연한' 정치 운동(이은정, 2022)과 달리, 묘헤인은 정치학 전공지식과 언어 능력, 미얀마 이주민 커뮤니티와의 연결을 바탕으로 난민인정자, 이주노동자 등과 다른 체류 지위의 이주민과 정치 운동 내에서 긴밀하게 상호작용한다.

묘헤인이 NUG 한국대표부와 함께 일하게 된 계기는 쿠데타 직후 참여하게 된 한 단체를 통한 정치운동 와중에 특사로부터 대표부 활동을 제안 받았기 때문이다. 기존에도 함께 정치 운동에 참여하고 이주노동자 네트워크와의 교류를 지속하던 배경이 영향을 미친 것이다. 특히 어렸을 때부터 미얀마 내부의 정치적 상황에 관심이 많았고, 유학을 위한 전공을 정치로 선택한 것도 실제로 정치를 경험해볼 수 있는 기회를 마주했다고 볼 수 있다.

연구자 NUG에서 활동한 계기가 어떻게 되시나요?

묘헤인 저희가 쿠데타가 일어났잖아요. 그때 저희 미얀마에, 한국에 와 있는 미얀마분들은 갑자기 무엇을 해야 할지 몰랐어요. 그때 저희가 한국에 있는 미얀마분들이 좀 부평역 앞에서 만나서 '우리가 앞으로 어떻게 계획할 것인지' 계획을 했어요. 저희가 매주 집회하고 모금으로 미얀마에 이렇게 보내서 지원하는 역할도 지속적으로 할 수 있게끔 저희가 의논을 했고, 군부독재타도위원회라는 단체를 만들었어요. 거기서도 저도 활동을 몇 개월 동안 했고, 집회도 가고, 뭐 여러 가지 활동에 참석했습니다. 그리고 작년에 미얀마에서 NUG가 창설되었습니다. 그리고 한국에서도 특사를 임명했고, 활동할 수 있는 분들을 초대했으니까, 초대를 받아서 NUG 대표부에서 이렇게 활동하게 되었습니다(2022.08.03.).

묘헤인은 NUG 한국대표부에서 일하며 채권 판매와 특사 의전 등의 업무를 담당하면서 NUG 내부의 의사결정 과정뿐만 아니라 한국 정부 및 시민사회와의 소통, 미얀마 이주민 간의 연대 등에 적극적으로 개입하고 활동하였다. 이후 정치활동을 병행하며 석사학위 과정에 진학해 미얀마의 경제발전과 개발 등에 대한 지식을 쌓고자 하였다. 묘헤인은 이와 같은 정치 활동을 통해 미얀마의 정치경제적 상황이 더 나빠지지 않고, 미얀마 내부의 시민들이 어려움에 빠지지 않도록 지원하고자 한다. 이와 같은 청년 활동가의 지속적인 정치 참여는 미얀마의 미래에도 지속적으로 영향을 미칠 것으로 예상된다.

3. 연방제 실현을 위한 소수민족 운동가의 정치 참여

이번 쿠데타 이후의 미얀마 민주화 운동에서 중심적으로 다루어지는 의제 중 하나는 연방제이다. 쿠데타 이후 민주정권이 자리 잡게 된다면 주종족인 버마족(Burman) 뿐만 아니라 카친(Kachin), 카렌(Karen), 몬(Mon), 라카인(Rakhine), 샨(Shan), 친(Chin) 등의 여러 소수민족의 자결권을 보장하는 연방제가 본격적으로 실현되어야 한다는 것이다.[23] 연방제는 최초로 1947년의 필롱회담(Panglong Conference)'에서 아웅산 수찌의 아버지인 아웅산(Aung San) 장군의 주도로 각 소수민족의 자결권을 보장하는 방식을 논의하였다. 이후 아웅산 수찌가 이끄는 NLD의 집권 당시에도 치열하게 논의되었으나, 결렬된 바 있다.

쿠데타 이후 연방제가 다시 주목을 받게 된 배경에는 먼저, 쿠데타를 주

---

23   미얀마의 소수민족의 경우, 주종족인 버마족을 포함해 미얀마 내 135여 개 종족으로 공식적으로 분류되고 있다. 로힝야(Rohignya)족의 경우, 정식 민족으로 분류되지 않고 있다. 국내의 미얀마 출신 이주민 내 민족 구분은 별도로 이루어지지 않고 있어 정확한 수치 파악은 어려우나, 재정착 난민으로 입국한 카렌족, 친족 등과 유학이나 이주노동을 위해 입국한 샨족, 몬족, 친족, 카친족 등 각 소수민족이 국내 체류 중이다. 각 소수민족의 향우회, 연대체, 종교 단체가 있으며, 친족의 경우 서울 개봉동 인근에 집단적으로 거주하고 있다. 로힝야족의 경우, 국내에 난민인정자로 소수가 체류 중이다(참조: 오마이뉴스 23/08/25).

도한 미얀마 군부의 대부분이 미얀마의 주종족인 불교계 버마족(Burman)이고, 이를 중심으로 거대한 권력 및 이익집단이 형성되어 있다는 사실이 자리 잡고 있다. 미얀마 군부가 미얀마 내의 종족 공동체 중 하나인 무슬림계 로힝야족(Rohingya)에 대한 학살을 방조하면서 대량난민사태가 발생했던 것 또한 주요하게 언급된다. 두 번째로는, 불교계 버마족이 아닌 기독교, 무슬림교 등 불교가 아닌 종교를 믿는 종족 공동체의 경우 일상생활에서 다양한 차별을 맞닥뜨릴 수 있음이 지적된다.

예를 들어, 버마족이 아닌 소수민족 출신이 가정 내에서 습득한 모국어가 아닌 버마어를 학교에서 처음 배우게 되거나 발음, 언어 구사의 측면에서 어려움이 있어 사회 진출에도 영향을 주는 등이다. 대부분의 교육, 의료 시설 및 전기, 도로 등의 기반시설이 양곤이나 네피도 등의 주요 도시에 집중되어 있고, 버마군과 각 종족 단체의 시민군의 교전으로 인한 주민 피해가 이어지기도 한다. 이와 같은 종족 거주지역 및 종족 공동체에 대한 차별과 어려운 상황은 쿠데타 이후 더욱 부각되었다.

마지막으로, 쿠데타 이후 군부에 저항한 대다수의 버마족이 군부의 폭력을 새롭게 접하면서, 소수민족의 어려움에 공감하게 되면서 논의는 심화되었다. 기존에 로힝야족을 포함한 종족 공동체의 인권 현황에 대해 공교육에서 접하지 못했던 경우가 대다수였던 버마족 시민들이 쿠데타 이후 처음으로 직면한 군부의 폭력과 배제에 기존에 차별에 처했던 종족 공동체와 연합해 군부에 대항하는 방식의 정치 운동이 발현된 것이다.

다찬의 경우, 미얀마의 한 소수 종족 공동체 출신으로, 정치학을 공부하기 위해 한국에 오게 되었다. 당시 본인이 소속된 종족의 경제적 어려움과 개발의 필요성에 공감하고 있었기 때문에 민족의 상황을 개선하기 위한 지식 습득을 위해 유학을 오게 되었고 이후 한국에서 쿠데타를 경험하게 되었다. 다찬은 자신이 소속된 민족의 미래를 위해 연방제가 필요하다고 생각했고, 연방제를 위해 종족 공동체의 대표 일원으로서 정치 운동에 참여하게 되었다.

연구자 미얀마 민주화 운동에 참여한 계기가 어떻게 되시나요?[24]

다찬 저는 원래 정치학을 배웠고, 왜 정치학을 배우냐면 미얀마 같은 경우에 소수민족이고 종교(가) 다르면 차별 그런 것도 많고 쉽게 말하면 우리가 차별 속에 살았으니까, 우리가 차별 받을 수 (밖에) 없는 상황이었어요. 차별정책 때문에 (저희) 민족이 200~300년 후에는 세계에 없게 될 수 있어요. 인구가 차별정책 때문에 좀 줄었어요. 그래서 첫 번째로, 저는 우리 민족을 살기 살리기 위해서 꿈이 있어요. (…) 미션 쪽으로는 미얀마를 'Federal(연방) 국가로 만들기'에요. Federal(연방) 국가로 만들려면 main problem(주요 문제) 중 하나는 군부에요. (…)

연구자 왜 한국으로 오셨어요? 보통 다른 나라로도 많이 가는 걸로 알고 있어요.

다찬 (…) (우리) 민족은 버마민족하고 비교해서 보면, 'National resource(국가 자원)'가 없어요. 한국처럼 약간 'National resource(국가 자원)'가 있긴 있는데, 약해요. 그래서 우리는 'National resource(천연 자원)' 없지만 'Human resource(인적 자원)로 국가를 만들겠다.' 이렇게 얘기를 했어요. 그리고 제가 그때(이전에) 'The Miracle of Han river(한강의 기적)' 그런 거 읽었어요.

연구자 아. 인터넷에서 읽으신 거에요?

다찬 아니요. 어머니가 좀 discipline(규율)이 너무 강해서. 우리(남매)

---

24 인터뷰 당시 한국어를 주로 사용하였으나 일부 단어에 대해 영어를 섞어 사용하였고, 당시의 인터뷰 상황을 살리기 위해 연구자가 영어 사용한 단어를 그대로 쓰고 한글 뜻을 병기 하였다.

가 책 읽기 싫으면 안됐고 (…) 동생 두 명이 있는데, 엄마가 읽어보래서 그때 읽었는데, 재밌(었)어요. 'The Miracle of Han River(한강의 기적)' 중에서 재미있는 포인트(점) 하나는, 그 새마을운동에 제가 관심이 있었었어요. (…) 거기에 writer(작가)가 새마을운동에 장점만 쓰는 거 같아요, 제가 지금 비교해서 보면. 그리고 두 번째 point(요점)는 한국에 개발이 너무 빨라요. 저도 어떻게 (우리 민족이 살고 있는) 주(state)를 빠르게 개발하고 싶어서. 그리고 우리 주(State) 지도자는 (…) '우리는 우리 민족 위해서 좋은 그런 nation(국가) 아니라도 self-determination(자기 결정권) 있는 민족 만들 수 있다. 왜냐하면 우리가 national resource(국가 자원) 없어도, 한국, 이스라엘 같은 국가들도 세계에서 그런 목표를 갖고 힘 있는 국가 될 수 있기 때문에, 우리도 갈 수 있다.'(2023.01.09.).

다찬이 NUG에서 일할 수 있었던 것은 쿠데타 이전부터 다찬이 자신의 민족 공동체를 기반으로 한 한국-미얀마 및 타국과 연결된 초국적 정치 네트워크와 정치학 석사를 취득하며 쌓은 지식을 배경으로 한다. 당시 쿠데타가 발생한 이후, 다찬은 자신이 소속된 민족 공동체 사람들과 한국에서 쿠데타를 반대하는 집회를 정기적으로 열었다. 또한 미얀마에서부터 연결되어 있었던 민족 공동체의 정치그룹을 기반으로 초국적 소통을 이어나갔다. 이후 NUG 한국대표부의 특사가 다찬에게 정치경제 공보관으로 함께 일할 것을 제안했다.

연구자 NUG는 어떻게 들어가게 되신 거에요?

다찬 NUG는 제가 그 쿠데타 그. February 12th(2021년 2월 12일)에, 한국에 *(본인이 소속된) 민족 500명 정도 있는데, 여기에서 그 사람들을 대상으로 '**** Youth Organization South Korea' 그런 단체 만들었어요. 제가 회장이 됐어요. 우리가 쿠데타 반대 시위? 그런 것을 일주일에 한 번 했었고 그리고 우리가 하는 것을 미얀마에 영상으로 해서 보냈었고, 우리가 이렇게 미얀마를 위해서 싸웠다 해요. 제 생각에는 요즘 시대에는 revolution(혁명)을 하면 세 분류로 해야 한다고 생각하거든요? International affair(국제 정세에 대한 대응), 총으로 싸우는 사람, 시민들 사이 unity(단결) 필요하다. 우리도 세 가지로 민주화운동 해야 한다. 그래서 internationally(국제적으로의) 입장도 중요해요. 그렇게 생각했기 때문에 한국에서도 열심히 우리 친구들하고 거기에서 5~6개월 정도 운동을 했고, 할 때도 NUG(본부)가 저한테 연결 그런 것도 있었어요. 그래서 방송에서 debate(토론)도 했었고, NUG deputy minister chair (부처 부의장)가 좀 친해요.

연구자 아. 유명한 분이신가요?

다찬 맞아요. 그렇기 때문에 여기 NUG 한국(대표부)에 있는 민주화운동 하는 사람들이 '이 사람(다찬)이 이렇게 하고 있구나.' 하는 관심이 있어서… (2023.01.09.).

다찬이 운동 당시 중요하게 생각했던 기조 중 하나는 국제사회에 미얀마의 상황을 알리는 동시에 미얀마에도 한국에서의 운동 상황을 전하는 것이었다. 이를 위해 매주 진행한 쿠데타 반대 시위의 영상을 찍어 한국에서의 지지와 연대의 모습을 미얀마에 전했다. 동시에 한국에서도 다른 소수민족 단체들과도 연대하며 미얀마의 상황을 알리고자 노력했다. 특히 쿠데타 이후 NUG 대표부가 만들어지면서 미얀마의 쿠데타 상황에서 어려움에 처한 국민들을 지원하기 시작했다. 다찬이 미얀마에 거주했을 당시에 알고 지냈던 민족 공동체 지도자들이 NUG에 합류하고 특정한 지위를 갖고 활동하기 시작하면서, 다찬이 소속된 초국적 정치 네트워크는 본격적으로 작동한다. NUG 한국 대표부와의 활동을 시작하기 이전에도, 다찬이 해외와 미얀마의 NUG

본부와의 정치적 교류를 시작하였던 점은 이를 대변한다.

초국적 정치 네트워크와 한국에서의 종족 공동체를 기반으로 다찬은 본격적으로 종족 공동체의 일원으로서 NUG 한국대표부와 협업하는 방식의 초국적 정치 운동을 수행하였다. 운동의 방식은 정치경제 공보관으로서 NUG의 기간별 정책계획을 구성하거나, 한국 정부와의 소통을 지원하고, 반 쿠데타 운동 집회 및 시위에서의 특사의 발언에 대한 원고 작성, 성명서 작성을 위한 협업 등의 업무를 지원하였다. 특히 소수민족의 일원으로서 발언하거나 소수민족과의 소통을 지원하는 등 NUG 내에서도 의견을 적극적으로 냈다.

연구자 NUG 한국대표부에서는 어떤 일을 담당하나요?

다찬 'Political and economic affair officer(정치경제 공보관)'라고 임명하고 제가 하는 것은, 1 year plan(1년 계획), 6 month plan(6개월 계획), 그리고 어떤 정책으로 한국 정부를 만날까 그런 역할… 그리고 가끔 특사님이 밖에 시위라던지 가려고 할 때는 제가 글 써줬어요, 미얀마어로.

연구자 일하면서 의견도 많이 내셨나요?

다찬 저는… 봐서 압박 필요할 때는. 압박을 하는 것은, 소수민족 없는 대표부이면은, 그거는. national unity(국가 연합)가 아니에요.
(…)

연구자 NUG 안에서 쌤이 소수민족으로서 발언도 하고 그러세요?

다찬 저는 가끔 해요. 우리를 통해서 배려있는 그런 기구되길 원해요 제 목표에요. 그렇게 만들 수 없으면 제가 bye bye(작별 인사로의 '안녕') 해요 왜냐하면 우리 목표는.. 우리도 꿈이 있고 '나라를 어떻게 만들면 좋을까.' 충분히 아는 거 같아요. 그래서 약간 어려울 때도 있긴 있지만, (...) 저는 항상 제가 나갈 수도 있다고 할 때도 있어요. 왜냐면 정치는 'soft power(소프트 파워)'만 아니고 'hard power(하드 파워)' 포함해서 'smart power(스마트 파워)' 꼭 해야 해서 '하지 마세요.' 그럴 때도 있어요.

연구자 회의는 다 미얀마어로 하시죠?

다찬 네. 다 미얀마어니까 제가 어렵게 승인했죠 어렵게. 미얀마어를 제대로 못하니까, 소수민족 사람들이 못하죠 가끔 미얀마어로 '못해요' 그런 식으로 하면은 저는 second language(제2외국어)이니까 못해도 괜찮아요. (...) 그리고 statement(성명서) 만들 때는 제 의견에 너무 찬성하는 사람들이 있어요. 왜냐면은 저를 필요(로)하니까. 저도 '여기 가면 뭐를 얻을 수 있는지', bargaining power(협상력) 그런 거를 생각했죠 (2023.01.09.)

다찬은 한국에서 정치학 석사과정에 다닐 당시 축적한 정치 용어 및 관련 지식을 NUG 한국대표부에서 일하면서 적용하는 동시에 실제 정치 운동 내에서의 한계를 맞닥뜨리기도 했다. 다찬과 묘헤인 둘 모두 정치학도로서 이론과 실제를 초국적 정치 현장에서 적용하고 실천하였다는 공통점이 있다. 묘헤인이 한국에서의 이주노동자 및 미얀마 출신 이주민으로부터 채권을 발행하는 등 NUG 정부에 대량의 기금을 송금하는 등의 초국적 송금과 관련된 업무를 담당했다면, 다찬은 해외의 네트워크를 한국의 NUG와 연결하는 동시에 본인 스스로의 소수민족 정체성을 바탕으로 국내의 정치 운동 내에서의 연방제 관련 논의에 적극적으로 개입했다.

4. 한국 출신 청년 국제개발협력 활동가의 미얀마를 향한 여정

기존의 초국적 정치 운동에 대한 논의에서는 체류국 출신의 이주민의 본국을 향한 원거리 민족주의의 일환으로 진행되는 초국적 송금에 대한 사례가 주로 등장했다면, 이번 미얀마 민주화 운동 진영 내부에서 활발하게 초국적 정치 운동에 참여하는 한국인 출신의 활동가들이 등장하고 있다. 특히 2011년 이후 미얀마의 신군부에 의한 정치경제영역에 대한 개방정책으로 인해 한국과 미얀마의 교류가 활발히 진행되면서, 한국에서도 미얀마를 중점협력국으로 지정하고 국제개발협력과 관련된 자금을 본격적으로 미얀마 내부에 지원하기도 했다. 이를 통해 대규모의 국제개발원조(ODA: Official Development Assistance) 사업이 진행되면서 한국의 국제개발협력 시민단체 및 해외봉사단원이 대거 투입되었다. 이후 2020년 발생한 코로나와 2021년 발생한 쿠데타로 일시귀국한 국제개발협력 활동가가 미얀마 쿠데타와 관련된 일련의 초국적 정치 운동의 새로운 주체로 등장하는 배경이 등장하였다.

국제개발협력활동가인 정은은 국제개발협력활동의 일환으로 미얀마에서 장기 체류한 경험을 바탕으로 이번 미얀마를 향한 초국적 정치 운동에 본격적으로 참여하게 되었다. 정은은 쿠데타 발생 당시 미얀마의 한 지역 내에서 개발협력사업을 진행하고 있는 한국 시민단체의 사업담당자였다. 쿠데타 직후 함께 일하던 직원, 마을 주민 등과 함께 해당 지역에서 일어난 대규모의 집회 및 시위에 적극적으로 참여했다. 대규모 집회가 있을 때면 주민과 함께 피켓을 만들어 시위에 나갔고, 저녁마다 각 가구에서 냄비와 쇠붙이를 두드리며 군부에 항의하는 냄비 시위에 참여했다.

연구자 현지에 있었을 때 냄비시위에 참여했다고 들었었는데요.

정은 네. 냄비시위는 매일 했었고, 집회도 계속 참여했었고, 가두집회도 타운십 안에서 했었어요.

연구자 집회에 참여하게 된 당시 분위기가 어땠을까요?

정은 뭔가 이렇게 재고 따지고 할 것도 없이, 그냥 이건 진짜 아니고. 왜냐하면 이제 만들었던 선거가 다 무참히 없어지는 거니까요.. (침묵)

이와 같은 쿠데타 당시의 정치 참여 경험은 정은이 한국에 와서도 초국적 정치 운동을 지속하는 계기가 되었다. 쿠데타 상황이 장기화되면서 생활 지역 내 치안이 불안해지면서 정은은 사업이 진행되던 와중에 한국에 일시귀국을 하게 되었다. 당시에는 단기간 한국에 체류한 후 미얀마 상황이 나아지면 미얀마에 다시 입국할 예정이었지만, 계속 미얀마의 상황이 나아지지 않았다. 이로써 정은은 결국 다시 미얀마에 돌아갈 수 없게 되었다. 쿠데타로 미얀마 내 상황이 악화되면서 미얀마가 외교부 여행경보제도 내 4단계 '흑색국가', 즉 여행금지지역으로 조정되면서 ODA 사업도 모두 중단되었고,[25] 체류하던 지역 내 집회참여자의 사망사건으로 귀국에 대한 죄책감을 느끼게 된다.

연구자 한국에 오고 나서 어떻게 집회에 참여하게 되셨나요?

정은 저 같은 경우는, 들어오고 나서 뭔가 관련된 사업들을 하거나 프로젝트를 할 수 있는 기관들을 계속 찾아다녔지만 그게 여의치 않았고, 할 수 있는 게 그거밖에 없었어요.

연구자 미얀마를 지원하는 활동을 계속 하고 싶었는데 일로서는 그렇게 하기가 어려웠던 거죠?

---

25 2023년 3월 30일 기준 현재 외교부 해외안전여행 여행경보 상 미얀마는 3단계 '적색국가', 즉시 출국권고 지역으로 지정되어 경보가 하향 조정되었다(출처: https://www.0404.go.kr/dev/main.mofa)(검색일: 2023.03.30).

정은 저는 주로 ODA를 했던 사람이었고, ODA가 모두 중단되었기 때문에 어떠한 프로젝트도 할 수도 없었고 바로 이제 흑색 국가로 올라가면서, 거의 모든 지원도 외부에서 할 수 있는 지원도 뭐 없었기 때문에.

연구자 코로나 당시에도 지원을 많이 하셨던 걸로 알고 있는데, 아무것도 못하니 좀 어땠어요?

정은 많이 불안했던 것 같아요. 정신적으로든 심리적으로든 되게 불안했고 제가 (한국에) 딱 도착해서, 첫 출근하던 날, (코로나) 격리 해제되고 첫 출근하던 날 전날 밤에 *(미얀마에서 체류하던 지역)에서도 사망사고가 일어났고.

연구자 혹시 아는 사람이었나요?

정은 다 건너서 아는 사람들이었고, 그 사망사고가 일어났던 날 시위에 참여했던 친구들이 다 저희 친구들이었고… 제가 '더 있었으면…' 그런 생각을 했던 것 같아요. 내가 있었으면 외국인이 있던 걸 아니까 이 사람들이 총을 쏘지 않았겠지? 이런 생각 반, 내가 있었으면 내가 죽을 수도 있었겠지? 이런 생각 반? 나만 한국으로 도망쳤네? 이런 생각 반? 되게 여러가지 좀 불안정한 생각들을 많이 했던 것 같아요(2023.02.09.).

정은이 한국에서의 미얀마를 향한 초국적 정치운동에 연결될 수 있었던 계기는 한국과 미얀마에서 형성한 네트워크를 통해서였다. 미얀마에 해외봉사단원으로 파견되기 이전에 한국에서 미얀마어를 가르쳐 준 미얀마인 선생님과 봉사단원 종료 이후 미얀마에서 국제개발협력활동가로 일할 당시 알게된 동료 및 선임 활동가들을 통해 국내에서 미얀마 관련 정치 운동을 지원하는 한 시민단체를 알게 되었고, 이 시민단체와 연결해 함께 활동하던 미얀마인 선생님의 제안으로 처음 집회에 참여하였다.

연구자   한국에 와서 처음으로 집회에 참여하게 된 게 언제에요?

정은   제가 *(체류했던 지역)에 혼자 있었다 보니까 일단 양곤에라도 내려와라 했던 주변 기관분들이 있었고 그런 분들이 저한테 '한국에서도 할 수 있는 일이 있으니 소개해 주겠다.'라고 해서 **(미얀마 지원 한국 시민단체)를 그렇게 처음에 알게 돼서 왔고 제가 이제 격리되던 첫 주 주말에, **(서울 중심부의 한 지역)에서 민족공동체 지도자들이 모인 집회가 있었고, 그때 처음 참여했었어요.

연구자   갔을 때 어땠어요?

정은   그때는 사실 다 모르는 사람들이었고 그래서 그냥 지켜봤었어요. 좀 울기도 했고. 그냥 한 발자국 뒤에서? 왜냐하면 **도 몰랐고, **이 누군지도 몰랐고 아무것도 몰랐고. 그냥 그때 거기에 MYA(가명: 미얀마 청년단체)에서 활동하고 있는 선생님이, 제 봉사단원 국내교육 때 미얀마어 선생님이셔서 "(집회에) 한번 와볼래?"해서 갔던 거였어요(2023.02.09.).

정은은 처음으로 집회에 참여한 이후로, 국내에서 미얀마의 상황을 알리는 다양한 정치 운동에 참여한다. 주한 중국 및 인도네시아 대사관 앞에서 미얀마의 상황을 알리고 미얀마에 대한 개입을 촉구하는 1인시위에 참여하거나, 시위 및 집회에서 기자회견문을 낭독하기도 했다. 일하던 시민단체의 소개로 신문에 미얀마 관련 기고문을 쓰기도 하고 미얀마 관련 운동에 참여하는 한 시민단체를 매개로 쿠데타와 관련해 발간한 보고서 공동집필작업에 참여하거나 미얀마 쿠데타와 관련 영상제작을 지원하고 미얀마 민주화 운동가 인터뷰 지원하는 등 업무를 제외한 대부분의 시간을 미얀마 관련 활동으로 채웠다.

동시에 미얀마 내부에 남아있는 지인 네트워크 등을 활용해 지속적으로 미얀마를 향한 초국적 정치 운동을 수행했다. 먼저, 미얀마 내부의 경제적 상황이 악화되자 현지 통장에 남아있는 잔고를 활용해 파업에 참여한 지인들에게 통신비, 생계비 등을 정기적으로 지원하였고, 미얀마에 체류 중이었던 한국인 지인과 한화와 미얀마 화폐를 환전하는 방식으로 추가적으로 자금을 확보하기도 했다. 쿠데타 이후 온라인을 통해 간헐적으로 교류했던 현지 단체 동료와 태국에서 조우해 그간의 정치 운동의 경험을 공유하기도 했다.

연구자 특별히 의미 있었던 활동이 있나요?

정은 저는 일단 보고서랑 영상 작업하는 게 개인적으로 굉장히 의미가 있는 작업이라고 생각을 했고 집회 같은 거 같이 하면, 몸은 좀 힘든데, 같이 이제 걸으면서 응원, 지지 구호 같은 거 외칠 때, 좀 벅차오르는 그런 것들이 있었어요. (...) 이제 집회 같은 데, 이제 특히 행진, 시위 나가면, 다 모두가 다 같이 한마음 한 뜻으로 외치는 걸 볼 수 있어서 행진, 집회하면 꼭 가려고 노력해요

정은이 미얀마에 거주 중인 지인, 동료와의 네트워크를 간헐적으로 유지하며 초국적 정치 운동을 전개하듯이, 한국에서도 장기간의 미얀마 체류 경험으로 축적된 미얀마어 자본을 효율적으로 활용해 국내의 정치운동에도 적용하고 있다. 연구자가 정은과 함께 몇몇 집회에 참여했을 당시, 정은은 미얀마 출신 이주민과 함께 미얀마어로 구호를 외치고, 한국 시민사회활동가에게 미얀마어 구호의 뜻을 해석해주거나, 미얀마 출신 활동가와 미얀마어로 대화를 나누는 등 활발한 정치 운동의 매개자로 역할하고 있었다. 집회 참여자의 대부분이 고용허가제를 통해 인천 및 타 지역에서 일하는 이주노동자라는 점에서, 일요일을 제외한 주중과 토요일에 주로 서울 지역 중심으로 전개

되는 정치 운동 내에서는 미얀마 출신 활동가를 조우하기가 다소 어려운 것이 사실이다. 정은은 미얀마 이주민과 한국 시민사회 간의 정치운동의 매개자이자 동시에 집회에서 미얀마 출신 이주민 활동가들을 접하면서 정치 운동의 일원으로서의 정체성을 확인하고 있었다.

V. 맺음말

2021년 쿠데타 이전 한국과 미얀마 간의 초국적 정치 운동의 지형이 소수의 미얀마 출신 난민인정자와 한국 출신의 활동가를 중심으로 형성되었다면, 쿠데타 이후에는 이주노동자, 유학생, 등의 한국으로 임시 이주한 다수의 미얀마 출신 청년 세대가 합류하였다. 더불어 미얀마에 2011년 및 2015년 집권한 신군부, NLD 정부 이후 본격적으로 시작된 개방정책으로 한국의 시민사회 또한 미얀마와의 교류가 활성화되었고, 개발협력활동가 등의 청년 세대가 2021년 쿠데타 이후 정치 운동에 새롭게 진입하게 된다. 쿠데타 직후 결성된 NUG 한국대표부와 함께 한국의 종교계, 시민단체 등을 중심으로 한 '미얀마민주주의를지지하는한국시민사회단체모임', 한국의 미얀마 이주민 단체를 중심으로 한 'NUG를 지지하는 미얀마 단체(NUG Support Team Korea)'와 같은 연대체가 미얀마를 향한 초국적 정치 운동을 주도하고 있다.

정치 운동의 내용도 대규모의 도시 행진을 결합한 집회 및 시위를 포함하여, 공연, 전시를 정기적으로 개최하거나, 축구대회 등의 기존의 미얀마 출신 이주민이 함께 하는 정기적 행사를 활용하는 방식 등으로 다변화되었다. 이와 같은 각 정치 운동을 통해 한국에 미얀마의 상황을 알리는 동시에, 소셜미디어를 통해 미얀마로 실시간으로 송출하기도 한다. 한국 시민과 미얀마 출신 이주민으로부터 모금하여 미얀마 내부에서 쿠데타를 반대하는 저항 운동을 전개하는 PDF, CDM 참여 파업 시민, 군부의 폭력을 피해 이주하는 피난민 등을 돕기 위한 '정치적 송금(political remittance)'을 실천하고 있다.

미얀마를 향한 초국적 정치 운동을 이끄는 미얀마 출신의 핵심활동가들은 이번 쿠데타가 두 번째로 경험한 쿠데타인 경우가 대다수이다. 1988년 미얀마에서 발생한 대규모의 정치운동인 88항쟁에 참여한 이후 한국으로 산업연수생 제도 등을 통해 임시 이주한 청년 활동가들이 이후 장기적으로 한국에 체류하며 군부 독재를 반대하는 정치 운동을 주도하였다. 당시 이들의 활동을 지원하던 소수의 시민단체 활동가 중 일부 또한 현재의 한국에서 진행되는 쿠데타 반대 운동에서 한국시민사회와 미얀마 이주민 사회를 잇는 주요한 매개자 역할을 하고 있다.

초국적 정치 운동에 참여한 미얀마 출신 청년 활동가의 경우, 한국에서 이주노동자와 유학생 신분을 모두 경험하며 한국어 능력을 매개로 NUG 한국대표부에서 한국-미얀마를 연결하는 '정치적 송금'을 주도하기도 한다. 한 미얀마 소수민족 출신 활동가의 경우, 초국적으로 연결된 정치 네트워크와 한국에서의 종족 공동체를 기반으로 NUG 한국대표부와 협업하는 방식의 초국적 정치 운동을 수행하게 되었다. 이번 쿠데타 이후 정치 운동 내에서 다시금 강조되고 있는 주종족인 버마족과 소수민족 간의 연방제는, 이와 같은 소수민족 출신 활동가를 매개로 적극적으로 실천되고 있다. 미얀마에서 국제개발협력사업을 경험한 한국 출신 활동가의 경우에도, 미얀마에서 쿠데타를 경험한 이후 초국적 네트워크와 미얀마어 능력을 기반으로 지속적으로 한국에서 미얀마를 향한 초국적 정치 운동에 참여하고 있었다.

쿠데타가 발생한지 2년 반 정도가 지난 현재의 시점까지도 쿠데타를 반대하는 초국적 정치 운동은 지속되고 있다. 지난 2023년 1월 29일 서울 옥수동의 미얀마 무관부 인근에서는 쿠데타 2주년을 맞이해 군부독재 종식을 기원하는 미얀마 출신 이주민과 한국인 활동가 등 수백여 명이 모여 집회를 가졌다. 미얀마어와 한국어로 구호를 외치고, 무관부 앞에서 기자회견이 끝나자 한남동 주한 미얀마대사관을 향해 행진했다. 일부 미얀마 이주민 활동가는 휴대폰을 들고 한국에서의 상황을 소셜미디어를 통해 실시간으로 송출했다.

이 글은 2021년 쿠데타 이후 한국에서 진행되고 있는 다양한 방식의 미얀마를 향한 초국적 운동을 살펴봄으로써, 새롭게 짜여지는 초국적 정치 운동의 사례와 함께 새롭게 운동에 참여하는 미얀마 출신 유학생, 이주노동자 및 한국 출신 국제개발협력 활동가 등의 운동 계기, 활동 등을 조명하고자 하였다. 그럼에도 쿠데타 이전부터 초국적 정치 운동에 지속적으로 참여한 난민인정자 및 시민사회 활동가에 대한 현장 연구 및 인터뷰 사례가 다소 부족한 한계가 있다. 부족한 점은 후속 연구를 통해 보완하고자 한다.

참고문헌

류수경. 2017. "버마 민주화 운동가의 난민 살이와 귀환."『비교문화연구』23(2), 53-104.
문기홍. 2021. "군부 권위주의 체제와 민주화: 미얀마의 민주화 과정과 민주주의 후퇴 현상을 중심으로."『아시아리뷰』11(2)(통권 22호), 217-246.
박은홍. 2022. "미얀마 2021: 예견된 군부 쿠데타, 예견치 못한 내전과 이중정부 시대."『동남아시아연구』32(3), 1-41.
박은홍. 2021. "미얀마 '봄의 혁명': 땃마도 수호자주의의 파국적 선택에 이르는 서사."『기억과 전망』45, 230-270.
손민정. 2009. "국제연대 활동가의 정체성과 운동의 재생산: 버마민주화운동의 사례."『비교문화연구』15(2). 서울대학교 비교문화연구소
이유경. 2021. "'연방 민주주의'를 향한 미얀마의 여정과 도전: 소수민족 커뮤니티의 입지와 저항운동 그리고 연방군대 전망을 중심으로."『해외민주주의동향 리포트』7(2021.12.08.). 민주화운동기념사업회 & 한국민주주의연구소
이은정. 2022. "유연한 방식의 '봄의 혁명': 국내 미얀마 출신 유학생의 초국적 정치 운동."『민주주의와 인권』22(4), 83-126.
장준영. 2022. "군부 권위주의로 회귀하는 미얀마-민간-군부관계로 본 쿠데타의 역동성."『역사교육』161, 29-63.
정재완·김미림·오태현·이현진·윤형준·임지운·박나연·김승현·백종훈·김민희·최재희. 2021. "미얀마 쿠데타 이후 국제사회의 제재 동향과 시사점."『KIEP 세계경제포커스』(2021.03.05.). 한국대외정책연구원.
터너, 빅터. 2020.『상징의 숲』. 장용규 옮김. 지식을만드는지식.
터너, 빅터. 2018.『인간 사회와 상징 행위』. 강대훈 옮김. 황소걸음.
해외주민운동연대(KOCO). 2022. "피어나라 미얀마 2022: 20210201 미얀마 쿠데타 시민저항 1주년 보고서."
홍문숙. 2022. "정의와 다양성, 두 마리 코끼리 사이에서: 미얀마 MZ 세대 청년운동의 도전과 과제."『아시아브리프』2(31)(통권 70호)(2022.6.20.). 서울대 아시아연구소

홍명교. 2021. "미얀마 군부 쿠데타에 맞선 항쟁, 노동자 운동이 전면에 나서다." 『비정규 노동』(격월간) 148, 20-25.

Cohen, Robin. 1995 "Rethinking "Babylon": iconoclastic conceptions of the diasporic experience." *New Community* 21, 5-18.

De Haas, Hein, 2021, "A theory of migration: the aspirations-capabilities framework." *Comparative Migration Studies* 9, 8.

Ingrid Jordt, Tharaphi Than, Sue Ye Lin, 2021, "How Generation Z galvanized a revolutionary movement against Myanmar's 2021 military coup." *ISEAS Publishing*, Singapore : ISEAS-Yusof Ishak Institute, May 2021.

Kim, Hyun Mee, 2012, "'Life on probation': Ambiguity in the lives of Burmese refugees in South Korea." *Asian and Pacific Migration Journal* 21(2), 217-238.

Müller-Funk, L., 2018, "Diaspora politics and political remittances: A conceptual reflection". in Cohen, R., & Fischer, C. Eds. *Routledge Handbook of Diaspora Studies*. Routledge. 251-259.

Schiller, N. G., Basch, L., & Blanc, C. S. 1995. "From immigrant to transmigrant: Theorizing transnational migration." *Anthropological quarterly*, 48-63.

Schiller, N. G., & Fouron, G. E. 2001. "Long distance Nationalism Defined." *Georges woke up laughing: Long-distance nationalism and the search for home*. Duke University Press, 356-365.

Suh, Jiwon, 2015, "Burmese Political Activists and Human Rights in Korea." *KOREA OBSERVER* 46(4), Winter 2015, 751-782.

Robertson, Shanthi, 2022, *Temporality in Mobile Lives: Contemporary Asia-Australia Migration and Everyday Time*, Bristol University Press.

Vertovec, Steven. 1999. "Conceiving and researching transnationalism." *Ethnic and Racial Studies* 22(2), 447-462.

경향신문(박경신). 2022. "포스코와 미얀마의 민주주의." 경향신문 03/28/2022. https://www.khan.co.kr/opinion/column/article/202203280300105 (검색일: 2022.11.30.)

뉴스1(김민수), 2023, "미얀마 군부, 사가잉 지역 공습…여성·어린이 포함 약 100명 사망" 뉴스1 04/11/23. (검색일: 2023.05.14.)

미얀마 민주주의를 지지하는 한국시민사회단체모임 아카이빙 홈페이지(https://www.withmyanmar.net/))(검색일: 2022.10.17.)

참여연대, 2022, "분쟁지역 기업인권책무 강화법 발의 기자회견 개최." 12/08/2022. https://www.peoplepower21.org/international/1921841 (검색일: 2023.08.23.)

한국일보(정재호), "수업 중 포탄 투하 총 난사…어린이 12명 사살한 미얀마 군부." 한국일보 09/28/2022. https://www.hankookilbo.com/News/Read/A2022092812240002239?did=NA (검색일: 2022.10.06.)

BBC 코리아(주비다 압둘 잘릴), "미얀마 군부, 민주화 운동가 4명 사형 집행… 수십 년 만에 처음." BBC 코리아 07/25/2022. https://www.bbc.com/korean/articles/c3g0eg67xd0o (검색일: 2022.10.06.)

European Council, 2022, "Myanmar/Burma: EU imposes restrictive measures on 22 individuals and 4 entities in fourth round of sanctions." https://www.consilium.europa.eu/en/press/press-releases/2022/02/21/myanmar-burma-eu-imposes-restrictive-measures-on-22-individuals-and-4-entities-in-fourth-round-of-sanctions/

VOA(Voice of America)(Ingyin Naing), 2023, "Myanmar Shadow Government Official Apologizes to Rohingya." VOA(Voice of America) 08/17/2023. https://www.voanews.com/a/myanmar-shadow-government-official-apologizes-to-rohingya/7230216.html (검색일: 2023.08.22.)

맺음말

장준영(한국외대 동남아연구소 연구교수)

필진을 대신하여 원고를 마무리해 달라는 최경희 교수의 제안을 받았다. 몇 줄 쓰다 보니 이내 개인적 넋두리가 되는 듯하고, 각 원고를 논평할 처지나 능력도 되지 않으니 머릿속은 더욱 복잡해졌다. '쎄잇 래대'(seit-leidei), 즉 '마음이 날아가다'라는 미얀마어 표현을 빌려 현실에서 도피하고자 게으름을 피웠다. 만약 그 과정에 미얀마에 극적인 변화가 왔더라면 어떤 방식으로도 이 책의 맺음말을 쓰기에는 마음이 편했을 것이다.

2022년 6월, 연구진의 집담회(brainstorming)에서부터 시작된 이 프로젝트는 『봄의 혁명: '새로운 미얀마'를 향한 담대한 행보』라는 제목으로 출간을 앞두고 있다. 무려 1년 6개월 이상의 여정에 마침표를 찍을 때지만, 책 제목과 달리 아직 미얀마의 '봄의 혁명'은 진행 중이고, '새로운 미얀마'의 방향은 요원하다. 아마 이 책에 참여한 모든 필진은 하루속히 미얀마가 정상화의 길을 가기를 기원했을 것이다. 양곤 시내의 북적이는 인파 속에 속옷이 흥건히 젖도록 빤소당(Pansoedan) 거리 헌책방을 기웃거리던 시간, 하늘이 훤히 비치는 인레호수의 윤슬, 꿈에서라도 그리운 버강의 일출과 일몰, 긴 탁발 행렬을 정처 없이 따라가다 산천초목에 또다시 감탄하던 시절, 일상의 소소함을 기대하는 것은 이제 사치가 될 수도 있겠다는 두려움에 몇 번씩 숨을 고르던 기억이 새롭다.

이 책이 출간될 시점에도 미얀마에는 완전한 평화가 찾아올 것 같지는 않다. 대신 이 프로젝트가 모색하고자 한 '봄의 혁명'의 향방과 연방주의를 향한 미얀마의 미래를 예측하면서 연구 여정을 마무리하고자 한다. 미래 예측이 맞아떨어질 가능성은 매우 낮다. 그러나 본문에 담지 못한 현재 상황에 관한 기술은 '가능성의 예술'이라는 측면에서 미래를 바라볼 수 있는 작은 창이 될 것이라는 확신이 든다.

미얀마와 관련한 소식은 대부분의 외신에서 자취를 감추었지만, 현지는 지금까지 겪어 보지 못한 혼란의 연속이다. 테러리스트를 척결한다는 명분에서 땃마도의 군사공격은 멈출 기세가 없고, 군부를 퇴진시키고 다시 민주주의를 찾겠다는 시민방위군(PDF: People's Defense Force)의 저항도 꺾이지 않는다. 지역사회를 수호하기 위한 지역시민방위군(LDF: Local Defence Forces)의 위세도 만만치 않다. 요약하면 몇 군데 대도시를 제외한 미얀마는 2년 넘게 내전으로 시름 중이고, 시간이 지날수록 아비규환(阿鼻叫喚)의 혼란은 가중될 것이 유력하다. 실제로 2023년 10월 말 소위 '작전1027'이라는 작전명으로 3개 무장단체가 연합하여 군 주요 거점을 장악하는 대대적인 교전이 발생하기도 했다.

군부와 반군부 진영의 무장 충돌로 인해 무고한 시민의 피해는 지속 증가한다. 2023년 6월 말 기준, UNHCR 자료에 따르면 약 185만 명에 달하는 국내실향민(IDP: Internal Displaced Person) 중 150만 명이 쿠데타 이후 발생했다. 또한, 가장 많은 무장 충돌이 발생한 사가잉주의 IDP는 76만 명으로 전체의 41%를 차지했다. 시기를 최근으로 당겨 2024년 1월 중순 기준, 전체 IDP는 260만 명에 육박하고, 사가잉주의 IDP는 110만 명에 달했다. 정치범지원협회(AAPP: Assistance Association for Political Prisoners)는 2023년 9월 30일까지 구금된 정치범은 약 2만 명, 사망자 수는 4,100명 이상으로 집계했다. 정치적 소요사태마다 발생한 사상자 수는 발표 수치보다 몇 배 이상 상회한다고 하니 군정이나 시민사회단체가 발표하는 자료의 신빙성은 일단 의심하고 볼 일이다.

　군정은 국민통합을 명분으로 몇 차례 사면했지만, 석방된 정치범의 수는 약 5천여 명에 지나지 않는다. 2024년 독립기념일(1.4)을 기념하여 사면된 9,652명 중 정치범의 수는 정확히 파악되지 않는다. 나아가 군정은 지금까지의 관행을 깨고 '88세대'의 핵심 인물로 알려진 활동가에 대한 사형을 집행했다. 충격적이었다. 지금까지 보아온 군부의 만행에 끝을 보는 것 같았다. 접근이 쉽지 않은 밀림을 대상으로 행하던 공습은 버마족이 거주하는 시골까지 확대했고 하급 공무원 가족의 징집까지 검토할 정도로 군부는 수세에 몰리는 것 같기도 하다. 상류층 재산의 해외 도피도 적지 않게 발생하고 있으며 신변 안전을 유지하려는 고위 인사와 가족은 네피도를 떠나지 않으려고 한다.

　불행한 점은 파국으로 향하는 두 집단을 제어하거나 중재할 국내 세력이 없다는 점이다. 관료, 정당, 시민사회는 이미 그 기능을 상실한 지 오래됐고, 공개적으로 군부를 반대했던 국민은 이제 체념한 듯 일상을 살아간다. 모든 피해를 오롯이 뒤집어쓴 채 희망이 없어 보이는 오늘을 버텨나가는 것 같다. 그들은 쿠데타 직후 2개월간 거리를 가득 메워 쿠데타의 부당함과 과거로 돌아갈 수 없다는 확고한 의지를 보여주었다. 그러나 군과 경찰의 총과 칼 앞에 무기력하게 굴복했다. 철제도구를 시끄럽게 때리던 딴봉띠(Thanbounti) 소리와 시민불복종운동(CDM: Civil Disobedience Movement)도 실패한 혁명의 유산으로 남게 되는 것 같다. 오히려 쿠데타로 인해 미얀마 국민은 군부를 극복할 수 없다는 패배감만 다시 확인하지 않았을까 걱정스럽기도 하다.

　쿠데타의 후유증은 심각하다. 도처의 교전으로 인한 치안 악화로 유통망이 원활하지 않고 서방의 제재와 국제자금세탁방지기구(FATF: The Financial Action Task Force)가 미얀마를 고위험국으로 지정하면서 미국 달러화의 유통도 막혀 현지 통화 가치는 빠른 속도로 하락했다. 정부는 1달러 당 2,100짯으로 고정환율제를 유지하지만, 시장에서는 3,500짯을 거뜬히 넘을 것으로 전망한다. 이중환율제의 악몽이 재현되는 듯 하다. 자원 조달 비용과 연료 가격의 상승도 인플레이션의 주요 원인이 되고, 고질적 무역 적자는 서민의 삶을 더욱 팍팍하게 할 것이다.

중국, 인도, 미국 등 주변국과 아세안, 유엔 등 국제기구는 미얀마 문제 해결에 의지가 없어 보인다. 이해관계가 첨예하다 보니 해결도 쉽지 않다. 그런데 무관심하거나 능력이 없는 외부세계에 미얀마 국민은 의지하려고 한다. 미얀마의 상황, 즉 국민은 군부에 핍박을 받으므로 국제사회가 군부를 벌해 줄 것을 기대한다. 외부에 의지하여 문제를 해결하려는 행태는 지난 20년간 하나도 변하지 않았다. 디아스포라의 군부 규탄은 여전히 진행 중이다. 이들의 시위와 구호가 현지에서 힘겨운 일상을 살아가는 국민에게 도움이 될 수 있을지 회의감도 든다. 2007년 샤프론혁명 당시 언론 회담장을 가득 메웠던 태국 내 미얀마 관련 시민사회는 사태의 해결보다 그들의 이름을 알리는데 열을 올리던 장면이 스쳐 갔다.

그렇다면, 끝날 것 같지 않은 '치킨게임' 중인 미얀마의 미래는 어떻게 될 것인가? 2023년 초 민아웅 흘라잉 군사령관은 8월 총선 가능성을 언급하며 사태의 종식을 시사하기도 했다. 그러나 그 조건은 시민방위군을 비롯한 전국의 반군이 무장활동을 하지 않는 '현 상황의 진전'이었다. 시민방위군은 그들이 무장투쟁을 포기하면 군부 통치를 인정하는 것과 다름없는, 다른 말로 그들의 패배를 스스로 인정하는 것이다. 민아웅 흘라잉 군사령관은 땃마도의 군사작전을 중단할 의향이 없어 보인다. 그러므로 이상적 대안으로서 두 진영의 협상은 현재로서 불가능해 보인다. 아세안, 중국, 인도, 미국 등 주변 이해당사국이 협상을 위한 중재를 하기에 사태는 너무 커져 버렸다.

외부의 영향력을 배제하고 땃마도를 중심으로 한 군부와 시민방위군을 중심으로 한 민족통합정부(NUG: National Unity Government)의 대결만으로 국한할 때 다음과 같은 세 가지 미래를 예측해 볼 수 있다.

첫째, 군부의 우세가 유지될 경우 군부는 총선과 같이 계획한 정치 일정을 추진할 가능성이 크다. 다만, 총선은 반군부 진영이 선거 입후보자를 비롯하여 담당 공무원에 대한 공격 등 투표 방해 행위 등이 없어야 가능하다. 그러나 330개에 이르는 전국 모든 선거구에서 선거는 불가능할 것이며, 군부에게 유리한 지역을 중심으로 선거를 실시하거나 장기간에 걸친 일정도 고려할 것이다. 예컨대 1952년 총선은 내전으로 인해 1951년 6월부터 1952년 4월까지 무려 9개월간 실시된 적이 있으며 800만 유권자 중 투표권을 행사한 유권자 수는 150만(18%)에 불과했다.

군정은 새로운 정당법을 도입했으므로 그들의 집권에 방해가 되는 정당의 총선 참가를 원천적으로 봉쇄한다. 군부 후원정당인 통합단결발전당(USDP: Union Solidarity and Development Party)의 일당 독재에 대한 비난을 우회하기 위해 몇 개의 소수종족 정당과 연대하거나 아예 연립정당을 통해 거대 포괄정당(catchall party)으로 나아갈 수 있다. 이 경우 선거제도는 비례대표제이고, 어차피 USDP 출신 국회의원이 의회의 다수를 차지할 것이므로 군부는 현역 군인의 의회 진출도 '통 크게' 폐지하는 미덕도 보일 수 있다.

총선 과정과 이후 신정부 출범은 2011년 떼인쎄인 정부를 복기하면 된다. 다른 점은 2011년 당시 딴쉐 군사평의회 의장이 은퇴한 것과 달리 민아웅 흘라잉 군사령관은 자신이 대통령이 되고자 하는 야욕을 버리지 않는다. 만약 신정부에서 그가 대통령에 취임한다면 미얀마는 현재와 다름없는 국제적 고립에서 벗어나지 못할 것이다. 정부의 정통성은 논할 가치가 없을 뿐만 아니라 제대로 된 정부로서의 역할도 수행하지 못할 것이 자명하다. 다만, 중국, 인도, 태국 등 미얀마와 경제협력 또는 미얀마로부터 자원 수급이 필요한 국가는 신정부를 인정하려고 할 것이다.

민아웅 흘라잉이 딴쉐의 전철을 밟아 모든 직위에서 은퇴하고 새로운 지도체제를 수립할 경우 변화에 대한 실낱같은 희망을 기대할 수 있다. 그러나 현재 군사평의회를 구성하는 군 수뇌부 중 떼인쎄인 대통령과 같은 온건한 인물은 찾아볼 수 없다. 내각 구성원 가운데 대통령이나 이에 버금가는 인물로 천거될 수도 있다. 해당 인물이 군부의 통제나 견제를 받는다면 군부의 '꼭두각시 정부'가 될 것이다.

한 가지 더 고려할 점은 딴쉐의 존재이다. 그는 1933년생으로 미얀마 남성의 평균 기대수명인 64세보다 약 30년을 더 살고 있다. 고령임에도 그는 여전히 민아웅 흘라잉을 통제하고 정치적 조언도 아끼지 않는다고 알려진다. 민아웅 흘라잉은 풍부한 야전 경험과 달리 정치군인으로서의 경험이 일천하고 특히 자신의 권력을 공고히 하는 인사 문제에 전문적이지 않으므로 일정 수준 딴쉐에 의존할 수밖에 없다. 그러므로 딴쉐의 사망과 같은 후견인의 상실은 그가 절대적인 권력을 장악하는 전기로 볼 수 있지만, 정치적 부담의 가중으로도 해석할 수 있다. 후배들의 도전을 뿌리치고 안정적인 군사정권 체제를 유지할 수 있을지가 관건이다. 예를 들어 민아웅 흘라잉의 후계자로 점쳐지던 모민퉁(Moe Myint Htun) 중장이 부정부패 혐의로 2023년 9월 전격 경질되는 사건이 발생했다. 그는 반역, 뇌물, 불법 외화 소지, 권력 남용 혐의로 20년 형에 처해 졌는데, 부정부패는 상급자가 하급자를 축출할 때 발표한 보편적인 명분이었다. 이외에도 쿠데타 이후 민아웅 흘라잉은 예고 없이 하급자를 해고하는 일이 잦지만, 군 수뇌부 내 동요나 균열 가능성은 현재까지 확인되지 않는다.

둘째, 시민방위군의 약세가 두드러지지 않고 군부도 현재처럼 대결구도를 유지할 때 군부의 대응은 더욱 복잡하다. 군정은 추가의 소수민족무장단체(EAOs: Ethnic Armed Organizations)가 시민방위군에 가입 또는 이들과 연대하지 않도록 해야 할 것이다. 이를 위해 중국의 직간접적 조정을 받는 무장단체가 지속해서 중립을 지키기 위해 중국 정부 또는 최소한 윈난 정부와 긴밀히 소통해야 할 것이다. 땃마도의 병력 충원, 무기를 비롯한 군수물자의 보충이 없다면 군정은 더 버티지 못할 것이며, 군 수뇌부의 이탈이 그 신호로 볼 수 있다. 군 수뇌부는 현 체제를 유지하기 위해 더욱 강압적이고 편협한 강경책으로 나아갈 수밖에 없으며, 충성을 유지하려는 차원에서 자금 확보도 중요한 의제가 될 것이다. 그러나 재원은 제한적이며 언젠가는 고갈될 것이다. 총선과 같은 차기 정부를 위한 준비는 언감생심이 될 가능성이 크다. 그러므로 민아웅 흘라잉 군사령관은 1962-74년, 1988-2010년까지 그의 선배가 운영한 군사평의회를 답습할 수 있다.

이 경우 군정은 외부의 압력을 고려할 수밖에 없다. 미얀마 문제를 해결하지 못하는 아세안이지만 최소한 반복적으로 그리고 습관적으로 미얀마의 정치적 개혁을 주장할 것인데 군부는 이를 외면만 할 수 없을 것이다. 또한, 중국은 국익 추구를 우선으로 삼는다지만 '시한폭탄'과 같은 미얀마 군사정부를 그냥 두고만 볼 것인가? 중국은 아주 안정적인 군부체제에 대해서는 무관심하거나 지지할 가능성이 크지만, 그들의 투자지역에 안전이 확보되지 않는 상황을 달가워하지 않을 것이다. 실제로 쿠데타 이후 중국은 미얀마 군정에게 가스관과 원유관의 안전을 요구한 적이 있다.

이에 미얀마 군정은 정치 개혁을 위한 시간이 필요하다는 지연 작전으로 외부의 압력을 완화하려고 시도할 것이다. 전혀 새롭지 않은 군부의 전략은 반군부 진영이 피로감을 호소하며 제풀에 꺾이기를 바라면서도 국제사회가 군정에 대한 관심을 꺼주기를 바랄 것이다. 현재 군정은 국제사회에 기여보다 그들의 정치적 이익을 추구하는 데에만 관심을 두기 때문이다. 군정의 사고방식은 1962년 이래 별로 변하지 않은 것 같다.

셋째, 무장 대결에서 시민방위군이 승리하고 군부가 퇴진하는 경우이다. 이 경우 미얀마에 민주화가 도래할 것이라는 장밋빛 예상을 할 수 있지만, 한 치 앞도 제대로 볼 수 없는 안개 속으로 들어갈 가능성이 더 크다. 다음과 같은 사례를 들면, 군부 퇴진 이후 미얀마의 미래는 더욱 조심스럽다. 첫째, 아웅산 수찌 국가고문과 윈 민(Win Myint) 대통령이 정계에 복귀할 것인가? 쿠데타는 군부가 자행했으나 쿠데타 징후에 능동적으로 대처하지 못한 두 인물의 귀책 사유는 일시에 면소될 수 있는가? 정계에 복귀한다면 아웅산 수찌는 기존의 독단과 독선의 정치행태를 포기할 것이며, 그의 참모들은 그를 성인(聖人)이 아닌 세속 정치인으로 간주할 자신은 있는가? 새로운 민간정부는 군부 쿠데타로 취약하지 않은 정부를 구성할 수 있으며, 궁극적으로 군부의 정치참여를 봉쇄할 수 있는가? 이러한 물음들이 해소되지 않는다면 두 인물이 다시 민주정부를 이끈다고 해도 성공을 담보할 수 없을 것이다.

둘째, 첫 번째 문제와 연계하는 의제로서 정부의 수행력에 대한 의문이다. 아웅산 수찌 정부에 들어 군부가 강제로 수탈한 농지를 농민에게 반환하고 무주택 서민에게 주택을 보급하는 등 친서민 정책이 실시된 사실은 부인할 수 없다. 그러나 대체로 아웅산 수찌 정부의 의사결정 방식이나 정책 결정에 걸리는 시간 등 전반적 행태도 지독한 관료주의와 상명하복의 군사문화를 탈피하지 못했다는 평가가 지배적이다. 전문적이고 투명한 정책 도입과 의사결정은 단시간에 해결되지 않을 것이다.

셋째, 민주적 연방제 구현과 관련한 것으로서 두 번째 문제의 대표적인 사례이다. 불행히도 근대국가 이후 미얀마에서 이해당사자는 대화와 타협을 통해 합리적 의사결정을 해 본 적이 없다. 소수종족은 피해의식에 근거하여 합리성이 결여된 요구를 정부에 해 왔고, 정부도 진정성에 근거하여 소수종족이 처한 환경을 이해하려는데 적극적이지 않았다. 특히 이번 반군부 저항에서 4개의 소수종족무장단체가 시민방위군과 연대했으므로 이들에 대한 논공행상이 본격화하면 다른 소수종족도 형평성의 원칙을 들어 정부에 무리한 요구를 할 것이다. 전국을 가득 메운 소수종족무장단체가 해당 소수종족을 대표하지도 않고, 아라칸 군(AA: Arakan Army)과 같은 무장단체는 연방 탈퇴를 희망하며, 중국과 가깝다고 알려진 연합와주군(UWSA: United Wa State Army)은 정부가 추진하는 민주적 연방제에 큰 관심을 보이지 않을 것이다. 과연 민주진영은 다양한 이해관계가 상충하는 소수종족의 목소리에 귀 기울이고 이들을 통합할 수 있는 민주적 연방제를 구현할 수 있을까? 아웅산 수찌 정부 협상단의 실적만 보면 민주적 연방제는 좌충우돌의 연속이 될 것이 유력하다. 중앙과 지방의 갈등은 군부가 다시 정치에 개입하게되는 명분만 제공할 것이다.

마지막으로 군부의 처우 결정이다. 모든 사람이 알다시피 미얀마는 독립 이후 현재까지 군부를 빼고 설명할 수 없고, 군부가 완전히 병영으로 복귀한다고 하더라도 그들의 유산은 당분간 작동할 것이다. 군부에 화난 민심은 쿠데타를 일으킨 군 수뇌부를 중심으로 뉘른베르크 전범 재판에 세우자는 여론이 분출할 것이지만, 군부에 '메스'를 댈 수 있는 '용감한' 지도자가 과연 있을까? 권력을 빼앗기더라도 군부는 국민을 위협할 수 있는 물리력을 보유하고 있으며, 이들의 일사불란한 행동은 사회의 어떤 집단보다 위력적이다. 군부 통제에 대한 자신감이 사회적으로 확신할 때 과거사 청산은 이뤄질 수 있을 것이다. 아웅산 수찌 정부의 실패를 교훈 삼아 민간정부는 군부를 완전히 배제하기보다 의제에 따라 대화의 대상으로 인정하는 자세가 필요하다. 군부는 정치와 경제, 심지어 외교에서 독립적 행위자라는 사실을 잊어서는 안될 것이다.

그렇다면, 지리멸렬한 양 진영 간 대결은 언제까지 지속할 것인가? 군 수뇌부나 민족통합정부 내 분열, 외부의 (군사적) 개입과 같은 가능성이 적은 돌발상황을 배제하고 양 진영의 총력이 완전히 소모되면 상황은 종료될 것이다. 땃마도는 10-15만 명의 병력을 보유한 것으로 알려지며, PDF은 최대 5만 명으로 EAOs의 추가적인 지원을 받으면 병력만으로는 땃마도를 압도할 수 있다. 그러나 땃마도는 장기간 전 국토를 전쟁터로 활동해 왔으니 관련 정보가 상대적으로 풍부하고 화기 면에서 우위를 점한다. 시민방위군의 사기와 교전의 동기는 충분하지만 무기 운용력은 떨어지고 무엇보다 시민방위군을 통제하는 민족통합정부의 수행력은 군정에 미치지 못한다. 간단히 말해 군정은 땃마도의 사기를 충전하고 병력 공급을 유지하며, 민족통합정부는 현재보다 높은 역량을 확보한다면 이 대결은 끝나지 않을 것 같다. 이러한 강대강 대치는 최소한 1년 이상 지속할 가능성이 크다. 군부건 시민방위군이건 승리하는 쪽이 향후 정국의 주도권을 장악할 수 있지만, 영합의 결과는 정치적 연착륙으로 이어지지 않을 가능성이 더 크다. 민족통합정부 단독으로 혼란한 정국을 통제할 역량은 부족할 뿐만 아니라 그렇다고 군부의 승리는 이 땅에 민주주의를 가져오지 않을 것이다.

색인

AA: 아라칸 군(Arakan Army) 34, 36, 37, 39, 40, 51, 94, 109, 111, 150, 165, 167, 169, 170, 178, 179, 180, 181, 183, 190, 230, 366, 372

ABSDF: 전(全)버마학생민주전선(All Burma Students' Democratic Front) 36, 172

ARSA: 아라칸로힝야구원군(Arakan Rohingya Salvation Army) 183

ASEAN: 동남아시아국가연합(The Association of Southeast Asian Nations) 12, 196, 197, 199, 200, 203, 204, 213, 214, 217, 221, 222, 223, 226, 227, 229, 233, 234, 235, 236, 237, 238, 239, 240, 241, 245, 246, 248, 250, 255, 256, 262, 263, 264, 315

BGF: 국경수비대(Border Guard Force) 34, 36, 39, 82, 158, 159

CDF: 친시민방위군(Chin Defense Force) 176, 177, 183, 187

CDM: 시민불복종운동(Civil Disobedience Movement) 5, 90, 102, 103, 104, 105, 106, 107, 109, 116, 162, 174, 230, 254, 312, 327, 358, 367

CNA: 친민족군(Chin National Army) 36, 39, 176, 177, 182, 183, 187

CNF: 친민족전선(Chin National Front) 36, 154, 168, 170, 172, 176, 177, 182, 183, 187

CoC: NUG 국방부 명령체계(Chain of Command) 182

CRPH: 연방의회대표단(Committee Representing Pyidaungsu Hluttaw)

94, 95, 109, 116, 160, 161, 162, 164, 165, 166, 175, 176, 187, 188, 189, 191, 213, 321

DKBA: 민주카렌불교도군(Democratic Karen Buddhist Army) 36, 40, 172

EAOs: 소수민족무장단체(Ethnic Armed Organizations) 25, 30, 31, 32, 33, 34, 35, 37, 38, 39, 40, 41, 48, 50, 51, 52, 56, 71, 72, 73, 75, 96, 105, 108, 109, 151, 157, 158, 159, 160, 162, 165, 166, 167, 168, 169, 170, 171, 177, 180, 181, 182, 183, 184, 185, 186, 236, 237, 370, 373

IEC: 카레니 과도 행정 위원회((Karenni State) Interim Executive Council) 177, 178

KECD: 카렌교육문화부(Karen Education & Culture Department) 173

KIA: 카친 독립군(Kachin Independence Army) 30, 32, 33, 36, 39, 94, 167, 168, 174, 175, 182, 183, 189

KNDF: 카레니민족방위군(Karenni Nationalities Defense Force) 168, 178

KNLA: 카렌민족해방군(Karen National Liberation Army) 30, 33, 36, 39, 40, 154, 168, 172, 173

KNPP: 카레니 민족 진보당(Karenni National Progressive Party) 36, 39, 168, 182, 183

KNU: 카렌민족연합(Karen National Union) 30, 32, 34, 36, 39, 40, 83, 94, 168, 170, 172, 173, 182, 183, 189

KPIPT: 카친정치과도기 준비팀(Kachin Political Interim Preparation Team) 175

KPSN: 카렌평화지원네트워크(Karen Peace Support Network) 173, 189

LDF: 지역시민방위군(Local Defence Forces) 366

MNDAA: 미얀마민족민주동맹군(Myanmar National Democratic Alliance

Army) 34, 36, 37, 39, 51, 109, 111, 150, 165, 169, 183

MPC: 미얀마평화협의회(Myanmar Peace Council) 176

NLD: 민족민주동맹(National League for Democracy) 22, 61, 78, 103, 104, 107, 108, 115, 117, 118, 119, 120, 123, 124, 125, 128, 130, 131, 133, 134, 135, 136, 137, 141, 143, 144, 153, 154, 158, 159, 166, 167, 184, 191, 192, 193, 202, 206, 208, 210, 217, 225, 230, 312, 315, 317, 320, 340, 341, 346, 358

NMSP: 신몬주당(New Mon State Party) 32, 34, 36, 39, 40, 172

NSPNC: 민족 연대 및 평화성취 협상위원회((National Solidarity and Peacemaking Negotiation Committee)-쿠데타 직후 새로 셋업한 협상위원회) 171, 187, 189

NUCC: 민족통합협상위원회(National Unity Consultative Council) 109, 160, 162, 164, 169, 171, 182, 183, 184, 185, 193, 242, 262

NUG: 민족통합정부(National Unity Government) 6, 13, 21, 39, 41, 55, 70, 72, 73, 74, 78, 90, 98, 103, 104, 107, 109, 110, 116, 139, 149, 150, 151, 152, 153, 155, 160, 161, 162, 164, 165, 166, 167, 168, 169, 171, 175, 177, 178, 180, 181, 182, 183, 184, 185, 186, 190, 192, 213, 235, 236, 237, 238, 239, 242, 248, 262, 316, 317, 318, 319, 321, 322, 323, 328, 329, 332, 339, 340, 345, 346, 349, 350, 351, 352, 358, 359, 368

PA: 민중의회(People's Assembly) 112, 184, 185, 233

PAT: 시민행정팀(NUG 지역정부)(People's Administration Team) 377

PDF: 시민방위군(People's Defense Force) 36, 39, 40, 41, 69, 70, 72, 73, 74, 95, 96, 98, 109, 149, 151, 162, 167, 168, 169, 170, 171, 175, 181, 182, 183, 184, 236, 242, 312, 316, 326, 327, 334, 337, 358, 366, 373

PNLO: 빠오민족해방기구(Pa-O National Liberation Organization) 36,

40, 172

PPST: 평화협상운영팀(Peace Process Steering Team) 39, 84, 171, 187

PSF : 시민보안군 (NUG 경찰국)(People's Security Forces) 217

RCSS: 샨주회복평의회(Restoration Council of Shan State) 36, 40, 171, 172, 183, 184, 189

RSO: 로힝야연대기구(Rohingya Solidarity Organization) 183

SAC: 국가행정평의회(State Administration Council) 21, 22, 49, 54, 84, 112, 116, 132, 138, 151, 152, 160, 162, 166, 173, 174, 191, 236, 237, 238, 242, 249, 250

SAC-M: 미얀마특별협상위원회(Special Advisory Council for Myanmar) 112, 152, 191

SLORC: 국가법질서회복위원회(State Law and Order Restoration Council) 44, 57, 60, 127, 138, 153

SPDC: 국가평화개발평의회(State Peace and Development Council) 44, 60, 95, 127, 138, 158, 165, 170

SSPP: 샨주진보당(Shan State Progressive Party) 32, 36, 40, 183, 184

TNLA: 땅민족해방군(Ta'ang National Liberation Army) 33, 36, 37, 39, 150, 165, 169, 183

UPC: 연방평화회의(Union Peace Conference) 37, 159

UPWC: 연방평화조성추진위원회(Union Peacemaking Work Committee) 158

USDP: 통합단결발전당(Union Solidarity and Development Party) 46, 48, 61, 67, 68, 124, 125, 134, 135, 138, 153, 159, 206, 369

UWSA: 연합와주군(United Wa State Army) 34, 36, 37, 39, 40, 165, 169, 170, 179, 183, 192, 372